Reinhold Schweikert

DAS NARRENZEITALTER

Reinhold Schweikert

Das Narrenzeitalter

von der Hölle zum Paradies

Waldthausen

1. Auflage 1989

Satz und Gestaltung: Werbeagentur Langer, Ritterhude
Druck: Ueberreuter, Korneuburg

ISBN 3–926453–27–3
Printed in Austria

Inhaltsverzeichnis

Vorwort

Es geht in diesem Buch um die heute noch fast undenkbar und unmöglich scheinende Rettung der Menschheit von allen durch sie selbst geschaffenen Übeln. Jeder weiß und spürt inzwischen deutlich, daß es so nicht mehr lange weitergehen kann. Wie jedoch die Zukunft aussehen wird und kann, wird erst klar, nachdem entscheidende Wissenslücken aufgefüllt sind. Es geht um die Sanierung des einzelnen wie auch des gesamten auf allen Ebenen und in allen Bereichen unserer Existenz durch die Vermittlung von verlorenem, verborgenem, vorenthaltenem Wissen.

Das Ende dieses sogenannten "Narrenzeitalters" kann sehr schnell und bald kommen. Die Zeichen der Veränderung bzw. des Endes dieser seit tausend Generationen währenden und sich fortwährend verschlimmernden Tragödie, die nach Adam und Eva begann, sind überdeutlich. Viele malen sich bereits den Weltuntergang aus, indem sie Teile des Wortes Gottes in ihrer Unwissenheit oder Angst falsch deuten.

Wer das "Narrenzeitalter" liest, der wird vielleicht an manchen Stellen sehr ungehalten werden, weil ihm schonungslos seine potentiellen Fehler aufgezeigt werden. Die Menschen werden anschließend jedoch in der Lage sein, alle Fehler zu vermeiden, von denen sie nun wissen. Nur wer eigene Fehler sieht, kann sie künftig einschränken oder abschaffen. Und er wird keinesfalls mehr mit flauem Gefühl in die Zukunft blicken wie bisher, sondern mit Zuversicht auf den Tag hinwirken, an dem all die Mühen und Plagen dieser Zeit vergessen sein werden. Wir sind nur noch einen winzigen geistig-inneren Schritt von der Zustandsveränderung entfernt. Und dieser Schritt kann vollendet werden, sobald das Wissen aus diesem Werk verbreitet ist.

Reinhold Schweikert

Einleitung

Es ist zur Zeit unerhört schwer, Informationen zu erreichen, die unverfälscht, von keiner Seite beeinflußt, also quasi von der *Quelle der Wahrheit* ausgehen. Man wird überschwemmt von einer Unzahl wertloser, zweit- und drittrangiger Nachrichten und Inhalten, so daß es beinahe unmöglich erscheint, Wahres und Falsches zu unterscheiden. Eine *Quelle* ist uns jedoch gewiß. Es ist die Heilige Schrift *(1)**, das Wort Gottes. Alle anderen Wahrheiten aus weiter *stromabwärts liegenden Zuflüssen* können verdreckt sein, und sind es auch wie man sieht. Denn wenn nur einer der Zubringer auch nur eine Trübung verursacht, ein Gift einleitet, eine Falschheit zufließen läßt, ist ja der ganze Strom von da verschmutzt. Man darf hier übrigens ruhig vom Zustand unserer natürlichen Gewässer auf unseren geistigen Zustand schließen, da unter Wasser in der Entsprechung ja Wahrheit verstanden wird.

Bis ich diese Quelle allerdings einmal gefunden hatte – es dauerte weite Strecken meines Lebens – mußte ich lange *stromaufwärts schwimmen.* So brachten die Studien der Philosophie und der Theologie an einer pädagogischen Hochschule einfach keine übereinstimmenden Erkenntnisse, wenn ich sie an meinem ansonsten absolut freien und freizügigen Lebensstil maß. – Ich war zwölf Jahre lang Rockmusiker, davon vier Jahre als Sänger und Gitarrist einer Punkband –. Es wollte einfach nicht gelingen, mir jene Inhalte anzueignen, da sie meinen sonst sehr reichhaltigen und bis ins Extremste gehenden Lebenserfahrungen nicht entsprachen. Deshalb schwamm ich noch so lange aufwärts, bis ich in den Werken Swe-

*Auch die Heilige Schrift könnte natürlich verfälscht worden sein. Zumindest Teile davon kamen wohl nicht durch göttliche Offenbarung zustande, sondern wurden von und aus Menschen geschrieben. Diese Teile sind jedoch erkennbar, da sie keinen durchgehenden inneren, geistigen, sondern zum Teil nur einen äußeren beziehungsweisen Wortsinn haben. So sind zum Beispiel die Briefe im Neuen Testament nicht immer Wort Gottes. Diese wurden eventuell sogar von jüdischen Unterwanderern der wahren Urkirche Jesu Christi gefälscht, mit dem Ziel, die Gottheit Jesu ihrem alttestamentarischen Gott unterzuordnen.

denborgs (2) solche Wahrheiten fand, die sich mit all meinen bisherigen Erfahrungen deckten.

Wichtig war für mich schon damals, daß man Wahrheiten im wesentlichen weniger mit irgendwelchen Meßgeräten, und auch nicht nur mit dem Verstand erfassen können mußte, sondern sie auch spürbar, fühlbar richtig sein mußten. Ich lebte ja ohnehin mit meiner Musik in einer Welt der inneren Sprache, mit der ich aus meinem Innern direkt in das Innere meiner Zuhörer gelangen konnte. Und da ich mich damals von jeglichen bürgerlichen, moralischen, äußeren Zwängen vollkommen losgelöst hatte, also genau und nur das machte, was ich für gut und richtig hielt, konnte ich niemals – und kann es bis heute nicht – irgendetwas nur annehmen, nur (im heutigen Sinn) glauben, was aus meiner Sicht und nach meinem Empfinden nicht absolut bewiesen und spürbar war. Ich war also im Prüfen und Verwerfen oder Annehmen von geltenden Gesetzen und Meinungen sehr weit stromaufwärts geschwommen, bis ich plötzlich merkte, daß ich bei den Werken von E. Swedenborg in einem *Quelltopf* angelangt war.

Durch seine geistigen Wasser (Wahrheiten), die das Wort Gottes auch mir sichtbar machten, offenbaren konnten, durfte ich die Worte Gottes immer deutlicher in ihrer Richtigkeit erkennen, wissen und innewerden. Von nun an ging es mir darum, auch die weiter flußabwärtsgelegenen Verschmutzer (geistig) zu sanieren. Dabei tauchten Verschmutzer aller Art auf, die es notwendig machten, die Inhalte dieses Buches auf alle möglichen Lebensbereiche auszudehnen. Ich hoffe, die Haupteinleiter erfaßt zu haben und dadurch diesen eine (geistige) Sanierung zu ermöglichen. Natürlich entdeckte ich dabei auch einige mir unverschmutzt erscheinende Zuflüsse beziehungsweise Klärwerke , die ich in diesem Buch jeweils an betreffender Stelle nenne.

Dieses Buch ist also ein Versuch, diese Welt, die offensichtlich in vielen Bereichen kopfsteht, in der das Gute und Wahre unten ist, und das Falsche und Böse überhand genommen haben, wieder auf die Beine zu stellen beziehungsweise alles wieder an den richtigen Platz in Ordnung zu bringen. Dieses Unterfangen klingt überheblich, größenwahnsinnig, anmaßend. Und es wäre auch nicht anders zu bewerten, wenn ich nicht Wissen und Wahrheiten aus und durch das Wort Gottes erlangt hätte.

Ich kann nicht ausschließen, daß sich noch einige Unreinheiten, wie zum Beispiel nicht stimmende Zahlenangaben oder auch noch unvollkommenes Wissen* in diesem Buch befinden.

Auch ich kann schließlich nur das wissen und erfahren, was sich mir zu erkennen gegeben hat. Da uns Menschen dieser *modernen Zeit* ohnehin wesentliche Bereiche wirklichen Wissens längst abhanden gekommen oder genommen worden sind, kann dieses Buch auch nur die Ansätze, die Ausgangspunkte einer neuen kommenden Ära aufzeigen. Es kann jedoch prinzipiell jedem das Rüstzeug beziehungsweise nötige Wissen zur Bewältigung dieser wirren, für Geist und Seele ungemein gefährlichen Zeiten vermitteln, ihn gegen die unzähligen lebendigen Satane und Teufel, die momentan noch diese Welt zu beherrschen scheinen, unangreifbarer machen. Die Absicht meines Buches liegt also in der Vermittlung der Fähigkeit zur Bewältigung von Bösem und Falschem für jeden einzelnen Menschen.

Viele werden die Inhalte vielleicht mißdeuten und verdrehen, oder nicht verstehen. Vor allem solche, die nicht verstehen wollen und solche, die bereits in ihrer Falschheit gefangen beziehungsweise erstarrt sind, und infolgedessen nicht mehr aufnahmefähig und lernfähig sind.

Einige werden wohl auch versuchen, mich anzugreifen beziehungsweise zum Schweigen zu bringen. Es geht mir jedoch nicht darum, in rechthaberischer Schulmeistermanier die Schlechtigkeit der Welt zu beweisen, oder gar noch mich selbst über andere zu stellen, über andere erhaben zu fühlen, sondern schlicht darum, die andere Seite der Medaille, den anderen Weg, die andere Möglichkeit, eben genau das, was dem Bürger vorenthalten wird oder nur eventuell vorenthalten werden könnte, sichtbar zu machen. Frei entscheiden, den richtigen Weg wählen, kann nur, wer auch die engeren Pfade abseits der breiten Straße kennt. Seien Sie mir deshalb nicht böse, wenn ich versuche, Ihnen auch die anderen Möglichkeiten und Inhalte zu vermitteln – auch wenn sie Sie persönlich betroffen machen sollten –, sondern jenen, die Ihnen bislang jede andere Denkmöglichkeit raubten. Nach der Lektüre die-

* Vielleicht wird man in einem eventuell späteren Zeitalter einmal über die herrschende Einfalt und Dummheit unserer Zeit lachen und solche ersten Denkschritte, wie ich sie in diesem Buch unternommen habe, mit dem Laufenlernen eines Kleinkindes vergleichen. Doch müssen eben auch diese Schritte erst einmal gemacht sein.

ses Buches werden Sie vielleicht feststellen, daß dieser Jemand vor allem Sie selber waren. – Oder noch genauer gesagt, die Geister, die Sie infolge Ihrer Gottferne versuchen konnten beziehungsweise die Ihnen gefielen oder die Ihren Neigungen am ehesten entsprachen.

Im übrigen wird es wohl nur wenige Menschen hierzulande geben, die durch dieses Buch nicht irgendwo vor dem Kopf gestoßen werden. Gerade darin kann aber der Wert dieser Schrift liegen. Schönrednerische Faselbücher gibt es schon genug.

Dieses Buch beschreibt unser Zeitalter. Nach meinem Stand des Wissens kann ich es heute nur als Narrenzeitalter bezeichnen. Noch treffender wäre vielleicht der Titel Zeitalter der Narren und Gaukler, womit sowohl die Genarrten wie auch diejenigen, die andere zum Narren halten, also die Gaukler erfaßt wären. Nachdem Sie dieses Buch gelesen haben, werden Sie jedoch hoffentlich erkannt haben, warum gerade die Gaukler, also jene, die andere betrügen, übervorteilen, berauben, belügen, beherrschen, also irgendwie ins Unglück stürzen wollen, mit Abstand die größten Narren dieser Welt sind.

Kapitel 1
Arbeit

Nicht wegen Geld arbeiten

Arbeit im wahren Sinne ist nicht ein Sich-Verkaufen um des Geldes beziehungsweise Lohnes willen, eine sinn- und zweckentfremdete Tätigkeit, zu der das Geldverdienenmüssen zu zwingen scheint, also eine Prostitution, ein Sich-hergeben zu einem Tun, das man nicht tun würde, wenn man kein Geld dafür bekäme, sondern wirkliche Arbeit ist genau das Gegenteil. Sie ist Nutzenschaffen, Dienst am Nächsten, der Schöpfung schlechthin, ist praktizierte Nächstenliebe, also die Anwendung und Verwirklichung des Willens Gottes auf Erden. Sie macht den Menschen zum Werkzeug Gottes auf Erden, läßt sein Reich auch auf der Erde entstehen beziehungsweise bestehen. Arbeit im Sinne Gottes kann daher nie Schädliches produzieren. Auch nichts Nutzloses. Vielmehr läßt sie den Menschen durch die praktische Anwendung und Ausübung von Gutem und Wahrem beziehungsweise der Produktion von Nützlichem und Sinnvollem erst wachsen und innerlich wie äußerlich gedeihen. Denn ohne seine praktische Anwendung ist das Gute nichts als eine Idee, die bald wieder verflogen ist. Deshalb muß die Tätigkeit des Menschen in einer fortwährenden Aufnahme von Wahrem, von Wissen aus dem Herrn, und in der nachfolgenden Umsetzung dieses Wissens in die Tat bestehen. Somit müssen auch alle Bereiche der Aufnahme, des Lernens, also auch die Schule, in dieses Kapitel einbezogen werden. Zunächst jedoch zum heute noch existierenden, gängigen, verdrehten Begriff von Arbeit:

Jeder schreit heute nach einem *Arbeitsplatz*. Damit ist gemeint ein Platz irgendwo in der Produktionskette der heutigen Wirtschaft. Ein Abhängigkeitsverhältnis, ein modernes Lohnsklaventum rein um des Geldes willen. Dabei ist anscheinend vollkommen nebensächlich, was produziert, was gemacht wird. Es scheint sogar, als ob die Menschen geradezu süchtig sind nach diesen täglichen acht Stunden *Maloche*. Wenn man sich jedoch einmal überlegt, daß ja ein Mensch nur das aufnimmt, das lernt, zu dem wird, was er auch tatsächlich in die Tat umsetzt, also was er arbeitet, so lohnt es sich doch, diese *Arbeiten* genauer zu betrachten. Schon Hans Paasche hat 1912 in seinen Briefen des Negers Lukanga Mukara*(3)* treffend geschrieben:» *Sie sehen nicht, daß sie sich im Kreise drehen, daß sie nichts tun als durcheinanderwerfen, was auf oder in der Erde ist, und daß sie die Schönheit und den Reichtum der Erde zerstören.«*

Schon damals konnte man also Nützliches nicht von Schädlichem unterscheiden und begann deshalb, die Welt immer mehr zu verkomplizieren, immer mehr zu messen, zu zählen, anzuhäufen, zu kontrollieren, zu berechnen . . . , die Schöpfung immer mehr der eigenen Dummheit anzugleichen und so zu begradigen, zu *verbessern*, zu *rationalisieren,* zu verbauen, kurz zu zerstören. So nochmals Paasche:» *Das Zählen nennen sie Wissenschaft. Es ist eine Wissenschaft vom Hin und Her unnützer Dinge, mit denen Narren das Volk verdummen und in Not halten.«*

Leider hatte Paasche damals noch nicht gesehen, daß sich hinter diesen Narren noch andere versteckten, nämlich diejenigen, die aus der Dummheit und dem Elend Profit schlagen beziehungsweise dafür erst verantwortlich sind. Ich meine diejenigen, die damals schon die Welt mittels des Geldes beziehungsweise der Zinswirtschaft parasitierten und dies bis heute immer noch tun. Diese *Gaukler*, denen die *Narren auf den Leim* gegangen sind, sind Banker, Aktionäre, Spekulanten, Börsenjobber, Geldmächtige, kurz diejenigen, die den ganzen Fleiß des Volkes abzuernten verstehen, ohne daß es dieses überhaupt merkt. So arbeiten die *Arbeiter* wie die Verrückten, nur damit sie Geld haben, mit dem sie sich dann in der *Freizeit* ihr durch ihr nie zu Ende gehendes Produzieren von nutzlosen Dingen verlorenes Lebensglück in Form von Konsumgütern zurückkaufen wollen. Lebensglück ist nur in sinnvoller und nützlicher Arbeit, im Nutzenschaffen zu finden.

Da diese allerdings ihr Glück aufgrund ihres sinnlosen, nutzlosen und schädlichen Tuns bereits verloren haben, stürzen sie sich immer noch fieberhafter in ihre nun zur Suchtdroge gewordene, zur Prostitution pervertierte **Unarbeit.** Die heutige Vorstellung und Art der Arbeit wurde so geboren. So ist der Mensch der Neuzeit in etwa mit der Figur des *Hans im Glück* zu vergleichen. Er hatte ursprünglich* alles, was er zum Leben brauchte, doch er wollte immer noch mehr.

Dabei tauschte er Wertvolles gegen Wertloses, Nützliches gegen Nutzloses, Sinnvolles gegen Schädliches ein.

Wir hatten auch hierzulande vieles, was man zum Leben braucht, zum Beispiel gutes giftfreies Essen, reines Wasser, kulturelle und geistige Reichtümer, das Wort Gottes, einheitliche, zusammengehörige Völker, Dörfer und Gemeinschaften, ein funktionierendes Staatswesen ... Das Böse und Falsche war zwar auch vorhanden, doch konnte es nicht überhandnehmen. Heute haben wir davon nichts mehr. Wir müssen froh sein, wenn wir im jetzigen Zustand noch einige Jahre überleben können. Unsere Kulturen sind erloschen, die kulturelle geistige Welt hat sich in Belanglosigkeiten und Oberflächlichkeiten aufgelöst, das Wort Gottes ist bis zur Unkenntlichkeit verdreht, verfälscht und mißbraucht worden, die innere Einheit der Völker, die einigende Kraft der Zusammengehörigkeit ist gebrochen, es gibt immer noch Gegeneinander, Gleichgewicht beziehungsweise *Gegengewichte der Schrecken,* das Chaos droht. Alle wahren Werte liegen am Boden zerstört, das Böse und Falsche, das Nutzlose, Sinnlose, Schädliche haben überhand genommen und drohen uns zu zerstören.

Ist es das, was wir uns erarbeiten wollten, wofür unsere Väter sich im *Schweiße ihres Angesichts* abgerackert haben? Waren denn diese Mühen umsonst? Dazu muß ich in aller Härte sagen: Jede Arbeit, die nicht dem Wahren und Guten des Herrn entspringt und in ihrer Wirkung nicht nützlich und sinnvoll ist, und die nur der Anhäufung von materiellen Gütern, von Geld, Besitz, Macht ... dient, ist nicht nur umsonst, sondern führt geradewegs ins Verderben, ist Egoismus, Eigenliebe und somit Teufelswerk.

Wir drehen uns im Kreise

So müssen wir heute endlich erkennen, daß wir nichts erarbeiten, sondern zumeist Gutes in Schlechtes, Wertvolles in Wertloses verwandeln. Wir berauben die Dritte Welt ihrer wertvollen Le-

*Mit »ursprünglich« meine ich den Zustand vor Millionen von Jahren, wo die Menschen beziehungsweise seine Vorgänger noch nicht einmal das Feuer erfunden hatten, also weder Waffen schmieden, noch jagen, noch kalte Länder bewohnen, noch Ackerbau und Viehzucht betreiben konnten und mußten, sondern in Gottes paradiesischer Natur von im Überfluß wachsenden Früchten, Nüssen, Gemüsen ... leben konnten.

bensmittel und wandeln sie zum Beispiel in Schweinefleisch um! Wir verwandeln Bodenschätze in Gebrauchsgegenstände, die von solch kurzer Lebensdauer sind, daß sie beinahe schon im Kaufhausregal als Plastikmüll zu werten sind. Wir verwandeln Wertstoffe in verheerendste Giftstoffe oder Waffen. Selbst die Landwirtschaft erarbeitet heute nichts mehr, da auch sie wesentlich mehr Energie verbraucht, als sie letztlich aus dem Boden in Form von Nahrungsmitteln gewinnt. Wir verwenden außerdem enorme Arbeitskraft und Energie allein dafür, das über alles geliebte und begehrte Geld hin und her zu manövrieren, einander zu betrügen, zu übervorteilen, dieses Geld zu bewachen, zu zählen, diejenigen zu strafen und einzusperren, die aus Geldgier Verbrechen begehen usw. Andere, die heute nicht mit dem Zählen und Kontrollieren beschäftigt sind, beschäftigen sich mit praktischen Narrheiten. Da wird zum Beispiel ein Berg irgendwo abgetragen und anderswo wieder für eine Straße aufgeschüttet, damit die Zähler und Kontrolleure, die Bauleute und Planer und all die anderen Wichtigtuer anschließend noch schneller und noch verrückter *toben* können.

Der Mensch will selbst Schöpfer sein

Der Mensch gefällt sich als Schöpfer, als kleines *Herrgöttle* und mißachtet und schändet dabei die großartige Schöpfung Gottes. So muß dann zum Beispiel ein Fluß, den Gott anscheinend falsch angelegt hatte, unbedingt *verbessert,* das heißt begradigt, betoniert, befestigt werden. Ein Sumpf, in dem vorher Frösche gequakt hatten und Störche ihre Nahrung fanden, muß trockengelegt oder aufgefüllt werden, um für irgendwelche weiteren Nutzlosigkeiten nutzbar gemacht zu werden usw. Alles muß immer noch perfekter bzw. zentraler funktionieren, immer noch größer und zerstörender, immer noch besser kontrollierbar und von oben herab dirigierbar werden. Das Volk, der fleißige aber hirnlose Arbeiter schaufelt sich so sein eigenes Grab. Er arbeitet, damit gewisse Herrschaften ihn letzten Endes noch besser kontrollieren und ausbeuten können.

Ich glaube, daß viele sich wundern würden, welch ungeheuren Wohlstand wir besitzen würden, wenn es uns gelänge, den *Geldadel,* jene Parasiten auf dem Rücken des arbeitenden Menschen, der diesen durch den Zins aussaugt, abzuhängen. Das **Pardaies auf Erden** hätten wir dann, wenn wir außerdem noch zwischen sinnvoller und sinnloser Arbeit zu unterscheiden lernten.

Leider ist es heute immer noch so, daß sinn- und nutzlose beziehungsweise schädliche Arbeit ungleich höher bewertet wird, als sinnvolle. So vernachlässigen wir zum Beispiel die grundlegendste, nützlichste, lehrreichste und sinnvollste Arbeit, nämlich unsere Nahrung zu gewinnen, während andere Tätigkeiten des Zählens, des Kontrollierens, der Anhäufung von Gütern bevorzugt werden.

Schon die Schule prägt Falsches ein

Schon in der Schule wird ein Kind heute auf diese pervertierte, verkehrte Arbeitswelt getrimmt. Dort muß es lernen, Dinge zu tun, die es eigentlich gar nicht tun will, weil es deren Nutzen nicht einsehen kann. Das Kind muß dort lernen, irgendwelchen Sinnlosigkeiten einfach zu gehorchen beziehungsweise diese anzunehmen und sie in sein Gedächtnis zu pressen. Lernen ohne gleichzeitige praktische Anwendung des Gelernten, ohne Umsetzung in die Tat, ist genaugenommen gar kein Lernen, sondern eher eine Art der Vergewaltigung und Überhäufung des Gedächtnisses mit nutzlosen, da nicht verwirklichten Dingen. Eine solche Eintrichterung hat auch weniger die Entwicklung und Förderung des Kindes zum Guten und Wahren zum Ziel, sondern eher ein Unterordnen, Gehorchen und allmähliches Einfügen des Heranwachsenden in eine von Unsinnigkeiten bestimmte Arbeitswelt. Es ist kein Zufall, daß vor allem die Fächer Mathematik, Physik, Chemie, Biologie, Geographie, alle Fächer eben, in denen es um ein abfragbares Gedächtniswissen oder um die Betrachtung der äußeren, sinnlichen, *wissenschaftlichen* Welt geht, zur *Erziehung* der Jugend herangezogen werden, während die Fächer, in denen eine innere Bildung und geistige Entwicklung erreicht werden könnte, ein Schattendasein fristen. Wer glaubt, daß ein junger Mensch zum Beispiel durch die Musik weniger lernen kann, als ein naturwissenschaftlich gebildeter, der irrt. Das Erlernen eines Instruments und der dazugehörenden Musikliteratur der verschiedenen Zeitepochen ist nicht nur äußere Bildung und Auswendiglernen von meist unwichtigen Daten und Zahlen, sondern innere und geistige Herzens- und Verstandesbildung. Wer die innere Sprache der Musik verstehen beziehungsweise fühlen lernt, weiß über die verschiedenen Zeitepochen besser Bescheid, als die meisten Geschichtslehrer. Wer die komplizierte Notenschrift zu entziffern vermag und sie auf sein Instrument zu übertragen versteht, kann auch andere schwierige Aufgaben mühelos decodieren.

Lernen bedeutet ja zwischen richtig und falsch unterscheiden können, ist also genaugenommen **Unterscheidung von Gut und Böse.** Dazu befähigt das Instrumentenspiel den Menschen in geradezu idealer, sanfter, spielerischer und doch absolut strenger Weise, da ja jeder gemachte Fehler sofort hörbar wird, beziehungsweise die Strafe unmittelbar auf das Vergehen folgt, und so den Fehler sichtbar macht. Fehler können erst verbessert werden, wenn sie sichtbar sind, gesehen beziehungsweise gehört werden. Dazu befähigt das Instrumentenspiel in idealer Weise.

Das wichtigste Schulfach geistiger Art sollte die **Religion** sein. (Die Gründe dafür finden Sie in den anderen Kapiteln). Schulfächer praktischer Art sollten voll jenes Wissen vermitteln, das der Mensch später zum wirklichen Leben braucht. Also vor allem, wie man seine **Nahrung** anbaut, lagert und verwertet. Hierbei sollte jedoch immer vom inneren Sinn, von der Entsprechung zwischen Geistigem und Natürlichem ausgegangen werden, so daß der Schüler zum Beispiel in einem Bienenvolk nicht länger nur einen Honigerzeuger, sondern die geistige, innere Ordnung der Schöpfung und ihr Abbild im Bienenvolk, das Bienenvolk also auch als vorbildliches Staatsgefüge verstehen könnte. Ich habe ja bereits gesagt, daß kein Unterricht nur auf der theoretischen Seite bleiben, sondern immer bis ins Äußerste, Sichtbare, Greifbare und Materielle vordringen und so die Welt mit seinem Schöpfer in Verbindung bringen muß. Ein Unterricht darf also nicht in den vier Wänden eines Schulzimmers abgehalten werden, sondern muß dort geschehen, wo das Unterrichtsobjekt lebendig wird, nämlich in den Gärten, Bauernhöfen, Handwerksbetrieben. Der Wechsel zwischen mehr geistigen und eher praktischen Themen muß sich den Jahreszeiten anpassen. Also etwa Lesen- und Schreibenlernen, Planen, Entwerfen im Winter, und Ausführen im Frühjahr und Sommer. Zurückblicken, Resümieren, den Erfolg bewerten, also Ernten im Herbst und Winter. Die wirkliche *Lebensschule* sollte vom Innersten, also dem Lesen, Verstehen und Schreiben, geistig Verarbeiten des Wortes Gottes bis zum Äußersten, den materiellen und natürlichen Dingen des Lebens, also des Handwerks, der Nahrungserzeugung, der Selbstversorgung in allen Bereichen, alles vermitteln. Innere und äußere Bildung sind nicht zu trennen. Genau wie keine Musik ohne Töne und kein Bild ohne Farben entstehen kann, kann kein Geistiges ohne seine praktische Anwendung Eingang finden. So sollten die Schulen das gesamte Leben einer ganzen Gemeinschaft, einen Staat im Kleinen vorbilden, also zugleich selbstversorgender Bauernhof, produzierendes Handwerk, Musik-Kunstzentrum und vor allem Kirche in einem sein. Auch sollte der Unterricht den späteren Aufgaben der verschiedenen Geschlechter entsprechend unterschieden werden, so daß der eine frühzeitig merkt, daß er ohne die andere nicht auskommt und umgekehrt.

Schon anhand dieser wenigen Skizzen einer neuen Schule können Sie erkennen, in welch erbärmlichen Zustand sich die Schule heute befindet. Ich behaupte, daß das heutige Schulsystem eine große Gefahr für jedes Kind darstellt und daß kaum jemand ohne Schaden hindurchzugehen vermag. Im besten Fall geht ein Jugendlicher als nichtswissender Dummkopf, der nicht in der Lage ist, sein Leben frei und unabhängig zu gestalten und sich selbst zu versorgen, daraus hervor. In den meisten Fällen jedoch bereits als gebeugtes und gebrochenes Individuum, das nichts anderes weiß, als in den wartenden Büro- und Industriebunkern bis an sein Lebensende Unsinniges, Nutzloses und Schädliches zu produzieren.

Ein geistiges Erstarren, ein Absterben des freien und unabhängigen Menschen beginnt also heute nicht erst am vielgepriesenen Arbeitsplatz, wo der Mensch zu einem Teil einer immer dasselbe produzierenden Maschine gemacht wird, sondern bereits in der Schule. Schon dort müssen die Schüler jahrelang dasselbe machen, ohne einmal mit der Arbeit fertig zu werden. Schon dort beginnt eine Einschränkung des freien Geistes auf immer weniger Tätigkeiten, bis er zuletzt mit tierischem Ernst nur noch einen Handgriff, ein Amt, eine Funktion sein ganzes Leben lang ausführt.

In der Freizeit tut man ebenfalls Unsinniges

Von den Tätigkeiten während der *Arbeitszeit* möchte ich nun auf die Tätigkeiten während der *Freizeit* zu sprechen kommen. Ein Mensch, der das Gute tun und das Böse lassen will, kennt eigentlich diesen Unterschied nicht, da er ja immer Nützliches tun will beziehungsweise Nutzloses unterläßt. Es gilt ja, daß alles Tun, was nicht nützlich ist, letztlich schadet. Man kann nicht *zwei Herren dienen,* sondern nur entweder Gott oder dem Mammon. Deshalb tut der Mensch von heute während seiner Freizeit genauso Unsinniges, als während seiner Arbeitszeit. Wenn also die Arbeit nutzlos ist, wird er auch in der Freizeit seine Kraft zu nichts anderem verwenden. Hieraus ist auch das Aufblühen von anstrengenden, nutzlosen Tätigkeiten, genannt **Sport,** zu erklären. Sport, ich meine hier den Leistungs- und Wettkampfsport, gedeiht nur in Überflußgesellschaften, in denen sich Menschen nicht mehr von der Arbeit ihrer Hände ernähren müssen, sondern wo Bodenschätze oder andere Völker wie Sklaven ausgebeutet werden. (Außerdem wird Sport natürlich von allen ehrgeizigen und aggressiven Systemen oder Nationen gefördert, die damit auch während der Friedenszeiten ihre Überlegenheit demonstrieren wollen.)

Zu anderen Zeiten hätte man jemanden, der wie ein Verrückter im Kreis herumrennt als Irrsinnigen bezeichnet. Man hätte auch kaum verstanden, daß sich Menschen verbissen um einen mit Luft gefüllten Lederball streiten, einen solchen pausenlos gegeneinander oder gar gegen eine Wand schlagen und jene Verrückten dabei noch vom ganzen Volk umjubelt und als Helden gefeiert würden. In einer Welt, in der man anstatt im Inneren in äußeren Werten verhaftet ist, kein Gemeinsames, sondern nur Gegeneinander kennt, in der jeder möglichst selber der Größte, Beste, Schnellste sein will, hat jenes Treiben, das man heute Sport nennt, *Hochkonjunktur.* Der Wettkampfsport ist ein verstecktes Kriegsspiel nicht nur der *Spieler* gegeneinander, sondern der ganzen anteilnehmenden Nationen. Schon die Begriffswahlen im Wettkampfsport machen dies deutlich - Schlachtfeld, Schuß, Treffer, Gegner, Angriff usw. Leider wird nicht nur der Gegner *geschlagen,* sondern vor allem im Motorsport, Skisport usw. die Natur noch weiter zerstört.

Um noch einmal auf die Schule zurückzukommen: Dort ist Sport ein wesentlicher Bestandteil der Erziehung unserer Kinder zu leistungsstarken Gliedern unserer Ellenbogengesellschaft. Außer der Leibesertüchtigung fördern unsere Sportvereine außerdem Alkoholismus, Mode-Sportartikelbranche, Automobilindustrie usw.

Da überstarke Beanspruchungen des Körpers diesen schmerzlindernde und in euphorische Stimmung versetzende Stoffe produzieren lassen, kann die Ausübung von Hochleistungssport nicht nur als geistige, sondern sogar auch als physische Droge eingestuft werden.

Abschließend ist zum Thema Sport zu sagen, daß es eben nicht darum geht, den anderen zu besiegen, sondern zu lieben. Fortschritte sind außerdem nicht in Sekunden oder Zentimetern zu messen. Wer das tut, versperrt sich die Aussicht auf nützliches, inneres Lernen, auf die Zunahme an Geist und Liebe in seinem Inneren. Zustände haben weder mit Zeit noch Raum zu tun.

Es mag sein, daß heute ein gewisser Ausgleichssport zur einseitigen Bürotätigkeit nützlich ist. Doch ist das eine Falsche hier nicht eine bloße Folge des anderen? Ein Mensch, der sein Leben ohne Fremdenergie zu meistern sucht, der im eigentlichen Sinn selbstständig werden will, braucht sich um Bewegungsmangel gewiß nicht zu sorgen. Er kann ja zum Beispiel auch im Dauerlauf zur Arbeit laufen. Wenn man die heutigen Verhältnisse in den Städten jedoch als Unveränderlichkeiten betrachtet, was sie aber eigentlich nicht sind, erscheint *künstliche Bewegung* aus therapeutischen Gründen für den Städter heute sogar als dringend erforderlich, da der Büromensch sich hierin ein letztes *Ventil* für die Bedürfnisse seines Körpers erhalten könnte.

Über die Urlaubsfreuden

Ebenfalls aus diesem Licht möchte ich noch einige weitere *Freizeitbeschäftigungen,* einige weitere *Freuden* dieser Gesellschaft beleuchten: Wenn der Arbeitende längere Zeit freibekommt – meist sind das ein paar Wochen im Jahr – fährt er in der Regel in *Urlaub.* Es geht anscheinend darum, möglichst weit weg zu kommen, um so dem *Alltag* zu entfliehen. Daß solch eine Flucht verständlich und auch nötig ist, möchte ich gar nicht bezweifeln, doch eben nicht durch eine Ortsveränderung und auch nicht für ein paar Wochen. Der Mensch sollte dort, wo er lebt, versuchen, sein Leben zu leben, seine Vorstellungen in die Realität umzusetzen, seine Umgebung so zu gestalten, daß ihn nicht schon am ersten freien Tag *das kalte Grausen* packt, *die Decke auf den Kopf fällt.*

Der Urlaub hat heute im wesentlichen die Funktion, den Menschen seine *Freiheiten* kosten zu lassen. Er kann endlich einmal all das versuchen zu tun, was er gern tun möchte: Freßorgien abhalten, sich betrinken, seine Geschlechtslust mit anderen Partnern befriedigen. Schon nach wenigen Wochen dieses dubiosen Freiheitsgenusses muß er jedoch wieder an seine Arbeitsstelle zurück. Er geht gern wieder zurück, denn er merkt, daß ihn seine *Freiheiten* ruinieren würden, wenn ihn nicht die Arbeit davon abhalten würde.

Eine ähnliche Funktion haben die vielen Feste, bei denen es im allgemeinen ums gleiche geht. So kann der Narr in der Fastnacht endlich einmal die andere Seite seines Narrenlebens hervorkehren und eben genau das tun, was er sich sonst verbieten läßt. Überhaupt entbehren die Feste heutzutage jeglichen inneren Ursprungs, oder wurden dessen beraubt. So wurde das Fest Christi Himmelfahrt hierzulande zum Saufgelage. Ebenso entwickelte sich der *Tag der Arbeit,* der 1. Mai. Die Fastnacht, ehemals die Nacht vor Anbruch der Fastenzeit, entbehrt heute jeder Berechtigung, da ja am Aschermittwoch und den darauffolgenden Fastenwochen nicht mehr gefastet wird, sondern noch größere *Schweinereien,* wie zum Beispiel den Fröschen ausgerissene Schenkel als sonst gegessen werden. Auch der ganze Maskenkult zeigt, wie heute Heidnisches, Abergläubiges mehr denn je lebt. Die Feste Ostern und Weihnachten sind zu Freß- und Konsumorgien geworden. Weihnachten ist nicht mehr Christi Geburt das Wichtigste, sondern der Tannenbaum und die darunterliegenden Geschenke, außerdem die *Weihnachtsgans* oder der *Weihnachtskarpfen.* Auch Ostern ist die Auferstehung des Herrn heute Nebensache. Vielmehr geht es um den Osterhasen und seine Eier. Welch ein Schwachsinn und welch eine Gotteslästerung! Wir brauchen uns also nicht zu wundern, wenn uns in naher Zukunft oder bereits heute schwere Schicksalsschläge treffen. Denn in dem Maß, in dem sich die Menschheit und jeder einzelne darin von Gott entfernt, müssen zwangsweise Not und Elend über sie hereinbrechen. Der von Gott abgewandte und sich selbstzugewandte Mensch, man sollte eher Teufel oder Satan sagen, zerstört durch sein unseliges Handeln mit Sicherheit nach und nach seine Umwelt und schließlich sich selbst. Es ist höchste Zeit, daß wir unser zerstörendes Tun als solches erkennen und es beenden. Erst danach können wir uns dem Herrn zuwenden und aus ihm handeln und Gutes tun. Sogar selbst gar nichts zu tun ist immer noch besser, als Falsches beziehungsweise Schädliches zu unterstützen. Denn Nichts-falsches-mehr-tun ist der Anfang zum Tun des Guten und Richtigen.

Kapitel 2
Ärzte

Ich will natürlich nicht die ganze Ärzteschaft über einen Kamm scheren. Auch die Medizin erlebt laufend Wandlungen und Zeitströmungen. Doch wird sich an dem, was momentan unter *Schulmedizin* verstanden und praktiziert wird, einiges ändern müssen.

Was falsch ist, muß weh tun

An meiner eigenen Gesundheit, an diversen Operationen und Maßnahmen an und mit meinem Körper, habe ich die *Segnungen* der Schulmedizin ausgiebig kosten dürfen. Mit kurzsichtigen **Symptombehandlungen,** die die Ursachen einer Krankheit vollkommen außer acht lassen, wird mit Giften und Drogen versucht, die Krankheit zu vertuschen, zu unterdrücken, zu verschleiern. Im besten Fall gelingt dann eine Verlagerung des Leidens an eine andere Stelle des Körpers, kaum aber eine Heilung.

Eine Krankheit ist fast immer die Folge von verschiedenen Fehlhaltungen bezüglich der Lebensweise, Arbeit, Ernährung, die wiederum in Verbindung mit bestimmten Geisteshaltungen zu sehen sind. Eine Krankheit ist zunächst geistiger Art. Es fehlt am Wissen und Wollen des Betreffenden. Erst geistige, innere Fehlhaltungen führen schließlich zu den genannten äußeren Fehlhaltungen wie zum Beispiel Übermaß an Essen, Trinken, Genußmitteln, hektischer, unerfüllter Arbeit usw., die dann erst zum Ausbruch einer körperlichen Krankheit führen. Eine Krankheit ist also nichts Schlechtes, nichts Böses, sondern ein unmißverständlicher Hinweis etwas zu ändern, eine Chance für den Leidenden, sich zu bessern, auf den richtigen Weg zu kommen.

Natürlich gibt es auch Krankheiten, die nicht ein einzelner Mensch, sondern unsere Gesellschaft im Kollektiv verursacht. Auch diese haben ihre Wurzel jedoch im Fehlverhalten der jeweiligen Gesellschaft, die durch ihren Größenwahn, ihr Übermaß, ihr

Unwissen, ihre natürlichen Lebensgrundlagen dermaßen zerstört, daß Krankheit für alle Betreffenden die Folge sein muß. Ich möchte jedoch auch hier wieder den geistigen, inneren Ursprung aller Leiden hervorheben. Was falsch ist, tut über kurz oder lang weh, und dieses Prinzip gilt nicht nur fürs Kind und die heiße Ofenplatte. Es muß auch wehtun, da der Mensch sonst niemals auf den richtigen Weg zur körperlichen und geistigen Gesundung gelangen kann. Diese Zusammenhänge werden vom Großteil der Ärzteschaft weitgehend ignoriert. Inneres, Geistiges, die Suche nach dem Leben hier und im Jenseits, Dinge, die fürs geistige und daher auch körperliche Leben von existenzieller Wichtigkeit sind, scheinen nicht Sache der Ärzte zu sein. Nicht einmal einem Patienten, den zum Beispiel offensichtlich seine menschenunwürdige Arbeit krank macht, der es nicht aushält, ein gewisser Teil einer Maschine zeitlebens zu sein, klären sie auf, sondern flößen ihm in mittelalterlich anmutender Hexenmeistermanier von der chemischen Industrie gebraute magische Süppchen ein, ihren Zaubertrank, der allzuoft ein Trank des Vergessens, eine Droge ist. Ärzte haben augenscheinlich die Funktion des Verschleierns von wirklichen Krankheitsursachen und Mißständen in Innenwelt und Umwelt unserer Gesellschaft. Außerdem maßgeblich am Aufbau und Instandhalten eines gewissen naturwissenschaftlich-technischen Weltbildes von der Allmacht des Staates und der heutigen Wissenschaft über alles Leben und Sterben in dieser Welt beteiligt. Sie verstanden es bis heute, die Menschen in ihrem Bann zu halten, sie von Ängsten zu befreien, die sie selbst geschürt hatten, sie vom wahren Wissen über die Wirkungen des Schlechten und Bösen in ihrem Leben, die sich in Krankheiten äußern, fernzuhalten, um diese schließlich, meist bis zu ihrem Tode, in ihrem Rauschzustand, ihrem Wahn, ihrem Zivilisationsrausch, ihren falschen Leitbildern und Illusionen zu belassen. So schrecken sie auch nicht davor zurück, Teile von Körpern zu zerschneiden und zu entfernen! Sie erkennen nicht, daß man eine Krankheit nicht mit chemischen Mitteln heilen kann, da sie ja inneren Ursprungs ist, oder gerade durch synthetische Stoffe* verursacht worden sein könnte. Es

*Nach meiner Meinung und Erfahrung sind schlichtweg alle anorganischen Substanzen für den menschlichen Organismus nicht verwertbar und wirken sich letztlich als Gifte aus. Alle **Vitalstoffe**, die der Körper zum Leben braucht, kann er auf die Dauer nur durch *lebendige Nahrung*, das heißt naturbelassene, unzerstörte, unerhitzte Lebensmittel, in denen alle Substanzen in organischer und deshalb verwertbarer Form enthalten sind, gewinnen. Die Ursache der allermeisten Krankheiten heißt heute Fehlernährung beziehungsweise Unwissen über die ursprüngliche, natürliche Ernährung.

muß sogar vermutet werden, daß Teile der Ärzteschaft wissen, daß sie mit ihrer Kunst Krankheiten und Nöte erst schaffen, um diese dann mit ihrer scheinbaren Größe und Allmacht, ihrem übergroßen Wissen beseitigen, besiegen zu können.

Man kann Krankheiten allerbestens verlagern, stauen. Dafür aber brechen sie an anderer Stelle dann umso heftiger wieder aus. Dieses Stauen und erneute Durchbrechen des Staus geschieht so lange, bis die Krankheit schließlich übermächtig wird. Man lernt jedoch nicht daraus, sondern beginnt dann den Körper des Kranken zu zerstückeln. Welcher Irrsinn!

Giftige Chemikalien verabreichende und operierende Ärzte heilen nicht, sondern pflegen und entwickeln die Krankheiten ihrer Patienten bis zu deren Tod weiter. Ein verhängnisvolles, teures, unsinniges Schattenboxen mit Tod und Leben, über die sich die *Götter in Weiß* erhaben sehen, auf Kosten der Allgemeinheit und des Lebensglücks des einzelnen.

Der wirkliche Heiler ist unser Heiland.

Es ist wichtig, an dieser Stelle darzustellen, wer oder was eigentlich heilen kann. Es ist Mittel, die der menschliche Körper braucht, um zu funktionieren, und mit Hilfe derer er auch in die Lage versetzt wird, etwaige Giftrückstände von alten Sünden auszuscheiden. Solche Mittel erhält unser Körper aus seiner **natürlichen Nahrung,** die ihm der Ordnung der Schöpfung gemäß zugedacht ist. Alle natürliche, lebendige Nahrung kann dem Organismus also entsprechend den jeweils bestehenden Mängeln heilend dienen. Alles Natürliche hat jedoch seinen Ursprung und seine Entsprechung im Geistigen (Wahrheit, Weisheit, Existenz) und Inneren (Kraft, Liebe, Sein) vom Herrn.

Um nicht auf der Stufe einer Naturreligion zu verharren, muß dieser Zusammenhang also auf weitere Ebenen transferiert werden. Lebendige Nahrung im geistigen Sinn sind alle Wahrheiten vom Herrn beziehungsweise aus seinem Wort. Diese Wahrheiten versetzen den geistigen Organismus eines Menschen in die Lage, vorhandenes Falsches zu verdauen und auszuscheiden, als Unwahres zu erkennen und zu eliminieren. Wurden mit der Zeit durch die Wahrheiten aus dem Wort vom Herrn alle Falschheiten entfernt, also Körper und Geist gereinigt, kann auch die Liebe beziehungsweise die innere Wahrnehmung, das Innewerden, Fühlen von allem Guten ermöglicht werden, das wiederum kein Böses mehr zulassen wird.

Es ist also wichtig zu wissen, daß nicht der Mensch sich selber oder sein Körper sich selber heilen oder retten kann, sondern der Herr der einzige Heiler oder Heiland ist. Der Mensch, sein Geist und Körper heilen sich nur wie aus sich selber, wenn sie die Wahrheiten vom Herrn annehmen und der Schöpfungsordnung gemäß leben, also nicht nur vom Verstand aufnehmen, sondern SEINEN Wahrheiten auf allen Ebenen, auch der untersten Ebene der leiblichen Nahrung nachfolgen und diese auch tun.

Sieht der Mensch solche Zusammenhänge nicht, und macht er allein die Natur und zuletzt sich selber für eine Heilung verantwortlich, sieht er also den Herrn nicht als Ursache und Quelle von allem Existierenden, als Anfang und Ende, dann werden wir zwar vorübergehend entdecken, wie wir unsere kranken Körper vor dem schnellen Zerfall bewahren können, aber zuletzt doch wieder genau an dem Punkt angelangen, an dem wir heute bereits stehen, nämlich an der Entscheidung zwischen Tod aus dem Eigenen, und Leben aus dem Herrn.

Wenn also ein Arzt heilen möchte, so kann er das ebenfalls genaugenommen nicht aus sich, sondern nur, indem er göttlich Wahres (richtiges Wissen) und Gutes (lebendige Nahrung, Liebe) weitergibt. Es sei außerdem an dieser Stelle davor gewarnt, Heilungen auf die bloße Genesung des Körpers ohne den Geist zu beschränken. Eine getrennte Heilung des Körpers ohne gleichzeitige Heilung des Geistes und Inneren eines Kranken durch Gutes und Wahres vom Herrn auf allen Ebenen ist nichtens und führt zwangsweise zu Mißergebnissen und Rückfällen.

Krankheiten dienen der Genesung

Krankheiten sind deshalb anders zu behandeln. Der Patient sollte seine eigenen Fehler und Fehlhaltungen erkennen. Er sollte eine Krankheit dankbar annehmen als Fingerzeig Gottes, der ihn auf den richtigen Weg bringen möchte. Etwaige Fehler, sowohl in der Gesamtgesellschaft wie auch beim einzelnen müssen deutlich gemacht werden. Der Arzt muß zuerst über die Seele, das innere Leben des Menschen, die Stellung und Aufgabe des Menschen auf dieser Erde überhaupt, das Weiterleben nach dem Tod, also das geistige Leben des Menschen Bescheid wissen. Er muß die Arten innerer Fehlhaltungen und deren spezielle Einwirkung auf bestimmte Organe kennenlernen. Seine Rezepte sollen Empfehlungen der **Lebenshaltung und -führung** sein. Er muß echten Trost und Zuversicht vermitteln können. Bei Unfällen und Gebrechen muß er sich mit einfachen Mitteln behelfen können. Er sollte die Kräfte aller Pflanzen kennen und anwenden können. Allerdings nicht etwa mit Kräutertees, symptomunterdrückenden Salben oder irgendwelchen Naturmittelchen – mit solchen tut er im Prinzip nichts anderes als die Pharmaindustrie auch, nämlich mit anorganischen Giften Symptome unterdrücken –, sondern der Arzt sollte um die Heilkraft der jeweils geeignetsten lebendigen Nahrung wissen, mit der ein Kranker, d.h. kranke, tote Stoffe ausscheidender Menschen, also besser gesagt ein Genesender seine Körperfunktionen am besten unterstützen kann. Der Körper heilt sich genauso, wenn man auf seine Zeichen hört und ihm nur die Gelegenheit dazu gibt, seine *Altlasten* abzubauen beziehungsweise mit der ständigen Neuvergiftung aufhört, wie der Geist des Menschen, wenn dieser auf den Herrn hört. Das Befolgen von Naturgesetzen und geistigen Gesetzen aus der Schöpfungsordnung ist Voraussetzung für Gesundheit schlechthin.

Krankmachende Einflüsse jeglicher Art, von der Fernsehverblödung bis zum schädlichen Einfluß von Radarstrahlung und Mikrowellenherden, von Schweinefleischgiften bis zu den unzähligen Belastungen durch noch unerkannte Vergiftungsquellen (Kunstdüngerpflanzen, Rückstände anorganischer Substanzen in und auf Nahrungsmitteln schlechthin wie Spritzmittel-, Kalk-, Kupfer-, Fluoridreste usw.), sind von Ärzten schonungslos aufzudecken und im Interesse der Gesundheit und des Volkswohls rigoros zu bekämpfen. **Ärzte sollten zu Anwälten der Gesundheit werden,** die nur solange bezahlt werden, wie der Klient beziehungsweise Patient diese behält.

In dem Maße, in dem er jedoch seine Gesundheit verliert, sollte auch der Arzt verlieren. Heute ist es aber genau umgekehrt. Je kranker der Patient, desto reicher der Arzt. Wen wundert es also, daß viele Ärzte nicht die Gesundheit, sondern die Krankheit ihrer Patienten pflegen? Nicht zuletzt erkrankt der Mensch heute gerade an den Giften und Schadstoffen, die ihm der Arzt verschreibt. So sind paradoxerweise die in der Schulmedizin angewandten Mittel zum Beispiel gegen Krebs in hohem Maß krebserzeugend und würden sogar bei einem gesunden Menschen Krebs erzeugen. Ich meine Bestrahlen, Zerschneiden, die Chemotherapie ...

Ich will den Ärzten jedoch nicht pauschal unterstellen, die Patienten absichtlich krank oder kränker machen zu wollen. Wahrscheinlich glauben sich viele im ehrlichen *Kampf gegen die Krankheit,* sind sich aber nicht darüber im klaren, daß sie mit absolut falschen Mitteln kämpfen, ja sogar, daß sie quasi *Benzin ins Feuer* schütten. Diese Unwissenheit in punkto Heilkunst hat andere Verursacher. Es sind genau jene, die mit Krankheiten Milliarden verdienen. Hierzu verweise ich jedoch auf das Kapitel Medizin/Chemie.

Es gibt keine absolute Wissenschaft

Endlich muß hier auch einmal in aller Deutlichkeit gesagt werden, daß die Medizin keine absolute, exakte Wissenschaft ist, – die Vorstellung einer solchen ist angesichts der rein äußerlichen Betrachtungs- und Denkweisen auch der anderen Wissenschaften ohnehin hinfällig – sondern eine *Heilkunst,* deren Erfolge im wesentlichen auf Erfahrung und Begabung beruhen. Man kann den Arzt daher letztlich nur an den Früchten seines Bemühens*, also am Erfolg messen. Angesichts der Krankheitssituation in der Bevölkerung muß man deshalb von einem völligen Versagen der Schulmedizin sprechen, heute mehr denn je. Deshalb ist den Schulmedizinern der alleinige Anspruch auf Krankenbehandlung zu entziehen. Auch an den Hochschulen ist die Lehrbefugnis nur denjenigen zu erteilen, die wirkliche Erfolge nachweisen können. Dem heute grassierenden Statistikschwindel im Zusammenhang mit Heilerfolgen ist aufs schärfste entgegenzutreten, da durch falsche, manipulierte Ergebnisse Menschenleben aufs Spiel gesetzt werden.

Im übrigen sollte es eigentlich niemanden verwundern, daß es mit der *ärztlichen Kunst* heute so schlecht bestellt ist. Man verläßt sich ja ausschließlich auf meist synthetisch hergestellte Medikamente beziehungsweise Gift- und Fremdstoffe, mit denen man zu-

*Man sollte den Arzt auch erst und nur dann bezahlen, wenn man durch seine Therapie tatsächlich auch gesund geworden ist. Schon diese kleine Änderung in der Gebührenordnung des *Gesundheitswesens* könnte zu einem völligen Wandel führen beziehungsweise die allermeisten Ärzte von heute erwerbslos machen, solange sie sich nicht ändern. Schon Hippokrates, das angebliche Vorbild aller Ärzte, hielt es übrigens mit dem Brauch des Geldnehmens erst nach der Gesundung.

vor unzählige Tiere vergiftete, um in etwa abschätzen zu können, welche Dosis ein Mensch davon gerade noch ertragen kann, ohne daß gleich ernsthafte Schäden, die direkt auf das Medikament zurückführbar sind, eintreten. Diejenigen jedoch, die diese Medikamente entwickeln, verstehen zwar vom Töten, Vergiften im Tierversuch eine ganze Menge, keineswegs jedoch vom Heilen des menschlichen Geistes und Körpers.

Kapitel 3
Asylsuchende – Ausländer

Während eine absolute Mehrheit in der Bevölkerung gegen den Zuzug von Ausländern war und in steigendem Maß ist, wehrten sich unsere Regierungen oft mit raffinierten Scheingefechten gegen eine Änderung der gängigen Einwanderungspraxis.

Warum? – Ein erster Hintergrund ist wohl im Zauberwort *Wirtschaftswachstum* zu finden.

Jeder zusätzliche Bürger bereicherte ja nicht nur die Fluggesellschaft mit seiner Einreise, sondern daraufhin Wohnungsmarkt, Energiekonzerne, Industrie ... Jeden steigenden Verbrauch nennt man heute ja Wachstum. Und wenn gerade an einer neuen Maschine oder in irgendeiner Branche Arbeitskräfte fehlen, holte man sich einfach welche aus dem Ausland. Man vergaß und vergißt immer noch, daß es dabei um Zukunft und Schicksal von Menschen geht, die oft weder von ihrer Lebens- und Denkweise, noch von ihrer Religion her Eingang in unsere Gesellschaft finden können, die in unserem *rauhen Klima* genausowenig wie eine tropische Pflanze oder ein wärmeliebendes Tier gedeihen können. Diese Menschen können nur *unten* bleiben, müssen wieder eine Minderheit, ein Völkchen im Volk werden. Wenn man die Barackensiedlungen mancher Fabriken betrachtet, drängt sich einem der Begriff *Menschenzoo* auf. Hier wurden Menschen wie Arbeitstiere *eingestallt* und zur Dreckarbeit mißbraucht, zu Teilen von Maschinen degradiert. Das Problem Randgruppen, Minderheiten gibt es inzwischen fast in jedem Land und sorgt dort in der Regel immer für Spannungen, Streitigkeiten, Gewalttätigkeiten.

Menschen lassen sich nicht ohne weiteres vermischen*

Selbst in einer Stadt, in der zehn verschiedene Volksgruppen leben, gibt es eben dann zehn verschiedene Stadtteile, in denen jede Gruppe für sich lebt. Dasselbe Phänomen läßt sich im Tierreich verdeutlichen. Ein Bienenvolk ersticht jede fremde Biene, die ins

Volk will. Bei Rattensippschaften geschieht ähnliches. Ich halte fünf Hühner, vier sind braun, eins ist schwarz. Alle hacken auf dem schwarzen herum. Beim Menschen liegen die Unterscheidungsmerkmale jedoch nicht nur am Äußeren, sondern auch im Inneren. Gleich und gleich gesellt sich nach wie vor zusammen, doch ist das, was die jeweilige Gruppe für gut und richtig hält, ihr Glaube, ihre Gesetze, ihre Sitten usw. vor allem maßgebend. Die entscheidende Rolle spielt hier der Glaube. Ein Volk steht und fällt mit seinem Glauben! Deshalb kann ich die Haltung der Kirche in diesem Punkt nicht verstehen. Noch vor 100 Jahren wäre es undenkbar gewesen, daß die Kirche es begrüßt hätte, wenn man zum Beispiel Moslems ins Land geholt hätte. Noch vor gar nicht so langer Zeit wurden in unserem katholischen schwäbischen Oberland ja nicht einmal Protestanten geduldet! Wie soll dann jemand, der zum Beispiel der Vielweiberei anhängt, in unsere Glaubensgemeinschaft Eingang finden?

Es ist sicherlich Christenpflicht, zu helfen

Es ist sicher Christenpflicht, in Not geratenen Menschen zu helfen. Doch sollte man nicht versuchen, durch direkte politische, finanzielle, geistige und geistliche Einwirkung im betreffenden Land dort allen zu helfen? Einige wenige davon bei uns einreisen zu lassen, kann doch für alle nicht sinnvoll sein, ist nur ein Tropfen auf den heißen Stein, und dient nicht einmal den scheinbar glücklich Entkommenen auf lange Sicht. Jene können sogar noch vom *Regen in die Traufe* geraten. Die Wurzeln von Armut, Hunger, Macht, Unterdrückung, Menschenrechtsverletzung im entsprechenden Land werden jedenfalls nicht annähernd berührt.

Man versetze sich einmal selbst in die Lage eines Asylsuchenden. Man muß nur einreisen und wird auf alle Fälle für einige Zeit, wenn nicht für immer verköstigt, versorgt ..., ohne daß man dafür

*Leider sind die Gesetze der Eugenik heute praktisch aus dem Volkswissensschatz verschwunden. Diese besagen, daß jede Vermischung von zwei unterschiedlichen Arten oder Rassen zwar in der ersten Nachkommenschaft positiv wirkt – eine Art *Genputsch* findet statt, die Positivmerkmale beider überwiegen zunächst, man spricht vom Hybrideffekt – daß aber in den folgenden Generationen ein totaler Zusammenbruch durch Degeneration, Unfruchtbarkeit, usw. stattfindet, weil die gegebenenfalls in Jahrtausenden entwickelten überlebensnotwendigen Artenmerkmale beider Arten nun verloren sind. Leider macht die Natur bei der Gattung Mensch hier keine Ausnahme, d.h. der Hybrideffekt kann sich genau wie zum Beispiel bei Tomaten oder Hühnern in den späteren Generationen vernichtend auswirken. In alten Zeiten wurden besiegte Völker dadurch vernichtet, daß man ihre Männer tötete und die Frauen vergewaltigte. Heute bringt man sie dazu, sich freiwillig und von selbst auszulöschen, indem man einfach fehlinformiert und fehlleitet.

auch nur einen Finger krumm zu machen braucht, ja sogar nicht einmal darf. Selbst unsere Sozialwohnungen erscheinen im Vergleich zur eigenen, wenn überhaupt vorhanden, als wahre Paläste. Das Sozialhilfegeld, in der eigenen Landeswährung ausgedrückt, ist vielleicht in einem Monat so hoch wie dort der Lohn übelster Arbeit in einem Jahr. Wem kann man es da verübeln, wenn er einmal den Versuch macht . . . ? Ein Versuch kostet ja nichts! Natürlich ist ein Großteil der Asylsuchenden wirklich gefährdet, verfolgt . . .

Vergessen wir aber nicht, daß jeder Teil eines Volkes, jeder Bürger seinen Teil der Gesamtschuld an den jeweils herrschenden Zuständen trägt und tragen muß. Man sollte hier jedoch einfügen, daß auch wir, die Industrienationen mit ihren Banken, ihrer Subventionspolitik für industriell erzeugte Nahrungsmittel, ihrer Rüstungsindustrie usw. zumindest mitschuldig an den dortigen Zuständen sind. Doch ist eben trotzdem die gängige Praxis, einige Asylanten aufzunehmen, nicht die Lösung des Problems.

Helfen können die jeweiligen Nachbarn und Glaubensbrüder der leidenden Menschen sowohl in punkto *Entwicklungshilfe* wie auch Flüchtlingsaufnahme sicherlich besser als wir.* Auch wir werden, oder tun es bereits, die Früchte unseres Tuns ernten müssen. Wenn unser Land vor lauter Wachstum allmählich zur stinkenden Industriekloake, zur strahlenden Atommülldeponie verkommen und unbewohnbar geworden ist, wer wird uns Asyl gewähren? Genausowenig oder so gut wie andere Völker zu uns passen, passen wir zu ihnen.

Ich möchte abschließend, um nicht mit Ausländerfeinden verwechselt zu werden, folgendes verdeutlichen: Es geht nicht nur um das Wohl des deutschen Volkes, sondern auch um das der Ausländer. Unter *Ausländer* verstehe ich eher wirkliche *Fremdlinge*, also Menschen, die wegen ihrer Sitten, ihrer Denkweisen, ihrer Religion in unsere Gesellschaft kaum Eingang finden werden und können. Ich meine also nicht christliche Mitteleuropäer anderer Nationen. Außerdem wird die heute gängige Praxis des In-der-Welt-umher-Fliegens vielleicht nur noch so lange andauern können, bis

*Diese Aussage gilt doppelt, solange wir uns in einem Zustand der Dekadenz und Zerstörung befinden, da wir dann niemandem helfen können, sondern höchstens andere mit ins Verderben ziehen. Diese Aussage gilt jedoch nicht mehr, wenn wir uns einst in einem Zustand des Guten und Wahren vom Herrn befinden sollten.

der Treibstoff beziehungsweise die Ölquellen knapp werden beziehungsweise *knapp gemacht* werden. Dies könnte bald sein.

Sollten dann einmal, auch für die hiesigen Wohlstandsnationen, schlechte Zeiten anbrechen, dann möchte ich hier nicht in der Haut der *Fremden* stecken.

Zu Zeiten des Wohlstandes und der allgemeinen Zufriedenheit kann es jedem Fremden in jedem Land gutgehen. Sobald jedoch Not, Umstürze, Revolutionen usw. ausbrechen, geht es zumeist erst einmal den nur geduldeten, in Wirklichkeit jedoch niemals integrierten Fremdlingen an den Kragen.

Vor Gott sind nicht alle gleich

Vielleicht werde ich mit dem in diesem Text Gesagten von etlichen als Rassist bezeichnet werden. Dem vorbeugend möchte ich den Begriff Rassismus näher darlegen. Ich erkenne an und möchte dies besonders betonen, daß jeder Mensch vor Gott gleich viel wert sein kann. Dies richtet sich einzig und allein nach der Aufnahme der göttlichen Liebe und Weisheit und dem Leben nach den in den meisten Religionen enthaltenen Gesetzen aus der Schöpfungsordnung. Die Verantwortung und zugleich auch die Gefahr des Mißbrauches werden umso größer, je mehr ein Volk vom Wort Gottes weiß. Der Christ muß nun genau wissen, daß alles Gute und Wahre, das er erhalten hat und nun besitzt, nicht aus ihm selbst, sondern von Gott stammt, den er in menschlicher Form in Jesus Christus direkt erleben und erfahren durfte, und der es dem Menschen erst möglich machte, Gott nachzufolgen, der den Menschen also von seiner Unwissenheit und Dummheit erlöste. Der Rassist ist das genaue Gegenteil des wahren Christen. Er glaubt, daß alles Gute und Wahre aus ihm käme beziehungsweise in ihm innewohnte. Er fühlt sich infolgedessen als Übermensch, elitäre Rasse, Herrenmensch, und betrachtet alle anderen mit den Augen der Geringschätzung und Mißachtung von *oben* herab. Hitler und die Nazis fühlten sich als solche Herrenmenschen. Seine größten Feinde, die Juden jedoch ebenfalls. Jene leugnen die Gottheit unseres Herrn und maßen sich an, *Volk Gottes, auserwähltes Volk, einziges Menschenvolk* zu sein. Wenn man das Prinzip kennt, wonach jeder mit *dem Schwert gerichtet wird, das er zuvor erhebt,* war es kein

Zufall, daß Hitler die Juden vernichten wollte, die Juden schließlich ihm das *Genick brachen.**

Jeder gehört zu seinem Volk

Es ist also keineswegs rassistisch, wenn ich fordere, daß jeder dorthin zurückkehren sollte, wohin er gehört, sondern eine dringende Maßnahme zur Rettung beziehungsweise Wiederherstellung der Einheit, Integrität, des Charakters, der Kultur und Sitte, des Wesens eines Volkes schlechthin. Keiner würde auf die Idee kommen, etwa die letzten intakten Völker in den USA, nämlich die letzten Indianerstämme mit anderen zu vermischen. Jeder würde solches als Völkermord – oder Auslöschung bezeichnen. Wenn ich mich jedoch über die vielschichtige Zerstörung zum Beispiel der schwäbischen Kultur, Sitte, Sprache, Landschaft, Eigenheit beklage, werde ich sofort ins faschistische Lager verschleppt. Die Zerstörung der schwäbischen Kultur wurde übrigens nicht erst von Gastarbeitern aus Südländern, sondern schon durch *Gastarbeiter* aus den nördlicheren Teilen Deutschlands vorangetrieben. So konnte ich mitverfolgen, wie verheerend sich der Kauf einer Papierfabrik seitens eines großen Konzerns auf die einheimische Bevölkerung meines Heimatdorfes Baienfurt auswirkte. Viele Angestellte dieser Fabrik wurden nach der Übernahme nach und nach mehr oder weniger zu Hilfsarbeitern degradiert und hatten sich fortan befremdlich klingenden Tönen, Meinungen und Weisungen aus Düsseldorf zu fügen. Was zur Folge hatte, daß Baienfurt jahrelang die höchste Selbstmordrate eines Dorfes in der Bundesrepublik Deutschland aufwies. Natürlich möchte ich das deutsche Volk nicht in viele Einzelvölker aufgespalten wissen. Alle Deutschen in Ost und West sind ungeachtet irgendwelcher zeitbedingter Grenzen ein zusammengehöriges Volk. Doch würde ich demjenigen, der innerhalb Deutschlands von einem zum anderen Kulturbereich wechselt, dringend anraten, die dortige Sprache zu erlernen und zu versuchen, seinen kulturellen Nachholbedarf durch eifrige Studien des dortigen Brauchtums und der Sitten auszuglei-

*Wer wie ich mehr und mehr erkennen mußte, daß die gesamte Geschichte der Kriege, vor allem in der Neuzeit, hauptsächlich die Funktion von neuen Machtverteilungen und Besitzergreifungen zugunsten der Oberen zu erfüllen hatte, muß auch hinter den letzten Weltkriegen Hintergrundinteressen der Manipulateure vermuten. Auch Hitler kam wohl nicht zufällig an die Macht, sondern wurde genauso von bestimmten Geldkreisen finanziert wie die bolschiwistische Revolution im Rußland 1917. Selbst der Holocaust hatte weitere Hintergründe, die ich jedoch zum Schutz der Übeltäter nicht äußern möchte, und die erst an den Tag gebracht werden können, wenn die Menschen ihre Rachsucht abgelegt haben.

chen. Außerdem gibt es verschiedene Arten von Grenzen beziehungsweise Abgrenzungen zwischen den Menschen. Die kleinste Abgrenzung bildet ja die Familie als abgeschlossene kleinste Einheit. Sodann folgen Verwandtschaft, nach und nach Dorf, Dialekt beziehungsweise Sprachgemeinschaften, und schließlich als Landesgrenze zugleich eine große Sprachbarriere, außerhalb dieser man sich nicht mehr verständigen kann beziehungsweise im Ausland ist. Die Zugehörigkeit und Zusammengehörigkeit von Menschengruppen und Völkern ist also äußerlich an der Sprache, innerlich aber an Sitten, Brauchtum, und vor allem der Religion zu erkennen. Solche Grenzen, und nicht etwa von Politikern und Machthabern gezogene Linien sind die wirklichen und eigentlichen Grenzen beziehungsweise Unterscheidungen zwischen den Völkern. Und allein diese sind gut und richtig im Sinne der göttlichen Ordnung auf der ganzen Welt.

Die Vermischung der Völker dient den Mächtigen

Die große Frage bleibt jedoch die, wie all diese unverzeihlichen Fehler wieder rückgängig gemacht werden können, ohne daß dadurch erneut menschliches Leid entsteht. Auf jeden Fall ist das Leid, das der betreffenden Bevölkerung durch Verdrängung und Überfremdung durch Zerstörung von Kultur, Einheit, Zusammengehörigkeit zugefügt wurde, endlich einmal in die Waagschale zu werfen und zu erkennen, daß dieses Leid mehr Gewicht hat als inzwischen erworbenes Heimatgefühl und allmähliche Akklimatisierung der Fremden. Auch muß erkannt werden, daß die Vermischung und die dadurch verbundene Willens- und Wesensschwächung beziehungsweise Paralysierung und Neutralisierung der Völker, die Absicht bestimmter Mächte sein kann, die sich diese Schwächung zunutzen machen wollen mit dem Ziel, letztlich die ganze Welt zu regieren. Ich nenne diese Mächte hier, um nicht als Faschist, Neonazi, Rassist verschrien zu werden, vorsichtshalber nur *Geldmächte*. Ich nenne auch nur den Ausdruck *Geldmächte,* weil es sich hierbei nicht um eine zusammenhängende biologische Rasse, sondern um Menschen gleicher Geisteshaltung handelt. Jener Geisteshaltung, die nicht anerkennen will, daß Jesus Christus unser Herr und Gott ist und alles Gute und Wahre von ihm kommt, sondern die sich selbst als Besitzer aller göttlichen Kraft und Macht sieht, und eigentlich weniger den inneren und geistigen

Reichtum des Himmels, sondern eher den Reichtum, die Herrschaft und Macht dieser Welt sucht. Das Wort Gottes dient hierbei nur als Mittel zum Zweck des Machtgewinns und wird verändert oder verleugnet, wenn sich damit sein Zweck nicht erfüllen läßt. Jene jedoch, die das Wort Gottes so hinbiegen und so verfälschen, bis es ihre egoistischen *Zwecke heiligt* sind die, die in der Johannes-Offenbarung unter dem *Drachen mit seinen Tieren* verstanden werden, der alles verschlingen und besitzen und jeden, vor allem geistig, töten beziehungsweise ins Unwissen stürzen will. Der Endkampf, die Endschlacht zwischen Gut und Böse, Wahr und Falsch wird also zwischen jenen, die den Herrn als einzigen Gott anerkennen und verehren, und denen, die das Wort, die Wahrheit Gottes und damit Jesus Christus (Johannes 1.1/14 *»Am Anfang war das Wort, und das Wort war bei Gott und Gott war das Wort. Und das Wort ward Fleisch und wohnte unter uns«*) mißbrauchen, leugnen, verdrehen, verfälschen . . ., stattfinden. (Hier sind natürlich scheinbare Auch-Christen gemeint).

Die größte Gefahr liegt in der Zerstörung des Glaubenswissens

Die größte Gefahr, die uns droht und die uns schon beinahe vernichtet hat, ohne daß wir es überhaupt gemerkt haben, liegt also nicht nur in einer Überfremdung natürlicher Art, sondern in einer Verwässerung und Zerstörung unserer christlichen Religion. Diese ist ja, wie jeder weiß, schon sehr weit fortgeschritten. Dadurch öffnen wir Tür und Tor jedem Eindringling, lassen wir uns von *Drachen* verschlingen beziehungsweise zum Atheisten, Marxisten, Zionisten, Kommunisten, Buddhisten, Moslem, falschen Christen eben dessen Wünschen entsprechend umfunktionieren, der uns regieren oder parasitieren will.

Deshalb müssen die Verhältnisse innerlich und äußerlich endlich klar geordnet werden. Leider scheinen die Kirchen dazu nicht in der Lage zu sein. Man muß sogar feststellen, daß sie dieses unheilbringende Treiben noch verstärken, indem sie sowohl den Zuzug von Asylsuchenden unterstützen, wie auch Glaubenspositionen im Zuge einer Ökumenebewegung immer mehr verwässern und verweltlichen, und somit einen *Ausverkauf des Christentums* betreiben. – Die Wiederherstellung der Ordnung und Unabhängigkeit im natürlichen und geistigen Bereich muß deshalb angestrebt werden. Die Lehre der Kirche muß klar und deutlich für jedermann sichtbar und nachvollziehbar werden.

Allen Fremden ist Gastrecht zu gewähren. Dieses Gastrecht ist jedoch auf eine den Umständen und Zielen des Aufenthaltes entsprechende Zeit im vornherein zu begrenzen. Inzwischen eingebürgerte Menschen sind allerdings dann in ihrer Ersatzheimat zu belassen, wenn sie von ihrer Umgebung, ihren Nachbarn als solche gesehen und integriert worden sind. Ein Fremder kann auch Bereicherung sein, wenn er neues Gutes, neues Wissen vom Herrn verbreitet. In einem solchen Fall ist gegen einen Zuzug nichts einzuwenden. Bei gemischten Ehepaaren ist davon auszugehen, daß eine innere Übereinstimmung besteht und somit beide geistig und innerlich einem Volk beziehungsweise einer Gemeinschaft zugehören.

Kapitel 4
Banken

Ende des Jahres 1987 hatte sich der **Schuldenstand des Bundes** auf 440 Milliarden DM summiert. Bund, Länder und Gemeinden zusammen sind gar mit 849 Milliarden in der Kreide. Davon betrug allein der Zinsendienst der öffentlichen Hand 58,5 Milliarden DM. Die Neuverschuldung reicht kaum noch aus, um die jährliche Zinslast zu tragen. Die Zinserträge der deutschen Banken erreichten während jenem Jahr 235 Milliarden Mark. Damit allein könnte schon der gesamte Bundeshaushalt finanziert werden! Die Zinsbelastungen aus allen Geld- und Sachanlagen resultierend liegen in etwa bei der Hälfte aller Bruttolöhne und Gehälter.

Diese Zahlen können sichtbar machen, wer eigentlich hinter Elend und Ungerechtigkeit in Entwicklungsländern, hohen Steuern, Wohnungsmieten und Preisen, sozialen Härten, Verteuerungen aller Art usw. steckt. Es sind Banken, Spekulanten, Monopole, Funktionäre, Bürokratien auf der Wirtschaftsseite und der Staat mit seinem Etat, der natürlich auch vieles enthält, was wegfallen könnte, auf der anderen Seite. So wurde schon damals jeder einzelne Beschäftigte jährlich mit durchschnittlich 10.000 bis 12.000 DM Zinsen belastet, die über Preise, Steuern und Gebühren aufzubringen sind. Viele Preise von Gütern bestehen überwiegend aus Zinsen. (Wohnungsmieten, Immobilienpreise, petrochemische Produkte usw.). Schlimm wirkt sich dieses Spiel mit dem Geld auch auf die Entwicklungsländer aus, denen man irgendwann einmal irgendwelche hochtechnischen Anlagen finanzierte, die jene dann gar nicht brauchten oder gar nicht beherrschen konnten, die aber seither zu einer ständig wachsenden Verschuldung durch ein verhängnisvolles Zinssystem führten.

Das Zinssystem belastet alle Länder der Erde

Wird nun die durch das Zinssystem entstandene Last in den betreffenden Ländern zu hoch, entstehen Elend, Hunger, Zusammenbrüche von Strukturen usw., so verstehen es die internationalen Banker und Geldschieber geschickt, die wahren Ursachen dieses Elends zu verschleiern und stattdessen in den gleichfalls von denselben schon zur Genüge strapazierten Konsumländern ein Schuldbewußtsein zu entfachen, damit diese dann bereit sind, die *Zeche* in Form von Entwicklungshilfe zu zahlen. In Wirklichkeit haben die Konsumländer ebenfalls unter enormen Existenzsorgen zu leiden und sind gerade dazu recht, diesen Finanzpiraten die Agrargüter der Dritten Welt in klingende Münze umzuwandeln. Dieses ganze Hin und Her von Gütern geschieht ja heute keinesfalls zum Segen zweier Handelspartner, von denen der eine dem anderen jeweils das gibt, was ihm fehlt und was dieser wirklich zum Leben braucht, sondern deshalb, weil damit beide Beteiligten in einem Streich von jenen *unbekannten Dritten* kontrolliert, parasitiert, gelenkt und beherrscht werden können. Die *Entwicklungsländer*, das heißt die Länder, deren Abhängigkeit und Anbindung an das Finanzweltreich der Geldmächtigen noch nicht perfekt ist, werden vor allem dadurch ins Unglück getrieben, daß man sie ihrer Substanz (Lebensmittel, Rohstoffe, Bodenschätze) beraubt und dafür Kriegsmaterial liefert, mit dem dann Konflikte, Umstürze und Kriege mit dem Ziel der eigenen Machtübernahme unter den Deckmänteln Demokratie oder Sozialismus/Kommunismus entfacht werden können.

Die sogenannten zivilisierten Länder wiederum werden durch die mit diesem Handel verbundenen strukturellen Fehlentwicklungen im eigenen Land – man wird zum Waffenproduzent, Giftlieferant, zur Industriekloake usw. –, besonders durch die Zerstörung der eigenen Landwirtschaft mit Niedrigpreisimporten aus der Dritten Welt, aber auch durch die Verdrängung von heimischen Energieressourcen (Kohle) durch Importe von Rohstoffen, Energie, usw., ebenfalls in die völlige Abhängigkeit von den internationalen Geldmagnaten gebracht. Wer sich diese Zusammenhänge einmal durch den Kopf gehen läßt, der begreift auch die fatale Funktion beispielsweise der EG, des gemeinsamen Marktes. Dieser dient immer noch vorwiegend dem Zweck, den beteiligten Ländern eine wirtschaftliche Zwangsjacke zu verpassen. Also zur Vernichtung der Eigenständigkeit und Unabhängigkeit beziehungsweise Unterwerfung der Regionen. Genau wie jede einzelne

Milchkuh in den EG-Ländern heute eingepfercht, angebunden, zu Höchstleistungen angetrieben ständig auf dem Melkstand steht, so ergeht es im übertragenen Sinn auch den dortigen Bürgern beziehungsweise diesen Ländern insgesamt.

Mit unserem eigenen Geld nehmen sie uns Haus und Boden weg

Auch über andere schädliche Folgen des Finanz- und Bankenunwesens im eigenen Land könnte ich vieles schreiben. So haben Makler und Banken Grundstücks- und Wohnungspreise in solche Höhe getrieben, daß ein Eigenheim für die meisten Bürger nur nach lebenslanger Schuldenunterjochung möglich wird. Mit seinem eigenen Geld, das ja der anständige Staatsbürger auf eine Bank legt, werden ihm Wohnungen oder Häuser oder andere Besitztümer vor der Nase weggekauft, verteuert, und dann unter erheblicher Zinsbelastung für den späteren Besitzer beziehungsweise Bankschuldner gewinnbringend verkauft. So gehört heute ein Großteil allen Besitzes nicht mehr *freien Bürgern,* sondern Banken, Geldanlegern, Spekulanten.

Wir arbeiten also nicht nur für den Staat, sondern zu einem wohl ebenso großen Teil für jene. Dabei muß auch noch gesehen werden, daß dieses momentane Geldsystem so aufgebaut ist, daß es nur gewinnen kann. Die Bank gewinnt immer! Ganz egal, ob sie sich mit Anlegern oder Schuldnern einläßt. Der Rest der Welt muß einerseits hoffen, daß die Wirtschaft mit dem Wachstum des Kapitals schritthalten kann, denn sonst sind ökonomische, soziale Zusammenbrüche die Folge, andererseits muß bei weiterem Wachstum an Konsumgütern, Wohlstand, Luxus, Verbrauch letztlich alles zusammenbrechen. Ein Dilemma!

Da die meisten von uns heute in diesem *Geldfilz* verwickelt sind, Konten bei Banken, Geldanlagen haben, müssen wir, schon aus Gewissensgründen, Auswege suchen. Es ist zum Beispiel interessant zu wissen, daß arabische Länder ihren Banken die Zinsnahme verbieten, da dies die Bibel verbietet. Für Christen ist die Bibel in konkreten Dingen scheinbar nie verbindlich! Tatsächlich liegt in der Zinsnahme die Wurzel des Übels. Diese müßte unterbunden werden. Reine Kapitalgewinne müßten verboten werden, zuerst den Entwicklungsländern und dann allen Schuldnern gegenüber.

Besitz und Geld gehören den Bürgern

Banken, Spekulanten dürften nicht mehr wie *Maden im Speck* aus totem Kapital und aus Spekulationen Gewinne zu Lasten anderer schöpfen. Banken müßten reine **Geldverwalter und Geldverteiler** werden und dürften keine Gewinne mehr machen, die über die Selbsterhaltung hinausgingen.

Geldgeschäfte jeglicher Art müßten verboten werden. Geld ist nur zum gerechten Verteilen von Gütern da, ist nicht selber Ware! Auch Warentermingeschäfte sind zu verbieten, da es hierbei nicht um Dienstleistungen wie etwa der Verteilung von Lebensmitteln beim Lebensmittelhandel, sondern um reine Käufe und Verkäufe mit der Absicht, Gewinne ohne eigene Leistungen zu machen, geht. Häuser dürfen nur von Bewohnern, nicht aber von Banken gekauft werden. Böden müssen denjenigen gehören, die sie bewirtschaften. Besitz und Geld gehören den Bürgern, und nicht irgendwelchen oberschlauen Manipulatoren, die nichts anderes leisten, als mit Geld zu jonglieren, mehr oder weniger zu betrügen, anderen Geld und Besitz abzuluchsen, die keinen echten Beitrag zum Volkswohl leisten, sondern Schmarotzer, Blutsauger am Volkseigentum und Volkswohl sind.

Es gibt heute zwar wieder einige Banken in Deutschland, die ohne Gewinne arbeiten und die ihr Geld für gute Zwecke, kirchliche Angelegenheiten oder ähnliches einsetzen wollen. Sobald Sie jedoch jemandem Ihr Geld geben, den Sie nicht kennen und von dem Sie nicht genau wissen, was er damit macht, wissen Sie auch nicht, was mit Ihrem Geld gemacht wird. Dabei ist es gleichgültig, ob es sich um Banken, Versicherungen oder Privatkredite handelt. Nicht einmal bei letzteren wissen Sie, ob Sie dem Schuldner oder sich damit überhaupt Gutes tun. Grundsätzlich ist Geld eine heikle Sache, mit der viel Unglück über die Menschheit gebracht wurde und noch wird. Geld wird, sobald es in Händen von Menschen ist, die nur ihre eigene Bereicherung beziehungsweise egoistische Ziele und nicht Dinge, die sowohl für den einzelnen wie auch fürs Ganze gut und richtig sind, im Sinn haben, oder in Händen von Menschen ist, die gar nicht wissen was gut und böse, richtig oder falsch ist, immer zum *Blut in den Adern des Bösen*. Weil Geld, besonders seit der Neuzeit, in falsche Hände geriet, hatte es immer auch mit Macht, Ausbeutung, Krieg, Zerstörung, Verbrechen, mit Unglücken aller Art zu tun.

Die Völker des Alten Testaments hatten noch die Einrichtung von *Sabbat- und Jubeljahren.* Jedes siebte Jahr war ein Sabbatjahr, in dem alle Arbeit und Produktion ruhen mußte, in dem sich die Natur erholen konnte. Nach sieben mal sieben Jahren, im 50. Jahr kam ein Jubeljahr. Dann wurden alle Schulden erlassen, alle Besitztümer wieder um- und gleichverteilt. Jeder konnte wieder neu anfangen.

Sabbatjahre und vor allem ein Jubeljahr wären heute für die ganze Welt ein Segen und überfällig.

Sollte Ihnen bei dem Gedanken daran, was wohl die Banken momentan mit Ihrem Geld gerade machen, unwohl sein, so machen Sie doch einfach diesen vor, wie s ohne Zins zu machen wäre. Geben Sie demjenigen Geld, der es in Ihrem Sinne verwendet beziehungsweise Gutes damit tut. Ohne Zins zu nehmen! Sie entlasten damit den Schuldner vom Zinsdruck und unterstützen gleichzeitig die gute Sache. Die Güter und Besitztümer bleiben dann in der Hand des Bürgers und wandern nicht in Richtung Banken, Monopolisten, Großkapital.*

Die Zinsknechtschaft könnte so ein Ende nehmen. Der Umlauf des Geldes käme in Schwung. Keiner wäre mehr durch Armut beziehungsweise Kapitalmangel an der Verwirklichung seiner Pläne, also am Handeln gehindert.

*Hierzu muß ich allerdings nachträglich anmerken, daß es wohl so einfach nicht gehen wird, da sich ja inzwischen bereits beinahe aller Besitz und alle Macht schon in den Händen der Geldmächtigen befinden. Eine Möglichkeit bestünde jedoch eventuell darin, daß man einfach vieles, was heute noch als Besitztum, Wertgegenstand, Wert überhaupt gilt, drastisch abwertet und nicht länger als wertvoll erachtet. – Was dieses ja auch größtenteils nicht ist. – Wir müßten uns also völlig neue und echte Werte schaffen. Zuerst innere (Wahrheiten, Gutes, aus unserem Herrn und Gott Jesus Christus), dann äußere (früchtetragende und uns ohne Energieaufwand nähernde Paradiesgärten, sich erneuernde Energiequellen usw.). Vielleicht können wir allein durch die Änderung unserer Wertvorstellungen, also unserer geistigen sowie materiellen Ernährung, diesen ganzen Konsumschrott mitsamt seinen Urhebern zu Fall bringen.

Kapitel 5
Unsere Bevölkerung befindet sich in einem permanenten Rauschzustand

Drogen, damit sind heute illegal gehandelte Suchtmittel wie Haschisch, Morphine, Kokain, LSD gemeint, haben in der modernen Gesellschaft den Ruf des absolut Verwerflichen, der größten, tödlichen Gefahr für Leib und Leben. Der Ruf nach der Todesstrafe für Drogenhändler wird immer lauter. So laut, daß für mich der Verdacht naheliegt, daß diese Gesellschaft vielleicht selbst in höchstem Maße drogensüchtig ist, und deshalb ihre Fehler auf eine kleinere Konsumentengruppe illegaler Drogen abzuwälzen versucht. *Getroffene Hunde bellen* bekanntlich. Etwa die Hälfte der erwachsenen Bevölkerung raucht. Mindestens gleich viele trinken regelmäßig Alkohol, nehmen Medikamente zu sich, trinken Kaffee, essen zuviel, essen Süßigkeiten, gieren nach Fleisch, essen Kochkost, von *geistigen Drogen* ganz zu schweigen. Man verwechselt allgemein *Genußmittel*, die nach meiner Erfahrung auch als Drogen einzustufen sind, mit Lebensmitteln. Genaugenommen müßte man sagen, daß sich hierzulande mehr oder weniger die gesamte Bevölkerung seit Beginn des sogenannten *Wirtschaftswunders* in einem drogenartigen Zustand des Konsumrauschs, in einem ständigen Rauschzustand befindet, aus dem man nicht erwachen möchte, aus dem es aber wohl bald einmal ein sehr böses Erwachen geben könnte. Schon von der Wiege an wird das Kind mit Kochkost und Zucker verführt, werden Eßgewohnheiten und Geschmackssinn zugunsten von Industrienahrung supermarktgerecht gesteuert und entfremdet. Ein Kind darf zwar bei uns noch keinen Kaffee, wohl aber koffeinhaltiges Coca-Cola trinken. Diese extrem säurehaltige und anschließend bis zur Klebrigkeit hochgezuckerte, koffeinhaltige Droge soll wohl den Einstieg zu späteren Drogen bereiten. – Natürlich findet man sein Cola-Koffein später im Kaffee wieder.Nach diesen ernährungsbedingten Einstiegsdrogen folgen meistens Alkohol und Nikotin,* die aber eigentlich erst Folgesuchtmittel der ersteren sind.

Es geht nicht um die Bekämpfung illegaler Drogen

Es geht also heute nicht um die sowieso nur alibihafte Bekämpfung einiger illegaler Nebendrogen, sondern um die Hauptdrogen in unserer Gesellschaft. Hier ist zuerst das Bekenntnis der eigenen Fehler nach dem Motto *Jeder kehre vor seiner Tür* nötig. **Alkohol und Nikotin** sind zu ächten. Süchtige sind als solche anzusehen und zu behandeln. Idiotische Filme, zum Beispiel Western, die neben Gewalt und weiteren dümmlichen Geisteshaltungen Alkoholgenuß und Rauchen verherrlichen, sind zu verbieten und dürfen auf keinen Fall Kindern und Heranwachsenden gezeigt werden, da durch solche Filme mit Sicherheit falsche Leitbilder entstehen. Rauchen in öffentlichen Einrichtungen und geschlossenen Räumen sollte generell verboten werden. Es sollte bei Strafe verboten werden, in der Schwangerschaft oder im Beisein von Kleinkindern zu rauchen, da dann der Tatbestand der Körperverletzung erfüllt wird. Jegliches Rauchen, bei dem Unbeteiligte zum Mitrauchen gezwungen werden, ist Körperverletzung!

Kosten, die durch Nikotin oder Alkohol der Allgemeinheit entstehen, müssen steuerlich auf den Verkaufspreis abgewälzt werden. Solange der Verkauf von Tabak und Alkohol frei ist, dürften ei-

*Der Vollständigkeit halber muß ich hier hinzufügen, daß im weitesten Sinne jeder Fremdstoff, jede denaturierte Nahrung, alles was nicht in einem organischen, in einer lebendigen Pflanze gebundenen Zustand, sondern in anorganischer, toter Form zu sich genommen wird, als Droge einzustufen ist. Darunter fallen also generell auch alle hitzebehandelten beziehungsweise totgekochen Nahrungsmittel. Ebenfalls alle anorganischen, nicht in lebendigen Pflanzen gebundenen Mineralstoffe, die zum Beispiel durchs Trinkwasser aufgenommen oder den Speisen zugefügt werden (zum Beispiel Kalk, Salz, Jod, Fluor usw.). Erst recht alle synthetischen Produkte der Chemie oder Pharmaindustrie, die fatalerweise oft noch als *Heilmittel* eingesetzt werden, obwohl sie dem Kranken nur dadurch subjektive Linderung verschaffen können, daß sie mit ihrer Giftwirkung den Körper an der Bewältigung seiner Krankheit, quasi an der Gegenwehr hindern und dadurch die Symptome, nicht aber die Krankheiten vorübergehend verschwinden. Die süchtigmachende Wirkung einer Droge besteht darin, daß sie den Körper durch die wiederholte Zufuhr von Giftstoffen an der Ausscheidung beziehungsweise Reinigung von derselben hindert. Die erneute Zufuhr eines Suchtmittels wird also sofort dann als nötig empfunden, wenn der Körper mit der für den Betreffenden unangenehmen Ausscheidungsphase beginnt. Der *Kochtopfsüchtige* nennt den beginnenden Reinigungsversuch seines Körpers übrigens fälschlicherweise Hunger, der in Wir klichkeit lediglich Hunger nach Suchtmitteln ist.
Diese, und nicht die mengenmäßig verschwindend geringe Zahl illegaler Drogen sind die wahren Volksschädlinge, mit denen sich Millionen von Menschen gesundheitlich zugrunde richten. Mit fortschreitendem Alter und gesundheitlichem, körperlichem Zerfall fügt dann der Arzt immer mehr seiner medizinischen Drogen hinzu, bis der Suchtmensch schließlich nach der x-ten Morphiumspritze sein Delirium beendet. Es ist dann der Gesellschaft und schließlich den Ärzten gelungen, diesen Menschen niemals aufwachen zu lassen und seinen Rauschzustand bis zum letzten Atemzug andauern zu lassen. Was dies für sein Menschsein, für sein Leben in dieser und der jenseitigen Welt bedeutet, wage ich gar nicht auszusprechen.

gentlich zum Beispiel Haschischhändler auch nicht bestraft werden, es sei denn wegen Steuerhinterziehung. Ich möchte allerdings nicht die heute illegalen Drogen verharmlosen. Jede Art von Drogenkonsum ist Selbstverstümmelung.

Die Wurzel der Drogensucht ist die Eigenliebe

Nun jedoch einige geistige oder innere Süchte, die mit den äußeren Drogen meist gleichzeitig einhergehen: So zum Beispiel die **Sucht nach Macht**, Geld, Ansehen, Vorteilen und Gewinnen aller Art, also alle Begierden und Lüste, die nicht das Innere, die Wahrheit und das Gute suchen, sondern der Selbstbestätigung, dem eigenen Vorteil, dem Egoismus dienen.

Ein Psychologe könnte hier sicherlich gut den ursächlichen Zusammenhang zwischen innerer Haltung und Drogenkonsum beziehungsweise den Ursprung der Drogensucht im innern Menschen deutlich machen. Die Wurzel der (Drogen-)Sucht dürfte jedenfalls im Egoismus, der Eigenliebe des Menschen zu finden sein.

Auch der heute überall zu findende Aktionismus, das Sich-hineinstürzen in irgendwelche Tätigkeiten im Freizeit- oder Arbeitsbereich, diese hektische Flucht in Terminkalendertermine, dieses wichtigtuerische Geschäftsgebaren haben Drogenfunktion. Sie sollen verhindern, daß der Betreffende einmal zum Nachdenken kommt, daß er sein Inneres, das hochdrängen könnte und ihm deshalb unheimlich wird, weil er es gar nicht kennt beziehungsweise ständig verdrängt, doch einmal dunkel spüren und aus seinem Zustand des Vergessens für kurze Zeit aufwachen und zu Tode erschrecken könnte. Der heutige Mensch darf ja keine fünf Minuten lang ohne Beschäftigung, Kurzweil, Unterhaltung sein. Seine Zeit ist immer knapp, denn *Zeit ist Geld*! Und die Freizeit muß ja als Ausgleich für den Sklavendienst Arbeit genossen und genützt werden. Da kommt es schon mal vor, daß ein Kind, das diesen Genuß etwa beim *Urlaub* stört, einfach umgebracht wird.

Unter Genuß werden allgemein die Genüsse von Drogen der aufgezählten Arten verstanden, nicht das Zu-sich-kommen, sondern das berühmte *Abschalten,* das in der Regel bereits mit dem Einschalten des Fernsehers beginnt. Als ich schon mal Gästen erzählte, daß ich nicht rauche, keinen Alkohol trinke, kein Fleisch esse, mit keinen fremden Frauen verkehren möchte, kam schon öfters die gleiche Entgegnung, nämlich, daß ich ja dann überhaupt keine Freude mehr am Leben habe, oder, daß der Mensch ja doch wenigstens eine Freude haben müßte. Als ich dann wiederum entgegnete, ich könne doch nicht an etwas Freude haben, das mir oder anderen schade, wurde ich nur noch entgeistert angeschaut. Ich glaube, dieser kleine Wortwechsel kann gut zeigen, was heute wirklich unter Freude verstanden wird, nämlich fressen, ficken und saufen. Eine andere Wortwahl kann ich hierzu angesichts der Realität leider nicht treffen!

Süchtige suchen nicht nach der Wahrheit

Wir leben in einem Süchtigenstaat. Süchtige suchen nicht das Gute und Wahre, da es ihnen unangenehm sein könnte, sondern die Bekräftigung ihrer Thesen beziehungsweise Lügen. Deshalb wird bei uns das erforscht, nur das bekannt, was bekannt werden soll, auch wenn es Lüge ist beziehungsweise Falsches bekräftigt. Daraus ist zu folgern, daß Süchtige jeglicher Art von verantwortungsvollen Positionen, insbesondere der Politik beziehungsweise Staatsführung ferngehalten werden müssen. Regieren, leiten sollte nur der dürfen, der die Wahrheit, nicht seine Wahrheit, sucht.

Jesus Christus sagte: *»Ich bin der Weg, die Wahrheit, und das Leben.«* Seine Wahrheit meine ich.

Ein Süchtiger jedoch hört genau dort auf, nach der Wahrheit zu suchen, wo seine Sucht beginnt. Diese schiebt sich wie eine unüberwindbare Mauer vor das geistige Auge seiner Wahrnehmungs- beziehungsweise Wahrheitsfindungsfähigkeit. Anstatt die Wahrheit zu suchen, trachtet er danach, seine Süchte zu rechtfertigen, lügt sich also in die *eigene Tasche*. Wer jedoch nicht bei sich zuerst die Wahrheit sucht, Gutes und Richtiges tut, der wird sie auch nirgendwo anders suchen und finden wollen, und infolgedessen Böses und Falsches tun, beziehungsweise die ihm unangenehme Wahrheit verfälschen, weil sie sich gegen seine Sucht richtet und ihn entblößt.

Eine ganze Nation ist der *Nahrungsmittelverfälschungs- und Entwertungsindustrie* auf den Leim gegangen. 20 Millionen Bundesbürger rauchen, zwei Millionen sind Alkoholiker, an die 500.000 tablettensüchtig. 50.000 sind den heute *illegalen* Drogen verfallen. Eine ganze Nation ist innerlich und äußerlich völlig verseucht, mit Drogen aller Art vollgepumpt, *drauf*, wie man im Drogenjargon sagt. Dennoch bringt es dieses Volk fertig, über den eigenen langen Schatten zu springen und *illegale Drogenabhängige* zu brandmarken, höhere Strafen bis zur Todesstrafe zu fordern. Wehe, wenn man jene einmal nach ihren eigenen Maßstäben richten wird.

Es ist also an der Zeit, dem heute enorm großen Heer aller Drogendealer das Handwerk zu legen. Vor allem den abscheulichsten davon, nämlich denjenigen, die bereits die Kinder verführen. Ich meine vor allem die **Zuckerindustrie*** und im geistigen Bereich die **Medien.** Die *Kinderdealer* ruinieren die geistige und körperliche Gesundheit unseres Volkes von Grund auf. Es handelt sich hierbei nicht um Belanglosigkeiten, um Harmloses, Süßes, sondern um Verbrechen an Kindern und Heranwachsenden.

Bekämpft werden müssen die Süchte also schon bei den Produzenten von Suchtmitteln und Verdummungsmitteln aller Art. Auch Schulen und Kindergärten sind heute schon Umschlagplätze dieser allgegenwärtigen Drogen, so daß jedes Kind, das jene Anstalten besucht und besuchen muß, beinahe unvermeidbar in den vereinheitlichenden Sog dieser Drogenwelt geraten muß.

Verstehen Sie nun diesen Buchteil nicht als persönliche Anklage. Ich sage diese Dinge nicht, weil ich jemanden betroffen machen möchte, sondern weil es höchste Zeit ist, daß dieses Narrenzeitalter bald sein Ende findet. Auch wenn wir weiterhin den Kopf in den Sand stecken, nicht umkehren, uns nicht stellen, nicht für unsere Falschheiten und Sünden geradestehen, nicht büßen wollen, so werden wir trotzdem eines Tages die Zeche dafür bezahlen

*Es dürfte nur wenigen bekannt sein, daß Fabrikzuckergenuß die geistige und körperliche Entwicklung von Kindern durch den Entzug von lebensnotwendigen Aufbau- und Vitalstoffen dermaßen behindern kann, daß nicht nur die allgemein bekannten Zahnerkrankungen die Folge davon sind, sondern weitere Entwicklungsstörungen wie Zwergenwuchs, Krankheiten und Fehlentwicklungen aller erdenklichen Art, ja sogar Debilität auf Zuckergenuß in dieser toten Form zurückgeführt werden müssen. Im Tierversuch bildet sich angeblich schon bei einer Konzentration von 20 Prozent Zucker in der Nahrung Krebs. Diese Konzentration dürfte jedoch vom Großteil unserer Bevölkerung mit Leichtigkeit überschritten werden, wenn man mit einbezieht, daß ja zu den entwerteten, denaturierten Kohlenhydraten nicht nur der Fabrikzucker, sondern auch totgekochte und -gebackene Getreideprodukte (Brot, Nudeln, Gebäck), sowie weitere erhitzte und konzentrierte stärkehaltige Nahrungsmittel (Bohnen, Kartoffeln) zu zählen sind. Auf das Gefahrenpotential durch die allgemeine Eiweißüberernährung sowie durch den Verzehr von Totnahrungsmitteln tierischen Ursprungs bin ich dabei noch gar nicht einmal eingegangen. Auch die heute noch als Grundnahrungsmittel geltenden feuerbehandelten und konzentrierten Nahrungsmittelzubereitungen enthalten also nach genauer Betrachtung einen zu großen Anteil an anorganischen, giftigen, nicht verwertbaren und zu genannten Mangelkrankheiten führenden Stoffen oder besser gesagt Drogen. Es muß befürchtet werden, daß heutzutage beinahe jeder Konsumbürger latent krank ist.

müssen. Je länger wir diesen Tag hinausschieben, und das tun wir mit all unseren Drogen, desto höher wird die Rechnung sein. Und es ist sicher, daß wir bis auf den letzten Pfennig bezahlen müssen. Auch unser physischer Tod kann an diesem eisernen göttlichen Gesetz nicht vorbei führen.

Kapitel 6
Energie

Wir plündern die Erde

Manchmal scheint mir, als befänden wir uns in einem gigantischen Energieverschwendungswettlauf, in dem es nur darum geht, die vorhandenen Rohstoffe möglichst schnell zu verbrennen beziehungsweise für sich möglichst viel davon zu verbrauchen. Da existiert zum Beispiel eine Bauwirtschaft, die hier ganze Berge abträgt und dort wieder aufschüttet, nur weil so ein Schreibtischidiot in absoluter Unkenntnis der Dinge in der Natur mit dem Lineal einen Strich über die Landkarte gezogen hat, oder die ständig alte Häuser abreißt oder saniert beziehungsweise fremdenergieabhängig macht und quasi mumifiziert, und die außerdem die Landschaft mit neuen bunkerartigen Betonsilos für *moderne Menschen* zupflastert, die wie ein Ungeheuer immer mehr Landschaft frißt, tötet, entfremdet nach dem Motto: *Hauptsache ich kann Bagger fahren.* Neuerdings genügt es auch nicht mehr, nur mit dem Auto in den *Urlaub* zu fahren. Man muß wegen zwei Wochen Vergnügen um die Welt fliegen! Ein zigfaches an Energie verbrauchen! Man will hoch hinaus. Am liebsten gleich nach den Sternen greifen. Ich frage mich oft, woher sich Menschen das Recht nehmen, in einer verschwindend geringen Zeit von vielleicht 100 Jahren sämtliche Rohstoffe und fossile Brennstoffe dieser Erde, entstanden während Millionen von Jahren, einfach zu plündern und dann noch sinnlos zu vergeuden, zu verschwenden. Mehr oder weniger eine einzige Generation ist dabei, nicht nur alle fossilen Energievorräte, die in den letzten Millionen und Milliarden von Jahren entstanden sind, zu plündern, sondern darüber hinaus den Planeten noch für weitere Millionen von Jahren zu verschmutzen, zu verseuchen, zu vergiften. Das ist einfach ungeheuerlich! Wir sind wahrscheinlich die größten weil letzten Verbrecher dieser *kulturellen* Zeitepoche. Wenn wir die Energievorräte wenigstens dazu genutzt hätten, etwas für alle Sinnvolles zu schaffen. Wenn wir die Energien wenigstens in Nützliches verwandelt hätten, was die Erde bereichert hätte, dem Menschen über weitere Generationen geholfen hätte, zum Beispiel durch die Erschließung von nützlichen, regenerierbaren Energiequellen wie Sonne, Wasser, Erde oder Wind, oder durch die Wiederbepflanzung von Wüsteneien. Das Gegenteil ist der Fall! Das ganze Land hängt an der Stromleitung wie der Fixer an der Nadel. Alles ist verbaut, fremdenergieabhängig, lebensunfähig gemacht. Man stelle sich nur einmal einen Stromausfall oder gar -wegfall während des Winters in einer Großstadt vor. Da ginge nichts mehr. Nicht einmal die einfachsten Dinge in den Haushalten würden funktionieren. Alles bräche in kurzer Zeit zusammen.

Wir sind energiesüchtig

Die USA, Europa, Japan und große Teile des Ostblocks sind hochgradig energie- und rohstoffabhängig, besser gesagt süchtig. Diese Länder sind durch ihre unmäßige Materialanhäufung, ihre Gier und Genußsucht, ihre Energieverschwendung und die daraus folgenden Zustände der Dummheit oder Dekadenz gleichsam die Krebsgeschwulste auf diesem Planeten. Giftige, zerstörerische Wucherungen, die solange nicht genug bekommen, bis sie alles verschlungen und schließlich den ganzen Planeten ausgesaugt und mit ihren giftigen Ausdünstungen ihres vermeintlichen Wohlstandes, der nichts anderes als ein drogenartiger Rauschzustand ist, vergiftet und zerstört haben. Es kümmert Krebszellen wie Zivilisationsmenschen dabei wenig, daß ihr Wirtsorganismus durch ihr Schmarotzertun zugrunde geht, und sie selbst dann eingehen müssen. Es wird schmarotzt bis zum letzten Atemzug. Wir haben also nicht nur Krebs, sondern **wir sind Krebs.**

Man kann sogar sagen, wir haben deshalb die Krankheit Krebs, weil wir Krebs sind, weil unsere Lebensart nicht nur den Planeten, sondern natürlich auch unsere eigene Natur, unsere Körper ruiniert.

Nehmen die Plünderungen bald ein Ende?

Wenn man diese Dinge so ansieht, kann man eigentlich froh sein, wenn diese Plünderungen bald ein Ende hätten, wenn zum Beispiel das Erdöl endlich verbraucht wäre und die verdammte Autofahrerei, Fliegerei, der Wahnsinn mit der Rüstung usw. endlich ein Ende hätten. Die Luft würde zwangsweise wieder sauber, sogar der Boden könnte sich erholen, wenn die Agrarfabriken ihre Maschinen nicht mehr einsetzen könnten. Kriege in der heutigen Form könnten nicht mehr geführt werden. Alle Bürokraten, Manager, Geldjonglierer müßten endlich wieder etwas Sinnvolles tun, nämlich ihre Nahrung anbauen. Das Geld würde an Bedeutung verlieren, da man schnell merken würde, daß der Mensch nicht von Luxusgütern, Autos, großen Sprüchen usw. lebt, sondern von Früchten, Gemüsen, Salaten und Nüssen. Nahrung zu gewinnen, würde schnell wieder zur einzigen, wichtigsten und grundlegendsten Beschäftigung des Menschen.

Nun, die Erdölvorräte werden vielleicht schon in etwa 20 bis 30 Jahren verbraucht sein, was die leider immer noch tonangebende Kriegs- und Nachkriegsgeneration wohl deshalb nicht mehr stört, weil sie bis dahin nicht mehr zu leben glaubt. Sie fordert *freie Fahrt für freie Bürger* und stört sich nicht daran, daß schon ihre Kinder deshalb vielleicht nichts mehr zu fahren haben werden. Allerdings ist diese Prognose wie überhaupt alle Prognosen der heutigen Wissenschaft unsicher, ihr Wahrheitsgehalt anzuzweifeln. Denn die Wahrheit wird ja heute *bezahlt*. Außerdem kann Energie, auch Wasserstoff und sogar Benzin genausogut aus Kohle hergestellt werden. Man kann vermuten, daß Pläne für die Treibstoffgewinnung im nächsten Jahrtausend schon in der Schublade liegen, also vorausgeplant wird.

Diese Vermutung entkräftigt sich jedoch schnell, wenn man dann von solchen Plänen erfährt. So soll Treibstoff zum Beispiel durch Alkoholdestillation aus Zuckerrüben gewonnen werden. Wissen jene Herrschaften nicht, daß die Landwirtschaft heute viel mehr Energie verbraucht, als sie letztlich erzeugt? Wir werden nach einem Öllieferstopp auf unseren Feldern keinen Alkohol gewinnen können, sondern Nahrungsmittel anbauen müssen, um nicht zu verhungern. Wir müssen also befürchten, daß für die *Zeit danach* wirklich keine brauchbaren Pläne existieren, daß die heute Verantwortlichen uns vor einem Haufen Schrott und Dreck zurücklassen werden, den sie zwar verschuldet haben, wofür wir sie aber nicht mehr zur Rechenschaft ziehen können.

Was haben wir aus unseren Talenten geschaffen?

Auch muß an dieser Stelle verwundern, weshalb nicht auf die

Möglichkeit der Benzinherstellung aus Kohle verwiesen wird. Wurde dieses schon 1920 von Dr. Bergius erfundene Verfahren hierzulande nur deshalb von der Energiediskussion ausgeschlossen, weil die Erzeugung von allseitig verwendbarem Wasserstoff aus der einheimischen Kohle bei uns zwar eine ideale Übergangsenergieform bis zur Erschließung regenerierbarer Quellen dargestellt haben könnte, jedoch eben die internationalen Monopolisten ihrer Pfründe beraubt beziehungsweise uns Deutsche energieunabhängig gemacht hätte?

Ohne Zweifel wird man sich einmal zurückblickend fragen müssen, was hätten wir mit all der Energie Gutes und Nützliches schaffen können, und was haben wir tatsächlich daraus gemacht? Haben wir nicht alles nur herunter gewirtschaftet, schlimmer gemacht als es jemals war? Hierzu paßt das Gleichnis mit den Talenten (Mt 25, 14 ff). Auch wir haben das uns gegebene nicht gewinnbringend, nützlich, sinnvoll ausgelegt, sondern verschwendet und vergeudet, so daß uns bald vielleicht alles genommen werden wird.

Wir hatten alles, sogar das Wort Gottes, doch wie haben wir es mißachtet und mißbraucht, verfälscht und nach Belieben verdreht. Wir haben alles Leben und alle Kraft erhalten und Böses und Falsches daraus gemacht.

Welche Energien können wir nutzen?

Es bleiben nun folgende lebenswichtige Fragen: Was können oder besser was dürfen wir tun? Wie können wir uns und unsere Nachkommen versorgen, ohne zu zerstören, zu schaden, zu räubern? Wodurch können wir fossile Energieträger und die Atomenergie ersetzen? Warum brauchen wir überhaupt soviel Fremdenergie? Wie können wir mit weniger auskommen? Wir müssen diese Fragen trotz Behinderungen durch *Wirtschaftsinteressen* der Herrschenden zu beantworten suchen, da sie uns und die Nachfolgegenerationen existentiell treffen werden. Jede Behinderung und Verzögerung in diesen Dingen ist ein Verbrechen an der Nachwelt. Wir dürfen uns daran nicht weiter versündigen. Wir müssen unsere *Energiesucht** bekämpfen. Sie ruiniert den Planeten.

Es gibt demnächst vier Elemente, deren wir uns bei der Energiegewinnung bedienen dürfen, und die je nach Standort mehr oder weniger genützt werden können. Die Sonne (Licht/Wärme), das

Wasser, die Erde und die Luft (Wind). Die wichtigste davon ist wohl die Sonne, die uns Licht und Wärme gibt, und ohne die in der natürlichen Welt nichts wachsen kann. (Die Entsprechung zur geistigen Welt für den Begriff Sonne, die geistige Sonne, ist Gott. Ohne seine Weisheit (Licht) und Liebe (Wärme) kann nichts Geistiges oder Inneres im Menschen wachsen). Daher ist auch jede Speise und Nahrung, auf natürlicher wie auf geistiger Ebene, des Menschen letztendlich gespeicherte Sonnenenergie. Die natürliche Sonnenenergie läßt sich vor allem durch Pflanzen speichern und nutzbar machen beziehungsweise über Tiere und deren Futter in weitere Lebensmittel verwandeln.

Was dabei beim Hausbau und der Lebensführung alles berücksichtigt werden müßte, könnte, lesen Sie bitte im Kapitel über *Selbstversorgung*. Solarenergie läßt sich aber auch auf neue Weise verwandeln und noch vielfältiger nutzen. So können Siliziumkristalle durch Lichteinfall elektrische Energie erzeugen. Diese kann dann im Elektrolyseverfahren in Wasserstoff umgewandelt werden, wo sie für alle gewünschten Aufgaben zur Verfügung stehen kann, zum Beispiel durch Generatoren zur Stromerzeugung, durch deren Abwärme zur Heizung, durch Wasserstoffmotoren zum Autofahren, durch Verbrennung in Gaslampen als Licht, in Herdsystemen zum universellen Einsatz in den Haushalten usw. Solche Systeme sind bereits erfunden und entwickelt, werden aber von Herrschenden und ihren Politikern behindert oder verhindert. Paradoxerweise behaupten genau jene, die den echten Fortschritt be- oder verhindern, sie wären fortschrittlich, obwohl sie alles dafür tun, damit wir weiterhin in dieser energietechnischen Steinzeit verbleiben. Da wird nicht nur die Solarenergie behindert, sondern überhaupt versucht, jegliche sinnvolle, sparsamere Erfindung und Neuerung zu unterdrücken. **Was selbständig macht, wird verhindert, was abhängig macht, gefördert.** Denn sinkender Verbrauch bedeutet sinkendes Wachstum. Das stimmt zwar, doch sollte man dieses Wachstum einmal genauer betrachten. Von einem gewissen längst überschrittenen Sättigungsgrad an gibt es kein positives Wachstum mehr. Was dann noch wächst, sind vor

*Wir dürfen Energie benutzen und zum Segen- und Nutzenschaffen auf der Welt einsetzen. Allerdings können wir dies erst dann mit reinem Gewissen tun, wenn die Art und Weise der Gewinnung, sowie die Energiesysteme zum Guten hin verbessert sind. Daß solches nicht bereits längst geschehen ist, ist weniger den Energieverbrauchern, den Autofahrern, Fluggästen, Ofensetzern usw., sondern eben den gewinnsüchtigen Manipulatoren unsere Zeit anzulasten.

allem Umweltschäden, fette Bäuche und Krebszellen. Dieses Wachstum muß sinken!

Gefördert wird nur die großtechnische Nutzung

Auch heute noch verändert sich trotz nun schon jahrelangem Gerede nichts. Dieses zerstörerische, krebsartige Wucher-Wachstum geht weiter. Nur zum Alibi werden einige lächerliche Millionen für alternative Energien ausgegeben. Meist nur dazu, um zu beweisen, daß sie nichts bringen, wirtschaftlich nicht rentabel sind. Gefördert wird jeweils immer die großtechnische Nutzung, bei der die Konzerne weiterhin die Möglichkeit behalten können, Macht auszuüben, die Marionetten am Faden (elektrische Leitung) tanzen zu lassen. Deshalb werden mit den Geldern nicht etwa serienreife Windenergieanlagen für jedermann entwickelt, sondern größenwahnsinnige Windkraftwerke gebaut, die dann nachher nicht funktionieren. Bei den Solaranlagen dasselbe. Kleinere, für ein Haus konzipierte Anlagen werden nicht gefördert. Man setzt auf *Solarfarmen* in Wüstengegenden. Es gibt zwar Firmen, die kleine Hausversorgungsanlagen in der Bundesrepublik Deutschland herstellen. Dort ist man jedoch sorgsam darauf bedacht, daß diese nur in der Dritten Welt zur Anwendung kommen.

Überhaupt läßt sich feststellen, daß immer noch eine Fixierung auf elektrische Energie, ein *Stromdenken* vorherrscht und weiterhin geschürt wird. Die Zukunft, wenn sie überhaupt auf die Nutzung nicht natürlicher Energien aufgebaut werden soll, (oder auch aus Energien aus dem Magnetismus der Erde, aus Metallen, Zellen) fordert eher gasförmige Energieträger, die universell einsetzbar, lager- und transportfähig sind und weitgehend ohne Leitungs- und Geräteverluste arbeiten. Solches kann nur Wasserstoff, Erdgas, Biogas leisten. Es ist deshalb ein Umweg, den Gleichstrom aus Solaranlagen, Wind- oder Wasserrädern in Akkus speichern zu wollen, anstatt damit Wasserstoff per Elektrolyse zu produzieren. Die universelle Nutzung von Gas erfordert zwar einige Umstellung bezüglich der herkömmlichen E-Geräte (Herd-Gas-Systeme, Gaslampen, -Motoren), ist aber angesichts dieser verschwenderischen, mangelhaften und kurzlebigen Apparate ohnehin überfällig. Ein Fortschritt in dieser Richtung wird nicht zuletzt von den Monopolisten verhindert, da der Bürger dadurch von ihnen unabhängig würde.

Ich kann noch viele Beispiele einer angesichts der Lage verbrecherischen Energiepolitik aufzählen. Da werden zum Beispiel energiesparende und weniger luftbelastende Heizkessel vom TÜV nicht genehmigt, oder ein System, das mit einer Vissingerkupplung, einer thermischen Kupplung, Drehmomente zu 98 Prozent direkt in Wärme umwandelt aufgekauft und vom Markt genommen. Solche Kupplungen sind übrigens in jedem Bulldozer oder Bagger vorhanden.

Wichtige Erfindungen verschwinden in Schreibtischschubladen

Erfindungen und Neuerungen sind nur geduldet, wenn sie *mehr Geld* einbringen, mehr verbrauchen oder zu mehr Konsum, sprich Wachstum anregen. Neben Sonnenenergie, Wind- und Wasserkraft, die allesamt noch so gut wie gar nicht genutzt werden, stünde in vielen Gegenden auch noch die Erdwärme zur Verfügung. Hierzu kann zum Beispiel der Höhlentaucher Hasenmayr *ein Lied singen.* Er entdeckte bei Tauchgängen im Blautopf in Blaubeuren Anhaltspunkte für ein Höhlensystem, für ein riesiges unterirdisches Thermalwasserbecken zwischen Schwäbischer Alb und Bodensee, das den betreffenden Raum auf unabsehbare Zeiten mit Wärmeenergie versorgen könnte. Wenn er dachte, seine Entdeckung würde die Verantwortlichen in Wissenschaft und Politik brennend interessieren, so hatte er sich allerdings weit getäuscht. Er muß heute noch um die Anerkennung seiner Entdeckung ringen, wird einfach ignoriert. Was nicht sein darf, kann eben nicht sein. Man will es nicht wahrhaben und nicht glauben, weil es bestimmten Kreisen das Geschäft vermasseln könnte. Man will einfach nichts davon wissen, nicht weiterkommen, keinen wirklichen Fortschritt.

Schon allein die Sammlung und Verwendung von Gülle, Fäkalien, beziehungsweise anderen pflanzlichen Abfällen zur Biogasherstellung und anschließender Wiederverwendung als Dünger könnte Unmengen an Energie erzeugen beziehungsweise fossile Brennstoffe und die Kernenergie ersetzen. Eine kleine Biogasanlage nach asiatischem Vorbild bringt für wenig Geld für jeden Haushalt und die Umwelt schlechthin viel Entlastung.

Ich werde manchmal als Systemveränderer, Weltverbesserer, Gefahr für den Staat beschimpft, da ich eine andere Republik wolle. Natürlich will ich das! Nur möchte man mir bitte nicht unterstellen, daß ich eine Wende zum Untergang möchte, daß in meiner Welt *die Lichter ausgehen* würden, ich in die Steinzeit zurückwolle usw. Genau jene Schreckensbilder, die von den Betreffenden gemalt werden, werden sich gerade dann einstellen, wenn wir so weitermachen wie bisher, wenn wir unser *Weiter so Deutschland*-Motto nicht ablegen. Unser System steht momentan auf sehr wackligen Beinen. Jeder kleine Terrorist kann es fast schon aus den Angeln heben. Bauen wir also mit Nachdruck an der Selbständigkeit und Unabhängigkeit auf allen Ebenen, dann kann dieses Krebsgeschwulst vielleicht abfallen, ohne uns zu zerstören.

Ich möchte nun im Folgenden einige Möglichkeiten nennen, was wir in dieser Hinsicht verbessern könnten. Einige sind einfach zu verwirklichen, andere erfordern tiefergehender Änderungen.

Was wir tun können:

1. Jeder sollte darauf drängen, baldmöglichst seine **Umgebungsenergie** anzuzapfen und Fremdenergie zu ersetzen.
2. Veränderung der heutigen **Bauweise** in Richtung Selbstversorgung von Nahrung und Energie. (Wintergärten beziehungsweise Wohngewächshäuser zur Wärme und Nahrungsgewinnung in jedem Haushalt ersparen aufwendige Massenherstellung von Nahrung und Energie sowie Transporte und Verkauf... Ebenso kann Tierhaltung, zum Beispiel Ziegenhaltung zur Selbstversorgung an Wärme und Nahrung bei geeigneter Integration von Stall und Wohnbereich beitragen).
3. Einschränkung des **Fleischkonsums.*** Dieser bringt nicht nur ein Vielfaches an Energieaufwand, sondern obendrein noch Gesundheitsschäden und deren Folgekosten sowie Tierquälereien, Bodenvergiftungen, Hunger in der Dritten Welt und dergleichen mehr mit sich. Ein Rohkostvegetarier braucht weder Kühlschrank noch Gefriertruhe, nicht einmal einen Elektroherd.

*Wenn Sie Energie sparen, der Schöpfung nicht ständig noch mehr Leid zufügen, und dazu noch gesund werden wollen, dann wählen Sie Ihre Nahrung ruhig nach dem Energieprinzip aus. Diejenigen Nahrungsquellen, die am wenigsten oder gar keine Energie verbrauchen, sondern umgekehrt liefern, die der Natur nicht schaden, sondern nützen, und die Ihnen ein gesundes und frohes Leben garantieren, sind die verschiedenen Fruchtbäume- und Sträucher, Nuß- und Gemüsefrüchte inbegriffen. Die energieaufwendigsten, die Natur am meisten schädigenden und ungesündesten Nahrungsmittel sind Fleisch - und Getreideprodukte, generell alle tierischtote und erhitzte Nahrung.

4. Vermeidung von nutzlosen **Luxusgegenständen.** Der Käufer von ex- und hopp-Waren versündigt sich an der Umwelt und verbraucht Unmengen an Energie schon durch die Herstellung, und meist noch durch den Betrieb oder Vertrieb solcher Waren. Keine Haltung und Züchtung von für den Menschen nutzlosen Tierarten und Pflanzensorten.
5. Ersatz von **elektrischen Geräten** durch handbetriebene. Handarbeit ist zu erlernen, Elektrogeräte verdummen, da der Benutzer verlernt, wie er etwas selbst machen kann. Eine Glühbirne verwandelt 95 Prozent der Energie in Wärme, nicht in Licht. Warum sind Energiesparbirnen nicht weiter verbreitet?
6. **Andere Energiesysteme** in den Haushalten. Nicht viele netzabhängige Elektrogeräte, sondern zum Beispiel ein Herdsystem wie der Holzherd unserer Oma, mit dem man alle anfallenden Aufgaben im Haushalt erledigen kann (heizen, kochen, Warmwasser bereiten, backen, waschen, trocknen, bügeln). Dieses Herdsystem, es kann auch eine Art Kachelherd sein, kann auch mit Biogas aus der hauseigenen Grube oder mit aus Solarenergie, Wind- oder Wasserkraft mittels Elektrolyse erzeugtem Wasserstoffgas betrieben werden. Die Gasherstellung ist übrigens denkbar einfach und technisch längst gelöst. Besser sollte jedoch auf Kochen verzichtet und feuerlose Heizsysteme (Erdwärme, Sonne, Vissingerkupplung, katalytische Verbrennung) bevorzugt werden.
7. Verzicht auf unmäßige **Kurzreiserei** in fernste Länder vor allem mit dem Flugzeug. Weniger, dafür längere Reisen mit Rucksack oder Fahrrad, Segelboot. Die Menschen sollten erkennen, daß es besser ist, sich sein Paradies zuhause zu schaffen, als dieses während zweier Wochen im Jahr irgendwo anders zu suchen. Diese Flucht aus der eigenen Enge ist zwar verständlich, sollte aber zur Verbesserung der eigenen Lage beziehungsweise Wohnung führen und nicht in einem weiteren Rauschzustand des Nachholenwollens, des Konsums, der Hyperaktivität, sprich Urlaub enden. Besser wäre eine einmalige Reisezeit über längere Zeit in ferne Länder.
8. Umstellung aller benzin- oder dieselbetriebenen **Motoren** auf Gas*, (Wasserstoff, Biogas, Erdgas, eventuell Holzvergasermotoren als Heizquelle und gleichzeitiger Energie- und Strom-

lieferant im Herdsystem integriert), damit die Bürger über die hauseigenen Energiesysteme (Elektrolyse aus Solar-, Wind-, Wasser-Energien zur Wasserstoffherstellung, Biogas aus organischen Abfällen) ihren Kraftstoff selbsterzeugen können. Womöglich Ersatz von Elektrogeräten und Motoren durch gasbetriebene, zum Beispiel Gaslampen und -herde, gasbetriebene Stromgeneratoren usw. Die Umweltvergiftung durch den Verkehr, und die Mineralölverarbeitung und -verbrennung wäre übrigens dadurch beseitigt. Ebenfalls die Ölabhängigkeit.

9. Vor allem in den Städten keine Vergeudung von potentiellen **Pflanzflächen** mehr. Also vorwiegend Nutzpflanzen, Fruchtbäume, Nutztiere . . . Weg mit den Koniferen und Rasenwüsten. **Begrünung** beziehungsweise Bepflanzung von Dächern. Errichten von Gewächshausaufbauten bei Flachdachgebäuden. Es ist nicht einzusehen, weshalb auch nur eine Dachfläche dieses Landes länger mit nutzlosen Dachziegeln gedeckt bleiben soll, anstatt mit Pflanzen, Sonnenkollektoren, Windrädern, nutzbringend verwendet zu werden. Die vielen Dächer vielleicht bald nutzlos herumstehender Hallen, unbewohnbarer Gebäude kann man auch *auf Grund setzen*, so daß große Mauergärten entstehen würden, in denen mit kompostierten und vergasten organischen Abfällen bald eine ausreichende Humusschicht zur Bepflanzung und Nahrungserzeugung aufgefüllt wäre. Was nicht bepflanzt werden kann, muß durch Kollektoren, Windenergieanlagen usw. genutzt werden (zum Beispiel Autodächer, Dächer, Wegüberdachungen . . .).
10. In fensterlosen Hallen kann man auch **Südfruchtbäume** in Töpfen überwintern, um sie durch die Dunkelheit am Austreiben und Erfrieren zu hindern. Diese Kulturform der *Pommeranzengärten* diente vor der jetzigen Hochstammapfelkultur zur Südfrüchteerzeugung selbst in unserem Klima. Transporte von Früchten um den *halben Globus* könnten so eingeschränkt werden.
11. Generell sind die **Lebensmittelerzeuger und Verteiler** durch ihre naturwidrigen Anbau-, Verarbeitungs-, Konservierungs-, Lagerungs- und Transportmethoden, sowie durch ihren

*Je nach hauseigenem Energiesystem auch auf Elektromotoren in Verbindung mit Elektroautos (als Speicher und mobile Energiestation, Maschinen- und Geräteträger, usw.).

Kunstdünger- und Giftverbrauch, ihren immensen Maschinen- und Energieeinsatz usw., als das zu entlarven, was sie wirklich sind, nämlich ein Faß ohne Boden, ein ungeheures Subventionsunternehmen, bei dem nur ein winziger Bruchteil der Energie letztendlich in meist entwerteter, verseuchter, menschenunwürdiger Nahrung gewonnen wird, die ursprünglich investiert wurde. Dieses System ist höchst instabil und wird uns bei jeder ernsten Krise, bei jedem Mangel an Nachschub, sofort zum Hungerland machen.

12. Die rentabelste Form der Lebensmittelerzeugung besteht im **Anbau von Fruchtbäumen** und -sträuchern. Diese Pflanzen liefern nicht nur beste, für den Menschen einzig richtige Nahrung, sondern bringen bei einem Minimum an Aufwand (bei richtiger Sorten- und Standortwahl) ein Maximum an Ertrag, da sie sowohl die größere *Kollektorfläche* zur Sonnenenergieaufnahme nach oben haben, als auch wesentlich tiefer wurzeln können. Außerdem deshalb, weil nicht ständig der Boden bearbeitet, gepflügt, gedüngt, die ganze Pflanze geerntet, wieder ausgesät, aufgepäppelt werden muß. Zudem entstehen außer durch den eventuellen Transport keine weiteren Energiekosten durch Lagerung, Kühlung, Zubereitung durch Kochen, (Früchte schmecken zum Glück gekocht nicht) Krankenbehandlungen durch die Folgen falscher Ernährung usw.
13. **Licht und Heizung** sollen genauso wie Wohnen und Anbauen nicht mehr voneinander getrennt werden. Also soll versucht werden, mit sonnenlichtähnlichen Lampen gleichzeitig zu heizen, zu beleuchten, und Nahrungsmittel (vor allem im Winter) anzubauen.
14. Eigenes **Wasserversorgungssystem:** Durch (durchsichtige) Flachdachkonstruktionen oder von der Regenrinne kann Regenwasser in den oberen Gewächshausteil des Selbstversorgerhauses geleitet werden, wo es durch erneute Kondensation und Wiederauffangen (tropft am tiefsten Punkt von der Decke) destilliert und zu reinem Trinkwasser wird. Generell soll alles Regenwasser von den Dächern oder versiegelten Flächen gesammelt und gespeichert werden. Nichts darf mehr abfließen. Wasser soll weder zu- noch abgeleitet werden müssen und zu allen denkbaren Aufgaben in und ums Haus eingesetzt wer-

den. (Gießen, Speichern, Heizen, Kühlen, Trinkwasserbereiten, Düngen, usw.).

15. Übergang von Spezial- zu **Universalgeräten**. Nicht mehr viele einzelne, umständliche, energiefressende Geräte, sondern wenige zentrale und universell verwendbare einsetzen! Zum Beispiel Autos mit Solarkollektoren als fahrbarer Energiespeicher (Batterien oder Gas) mit Anschlußmöglichkeit für alle Maschinen (Sägen, Generatoren, Mühlen, Pumpen, Winden), oder Holzherde im Verbund mit Heißwassersystem (Badeofen an die Rohrleitung angeschlossen), kompletten Sanitäranlagen, Gewächshausheizungen, als Ersatz für alle Küchengeräte* und -maschinen, Solarkochern (Parabolspiegelkocher).
16. Jeder **Haus- und Lebensbereich** soll vollständig von Abhängigkeiten jeglicher Art befreit werden, so daß keinerlei Energien, gleich welcher Art auch immer, mehr von außen zugeführt werden müssen. Also keine Elektrizität, kein Wasser, keine Brennstoffe und auf längere Sicht auch keine Nahrungsmittel mehr. Nahrungsmittel sollen später nur noch ausgetauscht beziehungsweise Überflüsse verschenkt werden. Nach erfolgter Entsiegelung und Bepflanzung unseres Landes wird schließlich der wesentlichste Effekt der ganzen **Wiederbepflanzung** eintreten, nämlich eine umfassende **Klimaverbesserung** zugunsten des Menschen und seiner Nahrungspflanzen aufgrund der Wiederherstellung des ursprünglich vorhandenen atmosphärischen Schutzschildes und seiner Puffer- beziehungsweise Abschirmwirkung durch die erhöhte Wasserverdunstung sowie die nun wieder mögliche Wasser-, Wärme- und Nährstoffspeicherungen in Pflanzen und Böden. Unsere Nahrungspflanzen, vor allem die Fruchtbäume, sind also in Wirklichkeit die besten, billigsten, natürlichsten und perfektesten Energiesysteme. Sie speichern für uns nicht nur Nahrungsenergie, sondern auch Wasser, Wärme, spenden Sauerstoff, schützen uns vor Wetterunbilden, Kälte und Hitze aus dem Al l, können unseren Planeten wieder zum Wohnraum für Menschen machen, in dem dieser nicht länger künstliche Energien nötig hat.

*Küchengeräte und Maschinen sind meistens überflüssig.

Was Regierende tun können

1. **Energieverschwendung** sollte strafbar werden, da sie die Umwelt zerstört und andere sowie unsere Kinder ihrer Möglichkeiten beraubt. Stromtarife müssen deshalb nach und nach umgekehrt werden, so daß energiesparende Betriebe und Haushalte nicht mehr bestraft, sondern belohnt werden.
2. **Bauweise/Baugesetze** müssen so ausgelegt werden, daß alle Energiesparmaßnahmen nicht nur erlaubt, sondern gefördert werden. Es darf nicht verboten werden, zum Beispiel Windräder aufzustellen, während die Elektroversorgungsunternehmen Wälder für ihre Überlandleitungen abholzen dürfen und mit ihren Trassen ganz Deutschland zerschneiden. Bei allen Bauten muß das Tageslicht genutzt werden (Fenster). Solange Energiegewinnung nicht umweltverträglich ist, darf Licht nur bei Dunkelheit gebraucht werden. Die Baugesetze müssen außerdem wieder zulassen, daß aus großen Landwirtschaften viele kleine Selbstversorgerbetriebe gemacht werden. Naturnahes Bauen und Leben darf nicht länger aus falschem Umweltschutzdenken verhindert werden.
3. **Treibstoff- und Energieverwendung** durch das Militär muß weitgehend eingeschränkt werden. Andernfalls besteht die Gefahr, daß uns unser Militär schon zu Friedenszeiten unter den Boden bringt beziehungsweise zu Tode verteidigt. Zur Verteidigung sind wenige wirksame Waffen nützlicher als viele konventionelle. Nur so lange die Not zur Verteidigung besteht, sollte Kriegsgerät so gebaut werden, daß es möglichst wenig Schaden am eigenen Volk und dessen Umwelt anrichtet..
4. Alle **Gebrauchsgüter** sind so zu fertigen, daß sie möglichst lange halten und weitgehend wartungs- und verschleißfrei sind. Computer könnten für An- und Verkauf beziehungsweise für Vermittlungsdienste eingesetzt werden, um zu verhindern, daß der eine auf den Schrott wirft, was der andere neu kaufen muß.
5. Entwicklung und Serienproduktion von fremdenergieunabhängigen **Hausenergiesystemen** mit Hilfe von Sonne, Wasser, Erdwärme und Wind. Komplette Versorgungssysteme müssen entwickelt und schnellstens auf den Markt gebracht werden. Hier wären Subventionen angebracht!
   Auch die großtechnische Integration von Thermalwasser in die

Wohnsysteme kann Sache des Staates beziehungsweise der Kommunen sein.

6. Beseitigung der Monopolstellung der Elektroversorgungsunternehmen und Förderung jeder Form der eigenen **Energieerzeugung.** Schrittweiser Abbau der Stromleitungssysteme und gleichzeitiger Aufbau von Selbstversorgungssystemen. (All die vielen Strommasten könnten mit Windrotoren versehen werden, an die kleine Energiestationen zu Wasserstoffelektrolyse gekoppelt werden, und wir hätten bereits überall sich selbst füllende Tankstellen für Fahrzeuge oder zur Nutzung in den Häusern). Energiereserve, Übergangs- und Notversorgung durch Kohle-Vergasung.
7. **Energiebeauftragte** müssen auf Wunsch Vorschläge und Wege zur Einsparung für jeden Betrieb und Haushalt individuell erstellen und bei der Verwirklichung mit Rat und Tat unterstützen, da nicht erwartet werden kann, daß jeder Bürger zum Fachmann für alles mögliche werden wird.
8. Der Staat hat dafür Sorge zu tragen, daß eine **Selbstversorgung** auch auf nationaler Ebene schnellstens erreicht wird. Also Unabhängigkeit von allen Importen jeglicher Energieträger (auch Lebensmittel) durch absolute Bevorzugung der Eigenproduktion. Notfalls kann die Energie-Selbstversorgung an Wasserstoff und Benzin auch durch Kohle-Vergasung und Benzinherstellung aus Kohle übergangsweise gesichert werden. Die Beseitigung der Energieform Benzin und Öl durch Wasserstoff oder bessere Träger muß schnell geschehen, damit die sich regenerierenden Umgebungsenergien allseitig segenbringend genutzt werden können.
9. Nutzung der in jedem Haushalt anfallenden **Abfälle und Abwässer** zur Biogas- und Düngerherstellung. Was dem Land genommen wird, muß ihm auch wieder zurückgegeben werden. Ersatz der Kunstdüngerfabrikation* durch Dünger aus sogenanntem *Naßmüll* und *Fäkalien.* Verbot des Kunstdüngerein-

*Kunstdüngerproduktion wäre generell zu verbieten und auch entbehrlich, wenn wir unseren Mist zu Dünger verarbeiten würden, anstatt damit die Gewässer zu verschmutzen. Auch sollten spätere Abfallstoffe wie Papier, Karton, Verpackungen, aller Naßmüll nur noch in einer solchen Form verbreitet werden dürfen, daß diese wieder zu organischem Dünger auf dem Feld werden können beziehungsweise zum Mulchen dienen können. Wir brauchten dabei nur auf die *Segnungen* der Petrochemie zu verzichten und können wieder einmal feststellen, daß wir es ohne diese wohl um vieles leichter hätten.

satzes und bessere Verteilung der anfallenden Mistmengen aus der Landwirtschaft.

10. **Weder Erdöl, noch Kohle,** auch nicht Uran oder Erdgas usw., nicht einmal Solarzellen und Windräder sind die wichtigsten Energielieferanten, sondern ein gesunder und lebendiger Boden, beziehungsweise das was darauf durch Licht und Wärme wächst. Zuerst brauchen wir nämlich *Sonnenenergie* in Form von Nahrungspflanzen. Deshalb darf unsere Energieproduktionsanlage Boden nicht länger in rücksichtsloser Weise ruiniert werden. Wir könnten deshalb zum Beispiel auch Waldflächen zur Humusproduktion durch schnellwachsende Pflanzen heranziehen. Es geht also auch darum, die überall dünn gewordenen Humusschichten wieder zurückzugewinnen.
11. Um die Natur, die Böden, die Umwelt schlechthin wieder zum (vielfältigen) Leben zu erwecken, muß die gesamte momentane **Vegetation dieses Landes** grundlegend verändert werden. Nur der Ersatz der heutigen *Armutskulturen* durch mehrjährige sich weitgehend selbst erhaltende Nahrungspflanzen mit vielfältigem Nutzen (vor allem Sträucher, Fruchtbäume, Wurzelstauden), kann letztlich den immensen Energieverbrauch von Landwirtschaft, Handel, Transport, Verarbeitung senken und unser Land gesund und krisenfest machen.
12. Die Anlage von *Biotopen* oder besser gesagt **Paradiesgärten** für den Menschen muß allerorts gefördert werden, damit alle Energieprobleme und Existenzsorgen bald ein Ende nehmen können. Da wir noch in einem für unsere *Gattung* zu kalten Klima leben, wären auch großflächige Abdeckungen beziehungsweise Überdachungen, zum Beispiel von Stadtteilen, mit umfangreichen Gewächshauskulturen und artgemäßem, wenn auch künstlichem Klima sinnvoll. Künstliche Beleuchtungen und Heizungen können generell auch für Nahrungspflanzen verfügbar gemacht werden, indem man Wohnen und Nahrungsmittelanbau nicht länger voneinaner trennt.
13. Als Initiatoren vieler Mißstände auf der ganzen Welt (weil wir die technischen Mittel dazu haben) müssen wir Programme zur weltweiten **Kultivierung** aller falsch beziehungsweise nicht bepflanzten Flächen (Wüsten, Steppen, Gras- und

Ackerwüsten, Getreide-, Genußmittel-, Drogenanbauflächen) **mit menschlichen Nährpflanzen** (Fruchtbäume und -Sträucher) mit aller Kraft unterstützen. Damit kann und soll nicht nur erreicht werden, daß das Wort *Hunger* auf diesem Planeten zum Fremdwort wird, sondern auch, daß sich die Atmosphäre wieder mit einer dichten und schützenden Hülle, und die Erde wieder mit einer schützenden Pflanzendecke aus Nahrung, Wasser und wärmespeichernden Fruchtpflanzen umgibt, und die momentane Kaltzeit und Sintflut (Die Wassermassen aus den Pflanzenkörpern sammeln sich in den Meeren) innerlich wie äußerlich ein Ende nimmt. Menschen können dann wieder überall menschenwürdig leben.

14. Um **Müllbeseitigung und Müllprobleme** aus der Welt zu schaffen, müssen alle Stoffe so hergestellt werden, daß sie wieder vollständig zu organischem Düngematerial zerfallen und auf den Feldern verwendet werden, oder wieder von neuem verwertet werden können (zum Beispiel Metalle, Glas). Selbstverständlich sind Verpackungen und Transportbehälter generell so herzustellen, daß diese so oft wie möglich wiederverwendet werden können, wenn dadurch insgesamt eine Energieersparnis oder Verbesserung erreicht werden kann. Zur Vermeidung von Verschwendung flüssiger Abfall- beziehungsweise Wert- oder Düngestoffe muß das Kanalisationswesen zugunsten einer Wiederverwendung aller anfallenden Abwässer abgeschafft oder verändert werden. Es muß dafür gesorgt werden, daß Wasser nicht mehr länger in die Meere abfließt, sondern daß damit verwüstete Landstriche rekultiviert werden, geheizt, gekühlt, gegossen, gedüngt, belebt, gespeichert, verdunstet wird.
15. Generell sind allseitig umwandelbare, kompatible, **regenerative Energiesysteme** für die Hand des Bürgers zu entwickeln. So müssen die Energieträger Licht, Wärme, Erde, Wind, Gärung (biochemische Energie), Wasserkraft, Gezeiten, und vor allem Fruchtpflanzen, auch für den Bürger in jedem Haus in beliebiger Weise mittels vorher beschriebener Energiesysteme verwandelbar und nutzbar gemacht werden, damit dieser wieder seine Menschenwürde und Unabhängigkeit zurückerlangen kann.

Schließlich möchte ich noch bemerken, daß die Menschheit seit Tausenden von Jahren ohne elektrische Energie überleben konnte, mit ihr aber gegebenenfalls kaum mehr hundert Jahre überleben wird(siehe auch Viktor Schauberger »Die geniale Bewegungsenergie 4«).

Ich selbst bin immer noch dabei, mich so nach und nach vollkommen selbständig zu machen und gelange immer mehr zu dem Eindruck, daß ich Strom eigentlich gar nicht brauche. Er wird immer überflüssiger, je mehr ich mich in Richtung Selbstversorgung ändere.

Fazit

Energie ist erst dann nötig und wird in dem Maß nötiger, in dem sich der Mensch von seiner natürlichen Umwelt entfernt beziehungsweise diese entfremdet. Dieser Zustand der Naturferne kostet umsomehr Energie, je weiter er fortschreitet. Oder anders. Durch die Anwendung und Verschwendung von Fremdenergie ist der Mensch in einer Weise verblödet und der eigenen Natur entfremdet worden, die ihn unfähig macht, ohne Fremdenergie zu leben. Deshalb ist im Annähern an die Schöpfung Rettung zu finden, im Verändern dieser jedoch Verderben. Natürlich ist diese Abhängigkeit, Entfremdung, Verschwendung, Naturferne durchaus gewollt und von den Geldmächten sicherlich auch unterstützt oder sogar herbeigeführt worden, um daraus mehr *Profit* schlagen zu können. Auch wenn wir den *schwarzen Peter* hier zwar anderen zuschieben können, müssen wir Besserungen dieser katastrophalen Zustände doch selbst in die Hand nehmen und anstreben. Sonst geschieht nämlich gar nichts. Sonst geht es weiter so Richtung Abgrund.

Ein wenig Science fiction

Um nun nicht in die Ecke des Technikfeindes, des *Steinzeitwesens*, gedrängt zu werden, möchte ich hierzu noch folgendes einfügen: Wir haben tatsächlich – nicht zuletzt unter dem ständigen Wachstumsdruck der Zinsschmarotzer – eine enorm leistungsfähige **Maschinenwelt und Technik** entwickelt. Diese muß nicht zwangsweise dazu benutzt werden, den Planeten Erde zu ruinieren, sondern kann auch tatsächlich sinnvoll, nützlich, segenbringend eingesetzt werden. Allerdings sollten diese Maschinen vom grobschlächtigen zum feineren, vom gewaltsam manipulierenden zum intelligenteren, schonungsvolleren, vom fremdenergieabhängigen zum fremdenergieunabhängigen Einsatz hin weiterentwickelt werden. Etwas mehr Einfühlungsvermögen in die Schöpfung und etwas weniger Brachialgewalt, Rücksichtslosigkeit und Dummheit, deren Ursache ja gerade im mangelnden Willen zur Einsicht in eigene Fehler, Selbstreflexion, Demut, auch Bußbereitschaft liegen, und unsere regenerierbaren Umgebungsenergien aus Sonne, Wind, Wasser und Erde reichen spielend auch für ein Leben im *modernen Stil* aus.

Ein Erfinder namens Wilhelm Müller aus Pendicton, British-Columbien entwickelte unlängst einen Magnetmotor-Generator, der ein Vielfaches der Energie erzeugt, die er selbst verbraucht, also quasi ein *perpetuum mobile* ist. Sollte es also möglich sein, diesen Motor, der angeblich nicht teurer als ein gewöhnlicher Automotor herzustellen ist, diese Erfindung zur Nutzung von Energien aus starken Magneten beziehungsweise Magnetfeldern aus den Klauen ihrer Behinderer zu befreien und zu verbreiten, dann sind viele meiner energietechnischen Vorschläge und Ziele zur Verbesserung unserer Lage zugunsten dieser Erfindung zu verbessern. Diese Magnetmotoren, die (Quelle: Zeitschrift Code) nach einer anfangs zugeführten Startenergie (cirka zwei Kilowatt) zur Errichtung des starken Magnetfeldes etwa zwanzig Kilowatt Leistung abgeben sollen, wären natürlich die idealen Energieerzeuger für alle Zwecke schlechthin. Wir könnten dann selbst das Fliegen mit dem eigenen Fluggerät für jedermann ermöglichen und nach und nach sogar auf den Straßenverkehr verzichten. Nehmen wir dann noch andere Erfindungen hinzu, wie zum Beispiel die Flugkreisel, die sagenumwobenen *fliegenden Untertassen,* die, wie ich gehört und gelesen habe, (ebenfalls Code} von Deutschen noch während des letzten Krieges entwickelt und erprobt worden sein sollen, dann sind wir sogar von der allgemeinen Raumfahrt nicht mehr allzuweit entfernt. Diese Flugkreisel sollen mit einem kreisförmig drehenden *Tachyonenantriebssystem* versehen worden sein, das die innenliegende Flugkabine durch entgegengesetzte Drehung trotz der Rotation des Kreisels im Ruhezustand belassen kann. Besonders der Umstand, daß vielerorts solche Flugkreisel gesehen wurden, deutet darauf hin, daß auch diese Erfindung tatsächlich existiert. Die Phantasien der Science-Fiction-Autoren scheinen also doch nicht allzusehr aus der Luft gegriffen zu sein.

Die göttliche Vorsehung irrt nicht!

Doch zweifeln wir nicht an der göttlichen Vorsehung, die uns ja zu jeder Zeit und immer auf die richtige Bahn zu leiten versucht, und die uns solche Erfindungen erst dann genehmigen kann und darf, wenn wir zuvor unser inneres Böses und Falsches abgelegt haben, so daß wir nicht durch solche Maschinen zu einer allesvernichtenden Bedrohung für den Globus werden können. Man kann uns bessere Mittel erst dann geben, wenn wir diese zum Guten anwenden wollen, also erst, wenn wir wieder im Herrn sind. Dennoch wird sichtbar, daß bald tiefgreifende Änderungen eintreten werden, da ja schon das Falsche und Böse (zum Beispiel die durch Verbrennung eintretenden atmosphärisch bedingten Erwärmungen der Erde) dazu benutzt wird, um das kommende Reich der Wärme und Liebe, des Lichts und der Weisheit aus dem Herrn einzuleiten. Ich sehe also in der heute zum Schreckgespenst gemachten allgemeinen Ewärmung keine Katastrophe, sondern lediglich den Zusammenbruch des alten Kälte-Nacht-Reiches. Selbst die erwarteten Überschwemmungen werden nicht zwangsweise eintreten müssen, da ja durch eine Erwärmung wesentlich mehr Feuchtigkeit beziehungsweise Wasser in die Atmosphäre aufgenommen wird. – Die ursprünglich während der Warmzeit in der Atmosphäre gelöste, vor Klimaschwankungen bewahrende schützende Dunstschicht aus den Pflanzenwäldern hatte sich durch die Verwüstungen des Menschen in Form von Eis an den Polen niedergeschlagen. Eine plötzliche Abkühlung der Atmosphäre, wahrscheinlich aufgrund von Brandrodungen beziehungsweise einem riesigen Waldbrand auf dem heutigen Gebiet der Sahara, auf die ein Niederregnen all des in der Atmosphäre gelösten Wassers folgte (Sintflut), vermute ich als direkte Ursache, deren eigentlicher Hintergrund jedoch im Fehlverhalten der Menschheit liegen muß. Die Überschwemmungen wären sogar rückgängig zu machen, wenn es gelänge, all das viele Wasser nicht mehr in die Meere fließen zu lassen, sondern wieder in der erwärmten Atmosphäre im Verbund mit den die ganze Erdoberfläche bedeckenden Pflanzenkörpern und ihren Böden zu sammeln und zu speichern. Sogar inzwischen überflutete Ländereien würden dann wieder auftauchen.

Ein Leben nach der Ordnung Gottes ist die segenbringenste Art der Energiegewinnung.

Die wirkungsvollste und sinnvollste Art der Energiegewinnung besteht daher in der Anlage von menschlichen Lebensräumen, in denen der himmlische Mensch, nicht das *Raubtier* Mensch all seine Nahrung gleich einem ewigen Geschenk der Natur quasi von der Schöpfung geschenkt, also ohne die Mühen von Ackerbau und Viehzucht erhält. Dies ist nur bei der Nahrung für den *Paradiesmenschen,* der Fruchtnahrung, der Fall. Auch alle anderen Energieprobleme lassen sich durch die weltweite Wiederbepflanzung mit Fruchtbäumen, oder innerlicher erklärt, mit der Wiederaufnahme des Lebens und der Weisheit vom Herrn, beheben.

Jeder Quadratmeter Boden jedoch, der weiterhin versiegelt (betoniert) wird oder bleibt, der weiterhin zur Wüste – damit meine ich auch Ackerland – oder Graswüste – gemacht wird oder Wüste bleibt, macht unseren Planeten noch lebensfeindlicher und noch kälter, indem dadurch immer noch mehr von der schützenden atmosphärischen Dunstschicht aus den atmenden Fruchtgärten verlorengeht. Darin sind die Ursachen der eiskalten Winter und brennend heißen Sommer, der kalten Nächte und heißen Tage, all der Stürme, Überschwemmungen, Wetterkatastrophen zu suchen, die unser Leben und das unserer Nahrungspflanzen hier so schwer machen.

Glauben Sie ernsthaft daran, daß unser Schöpfer dieses Kälteklima für uns Menschen vorgesehen hat? Wenn dem so wäre, dann wären wir auch dafür gewappnet, hätten ein Fell, hielten Winterschlaf. Nein! – Auch wenn Wissenschaftler für die Eiszeit irgendwelche Großkatastrophen schuldig machen wollen. Der Mensch und seine Lebensweise, seine innere Eiseskälte und Gottferne, und in der Folge seine Naturvergewaltigungen durch Ackerbau und Viehzucht, Brandrodungen, Versiegelungen ist verantwortlich für alle dadurch auftretenden Erschwernisse und Plagen.

Ich bin davon überzeugt, daß die Welt ob der vielen und wunderbaren Erfindungen, die bereits heute gemacht sind, in großes Staunen versetzt und Jubel ausbrechen würde, wenn es gelänge, jene Erfinder und Erfindungen aus den Klauen und Blockaden der Monopolisten zu lösen und zu verbreiten. Solange jedoch diese immer noch mehr Einfluß und Macht gewinnen, brauchen wir uns nicht darüber zu wundern, wenn unsere Erde immer mehr einer Hölle zu gleichen beginnt. Die Frage der Energiewahl ist weniger eine technische, sondern vor allem eine macht- und geldpolitische, aus meiner Sicht letztlich eine religiöse. Laßt uns deshalb künftig Gott, und damit dem Guten, Wahren, Lebenserhaltenden dienen, und nicht länger dem Mammon, der Zerstörung, der Macht- und Besitzgier.

Weitere Ursachen und Zusammenhänge in punkto Energieverschwendung finden Sie in den Abschnitten über das Geld und die Selbstversorgung.

Kapitel 7
Entwicklungshilfe

Der dekadente Konsumbürger fühlt sich Naturvölkern überlegen!

Ein ganz wunder Punkt unseres Systems ist das Thema Dritte Welt – Entwicklungshilfe. Da unser System, unser Wirtschaftswunder, unser Wohlstand ja nicht auf Eigenleistung beruhen, sondern vorwiegend auf der Ausbeutung von Bodenschätzen wie Öl, Gas, Metalle und dem Import von Futter- und Lebensmitteln aus den Ländern der Dritten Welt, ist das Gehabe mit der *Entwicklungshilfe* eine ganz scheinheilige und zwielichtige Sache. Es soll der Anschein erweckt werden, als ob wir jenen Ländern helfen würden beziehungsweise geholfen haben. Stattdessen sind sie seit der Kolonialzeit ständig ausgebeutet, bevormundet, betrogen worden. Der *weiße Mann* fühlte sich als Herrscher, Unterdrücker, Mensch eines höheren Standes, der den armen *Eingeborenen* in allem weit voraus war und jene nur milde belächelte und als eine Art Untermensch behandelte. Der dekadente Zivilisationsmensch, dessen Leben ja nur noch an einem Faden hängt, der Stromleitung nämlich, dem die Selbständigkeit vollkommen verlorenging, der in punkto Leben dümmer ist als je eine Gesellschaft zuvor, fühlt sich über jahrtausendealte Kulturen erhaben, die ohne Fremdenergie auskommen, natürlich und von der Arbeit ihrer Hände leben! Jener Zivilisationsmensch, jener Schmarotzer, jene Made im Speck, die kläglich verendet, wenn man den Speck wegnimmt, jenes Krebsgeschwür auf diesem Planeten, schämt sich nicht, diesen Kulturen mit einer Hand ihr hart erarbeitetes Brot wegzunehmen,* mit der anderen aber ihnen ihr Gift, ihre Tötungs- und Vernichtungsinstrumente, ihren geistigen und materiellen Größenwahn anzubieten. Als ob dort unser Sy-

*Daß die Völker in Afrika hart arbeiten und inzwischen Brot beziehungsweise Getreide essen müssen, hängt ursächlich miteinander zusammen, da diese unnatürliche Form der menschlichen Ernährung mit enormem Kraft- und Energieaufwand, mit Bodenzerstörung, Viehzucht, Mühe und Nöten verbunden ist. Auch das Getreideessen dieser Völker muß zum Teil den Einwirkungen der *zivilisierten Völker* beziehungsweise ihrer Manipulatoren zugeschrieben werden.

stem funktionieren könnte! Wen sollen denn diese Länder ausbeuten?

Beide Seiten werden betrogen

In der Praxis funktioniert die Sache so: Die Geldbarone und internationalen Großbanken finanzieren jenen Ländern irgendwann einmal Projekte wie etwa Kraftwerke im Urwald, moderne Maschinen, Riesenfarmen, Ideen und Produktionsmethoden aus unserer Welt, die den dortigen Verhältnissen, Bedürfnissen und Lebensformen in keiner Weise entsprechen, und die immer neue, weitere Investitionen nötig machen. Durch Kreditvergabe zu allen möglichen, meist unsinnigen Zwecken entsteht ein immer größerer Schuldenberg, der schließlich eine enorme Zinsbelastung mit sich bringt.

Da nun die Lebensmittelpreise künstlich auf Schleuderpreisniveau gehalten werden, können die Betrogenen oft mit ihrer gesamten Ernte nicht einmal die Zinstilgungen bezahlen. So wandert die Nahrungsmittelproduktion von dort in unsere Überflußgesellschaft, wo sie meist als Tierfutter *vor die Säue* geworfen wird, da wir schließlich die Zinszahlungen der Dritten Welt in Form von Rohstoffen und Lebens- oder Futtermitteln erst in *klingende Münze* verwandeln müssen, um sie für die Banker verfügbar zu machen. So werden also *zwei Fliegen mit einer Klappe* geschlagen. Zum einen bekommen die Geldmonopole ihren Zins, zum anderen verschulden sich unsere Landwirte immer mehr bei den Banken, da die Lebensmittelpreise *in den Keller* rutschen. Die Folgen **dort** sind Hungersnöte, Zerstörung jahrtausendalter Kulturen, Lebensformen, Anbaumethoden, Pflanzen- und Tierarten. Die Folgen **hier** sind der Niedergang der Landwirtschaft, des Bergbaus, der Selbständigkeit, und eine immer weiter anwachsende Abhängigkeit aller Beteiligten von den Geldgebern. Letztlich der Verlust des Eigentums, Sklaverei, Kommunismus.

Unser Größenwahn in der Dritten Welt

Die Verdrängung von bodenständigen Arten, von Artenvielfalt, von geistigem und natürlichem Reichtum geschieht dort durch unsere anfälligen, kranken, überzüchteten *Super*-Sorten, die nur im Überfluß gedeihen können. Geistige Kulturen und Wissen, die und das von Menschen unserer Art schon gar nicht mehr begriffen und nachvollzogen werden können, werden niedergewalzt. Die Rechnung für die Manager mit weißem Kragen geht auf. Die Abhängigkeit wird komplett. In heldenmutigen Hilfsaktionen werden dann Schäden bekämpft, die zuvor provoziert wurden. Wenn zum Beispiel unsere anfälligen Sorten und naturwidrigen Anbaumethoden dort von Insekten bedroht werden, setzt man skrupellos Ackergifte in Massen ein und spielt sich danach als *edler Retter in der Not* auf. Überall zeigen sich dort inzwischen die Spuren dieser Methoden.

Da werden größenwahnsinnige Staudammprojekte verwirklicht, die höchstens dem Luxus einiger Reichen dienen, aber gleichzeitig riesige Länder zur Wüste machen (zum Beispiel der Assuanstaudamm).

Da setzen *Experten* eine umsatzsteigernde neue Raubfischart (Barsch) in einem See ein, die dann den ganzen See leerfrißt und dort wegen der Größe gar nicht verwendet werden kann (zum Beispiel Victoriasee). Da werden Kraftwerke im Urwald gebaut, riesige Regenwälder abgeholzt und geplündert. Einheimische werden ermordet oder von ihrem Land vertrieben, auf dem riesige Felder für die Futtermittel der Industrienationen entstehen (zum Beispiel Brasilien).

Die Futtermittel wandern dann in die Mastbetriebe und schließlich in *veredelter Form* in die fetten Bäuche der *vornehmen Kannibalen.* Überall wollen *Experten* entwickeln, etwas Gigantisches aufbauen, das die *Primitiven* aus ihrem vermeintlichen Elend befreien soll, überall wurde aber nur kaputt gemacht, wurden nur Schäden verursacht. Man nahm den Volkern was wertvoll ist, ihre Eigenständigkeit, ihre Kultur, ihre Rohstoffe, ihre Nahrungsmittel und sogar oft noch ihren Grund und Boden. Man gab ihnen dafür größenwahnsinnige, unbrauchbare Industrieanlagen, die nur anderen dienten: Dreck, Gifte, Waffen, zerstörende Ideen und Wertvorstellungen.

Wo der Westen geht, kommt der Osten

Die geistig und innerlich wirklich *Primitiven* verführten also andere gutgläubige, gutwillige Völker ins Elend. Man trug den Ost-West-Konflikt bis in jedes noch so ferne Land. Wo sich die *Westlichen, Demokratischen* zurückziehen, machen sich sofort die *Östlichen, Kommunistischen* breit. Die ganze Welt wurde so mit einem unsinnigen Streit um Gewalt, Herrschaft, Besitz, . . . gegeneinander aufgebracht. Die *lachenden Dritten* sind die internationalen Geldmagnaten, die an alledem nur gewinnen und mächtiger werden können.

Wie können wir helfen?

Unsere Hilfe sollte zu einer wirklichen Hilfe auf allen Ebenen, vor allem auch gegen die Gefahren und Ausbeutereien der Geldkonzerne in diesen Ländern werden. Unsere Gelder für erhaltene Lieferungen von wertvollen Stoffen und Nahrungsmitteln aus der Dritten Welt müßten nicht nur angemessen vergütet werden, sondern es muß vor allem dafür gesorgt werden, daß sie nicht in Form von Zinszahlungen wie bisher in die Hände der Banker gelangen, oder diesen auf Umwegen über die chemische Industrie oder die Rüstungsindustrie zukommen. Deshalb ist ein System zu schaffen, das uns die Ankunft unserer Gelder direkt in die Hände der Erzeuger garantiert und alle *Zwischenwirte* lückenlos aufdeckt. Boykotte von Direkterzeugern aus irgendwelchen politischen Gründen sind zu unterlassen, da hierbei nur die Anbauer selber getroffen werden und die Ware letztlich von meist betrügerischen Händlern für Schleuderpreise aufgekauft und Wucher damit getrieben werden kann.

Die Entwicklungsländer müssen also zuerst vor den Einwirkungen der Geldmächtigen geschützt werden. Deshalb sollte die gesamte Agrarstruktur, die von jenen zum sicheren Untergang dieser Völker bereits eingeführt wurde, und die auf Raubbau und Plünderung mittels des konventionellen Ackerbaus und die Viehzucht nach unserem Vorbild hinausläuft, zugunsten des Früchteanbaus beziehungsweise des Anbaus von menschenwürdiger Nahrung, vor allem solcher von Bäumen, verändert werden. All die riesigen Getreide- und Sojafelder müssen also wieder in **Fruchtbaumpflanzungen** verwandelt werden. Außerdem kann es eine sinnvolle Aufgabe unserer Techniker und Ingenieure sein, die riesigen bereits verödeten, versteppten, verwüsteten Landstriche wieder zu kultivieren. Der Gedanke von Kolonien in Form von Schutz- und Agrarbündnissen zur gegenseitigen Hilfe und zum Austausch von echten Werten und Gütern erscheint hier gar nicht so abwegig. Wir wissen ja nur allzugut, daß wir selber in einem zu kalten Land leben und deshalb noch auf Hilfe aus den warmen Ländern angewiesen sind (in Form von Früchten, Energie). Es gilt also, auch in unserem Interesse, die Südländer im wahrsten Sinne des Wortes aufblühen und Früchte tragen zu lassen. Man könnte sogar einen Erwerb zum Beispiel von momentan unbewohnbaren Wüstenflächen zur Fruchtgartenpflanzung für unser ganzes Land ins Auge fassen. Selbst damit wäre Afrika gedient und geholfen. Es muß ja nicht sein, daß man in ein Land nur deshalb eindringt, um dieses zu unterwerfen, zu vernichten, auszubluten, zu verführen, zu versklaven, mit geistigem und materiellem Gift, mit Waffen und Krieg zu überhäufen, wie das momentan noch der Fall ist, weil wir es bislang selbst noch nicht geschafft haben, mit den Peinigern dieser Welt fertig zu werden und diesen ihr schmutziges Handwerk zu legen, sondern Afrika könnte auch zum wirklichen Paradies für andere Völker und Kulturen wiedererweckt werden. Platz wäre zur Genüge vorhanden. Einen *Pflanzanfang* können wir zum Beispiel mit dem massenweise in unseren Städten anfallenden potentiellen Kompost aus verrottbarem Müll und Fäkalien, die wir bislang noch ungenützt vergraben, verbrennen, oder damit unsere Gewässer verschmutzen, machen. Allerdings wohl ebenfalls erst dann, wenn die nicht abbaubaren, für Pflanze, Tier und Mensch lebensbedrohlichen künstlichen Stoffe der Chemie bereits dort beseitigt werden, wo sie produziert werden. Wir sollten also nicht länger mit aufwendigen Klärwerken und komplizierten Verfahren Giftstoffe isolieren wollen, sondern uns generell von diesen *reinigen* beziehungsweise deren Erzeugung unterbinden.

Europa als Gehirn der Welt?

Wenn wir die Erde als einen großen Organismus beziehungsweise Menschen betrachten – tatsächlich steht ja alles Bestehende in einer Entsprechung zum *großen Menschen*, das heißt dem Himmel, all deren Seele und lebensspendende Kraft ja der Herr ist – dann liefen ja von Europa schon immer die Fäden in die ganze Welt aus. Solange allerdings dieses Gehirn, diese Schaltzentrale im Geiste krank ist, kann sie nur überall Verderben verbreiten, wird sie zu einer Zentrale des Bösen. Sollte es jedoch gelingen, unsere Krankheit, damit meine ich Selbstsucht, Macht- und Besitzgier, Eigen- und Weltliebe zu überwinden, dann kann auch und vor allem die alte Welt wesentlich dem Segen der ganzen Menschheit dienlich sein und wieder dazu beitragen, die ganze Erde mit Gutem und Wahrem vom Herrn zu beseelen.

Kapitel 8
Ernährung

Ethische und religiöse Fundamente; anthropologische Voraussetzungen.

Es geht in diesem Kapitel um die zentrale Frage dieses Buches. Womit ernähren beziehungsweise nähren wir Seele, Geist und Leib? Da es hier drei unterschiedliche Ebenen der Nahrungsaufnahme gibt, die sämtlich miteinander in Entsprechung, in miteinander zusammenhängender Beziehung stehen, eben die Ebenen Leib, Geist und Seele, oder der natürliche, der geistige und schließlich der innere oder himmlische Aufnahmebereich, möchte ich hier alle drei in ihrer untrennbaren Verbindung zueinander sichtbar machen..

Baum der eigenen Erkenntnis oder Baum des Lebens ?

Ein Mensch kann nur dann Krone der Schöpfung werden oder sein, wenn er sich im Sinne des Schöpfers in die Schöpfungsordnung einfügt, das heißt natürlich, naturgemäß, gottgewollt lebt. Dabei fühlt er in seinem Innern von Gott her – man sagt heute – *intuitiv* – was gut ist und was nicht. Außerdem kann der Mensch mit seinem Verstand, seinem *Intellekt* das Richtige vom Falschen trennen, wobei jedoch der Verstand dem Willen beziehungsweise der Liebe eines Menschen untergeordnet ist und nur das erkennen und verstehen, nur das erforschen und wissen will, was seinem Willen und seiner (Vor)-Liebe genehm ist. Schließlich kann er auch auf der untersten, natürlichen, der Sinnesebene, mit seinen Augen, dem Geruchs- und Geschmackssinn, also mit all seinen Sinnesorganen Gutes vom Schlechten trennen.

Leider kann er auch Gut und Böse miteinander vertauschen, also Gutes für schlecht und Schlechtes für gut halten. In einem solchen Fall geht er jedoch niemals von der Schöpfungsordnung, dem Willen Gottes aus, sondern macht sein eigenes Ich, sich selbst zum Zentrum, zum Maß all seiner Dinge. Ein solcher Mensch würde dann immer tiefer in seinen eigenen Egoismus, seinen Größenwahn, seine Macht- und Weltliebe, seine Gier nach allem möglichen, allen Annehmlichkeiten, Genüssen, und letztlich Exzessen sinken, würde sich immer noch mehr als *Herr des Universums* und zuletzt noch als Gott selber fühlen, wenn er dabei nicht durch irgendetwas gebremst würde. Genau die Wirkung dieser *göttlichen Bremsen*, der Naturgesetze, der Schöpfungsordnung, unserer eigenen Natur ist es, die wir heute gerade deshalb so deutlich in Form von Krankheiten, Katastrophen, Zusammenbrüchen usw. zu spüren bekommen, weil wir uns unwissentlich oder absichtlich so weit davon entfernt haben. Unser ganzes Disaster wird deshalb auch so lange immer größer und verheerender werden, solange wir Gott unseren Herrn Jesus Christus verleugnen und uns selbst zur Gottheit machen wollen, in biblischer Sprache ausgedrückt, vom *Baum der (eigenen) Erkenntnis von Gut und Böse* essen wollen, und den *Baum des Lebens* meiden.

Von der Selbstvertreibung aus dem Paradies

Schlecht ergeht es auch allen, die von solchen Möchtegern-Göttern regiert oder besser gesagt verführt, manipuliert, betrogen, fehlgeleitet, parasitiert, mißbraucht, ausgebeutet, versklavt wer-

Siehe Genenis Seite 80

*Die betreffende Stelle ist in vielen, vor allem neueren Bibelausgaben zu Ungunsten der Fruchtnahrung verfälscht worden. Hier der genaue Wortlaut: (Swedenborg 2 HG)

1. Mose 1/29 u. 30: Und Gott sprach: »*Siehe ich gebe euch alles Samen besamende Kraut, welches auf den Angesichten der ganzen Erde; und allen Baum, an welchem Frucht ist; der Baum welcher Samen hervorbringt, soll euch zur Speise sein.(30) Und allem Wild der Erde, und allem Vogel der Himmel, und allem Kriechenden auf der Erde welchem eine lebende Seele, alles Grün des Krautes zur Speise; und es ward so.* «

Die Fälschungen dieser Inhalte geschehen meist in der Weise, daß oben der Text dahin verändert wurde, daß *alles Samen besamende Kraut* zur Speise dienen sollte. Davon ist aber nicht die Rede. Zur Speise dienen soll eindeutig *der Baum welcher Samen hervorbringt* also der Fruchtbaum. (Vergleiche auch Hesekiel 47/12:» – *Und an dem Bache steigen auf hüben und drüben an seinem Ufer jeglicher Baum zur Speise. Nicht welkt sein Blatt, und seine Frucht geht nicht zu Ende; gemäß seinen Monaten treibt er Erstlinge; denn seine Wasser gehen aus vom Heiligtum. Und seine Frucht ist zum Essen und sein Blatt zur Arznei.*« Besonders bei Hesekiel wird auch die geistige und innere Bedeutung des Essens vom Fruchtbaum, der Früchtenahrung als Speise für den geistigen (Samen) und inneren (Frucht), beziehungsweise himmlischen Menschen sichtbar. Man darf jedoch nicht etwa dem Feuer die Schuld an dieser Entwicklung geben, die heute in der Nutzung der Atomenergie gipfelt, sondern vielmehr muß erkannt werden, daß Menschen eben irgendwann das Feuer zu nutzen begannen, weil sie töten, Fleisch essen, *fleischlich* werden, mehr Macht und mehr Besitz usw. wollten bzw. sich von Gott und dem Paradies abwenden wollten. Der freie Wille ist hier die Ursache. Diesem gehorcht der Verstand. Wie anders wäre es sonst zu erklären, daß wir bis auf den heutigen Tag solche Zusammenhänge selbst mit dem angeblich gesündesten Menschenverstand nicht erkennen konnten? - Weil wir eben nicht wollten! Wir wollten nicht das Einfache, Natürliche sehen und leben, sondern wir wollten unsere Bequemlichkeit, unsere Gier, unsere Süchte mit Argumenten und komplizierten, undurchsichtigen, nur scheinbar fundierten Begründungen untermauern, anstatt die einfache aber oft unangenehme Wahrheit zu suchen und zu finden.

den. Der Baum des Lebens deutet auf unsere wichtigste, absolut lebensnotwendige Lebensquelle, weil er Gott selber entsprechen soll. Die anderen Bäume des Paradieses, die alle gut zur *Nahrung und zur Speise* sind, bedeuten all die weiteren Wissensdinge und Erkenntnisse, von denen der Mensch nach seiner Lust und Liebe aufnehmen, lernen, oder auf den natürlichen Bereich bezogen essen kann. Auch auf der äußersten, natürlichen Ebene, also in Bezug auf die Nahrung für unsere in der natürlichen Welt lebenden Körper, sagt uns also das Wort Gottes bereits in der Genesis*, wovon wir uns ernähren sollen, welche Nachrung fü.r uns bestimmt, erwählt, geeignet ist, nämlich **Früchtenahrung** von den verschiedensten Bäumen und Sträuchern. Der Mensch wurde erst aus dem Paradies vertrieben und dazu verdammt *im Schweiße seines Angesichts* Felder und Äcker zu bebauen und Viehzucht zu betreiben, als er sich durch sein mehr wollen dort selbst hinauskatapultiert hatte. (Gotte vertreibt, zürnt, straft niemanden. Solche Vorstellungen sind absolut irrig. Schaden fügt sich der Mensch immer selber zu. Weil er allerdings den Fehler aus selbstsüchtigen Gründen immer bei anderen sucht, erkennt er weder Ursache noch Sinn einer Strafe.) Diese *Selbstvertreibung* aus dem Paradies geschah vor gar nicht einmal allzu langer Zeit. Die Zeit nämlich, als die Menschheit noch im Paradies Erde oder Eden im Einklang mit Gott und seiner Ordnung lebte, muß damals gewesen sein, als er den Feuergebrauch noch nicht entdeckt hatte oder wollte. Ohne das Feuer konnte er keine Waffen oder Werkzeuge schmieden, nicht jagen, nicht töten beziehungsweise kein Fleisch essen. Er konnte, wollte und mußte auch keinen Ackerbau und keine Viehzucht betreiben, keine kalten Länder besiedeln.

Wie lebten Adam und Eva?

In punkto natürliche Nahrung ist diese nämlich denkbar einfach. Denken Sie sich doch mal den ganzen Schnickschnack, ich meine all die oft zweifelhaften Errungenschaften seit der Nutzbarmachung des Feuers vor vielleicht zehntausend oder hunderttausend Jahren (man ist sich über die genaue Zeit nicht einig) weg und versetzen Sie sich in die Lage von Adam und Eva. Was konnten jene anderes essen, als das, was von allein wuchs, also hauptsächlich Früchte, Beeren und Nüsse? Wir müssen ja davon ausgehen, daß sich die heutige Form und Biologie unseres Körpers, alle unsere

Organe, äußeren Sinne und Gliedmaßen schon weit vor Adam und Eva* bereits vor und während Millionen von Jahren entwickelt hatten und bei der Menschwerdung, der Schöpfung des geistigen und inneren Menschen durch unseren Gott aller Zeiten Jesus Christus, in ihrer Entwicklung schon längst abgeschlosen waren und sich bis heute nur unwesentlich verändert haben. (Die Veränderung nur *eines* genetischen Merkmals dauert tausende von Generationen).

Wir können auch anders vorgehen und uns danach fragen, was uns von den damals vorhandenen Dingen überhaupt geschmeckt haben kann. Konnte uns zum Beispiel Fleisch schmecken, roh, ohne Salz und Gewürze? Überkommt uns beim Anblick eines toten Tieres Appetit, eines lebendigen Raublust? Können wir ein totes Tier ohne Messer überhaupt zerkleinern, mit unseren Zähnen aufbrechen und in unseren Mägen verdauen? Besitzen wir Raubtiermägen? Ist unser Verdauungssystem darauf eingerichtet, daß wir uns ernährungsmäßig auf die Ebene von Hundeähnlichen und Aasfressern begeben können? (Genauer betrachtet können nicht einmal Raubtiere nur von Fleisch leben.) Oder zu einem anderen Beispiel: Schmecken uns Grassamen? Sind diese nicht viel zu mühsam und umständlich anzubauen, zu ernten und zu verarbeiten? Können wir Getreide überhaupt zerbeißen? (Getreide in der heutigen Form gibt es ohnehin erst seit circa 8000 Jahren.) Konnten oder wollten unsere Urahnen zum Beispiel Kartoffeln, Bohnen, Soja oder andere Hülsenfrüchte ohne Feuerbehandlung überhaupt essen? Wozu sollten wir dies alles auch essen, solange es Pflanzen, vor allem Bäume und Sträucher gibt, die uns wohl-

*Man darf hier nicht dem Irrtum beziehungsweise der Unkenntnis des inneren Sinns des Wortes Gottes unterliegen, indem man unter Adam und Eva nur ein einziges Menschenpaar versteht und dann mangels naturwissenschaftlicher Logik an der Entstehungsgeschichte zweifeln muß. Sowohl unter Adam und Eva, wie auch später unter den Namen Moses, Abraham und zuletzt Maria wurden Gemeinschaften, ja ganze Völker bzw. Kirchen Gottes, also Menschenverbindungen mit Gott bezüglich ihres Glaubens und ihres Inneren verstanden. Da diese Verbindungen in sich geschlossener Völker sehr einheitlich waren, bildeten diese sozusagen einen Glauben und wurden deshalb auch mit dem Namen eines einzigen Menschen gesehen und genannt.
Die Entwicklungsgeschichte der gesamten Menschheit bezüglich ihrer inneren geistigen Entwicklung und damit verbunden auch die Entstehung, Umformung und später auch die mit den menschlichen Umtrieben verbundenen Zerstörungen in Um- und Innenwelt werden dem Verständigen des Wortes Gottes von ihren allerersten Anfängen im ersten Schöpfungsbericht bis zu den heutigen *Endschlachten zwischen Gut und Böse* in der Johannes-Offenbarung offengelegt. Es gibt in diesem Punkt der Menschwerdung also in Wirklichkeit keinerlei Gegensätze zwischen etwaigen *wissenschaftlichen Erkenntnissen*, die allerdings sehr unzureichend und mangelhaft sind, und dem im Wort Gottes Gesagten.

schmeckende Nahrung in idealer Form und vollkommener Zusammensetzung völlig kostenlos und freiwillig schenken? Wir brauchen ja beim Früchteessen nicht einmal zu trinken, da darin auch genügend Wasser in bester, gefilterter Form im richtigen Verhältnis zu festen Nährstoffen vorhanden ist. Früchte enthalten absolut alle lebensnotwendigen Substanzen für uns Menschen.

Wir könnten sogar auf Gemüse verzichten. Genauer betrachtet ißt man beim Gemüse ja die ganze Pflanze und vernichtet oder verletzt diese zumindest. Früchte hingegen werden von den Muttergewächsen speziell dafür ausgestattet, für andere Lebewesen verlockend zu sein, genommen und gegessen zu werden, damit sie so ihre Samen, nachdem diese die Verdauung eines höheren Lebewesens passiert haben oder während des Essens weggeworfen wurden, im Bereich ihres Essers verbreiten können. Bitte beziehen Sie diesen für beide Partien sehr nützlichen Vorgang auch auf geistiger und innerer Ebene auf das Essen vom Baum des Lebens und auf die damit verbundene Vermehrung von Wahrem und Gutem aus Gott unserem Herrn.

Ich habe nun bis hierher versucht, von der Schöpfungsordnung, dem Wort Gottes aus einleuchtend zu machen, warum Früchtenahrung die dem himmlischen Menschen auch im Paradies Erde zugedachte Nahrung ist. Im folgenden jedoch soll auf die augenblicklichen Zustände auf dieser Welt und die damit verbundenen verheerenden Folgen für die Menschheit näher eingegangen werden. Zudem kann erst dann in deutlicher Weise sichtbar werden, was paradiesische Nahrung ist, wenn im Vergleich auch die höllische, falsche, den Menschen durch seine eigene Gier bestechende und betrügende Ernährungsweise gegenübergestellt wird. Ich komme auch hier nicht darum herum, alle bislang entdeckten und erfahrenen Fehler und Falschheiten zu nennen, selbst wenn es sich dabei um solche der Naturkostbewegung handelt, die sich ja derzeit einbildet, die Gesundheit gepachtet zu haben.

Nun zu den einzelnen gängigsten Lebensmitteln oder besser gesagt Genußmitteln, Gier- oder Mastmitteln, von denen man noch immer glaubt, sie wären **Grundnahrungsmittel**, also grundsätzlich zum Leben notwendige Mittel.

Unsere Nahrungsmittel unter der Lupe: Fleisch

Wie schon erwähnt, ist der Mensch weder physisch noch psychisch dazu geeignet oder fähig, Fleisch in seinem Urzustand, also direkt vom toten oder lebenden Tier zu essen und gefahrlos zu verdauen. Der Mundspeichel des Menschen ist wie bei allen anderen pflanzenessenden höheren Lebewesen basisch und nicht sauer, wie bei allen Raubtieren. Fleisch wird deshalb auch kaum gekaut – was ja auch im Sinne der Vorverdauung zu einer falschen Vorbereitung führen würde – sondern gierig verschlungen. Die Verdauung von säurebildender Nahrung (Fleisch, gekochte Eier, Brot, Käse aus toter Milch, Gekochtes, Gebratenes, alle durch Erhitzung zerstörten Pflanzen) kann durch Zusatz von mineralischem, schädlichem Salz* gefördert werden. Auch Zigaretten, Schnaps, scharfe Gewürze, Kaffee, Knoblauch wirken gewissermaßen wie Gegengifte, die die Schäden durch Fleischgenuß eingrenzen sollen, indem sie dafür sorgen, daß die Mundspeicheldrüsen außer Funktion gesetzt werden (Zigaretten), die Wirkung von Fäulnis- und Gärungsbakterien, Verwesungs- und Leichengiften gehemmt werden (Alkohol**, Salz, Knoblauch, scharfe Gewürze), und daß das Verdauungssystem die nötige *Peitsche* zu spüren bekommt, damit das ganze nicht allzulange im Körper verbleiben kann und dort Verstopfung, innere Vergiftungen, Störungen von Darmfunktionen, eben unsere Beschwerden verursachen kann, dafür sind schließlich Kaffee und wiederum Zigaretten nützlich. Freilich eine dubiose Nützlichkeit. Sie sehen also, wie ein Gift, ein Falsches und Schlechtes das andere nach sich zieht und mit diesem zusammenhängt.

Es existieren natürlich auch andere und bessere Mittel zum schadloseren Fleischverzehr. Allen voran die Milchsäure, (Milchsauer eingelegtes Gemüse, Sauerkraut, Quark-Knoblauchcremes) die richtige Speisenkombination, richtige Fleischauswahl (kein Schweinefleisch), und nicht zuletzt ein maßvoller Genuß.

***Kochsalz** dient vor allem dazu, die falsche oder durch Erhitzen geschädigte entwertete und deshalb geschmacklose Nahrung wieder scheinbar, also mit Hilfe des Genußmittels Salz genießbar zu machen. Dies geschieht durch eine Überreizung, Betäubung und Verätzung der Geschmackssinnesorgane im Mund, was wiederum den Magen zu übergroßen Anstrengungen und Säfteproduktionen antreibt. Auf diese Weise wird ständig der Appetit angeheizt, man verschlingt gierig ungeheure Mengen von wertlosem Zeug, die man ohne Salz nie essen könnte und würde. Daß Natriumchlorid vom Körper nicht aufgespalten und verwertet werden kann, sondern ausgeschieden oder abgelagert werden muß, kann jeder einsehen, der von der giftigen Wirkung von getrenntem Natrium und vor allem Chlor in mineralischer Form weiß.

**Alkohol in den heute üblichen Mengen hat außerdem die Aufgabe, die Nervenleitungen des *Genießers* zu betäuben, damit dieser nicht die wahren Wirkungen, den wahren Charakter seiner Suchtmittel zu spüren bekommt.

Es gab übrigens im alten China eine Hinrichtungsmethode, die darin bestand, den Delinquenten zwei Wochen lang ausschließlich mit Fleisch zwangszuernähren. Von der Qualität des heutigen Fleischangebots, von ökologischen, ökonomischen, ethischen Einwänden gegen den Fleischgenuß möchte ich an dieser Stelle gar nicht mehr anfangen. Sie werden darüber ohnehin schon informiert sein. Außerdem möchte ich mit diesem Buch eben gerade noch einen Schritt weiter gehen, und vor allem auf noch unbekannte Risiken mit anderen weitverbreiteten Speisen eingehen. Fleisch steht vielleicht in Sachen Schädlichkeit und Verwerflichkeit an erster Stelle, führt aber eine ganze Reihe von weiteren hierzulande falschen Lebensmitteln an.

Fisch

Fisch wird mancherorts im Naturzustand, also roh* gegessen, was allerdings heute schon allein infolge der globalen Gewässerverschmutzung nicht mehr anzuraten ist.** Asiatische Völker tun dies heute noch. Man kommt jedoch kaum um weitere schädliche Zutaten drumherum. (Salz, Getränke.) Obwohl roher als auch luftgetrockneter Fisch durchaus als höherwertige Nahrungsmittel eingestuft werden können, wird der wissende Mensch, solange ihm Besseres zur Verfügung steht, wohl kaum auf diese Notnahrung

*Im Gegensatz zu manchen Vertretern der neueren Rohkostbewegung (Jean Claude Burger) (5)möchte ich vor jeglichem Genuß roher Tierlebewesen warnen. Helmut Wandmaker berichtet in seinem Buch »Willst du gesund werden? Vergiß den Kochtopf!« (6) von einem Versuch, bei dem einem Menschen seine zuvor gegessene rohe Fleischmahlzeit wieder mit einem Schlauch aus dem Magen hervorgeholt und untersucht wurde. Man wollte damit erforschen, was mit den Tierkörperzellen im menschlichen Körper passierte, vor allem wollte man wissen, ob und in welcher Weise diese Zellen zersetzt wurden. Das Ergebnis war verblüffend. – Der menschliche Organismus erweckte diese Tierzellen quasi wieder zum Leben, genau wie wenn zum Beispiel ein abgetrennter Körperteil wieder angenäht und durchblutet würde.

Dieses Ergebnis verwunderte mich überhaupt nicht, da ich ja weiß, daß unser Körper sowie die ganze Natur vom Herrn her so aufgebaut ist, daß beide immer versuchen zu retten, lebendig zu erhalten und niemals zu vernichten. – Wollen Sie also, daß sich Ihr Körper mit Hilfe von Tierzellen aufbaut? Wenn der Körper schon lebendig macht, dann muß auch angenommen werden, daß er die Tierzellen verwenden kann oder gar muß. *(Reckeweg)*(7) »Schweinefleisch und Gesundheit«. Vor allem dann, wenn er nichts Besseres bekommen hat. – Natürlich können Sie mit Tierzellen Muskeln aufbauen, aber auf welcher Grundlage?

Wenn Sie also noch vom Fleisch getöteter Tiere essen wollen, dann würde ich Ihnen entgegen aller Regeln der natürlichen Ernährung sogar vorschlagen, dieses mit allen erdenklichen Mitteln vor dem *Genuß* zu denaturieren, so daß keine einzige brauchbare Zelle mehr enthalten ist. Sie essen dann zwar ebenfalls Gift, werden aber immerhin nicht zum Tiermenschen, da Ihr Körper die Zellen nicht mehr verwenden kann.

**Allerdings dürfte die Fleischqualität von Fischen das Fleisch von gehaltenen Landtieren um ein Vielfaches übertreffen. Fische kann man zum Glück noch nicht in Boxen einsperren und mit Fabrikfutter oder wertarmem Grünfutter ausgezehrter Weiden und Medikamente vollstopfen. Meeresprodukte in rohem, fermentiertem oder getrocknetem Zustand verzehrt, können daher für Menschen in Kaltregionen eine Art vollwertige Notnahrung bieten. Vergessen Sie jedoch niemals, daß jedes Lebewesen nur von lebendiger Nahrung leben kann, niemals von toter. Selbst Raubtiere leben vorallem von den Darminhalt der Beute.

zurückgreifen wollen. Man kann den Wert oder Unwert von Fleisch und Fisch auch daran ermessen, daß bei den Eskimos etwa eine durchschnittliche Lebenserwartung von 27 Jahren zu verzeichnen ist. Eskimos sind bekanntlich dazu gezwungen, sich vorwiegend von diesen Tieren zu ernähren. Eine Erhitzung ihres Fleisches oder gar eine Beschränkung auf bloße Muskelfleischteile können sie sich allerdings nicht leisten, sie würden daran sterben. Gerade die Innereien, Knorpel, das Knochenmark sind ja die wertvollen basischen Teile. Nur damit können sie die totale Vergiftung und Übersäuerung ihres Körpers in Grenzen halten, da nur dort basische Stoffe zu finden sind. Dennoch kann man sagen, daß Fische, vor allem kleine und daher ganz verzehrbare *wertvoller* sind, als Landtierfleisch.

Eier

Eier können unerhitzt und somit ohne Denaturierung verzehrt werden. Eier enthalten aber für den Menschen schädliche, schwerverdauliche Substanzen, verwesen sehr schnell, wobei Fäulnisgifte entstehen können, und sind besonders seit der heutigen Praxis der *Eierfabrikation* nicht mehr zu empfehlen. Hühner sind heute einer der *Abfalleimer* von Industrie und Wirtschaft. So werden an Hühner unter anderem folgende Reste verfüttert: Molkereiabfälle, Fischmehl, Fleischmehl, Tierkörpermehl, Blutmehl. Knochenmehl, also alle Schlachtabfälle, industriell hergestellte Eiweißkonzentrate usw. Was nicht oder nicht mehr zum menschlichen Verzehr tauglich ist, wird ja generell zum Tierfutter degradiert. Man bildet sich offenbar ein, so etwaigen schädlichen Stoffen entgehen zu können, obwohl jene ja dadurch erst angereichert werden. Wenn Sie also auf Eier nicht verzichten wollen, dann möchte ich Ihnen doch dringend nahelegen, sich Ihr Huhn selbst zu halten. Wir halten, hauptsächlich zu Zwecken der Resteverwertung, selbst Hühner und haben festgestellt, daß Eier nur dann schmackhaft sind, wenn auch die Hühner keinerlei gekochtes oder totes Futter bekommen. Daher ist davon auszugehen, daß auch unsere Urahnen Eier gegessen haben, zumal ja der von Früchten lebende Naturmensch durch seine Abfälle (Samen) Hühner mit Sicherheit an sich zieht. Auch der Umstand, daß Hühner so viele Eier legen, beweist eine längere enge Verbindung zu einem permanenten *Eierdieb*, in diesem Fall dem Menschen.

Die Eiweißgeschichte

Menschliche Körperzellen werden aus Aminosäuren gebildet, die allesamt in direkt verwertbarer Form in Früchten enthalten sind. Früchte besitzen in ihrem natürlichen Rohzustand alle nötigen Bausteine für den Aufbau des menschlichen Körpers schlechthin. Fleisch, Fisch, gekochte Eier hingegen enthalten vor allem denaturierte, tote, anorganische Stoffe, die der Körper nicht verwenden kann und entweder abgelagert oder in Form von Eiter, Schleim, üblen Geruchsabsonderungen ausgeschieden werden müssen.*(siehe Prof. Arnold Ehret »Die schleimfreie Heilkost.« (8)* Vor allem die anorganischen, toten Teile aus Tierkörpern bilden die Grundlage für eine Reihe von Krankheiten. Fast kann man sagen: von allen Krankheiten, so zum Beispiel von allen Virus- und bakteriellen Krankheitsabläufen. *(siehe Dr. John H. Tilden »Mit Toxämie fangen alle Krankheiten an.« (9)* Ohne das Vorhandensein dieser Schlackenstoffe, dieser toten, abgestorbenen Überreste ehemals lebendiger Zellen ist eine Entwicklung von **Bakterien** und **Viren** weder möglich, noch nötig, da tote Stoffe ja die Existenzgrundlage (Nährboden) jener sind. Viren und Bakterien sind also nicht unsere Feinde, eine Krankheit nichts Böses, sondern lebensnotwendig Organismen beziehungsweise Reinigungsabläufe im Körper, ohne die wir an unserem inneren Müll ersticken würden. Wer diese bekämpft oder ihre Reinigungstätigkeit behindert, der behindert in Wirklichkeit die Gesundung. Die gesamte Reihe der Ablagerungskrankheiten geht also letztlich auf das Konto toter und falscher Nahrung, da es sich hierbei ebenfalls um

*Ein besonderes Produkt unserer Zeit mit ihren von den Geldmächtigen ausgehenden Existenzzwängen sind das Expertentum, die Fachwissenschaftler, die Spezialisten, die größtenteils die Welt wie durch ein ständig vorgehaltenes Vergrößerungsglas betrachten und dabei außerhalb ihres speziellen Bereiches, auf dem sie Experte, das heißt heute einzig wissend und kompetent zu sein glauben, nichts oder nur sehr wenig wissen und sehen. Wissen und Wahrheit aller Dinge sind jedoch nur in der umfassenden, ganzheitlichen Betrachtung aller Zusammenhänge auf allen Ebenen, in diesseitigen und jenseitigen, natürlichen, geistigen und zugleich inneren Reichen oder Bereichen aus Gott unserem Herrn erfahrbar. Alle Ordnungen und Gesetze, zuerst der inneren (Religion), dann der äußeren (Natur) Schöpfung müssen begriffen und vom Herrn aufgenommen worden sein, bevor ein Mensch sich wirklich in (s)einem Teilbereich wirklicher Wahrheit und Weisheit, die genau wie die gesamte Schöpfung ja nur aus dem Herrn entstanden sind, wähnen kann und darf. Wahrheit und Weisheit sind also zuerst Sache der Religion und dann erst der äußeren Betrachtung (empirische Wissenschaft) der Dinge. Wer nun die heutige Arroganz, Überheblichkeit, Gottlosigkeit, den selbstherrlichen Unfehlbarkeitsanspruch, die Lehrsätze, das gesamte auf Sand gebaute Machwerk dieser vielen Spezialisten aus diesem Licht zu betrachten vermag, der sieht einen der Hauptgründe, weshalb sich diese so grundlegend irren können, ja sogar müssen. Die allermeisten dieser Experten sind streng genommen weniger wirkliche Fachleute und Könner, *Wissende*, sondern vielmehr Fachidioten.

nichts anderes dreht, als um besagte Giftnahrung, deren tote Rückstände der Körper nicht mehr auszuscheiden vermochte.

Wer diese Zusammenhänge begriffen hat und vor allem begreifen will, der ist die längste Zeit krank gewesen. Viele werden die Einfachheit dieser Erkenntnisse nicht glauben können, da sie meinen, daß Generationen von Ärzten einfach nicht total irren können*. – Machen Sie doch die Probe aufs Exempel, dann werden Sie sehen, wer recht hat. Vielleicht sind eben Ärzte schlicht und einfach überflüssig, vielleicht ist der Mensch so gebaut und geschaffen, daß er gar nicht krank wird? Doch zurück zum Thema Eier beziehungsweise Seitenthema Eiweiß:

Die Frage, woher denn der Rohkostvegetarier sein Eiweiß nehme, muß also an den Fragesteller zurückgerichtet werden. Richtig gestellt müßte diese Frage lauten, woher jemand denn seine lebendigen Aminosäurenkomplexe zum Aufbau seiner Körperzellen nimmt. Außerdem stehen beim *Kochtöpfler* einem Zuwenig an lebendigen Eiweißbausteinen ein Vielzuviel an tierischen und zugleich totem Eiweiß gegenüber. Ein Zuviel an Nährstoffen ist jedoch generell mindestens so schädlich als ein Zuwenig. Jeder aufgenommene Stoff muß ja verarbeitet und verbraucht werden. Gelingt das nicht, so bleibt nichts anderes als die Ablagerung übrig. Warum wird also heute nicht eher vor dem Übermaß gewarnt? Ich bin davon überzeugt, daß auf dieser Welt mehr Menschen an der Über- und Falschernährung als am Hunger sterben.

Fatale Folgen der Eiweißmast beim Menschen

Eiweißüberernährung durch Aufnahme von totem Eiweiß aus tierischen (Fleisch, Fisch, Eier), aber auch pflanzlichen Quellen (Nüsse, Leguminosensamen, Sojaprodukte) kann aber noch viel weitreichendere Folgen haben. So konnte ich beobachten, daß zum Beispiel der Genuß von rohen Eiern auf meine Kinder negative Folgen wie Widerspenstigkeit, Aggression – mein kleiner Sohn wand sich gar in seltsamen Zuckungen am Boden – hervorrufen kann. Beim Erwachsenen und Heranwachsenden hingegen ergibt sich eine Überstimulierung der Sexualfunktionen mit bekannten Wirkungen wie nächtlicher Samenerguß, Frühreife, Masturbation, übersteigerter Sexualtrieb, der zu Problemen wie Vergewaltigung, Sexualverbrechen überhaupt, aber auch zu ungewollten Schwangerschaften, psychischen Schwierigkeiten mit der Persönlichkeitsreifung (Pubertät genannt) usw. führen kann. Ja sogar das allgegenwärtige Elend im Zusammenhang mit der Bevölkerungsexplosion und den Abtreibungen schreibe ich nicht zuletzt diesem *Kraft- und Aufputschfutter* zu.

Schließlich muß auch noch vor den Folgen durch diesen Eiweißputsch auf unser Erbgut hingewiesen werden. Genauso wie eine getriebene und gemästete Pflanze kein gesundes Saatgut mehr abgeben kann, so nimmt auch durch die Häufigkeit des Geschlechtsverkehrs beziehungsweise die Überstimulierung die Qualität des Samens ab.

Eiweiß ist *Kunstdünger* für den Menschen. Würden wir tatsächlich mehr Eiweiß brauchen, so wäre dieses dank der göttlichen Ordnung vermehrt in unserer Nahrung, den Früchten enthalten. Da dem aber nicht so ist, muß daraus gefolgert werden, daß jeglicher Eiweißkonsum, der das in den Früchten enthaltene Maß überschreitet, schädlich ist. Bauen wir deshalb unseren Menschenkörper lieber langsam, aber dafür umso langlebiger mit Früchten auf, als schnell und kurzlebig mit für Tiere bestimmten Nahrungsmitteln (Samen, Eier, Tiermilch) oder gar mit Tierleichen. Auch unser Körper soll ein Tempel Gottes werden und kein Schlachthaus oder Krematorium! Wir sind keine Vögel oder Hühner, auch keine Kuhkälber, und erst recht keine blutrünstigen Tiermörder oder Aasfresser. Wenn wir aber die Nahrung dieser essen, machen wir uns dazu.

Milch- und Milchprodukte

Wie bereits erwähnt, entspricht es keinesfalls der menschlichen Natur, Tiermilch zu trinken. Milch ist außerdem für Säuglinge und Kleinkinder für jene Phase ihres Lebens bestimmt, in der sie noch nichts anderes essen können. Gänzlich ungeeignet und geradezu gesundheitsschädlich für den Menschen ist die **Kuhmilch**, da diese nicht wie etwa die eigene Muttermilch sofort den Magen passieren und danach mühelos vom Darm absorbiert werden kann, sondern im Magen liegen bleibt und dort gegebenenfalls zu einem labkäseartigen Klumpen gerinnt, der über lange Zeit im Magen liegen bleiben kann und dort die Verdauung von anderen Speisen blockiert, zu Verschleimungen, Blähungen, vor allem dann später zu den bei Kindern anscheinend sehr *beliebten* Erkältungskrankheiten führen kann. Es ist deshalb als ein Vergehen gegen unsere

Kinder zu werten, wenn man ihnen Kuhmilch gibt. Da diese Milch also harte Verdauungsarbeit erfordert und infolgedessen einschläfernd wirkt, wird sie den Kindern besonders gern als Schlafmittel gegeben. Man weiß heute nicht, trotz einem ganzen Heer von Forschern und Experten, was man den Kindern damit antut.

Die einzige Tiermilch, die den Magen ähnlich der Muttermilch passiert, ohne zu gerinnen, ist die Ziegenmilch *. Den Kindern, denen es an Muttermilch oder besser geeigneter Nahrung (Früchte) fehlt, sollte also **Ziegenmilch*** gegeben werden. Eine Ziege ist ja schon von ihrer Größe und Milchleistung her gesehen auf eine Familie geradezu maßgeschneidert. Auch kann mit den Abfällen einer sich größtenteils von Früchten und Gemüsen ernährenden Familie mit Leichtigkeit eine Ziege gefüttert werden. Es entstehen also nicht nur keine Futterkosten, sondern es werden außerdem das Abfallproblem mit den vielen Schalen beseitigt, Milch und Käse gewonnen, eine Versorgung für Notzeiten gesichert. Zudem besitzen diese Tiere hervorragende Geruchs- und Geschmackssinne, mit deren Hilfe auch Sie etwaige verseuchte Nahrungsmittel erkennen, sowie ausgezeichnete Entgiftungsmechanismen, mit denen sie sogar Radioisotope aus der Milch fernhalten können. Dennoch ist auch die Milch der natürlich gehaltenen Ziege nur als Not- oder Übergangsnahrung für Kinder, oder als Aufbaunahrung nach Schwäche- und Krankheitszeiten empfehlenswert. Man muß ja bedenken, daß diese Milch, sofern sie *unfermentiert* (nicht älter als zehn Stunden) getrunken wird, eine Vital-, Nähr- und hormonale Stoffkombination aufweist, die ein Ziegenkitz in fünf Monaten geschlechtsreif und erwachsen werden läßt. Wollen Sie Schnellentwicklung und Frühreife bei ihren Kindern? Allerdings kann diese Milch bei der heutigen allgemeinen Unterernährung in Sachen Vitalstoffen als Ausgleich zur allgemeinen Falschnahrung und Not-Hilfsmittel, als echte Vitaminpille, wertvolle Dienste vor allem in den Kinderkrankenhäusern leisten.

Der Erwachsene sollte, wenn überhaupt, nur dann zu Milchprodukten greifen, wenn es mangels richtiger und guter anderer Nahrung gerade nichts anderes gibt. Ich meine damit die Zeit des Jah-

*Dies erklärt auch den Umstand, daß mit der Ziegenmilch auch Tiersäuglinge anderer Tiergattungen (zum Beispiel Kühe, Schafe, Pferde) aufgezogen werden können, während die Kuhmilch nur für Kuhkälber geeignet ist. Wie kommt der Mensch dann eigentlich auf die abwegige Idee, daß man mit Kuhmilch sogar Menschenkinder großziehen könnte?

res, in der man auf etwaige Lagervorräte vom letzten Jahr zurückgreifen muß. Besonders saure Milchprodukte sind in dem Moment äußerst hilfreich und nützlich, wenn frische, lebendige Idealnahrung des Menschen, nämlich Früchte, nicht vorhanden sind und deshalb auf weniger edle Speisen zurückgegriffen werden muß. Die Milchsäure der Sauermilchprodukte vermag nämlich die Entstehung eines schädlichen Darmmilieus aufgrund schädlicher anderer Nahrung zu verhindern. Dr. Kuhl (10) spricht sogar von Zellregeneration durch Milchsäure. Milchsaures ist also so lange empfehlenswert und nötig, so lange Falschernährung – aus welchen Gründen auch immer – anhält. Durchaus denkbar wäre also im Frühjahr eine Kur mit ausschließlicher sich abwechselnder Milch und Honigeinnahme, oder eine Molkekur.

Leider ist hierzulande die Haltbarmachung durch **Milchsäuregärung** so gut wie überhaupt nicht verbreitet beziehungsweise herrschen Koch-, Salz-, Essig- oder Zuckerkonservierung immer noch vor, obwohl sich dadurch vollkommen wertlose und schädliche Produkte ergeben. Daß die Milchsäuregärung die beste, edelste und meines Wissens die einzig akzeptable Form der Konservierung ist, sieht man nicht zuletzt auch daran, daß sich auch die Bienen bei der Einlagerung von Pollen und Honig dieser Methode bedienen. Solange allerdings alle erdenklichen Lebensmittel zu allen Jahreszeiten verfügbar sind, ist vom gesundheitlichen Standpunkt aus den besseren, frischen Früchten und Gemüsen immer der Vorzug zu geben.

Getreideprodukte*

Vor etwa 8000 Jahren kam der Mensch offenbar auf die Idee, Grassorten mit großen Samen zu züchten und diese mit großer Mü-

*Eine plausible Theorie zur Entstehungsgeschichte der **Getreidenahrung** liegt in ihrer Verbindung zur Entstehung der Schlachttierhaltung begründet. Irgendwann einmal könnten *Raubmenschen* das ständig nötige Jagdglück zu unsicher geworden sein. Also gingen sie her und mißbrauchten wertvolles Land zur Schlachttierzucht. Diese Tierzucht begann mit kleineren Arten, vor allem mit Geflügel, und machte auch den Körneranbau als Tierfutter nötig. Mit der Zunahme der Fleischgier mußten schließlich riesige Flächen ausschließlich für die Schlachttierhaltung geopfert werden, was zur Folge hatte, daß ein ursprünglich freies Bodenrecht, das jedem Menschen genügend Land zum Anbau seiner Nahrung ließ, in ein Bodenbesitzrecht verwandelt wurde, das wiederum Besitzlose und Besitzende, *Sklaven* und *Herren* entstehen ließ. Den Sklaven und Besitzlosen gab man dann das Tierfutter, also einen Getreide- und zum Beispiel Rübenanteil, während die *Herren* Fleisch und Früchte aßen beziehungsweise vergorene Früchte in Form von alkoholischen Getränken frönten. Hier kann auch ersichtlich werden, wie und weshalb es zu Städtebildungen, Standesunterschieden, Kriegen, Unterdrückung, Hunger und Armut in der Welt kam. Auch der Beginn der Gemüsezucht dürfte erst aus dieser Notlage heraus verständlich werden. Wenn man schon mit dem Tierfutter vorlieb nehmen mußte, so wollte man wenigstens das Schmackhafteste daraus selektieren.

he und enormem Krafteinsatz in Monokulturen anzubauen. Es muß wohl auch damals ein Überfluß an Energie vorhanden gewesen sein, vermutlich in Form von Sklaven. Die Gründe, weshalb sich der Mensch zu solch aufwendiger Nahrungsmittelproduktion verstieg, könnten darin zu finden sein, daß bestimmte Völker sich einen Vorrat an *handlichen,* konzentrierten Nahrungsmitteln beschaffen wollten, weil sie damit reisen, Schlachttiere halten, in kälteren Ländern leben, für Notzeiten vorsorgen, oder, was ebenfalls wahrscheinlich ist, Kriegszüge unternehmen wollten. Noch von den römischen Legionären ist bekannt, daß diese ausschließlich mit einer täglichen Ration von zirka 400 Gramm Getreide in Hochform gehalten wurden, sowie daß jene murrten, wenn man ihnen *minderwertigen Barbarenfraß* – worunter sie Fleischnahrung verstanden - vorsetzte, da sie dann die erforderliche Leistung kaum erbringen konnten.

Getreide ist Kraftfutter

Getreide ist hochkonzentriertes *Kraftfutter.* Es besteht ja zum allergrößten Teil aus Stärke, also aus Kohlenhydraten, die bei der Verdauung zu reinem Zucker aufgespalten werden.

Wenn Getreide in der heute üblichen Zubereitungsform, Kombination und Menge gegessen wird, ist es jedoch nicht mehr *Kraftfutter*, sondern wird zum *Mastfutter.* Neben den schon bereits erwähnten Problemen der **Überernährung** durch Getreide, die mit vielfältigen Gesundheitsbelastungen verbunden ist, hat Getreide aber noch weitere Nachteile. Es ist wegen der zu geringen Mengen des Verdauungsenzyms Ptyalin im Mundspeichel des Menschen nur sehr schwer und meist unvollständig verdaubar. Besonders schwierig wird der Abbau von Stärkenahrung für die große Gruppe von Zeitgenossen, die ihre Mundspeicheldrüsen durch das Rauchen ruinieren. Des weiteren ist Getreide in seinem natürlichen Rohzustand weder schmackhaft noch auf die Dauer eßbar, da unsere Zähne der enormen Belastung durch das Zerkleinern der harten Körner auf längere Sicht nicht gewachsen sind.

Getreideanbau ist energieaufwendig und umweltschädlich

Man benützt nicht nur enorme Energiemengen bei Aussaat, Anbau, Ernte, Lagerung, sondern auch noch bei der Zubereitung mit einer Mühle und meistens auch mittels des Feuers. Getreide kann also nie und nimmer für den Menschen bestimmte Grundnahrung,

Naturnahrung, oder sonst was grundlegend Bedeutsames sein, denn dann dürfte es all diese Prozeduren nicht nötig haben. Ein weiterer Mangel des Getreides ist der fehlende Wassergehalt. Eine für den Menschen vorgesehene Nahrung enthält soviel Wasseranteile (mindestens 60 Prozent), daß der Zwang zum zusätzlichen Trinken entfällt. Auch während des Essens oder beim *Kochen* zugesetzte Flüssigkeiten können den natürlichen Wassergehalt (siehe auch Harvey und Marilyn Diamond »Fit für`s Leben«)(11) der Nahrung nicht ersetzen, sondern wirken sich vielmehr schwächend auf die Konzentration und Wirksamkeit der Magensäfte aus, sind also verdauungsbehindernd.

Alle toten Stoffe sind nutzlos und schädlich

Wenn Sie erhitzte Getreideprodukte* zu sich nehmen, sollten Sie grundsätzlich bedenken, daß generell alle anorganischen, nicht in lebendigen Pflanzen gebundenen, erst recht alle synthetischen, toten Stoffe(auch Fleischteile toter Tiere) letztlich für den Menschen schädlich sind. Vermeintlich positive Wirkungen zum Beispiel von Medikamenten oder irgendwelchen toten Substanzen überhaupt sind nur subjektiv empfindbar und entpuppen sich bei genauer Betrachtung als reine Suchtkreisläufe, sind also ähnlich dem momentanen Wohlbefinden nach Alkohol- oder sonstigem Drogenkonsum. Unsere Nahrungs- und *Genußmittel* sind also in Wirklichkeit Suchtmittel. Zu den Stoffen, die in unserem Organismus eigentlich nichts zu suchen haben, gehört alles was aus dem Kochtopf, dem Backofen oder der Bratpfanne stammt, alles was irgendwie getötet wurde oder tote Teile enthält, außerdem weder Kochsalz noch anorganische Mineralstoffe im Trinkwasser, Heilwässer, oder gar künstliche Präparate. Sie können dann genausogut Eisennägel kauen oder gleich Erde essen, um ihren Mineralstoffbedarf (siehe auch Dr. Paul C. Bragg »Wasser – das größte Gesundheitsgeheimnis«)(12) zu decken. Das wäre gleich wirksam und billiger.

Der Körper kann all dies in anorganischer Form nicht verwerten und muß es ausscheiden oder ablagern. Unglücklicherweise wird dem Organismus heute nur dann gestattet, seine Giftfracht auszu-

*Selbst zum scheinbar so gesunden **Vollkornbrot** muß bemerkt werden, daß dieses im Vergleich zum Weißmehl sogar noch mehr anorganische Stoffe enthält und deshalb noch zu weiteren Schadwirkungen (zum Beispiel Brotgicht) und Ablagerungskrankheiten führen kann. Der Vitalstoffmangel mit all seinen verheerenden Folgen kann auch durch Vollkornbrot nicht behoben werden. – (siehe auch Wandmaker –» Willst Du gesund sein? Vergiß den Kochtopf«6)

scheiden, wenn der Betreffende einmal krank ist und seine Krankheit ohne Medikamente durchsteht, oder dann, wenn er zufällig einmal naturgemäße Nahrung, vor allem Obst, zu sich nimmt. Da aber dann seine innere *Giftmülldeponie* ins Rutschen kommt, und es ihm sehr unwohl zu werden beginnt, wird dafür das Obst verantwortlich gemacht. Man meint dann, wieder etwas Deftiges, Kräftigendes zu sich nehmen zu müssen und greift zum Gewohnten. Damit hat sich aber der Suchtkreislauf geschlossen. Die dann eingenommene tote Mast- und Kochnahrung *hält* bis zum nächsten vermeintlichen Hungeranfall, der in Wahrheit nichts anderes als der Beginn der Ausscheidungsphase beziehungsweise einer Rückvergiftung ist. Es macht hier wenig Unterschied, mit welchem denaturierten, überkonzentrierten, toten ehemaligen Nahrungsmittel jemand sich einläßt. All diese feuerbehandelten, überkonzentrierten und im Übermaß verzehrten Produkte einer sehr zweifelhaften Kunst, nämlich der Kochkunst, enthalten den absoluten Löwenanteil an der Gesamtgiftmenge, die ein moderner Mensch heute eben allmählich nicht mehr zu verarbeiten vermag. Auch der *»biologischste«* Anbau von Getreide nützt letztlich den Naturkostfan oder *»Kochtopfvegetarier«* gar nichts, wenn er nachher Unmengen von anorganischen, giftigen Rohstoffen, von wertlosen, schädlichen, schleimbildenden Kohlenhydraten und Eiweiß, und generell von falscher, kaum verdaulicher *Supermastnahrung* zu sich nimmt. Seine Gesundheit wird langsam aber sicher genauso angegriffen, wie die des Fleisch-, Alkohol-, Zigaretten-, Weißmehl-Konsumenten. So konnte sich das Bild des kranken Gesundheitsapostels nicht ganz zu unrecht entwickeln, denn wenn jene mit ihrer Ernährungsweise im Recht wären, dann müßten sie ja eigentlich gesund sein. Die Richtigkeit einer Methode muß sich ja in der Praxis bewähren, ansonsten ist sie nichts wert. Da jedoch selbst die Vollwertkostszene nicht frei von Krankheiten ist, schiebt man die Schuld auf die Umweltbelastung, die Spritzmittel, Rückstände jedweder Art, Radioaktivität usw.

Die Spritzmittelhysterie und ihre Nutznießer

Der irreführende Glaube, daß man heute nur noch an diesen Dingen zu erkranken glaubt, führt einerseits dazu, daß hauptsächlich auf Nebenkriegsschauplätzen gekämpft und von den Hauptschauplätzen abgelenkt wird, andererseits oft zu einer verhängnisvollen übertriebenen Getreideesserei, außerdem zu Wucherpreisen in den Körner- und *Trockenfutterläden* (fälschlicherweise Naturkostläden genannt), zu einer Abwertung der in den ländlichen Gebieten oft sehr guten **Frischkost**, zu einer erneuten Monopol- und Klassenbildung in punkto **Naturkost**, und vor allem zur Spritzmittelhysterie und dem daraus resultierenden Meiden von Früchtenahrung. (Von Großimporteuren erfuhr ich, daß ihre hiesigen Großabnehmer aus der *Naturkostbranche* mit Preisaufschlägen von 300 bis 400 Prozent bei biologischem Obst und Gemüse arbeiten. Das bedeutet, daß es diese Szene selbst ist, die die allgemeine Verbreitung von guten Nahrungsmitteln unbezahlbar und damit unmöglich macht. Wir sollten daher nicht mehr länger so dumm sein und diese Preise bezahlen, sondern selbst durch Einkaufsgemeinschaften direkt vom Importeur oder Erzeuger beziehen.) Wem schmeckten nicht zum Beispiel Bananen oder Orangen besser als Gemüse (roh ohne Zutaten) oder Körner? Viele kaufen Obst nur deshalb nicht, weil sie es sich im Naturkostladen nicht leisten können, oder weil sie wegen des damit verbundenen gegebenenfalls weiten Transportes ein schlechtes Gewissen bekommen. Vergleichen Sie aber bitte doch einmal den Energieverbrauch, den Sie zum Beispiel durch Getreideessen verursachen. Getreideanbau-, Lagerung und Verarbeitung sind so aufwendig und ökologisch gesehen schädlich, daß die einmaligen Transportkosten von Früchten verglichen dazu unerheblich sind. Richtig angelegte Fruchtgärten erfordern außerdem ein absolutes Minimum an Arbeitsaufwand (hauptsächlich nur bei der Ernte), so daß derart hohe Preise dafür nicht gerechtfertigt sind. Außerdem – wird denn Energie nicht importiert? Womit fahren denn unsere Traktoren, funktioniert unsere aufwendige, energieverschwenderische Landwirtschaft? Auch die Großzahl der Biobauern ist hochtechnisiert und -maschinisiert. Man ißt also heute zum Beispiel keine Orangen und trinkt stattdessen lieber hitzekonservierten Orangensaft, verzichtet auf leckere Weintrauben, trinkt aber gleichzeitig massenweise Wein oder bevorzugt vertrocknete, verschrumpelte Sultaninen. Hatten Sie schon einmal Einsicht in die Liste von zugelassenen Stoffen für die Weinherstellung? Selbst die Naturkostweine kommen nicht gänzlich ohne anorganische Zusatzstoffe aus. Sie finden also auch bei den *Naturköstlern* eine Reihe von Widersprüchen, was jedoch nicht heißen soll, daß ich den möglichst giftfreien und ressourcenschonenden Anbau von Nahrungsmitteln nicht mit allen Kräften unterstütze und gegen die allgemeine Früchte- und Pflanzenvergifterei nicht alle Mittel einsetzen will. Doch sollte hier eben generell erreicht werden, daß es bei Strafe verboten wird, einer Nahrungspflanze Gift zuzusetzen beziehungsweise Nahrungspflanzen zu vergiften. Nach meinem Rechtsempfinden müßte dies eigentlich selbstverständlich sein.

So wie die Lage sich heute entwickelt, gibt es eben allmählich zwei Klassen von Konsumenten, die Reichen, die sich Nahrung ohne Gift leisten können, und die Armen, die durch minderwertige Auswahl und Vergiftung geschädigt werden.* Ich dachte, gerade die heutige Naturkostszene mit ihrer politischen Linkslastigkeit wollte das verhindern? Vergessen Sie also besonders in unserer Zeit nicht den Direkteinkauf beim redlich und reell anbauenden Kleinbauern in Ihrer Nachbarschaft.

Es ist außerdem ein Unding ohnegleichen, wenn ein Konsument peinlichst jedes Becquerel zählt, kilometerweit in Bioläden herumfährt, usw., um dann anschließend zu Hause seine teure Kost im Backofen mehr als alles andere zu denaturalisieren.

Insgesamt gesehen sind wir jedoch momentan in einer zum Verzweifeln miserablen Lage, was unsere Nahrung betrifft. Besonders wenn man sich vor Augen halten muß, daß die wenigen akzeptablen Mittel zum Leben, nämlich die Früchte, auch noch durch Chemiegifte vergällt werden, obwohl ohnehin schon ein ständiger Giftregen, eine jahraus, jahrein niedergehende Giftmischung aus allen erdenklichen Stoffen auf uns niedergeht und Äcker wie Atemluft verseucht. **Manche Stoffe wirken in anorganischer Form als Supergift.**

Es erhebt sich die Frage nach der Wirkung all dieser Umweltgifte im Organismus. Wenngleich der Rohkostesser sicher sein kann, daß ihm die Pflanze sämtliche anorganische Stoffe wieder in organische, brauchbare verwandelt, muß sich der *Kochtopfsüchtige* gerade um die vormals wertvollen Bestandteile seiner Nahrungsmittel, die ja nach der Erhitzung wieder zu toten, anorganischen geworden sind, sorgen. Dabei können heute besonders Stoffe zur

*Nur **kranke Pflanzen** haben Gift- beziehungsweise Medikamentenanwendung nötig. Es handelt sich also nicht nur um vergiftete, sondern vor allem um kranke, lebensunfähige, nicht zur gesunden Ernährung taugliche Produkte, deren Verbreitung ähnlich der kranker Tiere verboten werden müßte.

Wirkung gelangen, die schon in geringsten Konzentrationen katastrophale Wirkungsmechanismen auslösen können. Ich möchte hierzu auf eine mir besonders gefährlich erscheinende Substanz eingehen, nämlich das **Fluor**. Fluor kann unter Umständen auch durch die künstliche Düngung (Phosphatdünger) in anorganischer Form in Nutzpflanzen vorkommen, und somit auch den Rohköstler treffen. Weniger jedoch den Früchteesser, es sei denn, er bekommt das Gift auf der Oberfläche der Frucht serviert.

Anorganisches Fluor, dessen Verbindungen unter anderem in Rattengift oder in chemischen Kampfwaffen benützt werden, hat durch seine große Affinität zum Element Wasserstoff die Fähigkeit, sich in die Körperzellen, die ja durch Wasserstoffbrücken aufgebaut sind, einzuschleichen und dadurch enorme Schäden wie Gendefekte, Zellentartung, Immunschwäche, Krebs, vorzeitige Alterung durch die Verhinderung der Zellneubildung beziehungsweise der Bildung von Körpereiweiß, Knochenbrüchigkeit, Zahnverfall usw. hervorzurufen. Es ist unvorstellbar, daß sich unsere Behörden heute vielerorts noch dazu verleiten lassen, diesen Stoff dem Trinkwasser beizumischen! Lesen Sie dazu das Buch von *Dr. John Yiamouyiannis»* Früher alt durch Fluoride«(13), das Ihnen außerdem noch einmal die Methoden und abscheulichen Methoden der Verantwortlichen ausführlich schildert.

Schon die Schilderung der Wirkungsweise dieses einen Stoffes müßte Ihnen die Gefährlichkeit der Kochnahrung gerade in der heutigen Zeit deutlich gemacht haben.

Wie kann ich Getreide notfalls essen?

Zuletzt möchte ich Ihnen sagen, wie Sie Getreide zubereiten können, falls Sie es doch einmal essen wollen oder müssen. Wir könnten ja durchaus kurzfristig einmal vom Nachschub aus dem Süden abgeschnitten werden und uns wieder auf unsere eigenen Beine stellen müssen.

Einigermaßen verträglich wird es dann, wenn man es nur in kleinen Mengen verzehrt, (Wie die römischen Legionäre es aßen, indem sie eine Handvoll rohes, hartes Getreide im Mund solange zerkauten, bis nur noch der kaugummiartige Kleber übrig war und diesen dann ausspuckten), nicht mit anderen konzentrierten Nahrungsmitteln kombiniert, (siehe »Lebensmittelkombinationstabelle«) (14) (am besten mit frischem oder milchsaurem Gemüse, auf keinen Fall mit Früchten, da dann eine Alkoholgärung entsteht) oder es angekeimt ißt. Man kann auch eingeweichtes und angekeimtes Getreide zu einem Teig zerstampfen und danach Brote oder Fladen formen, die dann an der Sonne getrocknet werden. (Vergleiche *Sonnenbrot* oder *Essenerbrot*, eine Getreidespeise zu Zeiten Jesu).

Der Getreideesser sollte wissen, daß einmal im Magen angelangte noch nicht durch das Ptyalin aus dem Mundspeichel aufgeschlossene Getreidenahrung später im Magen nicht weiter aufgeschlossen werden kann, da dort dieses Enzym beim Menschen fehlt. Es muß also immer gründlich gekaut werden!

Eine verbreitete Genußform all dieser *Körnerfuttergemische* ist die gekeimte Variante. Je länger der Keim, desto weniger Stärke ist enthalten. Allerdings werden unsere *Wunderkörner* dann schnell als das sichtbar, was sie eigentlich sind, nämlich Gräser. Von diesen ist allenfalls noch der Saft verwendbar.

Zerbackener Gräsersamen ist keine Menschennahrung

Noch ein Wort zum **Brot**: *Der Mensch lebt nicht vom Brot allein*, oder *unser täglich Brot*, sind nicht nur feste Redewendungen, sondern diese haben sich leider auch in falscher Form fest in unserem Bewußtsein verankert. Obwohl unter Brot ursprünglich jegliche feste Nahrung verstanden wurde, dieser Begriff also ein Sammelbegriff für Nahrung schlechthin war, wird nunmehr darunter ausschließlich verbackener Gräsersamen bezeichnet. Besonders tragisch wird dieser Trugschluß dann, wenn auch noch die Kirchen etwa totgebackene, leblose, wertlose, nicht menschengerechte Weißmehlhostien als Symbole für das Brot und den Leib des Herrn, für seine Liebe und sein Gutes verwenden. Wie kann etwas Schädliches, Lebloses und Wertloses Symbol für das Leben aus unserem Herrn und Gott sein? Mindestens ebenso zum Scheitern verurteilt ist ein Verwandlungsversuch von Rauschgetränken (Wein) zum Wein und Blut des Herrn, also seiner Weisheit und Wahrheit, seinem Geist, den wir dann wohl schwerlich empfangen können. Wir sollten also süßen Wein (unvergoren) oder Weintrauben zur wirklichen Entsprechung dieser uns zukommenden göttlichen Gaben wählen.

Wir nähern uns nun immer mehr der menschlichen, gattungstypischen, paradiesischen Idealnahrung. Der Flächen- und Energieverbrauch beim Anbau nimmt ab, die Schmackhaftigkeit im natürlichen Rohzustand zu. Wer sich jedoch ausschließlich von Gemüserohkost ernähren möchte, wird schnell merken, daß dies eine *harte Sache* ist. Er wird nicht nur stundenlang essen und, besonders an den Wurzelgemüsen kauen, bis ihm der Kiefer-Kaumuskel lahm wird, sondern auch nie richtig zufrieden sein. Deshalb wird er das **Gemüse** schnell heimlich mit allerlei sehr konzentrierten und energiereichen Soßen, Brot, Fett, Ölen, Nüssen, Erhitztem aufwerten beziehungsweise mit vielerlei Gewürzen (Salz, Zucker, Kräuter, Honig) schmackhaft machen wollen oder müssen.

Wir sollten uns jedoch nicht mit unseren Küchentricks selbst aufs Kreuz legen. Nahrung, die in naturbelassenem Zustand nicht schmeckt, zu geringen Nährwert hat oder besser gesagt, nicht vollwertig ist, kann nicht naturbestimmte Nahrung für uns Menschen sein. In der Tat sind ja unsere Gemüsepflanzen nichts anderes als hochgezüchtete Wildpflanzen und dienten in ihrer Urform vorwiegend den Tieren zur Nahrung. Erst die Klassenaufteilung in arm und reich, die Landeinnahme der Schlachttierhalter, und damit verbunden die Nöte der Besitzlosen und Leibeigenen, die ihre Nahrung mit den Tieren teilen mußten, dürften den Menschen zum Gemüsezüchter gemacht haben.

Im Bereich der lebendigen Natur sind zwar alle vorhandenen Stoffe für den Menschen brauchbar und in der jeweils richtigen Dosis auch nötig, man könnte sich also durchaus auch ausschließlich von Gemüse- oder gar Wildpflanzen ernähren, doch bietet eben nicht jede Pflanze für den Menschen gleich gut verwertbare beziehungsweise herauslösbare *Bausteine*, beziehungsweise kommt es dann auf die richtige Kombination einander ergänzender Pflanzen an. Alle Pflanzen sind entweder in größeren Mengen eßbar oder können in Klein- und Kleinstmengen als Heilmittel dienen, doch werden sie dann überflüssig, wenn der Mensch zu seiner Idealnahrung, nämlich den Früchten greift. Ich möchte die Gemüse zwar hierzulande nicht missen, – wir haben ja ein strenges Klima und müssen notfalls auf Gemüse vor allem im Winter zurückgreifen können – andererseits aber muß ich zugeben, daß wir diese meiden, sobald und solange Früchte zur Verfügung stehen, Gemüse bauen wir dennoch überall dort an, wo Anbaulücken entstehen. Während der warmen Jahreszeit haben außer dem Obst auch die Gemüsefrüchte (Tomaten, Gurken, Paprika, Kürbisse) absoluten Vorrang vor den Blatt- und Wurzelgemüsen. Diese sind ja genau genommen auch Früchte und vollwertige beziehungsweise geeignete Nahrungsmittel für den Menschen. Jeder Rohkostvegetarier wird ihren Wert zu schätzen wissen beziehungsweise kaum ohne sie auskommen wollen. Unter den eigentlichen Gemüsepflanzen möchte ich außerdem noch zwei besonders zum Anbau empfehlen, weil sie quasi eine Notfallversicherung für Mensch und Tier in unserer Region sein können. Sie sind ungleich ergiebiger und problemloser anzubauen, als alle anderen mir bekannten Wurzelgemüse. Ich meine **Kohlrübe** und **Topinambur**.

Wenn der Bauer vergangener Jahrhunderte sich mit *Kraut und Rüben* über den Winter gebracht hat, so waren damit nicht etwa unsere heutigen Runkelrüben gemeint, sondern eben Kohlrüben. Diese sind sehr frosthart und anbausicher, ungeheuer ergiebig, sehr nahrhaft, und weit bis ins Frühjahr hinein lagerfähig. Die vorteilhafteste und vielseitigste Gemüsepflanze sehe ich jedoch in der Topinambur. Diese ist vom Nährwert noch über der Kartoffel anzusetzen und hat jener gegenüber den Vorteil, daß sie roh gegessen besser schmeckt. Sie ist absolut frosthart und kann ausgegraben werden, wann immer man sie braucht. Sie erfordert keinerlei Bodenbearbeitung oder gar Unkrautbekämpfung. Ihre einzigen Feinde sind Mäuse. Man muß also, wenn sie einmal gepflanzt wurde, nur noch ernten und bekommt jedes Jahr mehr davon. Anscheinend besteht eine Relation zwischen der Nützlichkeit beziehungsweise dem Wert einer Pflanze und ihren Ansprüchen in punkto Mühe, Energie-, Maschineneinsatz, das heißt die wertvollsten und besten Pflanzen erfordern die geringste Mühe und umgekehrt.

Wenn Sie nun Gemüse essen wollen oder müssen, sollten Sie sich über die Veränderungen vom Naturzustand zur Salatschüssel im klaren sein. Sie werden Gemüse immer durch meist energiereiche Zutaten ergänzen wollen, da sie sowohl vom Energiegehalt wie auch von der Wertigkeit her den Ansprüchen des Menschen nicht genügen, also nicht *vollwertig* sind, das heißt nicht alles in ausreichender Menge und Zusammensetzung enthalten, was der Mensch zum Leben braucht. Auf keinen Fall sollten Sie sich jedoch dazu hinreißen lassen, das Gemüse im Kochtopf zu ermorden, nur damit Sie danach größere Mengen davon verschlingen können. Sie würden sich damit das eigene Grab schaufeln. Die gesamte *Kochkunst* ist ja letztlich nichts anderes, als eine raffinierte, ausgeklügelte Gaumenbetrügerei und muß sich immer mehr pervertieren, je weiter wir uns von der naturbelassenen beziehungsweise menschenwürdigen Nahrung entfernen. Es ist nicht zuletzt ein Verdienst der *Kochkunst*, daß heute Wertvolles ganz unten und Wertloses ganz oben in der Rangliste der Nahrungsmittel plaziert ist. Doch wird man andererseits auch niemandem verübeln können, wenn er etwas, was ihm einfach roh nicht schmeckt oder zu mühsam zum Essen oder Kauen ist, abkocht und durch passende Zutaten schmackhaft macht, anreichert, oder in erforderlichen größeren Mengen verzehrbar macht. Die Kochkunst ist also auch eine Folge falscher Nahrungsauswahl.

Wenn Sie also Gemüse essen, werden Sie sicherlich geneigt sein, diesem etwas konzentrierte Nahrung zuzufügen. Damit solches nicht durch allzugroße Energieverluste oder gar ernste Gesundheitsbeeinträchtigungen begleitet wird, muß man einiges über die Verdauungsarbeit und die verschiedenen Kombinationsmöglichkeiten der Speisen untereinander wissen. Wir haben ja in der heutigen Zeit die Möglichkeit, alles zu gleicher Zeit in den unmöglichsten Zusammenstellungen zu mischen. Verschiedene Konzentrate benötigen jedoch oft völlig verschiedene Verdauungssäfte und sollten deshalb nicht zusammen gegessen werden. Dies betrifft vor allem die Gruppe der konzentrierten eiweißhaltigen Nahrungsmittel meist tierischen Ursprungs (Fleisch, Eier, Käse, aber auch Nüsse), die nicht mit den erhitzten Kohlenhydratträgern (Brot- und Backwaren, Hülsenfrüchte, Kartoffeln) zusammen gegessen beziehungsweise verdaut werden können.* Beide Gruppen sind jedoch getrennt mit allen Gemüsen bestens kombinierbar. Besser ist es auch, jeweils nur eine Art der konzentrierten Nahrungsmittel mit dem Gemüse zusammen zu essen. Der Normalbürger weiß jedoch kaum um solche Zusammenhänge und läßt in aller Regel einfach die gesamte Rohkost weg, weil sie ihm eben

*Probleme mit falschen Zusammenstellungen von Speisen entstehen sofort dann, wenn der Mensch sich von seiner für ihn geeigneten Fruchtnahrung entfernt und sich an Tierischem, Erhitztem, beziehungsweise Ungeeignetem vergreift. Doch bei der menschlichen Idealnahrung, den Früchten, sollte man sich das Durcheinandermischen abgewöhnen. Am natürlichsten ißt man immer dann, wenn man sich stets nur an einer Fruchtart seiner Wahl labt, solange davon ißt, bis man von dieser Frucht satt ist, und erst dann eventuell den Baum wechselt.

gegebenenfalls Verdauungsbeschwerden macht. Genaueres Wissen hierüber können Sie sich zum Beispiel aus dem Buch von *H.* und *M. Diamond* » Fit fürs Lebe«(11) oder anderen empfehlenswerten Büchern, die momentan vor allem im Waldthausen Verlag erhältlich sind, aneignen. Ich möchte Ihnen jedenfalls keine weiteren Anregungen zum Durcheinanderessen von nicht menschengerechten Nahrungsmitteln geben, sondern dazu anraten, möglichst **Monokost** nach dem Instinkt, mit dem Geruchssinn des Körpers und nicht nach dem eigenen Gutdünken, den Preisen, der verlockenden Verpackung, dem Lagerbestand, auszuwählen.

Bienenprodukte

Von den Bienen erhalten wir eine Fülle wertvoller Produkte, die wir ohne deren Hilfe nicht fertigen beziehungsweise ernten könnten. Natürlich gilt auch hier der Einwand, daß wir eben das, was wir nicht aus eigener Kraft und Intelligenz zu gewinnen vermögen, auch nicht zu ernten brauchen. Doch steht dem entgegen, daß ja die Bienen schon seit den allerersten Anfangszeiten der menschlichen Entwicklung unsere ständigen Begleiter waren und wir mittlerweile doch so etwas wie eine beidseitige Abhängigkeit zueinander, quasi eine Symbiose Mensch-Biene geschaffen haben. Momentan ist jedenfalls die Biene ohne unsere Hilfe hierzulande kaum mehr überlebensfähig, und auch wir sind auf ihre Befruchtungsleistungen angewiesen. Viele sind sich heute nicht bewußt, daß die Bienen die dem Menschen am nahestehendsten, mit Abstand nützlichsten, interessantesten, lehrreichsten, unentbehrlichsten und ältesten aller Nutztiere sind. Da Bienennahrung also dem Menschen schon immer zur Verfügung gestanden haben dürfte und deshalb durchaus als Urnahrungsquelle zu bezeichnen ist, sollte sie hier ebenfalls näher betrachtet werden

Honig

Honig ist von Bienen und für Bienen gesammelter und verarbeiteter beziehungsweise in haltbare Konsistenz gebrachter Nektar von weiblichen Blüten, also kein tierisches, sondern ein pflanzliches Nährkonzentrat und somit in die Reihe der von den Bäumen, Sträuchern und allen anderen blühenden Pflanzen stammenden Lebensessenzen, die auch für den Menschen nutzbar sein können, einzustufen. Eine Ausnahme hiervon ist der sogenannte Waldhonig, auch Honigtauhonig genannt, den die Bienen aus den Zuckerabsonderungen von Blattläusen sammeln. Typischerweise ist dieser Waldhonig im Handel wesentlich teurer. – Wohl deshalb, weil er eben wertloser ist und heute anscheinend alles Wertlose über dem Wertvollen plaziert scheint.

Honig ist also eine Essenz an Kraftnahrung aus der lebendigen Natur und keine bloße Zusatznahrung. Er sollte deshalb nicht als bloßer Aufstrich und Verbesserer zu entwerteter und ansonsten geschmackloser Hitzenahrung mißbraucht oder gar als Süßungsmittel miterhitzt werden. Honig enthält eine enorme Fülle von Enzymen, Inhibinen, Duftstoffen, Vitaminen usw., also an bereits bekannten und sicher noch unzähligen unbekannten sehr empfindlichen Substanzen, die dem Menschen gelegentlich sehr wertvolle Hilfen beim Abbau von schwer ausscheidbaren Rückstandsstoffen sein können. Da diese Substanzen so empfindlich, so wirkungsvoll in ihren Funktionen selbst in kleinsten Mengen sind, halte ich es für falsch, Honig in erhitztem oder sonstwie geschädigtem Zustand zu verzehren. Schädigungen und Verluste (zum Beispiel der Duftstoffe) ergeben sich allerdings bereits bei Licht- und Luftkontakten, sowie auch durch Metallkontakte. Deshalb muß Schleuderhonig und erst recht jeder hitzebehandelte Honig abgelehnt werden. Honig soll also möglichst direkt aus der Wabe gegessen werden. Dann kann er eine Zeitlang sogar als Alleinnahrungsmittel, vielleicht im abwechselnden Verbund mit Ziegenmilch oder Pollen zur Eiweißergänzung, bei Entschlackungs-oder Fastenkuren dienen.

Pollen

Während der Honig die Kraft- und Arbeitsnahrung vor allem der Bienen darstellt, wird die Brut mit Pollen aufgezogen. Pollen ist ebenfalls, jedoch von männlichen Blüten stammendes, für die Befruchtung weiblicher Blüten nötiges, erbguttragendes und – übermittelndes Lebensstubstrat in höchster Reinheit. Diese Eiweißkomponente der Bienennahrung ist leider sehr schlecht haltbar. Vor allem dann, wenn er nach den heute üblichen Methoden gewonnen wird. Da die von den Bienen stockwärts getragenen *Pollenhöschen* diesen mittels Pollenfallen bereits am Stockeingang mechanisch abgestreift werden, entnimmt man den Pollen ja bereits vor seiner Einlagerung beziehungsweise Verarbeitung und Haltbarmachung durch die Bienen. Ich brauche wohl gar nicht erst näher darauf einzugehen, weshalb die anschließende Konservierung und Trocknung von Menschenhand gegenüber der Methode der Bienen von Nachteil ist. Die Bienen machen ihre Sache ja schließlich schon länger, natürlicher und besser als wir das je könnten. Der Pollen dürfte also erst direkt vor dem Verzehr aus der Wabe entnommen werden, was jedoch für den Nichtimker einen Genuß dieser Köstlichkeiten sehr erschwert. Wir sollten also wo immer möglich künftig anstreben, unsere Frucht- und Nahrungsbäume und -Pflanzen überall erblühen zu lassen, damit wir auch allerorts Bienen halten können.

Auch beim Pollen selbst gibt es entsprechend dem Wert oder Unwert des Pollenspenders große Unterschiede. Man kann daher selbst am Wert des Pollens ermessen, welche Bäume für den Menschen wertvoll sind oder nicht. So ist zum Beispiel der Pollen von Tannen und Fichten, also den Kultbäumen unserer verkehrten Zeit, absolut minderwertig, während fruchttragende und für den Menschen wertvolle Arten auch wertvollen Pollen liefern. Leider müssen der Imker und seine Bienen die heutigen Frevel beziehungsweise die Armut, Eintönigkeit bis zur Wüstenlandschaft, Vergiftungen, Raubbau in und an der Natur besonders hart spüren. So können letztlich auch Bienenprodukte nur so gut sein wie die Fauna und Flora, aus der sie entnommen sind.

Außer ihren Futtermitteln können uns die Bienen jedoch noch weitere wertvolle Stoffe aus der Natur sammeln und zubereiten, von denen wir weder das genaue Rezept kennen noch selber die Fähigkeiten besitzen, solch wirkungsvolle und kunstvolle Essenzen aus der Natur zusammenzustellen. Die Bienen sind, und das ist leider ebenfalls noch nicht allgemein bekannt, unsere besten und natürlichsten Heilmittel- und Medikamentenhersteller.

Vor allem in ihren Baustoffen verwenden sie Materialien, die jeglichem bakteriellen Eindringling trotzen können. So besitzen sowohl das Wachs, und zwar besonders das Deckelwachs für die Zellen, sowie das Kittharz, genannt Propolis, besondere keimtötende antibakterielle Eigenschaften, die sich auch der Mensch zunutze machen kann. Dieses aus speziellen Mixturen von Knospen und Baumharzen gewonnene Produkt ist sowohl hochwirksam als auch wegen seiner natürlichen Herkunft und Form bei Bedarf ohne Bedenken für den Menschen anwendbar. Die Bienenprodukte sind in der Heilkunde so universell einsetzbar, daß man hierüber jedoch ein eigenes dickes Buch schreiben müßte. Wirksam sind also das Kittharz (bei Entzündungen, als Halsschmerztablette, als Antidepressivum, als lokales Betäubungsmittel), der Pollen (als Aufbaunahrung, zur Regeneration, bei Mangelerkrankungen), der Honig (als Desinfektionsmittel bei Wundverbänden, Eiterungen, Geschwüren), das Bienengift (als Rheumamittel), Wachs- und Deckelwachs (ebenfalls als Entzündungshemmer, zur Salbenherstellung, ferner zur Haltbarmachung von Käse, Imprägnierung von Holz- und Ledermaterialien, Kosmetika und nicht zuletzt als Lichtspender in Form von Kerzen).

Außer diesen gibt es noch das Königinnenfutter, genannt Gelee Royale. Es handelt sich hierbei um eine vom Bienenvolk speziell zusammengestellte Futtermischung für Königinnenlarven. Dieses Gelee wird unter für die Bienen in höchstem Maß aufreibenden, tierquälerischen Umständen gewonnen und verdankt seinen *guten Ruf* wohl eher unserer Unfähigkeit, das Bienenfutter (Honig und Pollen) selbst richtig zu entnehmen, zu lagern und zu verwerten.

Hier kann also bereits während dieser kurzen Betrachtung von jedem der Wert der Bienen beziehungsweise die enge Verbindung zwischen dem Paradiesmenschen und der Biene erkannt werden. Sie müßte also zum Tier Nummer eins erhoben werden.

Die Naturapotheke

Ich schreibe hier über *Mittelchen* zur Abtötung von Bakterien, Keimen, wie das auch die Medizin heute tut. Deshalb muß ich hinzufügen, daß eine Behinderung einer Krankheit niemals gut sein kann, da dadurch ja die Gesundung beziehungsweise das Ausscheiden von Giften behindert wird. – **Bakterien und Viren** sind unsere besten Helfer dazu. – Dennoch will ich mit diesem Abschnitt zeigen, daß uns auch die Natur **Apotheken** liefert, und daß wir uns, wenn überhaupt, lieber an jene halten sollten.

Es geht außerdem hier weniger um *Mittelchen* gegen eine *Krankheit*, sondern um Substanzen der feinstofflichen Art, mit deren Hilfe unser Organismus erst in die Lage versetzt wird, gewisse Schadstoffe im Körper auszuscheiden beziehungsweise durch bessere, echte zu ersetzen. Die Medikamente aus der Menschenapotheke wirken durch **Behinderung** und **Unterdrückung** von Krankheitssymptomen, wenn sie anorganisch und tot sind. Diejenigen aus der Bienenapotheke (auch generell jeder Stoff aus einer lebendigen Pflanze oder einem Kraut) jedoch durch die **Bereicherung** des Organismus mit Ausscheidungshilfsstoffen beziehungsweise dem Körper fehlenden Substanzen. Tote Medikamente verursachen deshalb letztlich Zusammenbrüche im Körpersystem (Organversagen, Immundefekte, Funktionsstörungen), lebendige Stoffe aus Pflanzen, auch Bakterien, Viren, Pilze, Hefen, Schimmelpilze usw. jedoch lösen im Körper **Heilungs-** oder **Reinigungsvorgänge** aus, die zwar auch als Krankheiten empfunden werden, aber eigentlich Heilungsschritte, Heilungskrisen sind.

Hier sei noch etwas genauer auf die Wirkung von Pilzen, (auch Hefen, Schimmelpilze, Käsepilze) auch sogenannten Giftpilzen, hingewiesen, die gegebenenfalls Stoffe enthalten, die der Kochköstler seinem Körper schon lange nicht mehr in lebendigem Zustand zugeführt hatte, und die sich eventuell sehr nützlich zum Schlackenabbau oder Zellaufbau erweisen können. – Je kränker Ihr Körper ist, desto mehr können ihm sogenannte Heilpflanzen oder sogar Giftpilze schmecken. Er kann sich so mit dem eigenen Instinkt über seinen Geruchssinn die fehlenden Stoffe aussuchen und selber heilen.

Es kann also generell jede Pflanze zur Heilung dienen, jedoch jedes tote oder erhitzte Pflanzensubstrat (auch *Kräutertees*) als Gift zur Behinderung der echten Genesung. Es ist sogar möglich, daß Sie ein uralter Limburger Käse unwiderstehlich anzieht, wenn dieser Bakterien enthält, die ihr Körper gerade zum Abbau gewisser Schadsubstanzen dringend braucht. Sie lösen dann mit dem Genuß eventuell eine Ausscheidungskrise oder eine *Heilungskrankheit*, nicht aber eine *Zusammenbruchskrankheit* aus. Die Schwierigkeiten liegen in der Erkennung zwischen echtem Bedarf des Körpers und dem Scheinbedarf an toten Stoffen im Moment der Ausscheidung solcher. Ihr lebendiger Körper braucht niemals tote, anorganische Stoffe und auf keinen Fall Tierleichen! Leichen bleiben übrigens immer tot und giftig, auch wenn sie roh verzehrt werden. Es sei denn, der Körper erweckt die Zellen wieder zum Leben.

Nüsse/Samen

Jede Pflanze schützt ihre Samen vor dem Verzehr.

Fast jede Pflanze produziert Samen zu ihrer Vermehrung, die einen nur wenige, die anderen unzählige. Manche sind riesengroß und andere wiederum kaum mit dem Auge zu erkennen. Die Produktion von Samen und ein ausreichender Schutz vor der Vernichtung durch Gefressenwerden sind für das Überleben jeder Art unerläßlich.

Entsprechend der verschienen Art von Pflanzenwesen wird dieser Schutz durch verschiedene Mittel erreicht. Die meisten größeren Pflanzen bedienen sich Gifte beziehungsweise nur in geringsten Mengen brauchbarer Stoffe, um Fraßräuber aus der Tierwelt vom Verzehr und damit der Vernichtung ihrer Art abzuhalten. Andere wiederum schützen sich durch eine harte Hülle oder Schale, die allerdings doch von einigen darauf spezialisierten Tierarten geöffnet werden kann. Diese können jedoch dann ebenfalls zur Vermehrung durch verlorene oder vergrabene Nüsse dienlich sein. Hier sei das Beispiel Eichhörnchen aufgeführt. Es gibt sogar Pflanzen, die ein Verspeisen ihrer Samen scheinbar bewußt einkalkulieren, um sich dann über die nach der unversehrten Passage durch den Organismus gelangten ausgeschiedenen Samen zu vermehren. Viele Fruchtpflanzen bedienen sich dieses Systems. Auch die Körner und Beeren fressenden Vögel werden durch diesen Trick zur Vermehrung benützt.

Lediglich eine überaus häufige und niederrangige Pflanzengattung, nämlich die der Gräser, kann es sich leisten, größere Teile ihrer deshalb reichlicheren Samenproduktion durch Fraßschädlinge zu verlieren. Dennoch schützen auch die meisten Gräser jeden ihrer Samen noch mit einer unverdaulichen Zellstoffhülle.

Was kann und soll uns nun diese Einleitung sagen? – Sie soll uns deutlich machen, daß und weshalb viele Samen nicht gegessen werden sollen, und daß Essen von Samen nicht dem uns Menschen zugewiesenen Platz in der Schöpfungsordnung entspricht. Wir sollen Samen aufnehmen, um zu vermehren, nicht um zu vernichten. Immer wieder hört man von unglaublichen Funden aus alten Gräbern, in denen Samen unversehrt Tausende von Jahren überdauern konnten. Wie kann der Mensch glauben, daß er etwas derart Zähes und Widerstandsfähiges wie einen Samen in seinem Magen in einer halben Stunde aufschließen kann? Samen sind so scnwerverdaulich und belastend, daß nicht einmal unsere Ziegen solche verdauen können, obwohl jene selbst noch Baumrinden fressen können. Erst unsere Hühner können mit ihren steingefüllten Muskelmägen Weizenkörner verdauen.

Vermeiden Sie hitzebehandelte tote Samen aller Art!

Ich will mich zu diesem Thema gar nicht mehr auf weitere Begründungsebenen von Ernährungslehren, Verdauungsvorgängen usw. begeben, sondern hoffe, daß Ihnen das Gesagte bereits ausreichende Einsichten zum Thema Samen vermitteln konnte. Wenn Sie jedoch einmal Samen essen wollen oder mangels anderer Nahrung müssen, – in der Übergangszeit oder nach *Ernährungssünden*, hat man auch des öfteren noch einen so großen Eiweiß- oder Fettbedarf, daß dieser durch die reine Fruchtnahrung kaum gedeckt werden kann – dann achten Sie peinlichst darauf, nur unerhitzte Samen zu essen. Die Samen sollten in keimfähigem Zustand sein. Keimfähige Getreidesamen können jedoch hierzulande bereits durch die Heißlufttrockengebläse der Mähdrescher zerstört worden sein.

Sie wissen ja inzwischen, daß ein Nahrungsmittel nach dem Erhitzen umso schädlicher wird beziehungsweise umso mehr belastende Stoffe enthält, je konzentrierter und reichhaltiger es vorher war. Deshalb sollten Sie gerade erhitzte Samen aller Art meiden. Essen Sie Nüsse vor allem dort und dann, wenn sie gerade vom Baum fallen, aber nur, wenn Sie unbedingt Appetit darauf haben. Etwas weniger konzentriert, da wasserhaltiger, ist die Kokosnuß, die unserem Organismus nach unserer Erfahrung noch am ehesten zusagt. Die Nüsse und generell alle weichen Samen können als gelegentliche Menschennahrung betrachtet werden, wenn sie dem Menschen schmecken. Alles was im unveränderten Zustand schmeckt, wurde ja sicherlich auch schon seit Urzeiten gegessen.

Früchte

Der Früchteesser und sein Paradies

Wie Sie vielleicht schon bemerkt haben, kommen wir allmählich immer mehr zu müheloser anzubauenden, schmackhafteren, natürlicheren, paradiesischeren Formen und Mitteln der menschlichen Ernährung und entfernen uns dabei immer weiter von den kräftezehrenden, mühsamen, räuberischen, energiefressenden und natur- und bödenvernichtenden Mordfeuer-, Rauch-, Blut-Nahrungsformen, die ich hier als höllische, im Gegensatz zu den paradiesischen bezeichnen möchte. Die Grenze zwischen Himmel und Geisterwelt oder Hölle bezüglich der Nahrung muß dort gezogen werden, wo sich Tod und Leben trennen. Sogar die Gemüsepflanze ist deshalb für den Menschen nicht vollwertig, weil sie kein Geschenk wie eine Frucht darstellt, sondern durchs Essen verletzt oder vernichtet wird. Wer eine Pflanze ißt, kann jedoch noch lange nicht als Mörder bezeichnet werden. Pflanzenteile dienen jedoch eher Tieren zur Nahrung. Töten oder Verletzen von Lebendigen kann aber niemals die gottgewollte Tätigkeit des himmlischen Menschen sein. Dieser ernährt sich quasi von den Geschenken der Schöpfung Gottes, nämlich den Früchten. Früchte werden von der Pflanze ja eigens dafür entwickelt und mit einem schmackhaften und verlockenden Fruchtfleisch versehen, damit sie von höheren Lebewesen gegessen werden und damit für die Verbreitung der Nachkommenschaft in der Umgebung des Menschen (sofern er mit seinem Dünger nicht die Gewässer verseucht) gesorgt ist. Der Mensch erhält die Früchte also kostenlos, ohne sich zu mühen, die Erde aufzureißen und zu ackern, zu säen, im *Schweiße seines Angesichts* sein Feld zu bebauen usw. Er bleibt dabei gesund und fröhlich ein langes Leben lang, lebt also wieder dort, woraus er sich einstens durch seine Unersättlichkeit und Gier, die Ausdruck fanden im Fleischessen, hinauskatapultiert hatte, nämlich in seinem Paradies, zu deutsch in seinem Garten. Nur dort kann er geschützt von allen schädlichen und krankmachenden Einflüssen ein erfülltes Leben im Einklang mit Gott und der Natur erfahren und leben.

Überlegen Sie sich aus diesen Zusammenhängen heraus einmal, was es bedeutet, wenn die Monopolisten und ihre Politiker beziehungsweise unsere Regierungen uns unser freies Recht auf Haus- und Grundbesitz genommen haben und uns zu Leibeigenen in ihren Giftproduktionsstätten gemacht haben, in denen wir dazu angehalten werden, unser eigenes Grab zu schaufeln. Ein dem Volke wohlwollender Staat müßte und könnte dafür sorgen, daß jeder Bürger soviel Land, wie er zum Leben für sich und seine Familie braucht, erhielte, und darauf seinen Wünschen entsprechend jedoch leben dürfte, ohne damit jemandes Zinssklave zu werden.

Innere Bedeutung von Essen

Doch zurück zu den Früchten: Der Mensch solle sich ernähren *vom Baum, der die Samen sät*, steht im Wort Gottes, in der Genesis (erste Buch Moses, Kapitel 1/30) geschrieben. Außerdem wird im Zusammenhang mit der menschlichen Ernährung noch von jeglichem Baum, an dem Frucht ist, gesprochen, während allem Getier alles grüne Kraut zugeordnet wird. Nun haben die Dinge, die in der Heiligen Schrift stehen, durchweg geistige, innere Bedeutungen – Bäume bedeuten zum Beispiel Erkenntnisse des Guten und Wahren, die der Mensch je nach seinen Neigungen, seiner Liebe in sich aufnehmen kann oder darf, und die sein eigentliches inneres Wesen erst ausmachen, – doch haben diese inneren, geistigen oder himmlischen Dinge in unserer äußeren Welt durchweg ihre Entsprechungen. Hier sind diese Entsprechungen, was die Ernährung des himmlischen Menschen betrifft, sehr leicht einsehbar und für jedermann nachvollziehbar. Aufnehmen, lernen, Erkenntnisse sammeln bedeuten im natürlichen Bereich das Essen.

Man kann nicht von allem essen

Es kann hier ebenfalls ersichtlich werden, weshalb man nicht von beidem essen kann, nicht Gott und dem Mammon dienen kann. Beide Nahrungsarten vertragen sich im geistigen Bereich so wenig wie im natürlichen. Sie können deshalb Früchte mit nichts anderem zusammen essen beziehungsweise kombinieren, als mit lebendiger Nahrung. Die Fruchtnahrung verträgt sich mit keiner anderen Nahrung. Wenn Sie also zum Früchteesser werden wollen, müssen Sie sich von vornherein im klaren sein, daß es hier letztlich keine Kompromisse geben kann. Entweder das eine oder das andere ist nur möglich. Ist der Magen durch eine langsam und schwer verdauliche Speise (was alle unnatürlichen, erhitzten toten Speisen sind) blockiert, so gehen sie in Gärung oder Fäulnis über. Nur wenn sie in den leeren, aufnahmebereiten Magen des Menschen gelangen, können sie mühelos ohne den geringsten Aufwand verdaut werden und zum Aufbau eines gesunden und vitalen Körpers beitragen. Man braucht dann nichts anderes mehr zu sich zu nehmen, nicht einmal mehr ein Getränk. In den Früchten ist alles, was der Mensch zum Leben braucht in vollständiger und idealer Form und Zusammensetzung vorhanden.

Ein Körper kann sich ja letzten Endes nur aus den Stoffen entwickeln und aufbauen, die ihm zugeführt werden. Sie sollten sich also einmal überlegen, aus welchen Stoffen Sie Ihren natürlichen und selbstverständlich vor allem auch Ihren geistigen Körper aufbauen. Etwa aus totgekochter, an sich für Tiere bestimmter Pflanzennahrung, oder gar aus Tierkadavern selber? Leben Sie wirklich von lebendiger für den Menschen wohlschmeckender Nahrung, oder betrügen Sie sich selber, indem Sie ihre wertlose oder nicht menschentypische Nahrung durch allerlei Genußmittel künstlich genießbar beziehungsweise zur Suchtdroge machen?

Bei der Besiedlung der indianischen Gebiete durch die Weißen in Amerika weigerten sich diese allein schon wegen des üblen Gestanks der Kleidung von Weißen, solche überhaupt anzufassen, geschweige denn anzuziehen. Der zivilisierte Weiße stinkt in der Tat so penetrant nach seinen durch die Haut ausgeschiedenen Leichengerüchen seiner toten Nahrung, daß dagegen nicht einmal sein täglicher Wasch- und Duschwahn, nicht einmal all seine Parfümwässer ankommen können. Ein Früchteesser hingegen riecht gerade nach der Frucht, die er gegessen hat. Es wird gut sein, daß die *Höllischen* sich nicht selber aus einem anderen Licht sehen können. Sie wären zutiefst schockiert über ihre eigene Erscheinungsweise.

Der Mensch ist kein wassertrinkenes Wesen

Obwohl es sich hierbei nicht um Nahrungsmittel im eigentlichen Sinn handelt, möchte ich doch noch kurz einige Überlegungen hierzu anfügen. Wenn Sie sich unserer Gattung Mensch entsprechend artgemäß von Früchten ernähren, brauchen Sie wie gesagt nichts mehr zusätzlich trinken. Der Wassergehalt von Früchten reicht vollkommen aus. Sollten Sie jedoch einmal zuwenig Früchte zur Verfügung haben, und sich dann auch nicht von genügend nächstmöglichen Gemüsepflanzen ernähren können, so werden Sie auf Wasser zurückgreifen müssen, um Ihren täglichen Flüssigkeitsbedarf decken zu können. In allen Getränken und sogar im Wasser befinden sich mehr oder weniger giftige, da **anorganische Mineralstoffe** und Substanzen aller Art, die Sie mit dem Trinken in nicht unerheblicher Menge aufnehmen. Auch die Möglichkeit, kalk- und mineralstoffreies, durch die Sonne destilliertes **Regenwasser** zu trinken, scheidet heute infolge der allgemeinen Luftverschmutzung aus. Wenn Sie nun nicht den Teekesseleffekt beziehungsweise die Ablagerungserscheinungen im eigenen Körper spüren wollen, also nicht verkalken wollen, obwohl Sie gerne trinken, bleibt Ihnen nichts anderes übrig, als dampfdestilliertes Wasser selber zu gewinnen.*(Dr. Paul C. Bragg »Wasser - das größte Gesundheitsgeheimnis) (12)* Dies ist in Verbindung mit der Hausheizung und allgemeinen Luftbefeuchtung auf einem Herd zu leisten, der ja ohnehin im Winter den ganzen Tag über brennt. Mit Hilfe eines Dampfentsafters, mit dem man sonst Beeren entsaftete beziehungsweise *verheizte*, kann genausogut destilliertes Wasser gewonnen werden. Vermeiden Sie wegen der Energieverschwendung allerdings nach Möglichkeit elektrische Geräte. Das wenige verkalkte Wasser, das Sie nur einmal zu sich nehmen, wenn Sie gerade keine Früchte essen, wird Ihre Gesundheit nicht überstrapazieren. Anders verhält es sich, wenn Sie zum Beispiel jeden Tag Unmengen an Bier in sich hineinschütten. Die Belastung durch anorganische Mineralstoffe aus den Getränken kann dann schnell so hoch werden, daß der Körper mit ihrer Ausscheidung nicht mehr fertig werden kann und ablagern muß.

Dampfdestilliertes Wasser läßt sich im Sommer auch überall durch umgekehrte, in Zeltform (Trichterform) ausgespannte Folien oder in Gewächshäusern mit Folienflachdächern gewinnen. Das aufsteigende Wasser kondensiert dort an der Deckplane und tropft zur Mitte hin in ein darunter aufgestelltes Gefäß. Gewächshausflachdächer ersparen übrigens das Gießen und das Gießwasser schlechthin, da sie je nach Spannung (nach oben oder unten) Regenwasser von außen einlassen oder nach außen ableiten können. Ein dort zirkulierender Wasserkreislauf, wie er auch in der freien Natur stattfindet, erspart viel Mühe mit dem Gewächshausanbau, da Leitungswasser durch seine Rückstände (Chlor, Kalk, usw.) auch den Stoffwechsel von Pflanzen blockieren kann. Aber natürlich ist man heute auf die automatische Flachdachbewässerung und Regenwasserspeicherung noch nicht gekommen, man bewässert lieber künstlich.

Praktischer Teil I

Ich habe versucht, Ihnen einige wichtige *Wissensbausteine* mit auf den Weg zum *Früchteesser* zu geben. Sicher kann im Rahmen dieses Buches nicht die gesamte Aufklärung bezüglich all der komplexen Zusammenhänge in und um die Naturkost des Menschen allgemein, und im besonderen Fall der Situation des Umstellenden geleistet werden.

Ich verweise deshalb auch auf andere Bücher zu diesem Thema, deren Lektüre ich Ihnen deshalb vorab empfehlen möchte, weil Sie sonst vielleicht einiges falsch machen werden. Die Zusammenhänge müssen vom Verstand erarbeitet werden, da der natürliche Instinkt beim modernen Menschen verloren ist, und da die ansonsten tadellos funktionierende instinktive Abwehr aller Schadstoffe bei Hitzeschädigungen, Süchten und anderen unnatürlichen Reizmitteln nicht funktioniert.

Auch bin ich bereits mit dem Schreiben eines umfassenden Ernährungswerkes mit dem Titel *Essen vom Baum des Lebens* fortgeschritten und hoffe, Ihnen damit bald selbst weiterhelfen zu können.

Verschiedene Gifte
In der Reihenfolge ihrer Bedrohung für die Gesundheit des Konsumbürgers:

1. Erhitzte, falsche beziehungsweise **tote Nahrung**. Damit sind sowohl Tierleichen wie *Pflanzenleichen* gemeint. Die Wertlosigkeit und Giftigkeit der Kochtopfnahrung erhöht sich noch durch spezielle Zubereitungsarten wie zum Beispiel Rösten (giftige Röststoffe) und besonders durch falsche Kombinationen von verschiedenen denaturierten, meist hochkonzentrierten und im Übermaß gegessenen ehemaligen lebendigen Produkten. In der Folge kommt es zu Ablagerungserscheinungen, da der Mensch aus jenen Stoffen keine Körperzellen bilden kann, und es auch nicht mehr schafft, alles auszuscheiden.
2. Freiwillig und bewußt aufgenommene **Suchtmittel** beziehungsweise Gifte. Also Alkohol, Drogen, Nikotin, Koffein, Medikamente.

3. **Anorganische Stoffe**, meist Mineralstoffe im Trinkwasser sowie verseuchte Atemluft. (Straßenverkehr, Raucherräume, Ballungs- beziehungsweise Industriegebiete.)
4. Unfreiwillig durch gute, aber *gespritzte* Lebensmittel eingenommene **Gifte.** (Also durch alle unnatürlichen Behandlungen hinzukommenden Stoffe wie Ackergifte, Rückstände aus der allgemeinen Umweltverseuchung, Radioaktivität, aber auch vermeintlich ungiftige Spritzmittel beziehungsweise anorganische Beimengungen wie Kalk, Bestäubungsmehle, Kupfer-, Eisenpulver usw.)

Sie sehen also, daß Sie hiervon zumindest die ersten drei Giftquellen größtenteils vermeiden können. Dies mag ein Trost für die Früchteesser sein,* doch gibt auch der ständig größerwerdende vierte Punkt Anlaß zu großer Besorgnis und muß mit allen Mitteln bekämpft werden.

*Selbst wenn eine Frucht weitgehend ungiftig ist, so kann sie dennoch nicht vollwertig sein oder schädlich wirken, wenn sie auf die übliche falsche und zerstörerische Weise angebaut wurde, so daß sie gar nicht ihre sonst üblichen Gehalte und Zusammensetzungen an Nährstoffen sammeln kann. Wo nichts ist, kann ja auch die Fruchtpflanze nichts sammeln. Solche *mangelernährten* Früchte entstehen vor allem in Gewächshauskulturen und im Massenanbau generell. Daher müssen vor allem die Gemüsefrüchte, weniger die Baumfrüchte, genauestens ausgewählt werden. Eine gesunde, vollständig ernährte Fruchtpflanze kann jedoch auch im Gewächshaus wachsen. Wenn dafür gesorgt wird, daß das volle Sonnenlichtspektrum einfallen kann. Dort, wo Spritzmittel jedweder Art notwendig werden – das kann auch im *biologischen* Massenanbau der Fall sein – sind die Pflanzen einfach krank und falsch ernährt beziehungsweise uns dann weniger zuträglich. Sie besitzen jedoch einen vorzüglichen Wert- und Gehaltsstoffprüfer, nämlich Ihren Geschmackssinn.

Zusammenfassung unserer Nahrungsordnung im Sinne der Schöpfungsordnung:

Lebendige Nahrung aus der Natur
Pflanzennahrung Alle Wertstoffe aus Boden, Luft und Wasser. Licht und Wärme der Sonne. Gegebenenfalls Baum- oder Pflanzensäfte bei Schmarotzerpflanzen. Bei Pilzen und Orchideen Austausch von Nahrungsstoffen. *Viele anorganische Stoffe können nur mit Hilfe von Mikroorganismen (Bakterien, Viren, Hefen, Pilzen) in lebendiges Pflanzengerüst verwandelt werden.*
Tiernahrung **Tierbabynahrung**: Eier (Amphibien, Vögel), Milch von Säugetieren.
Nahrung für Aasfresser und Raubtiere. Rohe tote oder lebendige Tierkörper, ganze Tiere mit Haut und Haar, pflanzliche Zukost aller Art, Gärinhalte von Tiermägen- und Därmen.
Nahrung für Vogelarten: Grassamen, kleine Samen, Insekten und Kleintiere aus dem Boden.
Nahrung für Wiederkäuer: Gräser, Blattpflanzen, Blätter.
Nahrung für Nager und andere Säugetiere (Allesfresser): Wurzeln, Nüsse, Kleintiere und Insekten, pflanzliche Kost aller Art.
Insektennahrung **Honig, Pollen. (Nektar und Blütenpollen, angereichert mit allen wichtigen Mikroorganismen und Lebensbausteinen).**

Daraus entnahm der Mensch entsprechend seinem Zustand folgende Nahrungsmittel ***(Diese Nahrung tötet Seele, Geist und Körper:)***
Tote feuer-, rauchbehandelte-, Blut-, Gift-, Sucht- oder höllische Nahrung

Solche Nahrung tötet Körper, Geist und Seele des Menschen, je mehr er davon ißt, desto schneller. Sie ist keine lebensspendende Nahrung, sondern Verfälschung, Betrug, Frevel, Bluttat an der Schöpfung, mit der der Mensch seine eigene Existenz untergräbt, und die seinem inneren Bösen und dem daraus hervorgehenden Falschen entspricht.
Diese Nahrung entspricht deshalb dem in der Selbst- und Weltliebe gefangenen Menschen, der sich noch im Dünkel der eigenen Einsicht und dem daraus hervorgehenden Falschen und Bösen gefällt. Der Herr wird jedoch alle Menschen retten, die dazu willens sind.

Alle hitzebehandelten Nahrungsmittel.
(Alles, was vom Kochtopf, der Bratpfanne, dem Backofen kommt beziehungsweise über 45 Grad Celsius erhitzt wurde.)
Alle Nahrungsmittel, die keine lebendigen Zellen mehr enthalten beziehungsweise tot sind. (Industriell gefertigte Konzentrate, Präparate, mit Chemikalien oder Strahlen vergiftete oder haltbar gemachte Konserven, entwertete Isolate. Alles, was in der Natur nicht vorkommt beziehungsweise nicht durch einen natürlichen Prozeß entstanden ist. Totmilchprodukte (Homogenisierung, Pasteurisierung) Erfrorenes.

Luft,
verwandelt zu giftigem Zigarettenrauch.
Wasser
in berauschenden Getränken, **Sonne und Licht** vertauscht mit der künstlichen Nachtbeleuchtung und der Wärme des eigenen Ofens. *(Dieser liebt das (eigene) Feuer und alles darauf gebratene, besonders Tierfleisch.)*

Jegliche Nahrung für Raubtiere oder Aasfresser.
(Also jeglicher Körperteil vom lebendigen oder toten Tier in jeder Form). Alles was auf irgendeine Weise und mit irgendeinem Mittel getötet wurde.

Von den folgenden darf der Mensch essen

Lebendige Nahrung
Diese Nahrung entstand durch den Wunsch des Menschen nach Eigenem. Sie kann deshalb je nach der Gottferne der jeweiligen Kultur mehr oder weniger behaftet sein mit Mühen und Plagen, mit Arbeit im Schweiße des Angesichts, Not und widernatürlichem Leben für die betroffenen Tier- und Pflanzenarten, Vergewaltigung des Bodens beziehungsweise der ganzen Erde. Auch diese Nahrung kann eines Tages zum Zusammenbruch des gesamten Systems führen und damit zurück zum Ursprung.
Diese Nahrung enthält oberflächlich betrachtet keinerlei tote, anorganische Stoffe und entspricht dem **geistigen Menschen**, der sein Inneres nach dem Verstand beziehungsweise der Lehre (einer Kirche) aufbaut. Es konnten sich jedoch hier immer mehr Verfälschungen einschleichen, je weiter der Mensch sich von der Wahrheit aus dem Wort Gottes entfernte.
Brunnenwasser und die **Luft** und **Atmosphäre** der Dörfer und Städte. Diese sind je nach dem Zustand der Gesellschaft bereits vielerorts so vergiftet (auch Leitungswasser), daß damit Leben ohne Krankheit und Plagen sehr erschwert wird. Ähnlich ist es mit dem geminderten Sonnenlicht und dem durcheinandergeratenen Klima. Außerdem enthalten die meisten landwirtschaftlichen Produkte heute bei weitem nicht mehr alle Bausteine des Lebens beziehungsweise wurden durch deren falsche Methoden zu ausgesprochener Mangelkost. Ich darf all diese unter dieser Überschrift jedoch trotzdem nennen, weil sie eben immer noch lebendig sind, wenn auch leidend oder krank.
Rohe Tiermilch (Kuh, Schaf, Ziege) von gehaltenen beziehungsweise eingesperrten Tieren, deren Futtermittel zudem extra angebaut werden mußten oder aus Mangelkost bestehen, also nicht als Reste der Menschennahrung anfielen. Milchprodukte von solchen Tieren.
Roheier von unfreien, mit angebautem Futter gefütterten Hühnern oder anderen Vögeln.
Schleuderhonig und aus der Wabe entnommener Pollen. **Getreide** mit all ihren rohen Produkten daraus.
Alle **Samen, Wurzeln, Blatt- und Gemüsepflanzen**, die auf Äckern gezogen werden, also Produkte des Ackerbaus.

Diese Nahrung sollen wir anstreben

PARADIESKOST
Zur Nahrung dienen sollen dem Menschen vorwiegend alle Früchte beziehungsweise Geschenke von Stauden, Sträuchern und Bäumen. Die Früchte sind die einzig möglichen Alleinnahrungsmittel für den Menschen, und deshalb die einzig wirkliche Menschenkost (»Paradieskost« oder auch »Sonnenkost« genannt), die einzige Kost, die Trank und Speise gleichzeitig ist, die alles für den Menschen Notwendige und Gute enthält, und die deshalb der Nahrung des himmlischen beziehungsweise inneren Menschen auf leiblicher Ebene entspricht.
Wohlschmeckende, vor allem **weiche Samen**, die nicht vom Feld stammen. **Nüsse. Sonnen- beziehungsweise luftgetrocknete Früchte.** **Licht und Wärme der Sonne. Luft und Düfte des Paradiesgartens. Von der Sonne destilliertes reines Quellwasser.**
Blätter, Wurzeln, Pilze und ganze Pflanzen aus dem Paradiesgarten dienen als Heilmittel, zur Herstellung von Kleidern und Gebrauchsgegenständen, Farben etc. Ähnliche Zwecke haben auch Gärprodukte, Säfte und Elexiere daraus.
Gelegentlich **Produkte von freilebenden Tieren**, die, ohne dazu gezwungen zu werden, beim Menschen bleiben, beziehungsweise durch dessen Essensreste angezogen werden: zum Beispiel Ziegenmilch bei Überfluß und ihre spontanen unverfälschten Gärprodukte (ohne Salz, Kälberlab etc.), sowie überschüssiger Bienenhonig oder Pollen aus der Wabe. Überzählige Eier von nicht eingesperrten und ausschließlich mit und durch Abfälle des Früchteessers angelockten und gefütterten Hühnervögeln. (Entnahme auch bei zu großer Vermehrung.)
Pflanzen oder Tiergeschenke, die dem Menschen quasi kostenlos und freiwillig gegeben werden, ohne daß er die Natur gewaltsam verändern, mühevoll bearbeiten muß. An dieser Nahrung klebt kein Blut, der Mensch macht sich dadurch nicht schuldig, tötet weder Pflanze noch Tier, noch verwüstet er den Boden und damit die Erde. Diese Nahrung, vor allem wenn sie aus dem Paradiesgarten, der um jeden freien Paradiesmenschen herum entsteht, stammt, verursacht weder direkt noch indirekt (über Umweltschäden) irgendwelche Not, Krankheit, Zerstörung, sondern läßt die Erde wieder zu einem Paradies werden. (Was dadurch angestrebt werden soll.)

*Die erwähnten Tierprodukte, Gemüsepflanzen und Pilze des Gartens haben auch den Zweck der Vielfalt, der Erhaltung der Bodengesundheit, der Verpflegung von Mensch und Tier in Not- oder Kälte*zeiten, die es *momentan leider noch gibt. Die hier genannten Speisen haben also eher die Funktion der Abwehr von Schädlichem, sind also nur solange nötig, solange Schädliches beim Menschen oder in seinen Garten eindringen können.*

Während die in der vorigen Aufstellung besprochene Nahrung dem geistigen einer (kirchlichen) Lehre entspricht, die zwar Brot und Wein des Herrn sein kann, aber heute verfälscht wurde, entspricht die Paradieskost der direkten Aufnahme, dem Innewerden des Guten und Wahren vom Herrn, also dem Himmelsbrot oder Leib und Blut des Herrn, weil sich der Mensch hier mit dem begnügt beziehungsweise von dem ißt, was ihm von der Schöpfungsordnung her zugedacht ist.

Wegweiser für den Früchteesser

Praktischer Teil I

Aussehen – Körpergestalt

Es ist heute kaum jemandem bewußt, wie sehr die Nahrung des Menschen sein Aussehen beeinflußt. Diese Beeinflussung geht aber so weit, daß ein Volk, in dem sich jeder genau gleich ernährt, auch genau gleichartige Gesichts- und Körperformen entwickelt. Man kann also sagen, daß sich Aussehen und Körperform des Menschen nach seiner Nahrung richten. Bei Naturvölkern ist solches noch sehr gut zu beobachten. Dort kann man aber auch beobachten und beweisen, daß sich Aussehen und Körperform von Nachkommen sofort drastisch ändern, sobald diese mit Zivilisationskost in Berührung kommen. Es zeigen sich dann sofort schmalere Gesichter mit engen Kieferbögen, in denen die Zähne keinen Platz mehr haben, enge Nasenwände, die oft Mundatmung entstehen lassen, tiefe anstatt flache Brustform (Hühnerbrust), schmales Becken (beeinträchtigt Gebärfähigkeit), außerdem alle möglichen Krankheiten und Gebrechen. Aber auch die Charaktermerkmale ändern sich entsprechend, indem sich mehr oder weniger alle positiven Merkmale in schlechte verkehren. Durch die tote und falsche Nahrung der Zivilisierten leiden alle Sinne, körperliche wie geistig-innerliche, und führen besonders bei Naturvölkern noch schneller zu Dekadenz und Untergang, als bei den Weißen, da diese unsere als Nahrungsmittel getarnten *Suchtmittel* in der bei uns üblichen Dosis auf Anhieb nicht verkraften können. *Albert von Haller* hat ein Buch über die Gefährdung der Menschheit durch unsere Industrienahrung (*von Haller*) (15) geschrieben, das die schädliche Einwirkung der Zivilisation beziehungsweise ihrer Suchtnahrungsmittel überdeutlich macht, und aus dem man ersehen kann, daß wir mit unserer Lebensart gerade dabei sind, sämtliche Völker der Erde in unsere Dekadenz mit hineinzuziehen und zu vernichten.

Unsere vollkommene Entfaltung aller Sinne und Fähigkeiten, der vollkommenen Schönheit von Körper, Geist und Seele, also ein Abbild des *Großen Menschen* (*Swedenborg*) (2 HG), Zusatzband) beziehungsweise des Herrn zu werden, erreichen wir erst und nur dann, wenn wir seinen SEINEN Gesetzen und nach SEINER Ordnung auf diesem Planeten leben. Jede Denaturierung und Abtötung –, jede Ausbeutung und Plünderung des Bodens, jedes Überzüchten und Überdüngen unserer Nahrungspflanzen, also jegliche Entwertung, und sei es nur von einem Stoff unter 50.000 Wertstoffen einer Pflanze, all diese Sünden bilden sich nicht nur in unserer Seele und unserem Gemüt und Charakter ab, sondern werden sogar auf den Gesichtern und Körperformen entstellend sichtbar. Mit all unserer **Mangelkost**, unserer Falsch- und Totnahrung, erziehen wir unsere Völker zu Mangelvölkern, zu geistigen und körperlichen Krüppeln. Ich glaube, daß heute niemand auch nur ahnungsweise weiß, wie ein gesunder Mensch in voller *Blüte* aussehen kann. – Ein Großteil der hiesigen Bevölkerung baute ja seinen Menschenkörper vorwiegend und sichtbar mit Schweinezellen auf. – Der letzte, der sein Menschsein vollständig mitsamt allen Fähigkeiten ausgebildet hatte, war wohl Jesus Christus. Folgen wir SEINEM Beispiel nach. Ein Mensch, der nach SEINEN Gesetzen und aus SEINER Liebe lebt, wird nicht nur innerlich geistig, sondern sogar äußerlich zu Bild und Ähnlichkeit des Herrn.

Ausscheidungen

Die Zeit, bis unser Organismus all unsere Gifte, Medikamente und Nahrungssünden in Form von tierischen Zellen, toten, wertlosen, minderwertigen, giftspeichernden Ballastzellkörpern ausgeschieden hat, kann ziemlich lange anhalten. Was in dreißig oder fünfzig Jahren angesammelt wurde, ist nicht von heute auf morgen abgebüßt. Dennoch sollte uns auch ein eventuell langer Weg nicht entmutigen, denn es ist der Weg zurück oder besser gesagt vorwärts zum verlorenen Paradies, und wir sollten uns freuen, nunmehr das Wissen darum nach so langer Not und Pein erhalten zu dürfen.

Sobald Sie Ihrem Körper durch Verweigerung von neuen Giftstoffen durch reine Naturnahrung die Möglichkeit geben, wird er beginnen, sich nach und nach allen angesammelten Mülls zu entledigen. Sie können die Reinigungsvorgänge in Ihrem Körper mitverfolgen, indem Sie manche Altgifte bei der Ausscheidung im Urin, aus der Haut oder den Schleimhäuten riechen. Sie werden jedoch bei der **Ausscheidung** jedes Giftstoffes das Verlangen nach diesem erneut spüren und diesen *Entzug* durchstehen müssen. Je nach der Art und Menge des bis zuletzt noch aufgenommenen Giftmaterials wird diese Entziehungskur von der Nahrungsdroge aus dem Kochtopf bei jedem Menschen unterschiedlich verlaufen. Zuerst werden in der Regel die Blutbahnen gesäubert, was ein Verlangen nach Brot und gebackenen Getreideprodukten, eben denjenigen, die die Ablagerungen dort verursachten, hervorruft. Nach einiger Zeit kann schon bisweilen der Urin nach Medikamenten riechen. Zuletzt werden auch die alten Tierzellen aus den Geweben entfernt, was bei Ihnen dann plötzlich zum Beispiel ein unbändiges Verlangen nach Leber oder Geflügelinnereien (immer nach dem giftigsten und belasteten Bestandteil Ihrer früheren Ernährungspraxis) hervorrufen kann. Auch Ihr Urin riecht dann entsprechend danach. Selbst wenn Sie schon lange vorher überzeugte Vegetarier gewesen sein sollten, wird Sie nun erneut die Sucht nach Tierfleisch, die die eigentliche *Muttersucht* aller darauffolgenden Süchte ist, überfallen. Besonders die von gebratenem oder gegrilltem Fleisch ausgehenden Gerüche werden Sie aufgrund Ihres inzwischen sehr wachen Geruchssinns anziehen, was Sie nicht verwundern darf, da ja auch jeder Tierkörper aus Fleisch und Blut, also aus ähnlichen Materialien wie unser eigener Körper aufgebaut ist und somit alle dazu notwendigen Bestandteile enthalten muß. (Was jedoch nicht heißen soll, daß wir von Rohfleisch leben können. Der Tod vergiftet und tötet jede einzelne Zelle selbst dann noch, wenn ein Tier lebend verschluckt wurde.) Genau all diese Bausteine gelangen beim Braten in die Luft und werden sofort anziehend wirken, wenn Ihnen auch nur einer davon fehlen sollte. Sie dürfen dann also auf keinen Fall Ihrem falsch geleiteten Instinkt gehorchen. Bei allen Totnahrungsmitteln lockt die Sucht, nicht der Instinkt, weil wir solche niemals zum Leben brauchen können.

Sie überstehen diese *Anfälle* jedoch leicht mit eiweißhaltigen Früchten (Bananen), notfalls rohen Eiern, Käse, Nüssen oder Getreide, die ja allesamt ebenfalls ein nahezu vollständiges Spektrum aller Körperbausteine in konzentrierter Form enthalten. Auch alle milchsauren Gemüseprodukte sind dann hilfreich.

Normalerweise reichen jedoch Früchte, es sei denn, Ihr Eiweißbedarf ist durch die Rückvergiftung oder Ihre immer noch anhaltende Falschnahrung derart gestiegen, daß Sie Gehaltvolleres vorziehen. Die Gefahr eine *Rückfalls* ist dann besonders groß.

Buße muß allerdings sein. Es ist ein überall und zu allen Zeiten gültiges göttliches Gesetz, wonach jedes Vergehen, jeder Verstoß gegen die Ordnung irgendwann zutage tritt, die *Rechnung auf den Tisch kommt*. Warten Sie nicht, bis diese zu groß geworden ist, Sie werden auf jeden Fall dafür bezahlen müssen.

Bananen

Bananen sind besonders für Kinder geeignete Grundnahrungsmittel, da sie in etwa den gleichen Gehalt an vollwertigem Eiweiß enthalten wie Muttermilch. Für Erwachsene sind Bananen auf die Dauer zu nahrhaft. Der Umstellende wird sich vor allem auf sie stürzen, um damit seine Rückvergiftungssymptome zu lindern. Beliebt sind Bananen hierzulande vor allem deshalb, weil sie zusammen mit Falsch- und Totnahrung nicht allzugroße Reaktionen im Verdauungstrakt beziehungsweise Ausscheidungen verursachen, also weil sie kombinierfähiger oder mischfähiger als andere Früchte sind. Sie sind mehr oder weniger mit allen Salaten, sogar mit Nüssen und Käsen kombinierbar.

Blattgemüse

Da wir keine Wiederkäuer sind, haben wir versucht, möglichst feine auch für uns verdauliche Blattpflanzen zu züchten, was uns mit den *butterweichen* Kopfsalaten am ehesten gelungen sein dürfte. Je nach Bedarf schmecken die Blattgemüse auch ohne Zutaten. Der Umstellende wird aber zumindest Zitronensaft und Avocados zusetzen wollen, die in etwa seine gewohnte Mischung aus Essig und Öl ersetzen können. Blätter würde ich eher als Spezialnahrungs- oder Heilmittel bezeichnen, die nur bei besonderen Situationen erforderlich sind.

Fette und Öle

Diese kommen in der Natur nicht vor und sind infolgedessen auch nicht nötig. Es ist jedoch wahrscheinlich, daß die geschädigten Organe des Umstellenden anfangs nicht mehr in der Lage sind, die zur Verdauung benötigten Fettsäuren selbst herzustellen. Deshalb sind Avocados, Oliven oder andere öl- oder fetthaltigen Früchte (Palmfrüchte, Nüsse) anfangs sehr gefragt. Wenn Sie reine Fruchtnahrung wählen, geht es auch von Anfang an ohne Hilfsmittel. Nicht jedoch bei Gemüsen, am wenigsten bei Wurzeln.

(Einzelne Gemüse enthalten nicht alle zum Aufbau von Körperzellen notwendigen Bausteine). Es ist schwer, heute gute Öle zu bekommen. Für uns war bislang nur bestes, kaltgepreßtes Olivenöl akzeptabel, da Öle aus Samen durch den Preßdruck zu hoch erhitzt werden. Es muß auch schnellstens dafür gesorgt werden, daß fetthaltige Früchte (Palmfrüchte, Kakaobutter) auch hier auf den Markt kommen.

Leider scheidet die Möglichkeit des gelegentlichen Butteressens durch die verderblichen Praktiken im Zusammenhang mit der Gewinnung dieses Tierprodukts nahezu aus. Unsere Falschgesetze schreiben sogar eine Zerstörung durch Erhitzen vor! Selbst Rohmilchbutter kann nur dann empfehlenswert sein, wenn Sie solche hand- beziehungsweise selbstgemacht, am besten im Frühjahr, von gesunden, auf Naturweiden (nicht künstlich gedüngt), am günstigsten auf Gebirgsweiden gehaltenen Kühen stammend, erstehen können. Solche Butter ist weich und gelb, und riecht sehr kräftig und gut.

Gemüsefrüchte

Tomaten, Gurken, Paprika sind Früchte mit allen lebensnotwendigen Stoffen für den Menschen. Sie schmecken deshalb auch als *Monokost*, können aber mit anderen Gemüsen kombiniert werden. Schmackhafte Salate werden immer auf der Basis von Gemüsefrüchten bereitet. Nach einiger Zeit süßer Fruchtnahrung werden Sie diese besonders schätzen. Besonders wohltuende Wirkung nach *Sündentagen* beziehungsweise zur Ausscheidung von Giften haben Gurken.

Getreide

Gelegentlich werden Sie auch auf verschiedene Samen und Getreide zurückgreifen wollen oder mangels anderer Nahrung müssen. Dabei werden Sie als Früchteesser kaum das Keimgetreide, sondern eher ein aus feingemahlenem Vollmehl mit wenig Wasser oder Gemüsesaft, sowie vielleicht etwa Olivenöl oder Honig zu einem festen Teig geknetetes und anschließend zu flachen Fladen (fünf Millimeter) ausgewalztes und angetrocknetes ungebackenes *Sonnenbrot* schätzen lernen. Sie können solche unerhitzte, lediglich an der Sonne oder über der Heizung getrocknete Brote aus allerlei Samen bereiten. Ich würde allerdings gluten- und klebereiweißreiche wie Weizen und Dinkel weniger verwenden, sondern eher Roggen, Hafer, Lein, Hirse. Besser sind immer die ungezüchteten in der freien Natur vorkommenden Samen. Achten Sie unbedingt darauf, nur keimfähige, also lebendige Samen zu verwenden. Auch muß solches Brot besonders gründlich eingespeichelt und gekaut werden und sollte eigentlich nicht mit irgendwelchen anderen Speisen schnell hinuntergefuttert werden. Kombinieren können sie mit Fett (Avocado, Olivenöl, eventuell Rohmilchbutter) und Honig, oder Sauermilchprodukten und Gemüsen (Gurken, Tomaten).

Honig/Pollen

Sie sollten möglichst aus der Wabe gegessen werden. Bienenprodukte sind von hohem Wert für den Umstellenden und können darin enthaltene feinstoffliche Bausteine zur Verarbeitung und Ausscheidung von angesammelten körpereigenen toten, wertlosen *Altlasten* sein, die der geschwächte eigene Organismus noch nicht produzieren kann. Honig kann zum *Energieausgleich* mit energiearmen Salaten oder Gemüsen gegessen werden; ebenso zur besseren Verdauung schwerverdaulicher Nahrungsmittel (Samen, Nüsse, Getreide).

Käse

Käse sollte unbedingt aus Rohmilch, am besten aus eigener Ziegenmilch hergestellt sein. Vorzuziehen ist immer der weiche Käse beziehungsweise Frischkäse. Der Wert von Käse besteht für den Rohköstler weniger in dessen Gehalt an Fetten oder Eiweiß, sondern nach meiner Erfahrung vor allem in seinem Gehalt an Bakterien, Schimmelpilzen, Hefen, also Mikroorganismen, die gewissen Körperfunktionen (Abbau von toten Zellen und unverdaulichen Stoffwechselresten) unterstützen beziehungsweise Reinigungsaktionen auslösen können. Deshalb wird das Verlangen nach Käse mit steigendem Reinheitsgrad des Körpers abnehmen beziehungsweise wieder nach nahrungsbezogenen Sündenfällen einsetzen. Auch wird Sie deshalb vor allem möglichst alter, reifer, starkriechender, schimmliger Käse anlocken.

Es ist ein Jammer, daß wir heute kaum Käse aus Milch von gesunden Tieren auf dem Markt vorfinden, sondern hauptsächlich mehr oder weniger belastete gesundheitsschädigende Produkte aus der Massentierhaltung, die aus einer Milch gemacht wurden, mit der man nicht einmal mehr ein Kalb aufziehen könnte, und die zudem noch mit Chemikalien vergiftet sind. Es ist deshalb ratsam, seine *Bakterienkulturen* auch aus milchsauer vergorenen Gemüsen zu entnehmen. Das Verlangen nach altem Käse verschwindet dann.- Verwenden Sie nur Weichkäse, da sämtliche Hartkäsesorten über den Gerinnungspunkt von Eiweiß erhitzt werden, auch wenn diese anschließend als Rohmilchkäse verkauft werden.

Lauchgewächse (Zwiebel, Knoblauch)

Sie enthalten den Stoff Allicin, der angeblich die Aufnahme von Nahrungsmitteln beziehungsweise deren Umwandlung in Körperzellen behindern soll. Tatsächlich kann man beim Zuvielessen ein einsetzendes Verlangen nach Zwiebeln oder Knoblauch feststellen. Obwohl diese Wurzeln also einen sogenannten Giftstoff enthalten (wie wahrscheinlich überhaupt alle Wurzeln), können Sie trotzdem Ihrem Instinkt beziehungsweise Geruchssinn vertrauen, wenn dieser nach Knoblauch verlangt. Der Körper tut das nicht ohne Grund, und Gifte aus natürlichen Nahrungsmitteln gibt es genaugenommen ohnehin nicht. (Nur anorganische Stoffe sind Gifte. Natürliche Pflanzen wirken erst dann giftig, wenn sie ohne Bedarf beziehungsweise im Übermaß gegessen werden). Ihr Körper wird mit Sicherheit richtig handeln, wenn er zum Beispiel zu Ziegenkäse mit Tomaten verarbeiten darf.

Milch

Milch ist Nahrung für Säuglinge und Kleinkinder. Die einzig vom Menschen gut zu verdauende Tiermilch ist Ziegenmilch. In gewissen Fällen kann ich mir Ziegenmilch, vor allem saure, als therapeutisches Regenerationsmittel für äußerst geschwächte Kranke vorstellen. Auch unsere Kinderkrankenhäuser mit den durch Totnahrung krank gemachten Kindern könnte man mit Ziegenmilch und Früchtenahrung *leerfegen.*

Ein heute oft vergessener Faktor bei der Bewertung der Milch ist ihre Qualität. Diese ist bei der gängigen Kuhmilch heute oft so gemindert, daß damit nicht einmal mehr Kälber aufgezogen werden können. Nur wenn das Futter eines Tieres ebenfalls lebendig und vollwertig ist, das heißt alle zum Aufbau eines Rinderkörpers nötigen Bestandteile enthält, kann es auch die Milch sein. (Für ein Kalb, nicht für den Menschen). Unsere Weiden sind jedoch durch jahrelange Kunstdüngerei bereits so arm an Wertstoffen geworden, daß die Milch oft nicht einmal mehr im Frühjahr annähernd

Vollwertigkeit erreicht. Eine Ausnahme sind lediglich die Gebirgsgegenden, weil man dort nicht düngen konnte. Wenn wir nun allerdings zum wertlosen Futter noch die vielen schädlichen Futterzusätze, die Kraftfuttergaben beziehungsweise das verabreichte Totfutter aus Fabriken, die wegen der Krankheit des Viehs erforderlichen Medikamente, die tierquälerische Massenhaltung, und schließlich die anschließende völlige Entwertung und Vergiftung des ursprünglich lebendigen Nahrungsmittels Milch durch die industrielle Verarbeitung (Erhitzung, Homogenisierung, Zusatz von künstlichen Stoffen) in die Waagschale legen, müssen wir zu dem Ergebnis kommen, daß das, was uns momentan unter der Bezeichnung Milch im Handel angeboten wird, mit zum schädlichsten der ganzen Industrienahrungspalette zählt.

Wenn Sie also Milch und Milchprodukte zu sich nehmen wollen, dann werden Sie kaum anders können, als Ihre Tiere selber zu halten. Dasselbe gilt übrigens genauso beim Thema Eier.

Milchsaure Gemüse

Sie können, was hierzulande leider noch nicht bekannt ist, ohne Zusatz von Wasser und Salz hergestellt werden. Wenn Sie allerdings das eine zusetzen, dann brauchen Sie auch das andere. Ist das Gemüse gesund aufgewachsen, dann vergärt es einwandfrei, selbst ohne Startkulturen wie alte Gärsäfte oder Molke. Man kann fehlende Flüssigkeiten anstatt mit Wasser mit Kürbis-, Tomaten- oder Gurkensaft (was eben gerade genügend vorhanden ist) auffüllen. Geeignete **Gärtöpfe** sind inzwischen im Handel. Diese haben eine Wasserrinne zum Luftabschluß nach außen und passende Beschwerungssteine. Milchsaure Gemüse sind Hilfsmittel zur Genesung, fördern die Zellatmung, machen Falschnahrung weniger schädlich, stellen Bakterienkulturen zum Schlackenabbau bereit, verhindern Fäulnis, sind also keine Mittel für Gesunde, sondern nur dann und solange nützlich, als der Genesende sich noch in seinem Reinigungsprozeß befindet. Sie haben sicher schon bemerkt, wie Sie nach gerade überstandenen Grippeschüben ein Verlangen nach Saurem überkam, das Sie dann irrtümlicherweise mit Essigkonserven anstatt mit Milchsaurem stillten. Eine ähnliche Fehlinterpretation seiner Instinkte begeht der Zechbruder, der sich am anderen Tag saure Heringe einverleibt. Sie können zwar gelegentlich einmal auch Essig anwenden, sollten diesen aber selbst hergestellt haben. Ich habe bislang jedenfalls noch keinen einzigen verträglichen Essig, wie den aus unseren eigenen Äpfeln am Markt entdeckt. Ähnliches war übrigens auch bei den Milchprodukten Quark und Joghurt der Fall.

Alle Gärprodukte aus Milch, Gemüse oder Früchten sind eigentlich eher als *Naturheilmittel* im weitesten Sinn zu bezeichnen und keine Nahrungsmittel für Gesunde. Sie werden erst dann nötig und nützlich, wenn sich der Mensch von seiner Stammnahrung entfernt hat. Man kann die Gärprodukte auch als erlaubte Drogen des Früchteessers bezeichnen, da sie anregend wirken.

Mischnahrung

Sie ist immer ungünstig, da dabei meistens Nahrung mitgegessen wird, die der Körper gerade gar nicht will und braucht. Außerdem erfordern verschiedene Nahrungsmittel unterschiedliche Verdauungssäfte sowie Verdauungszeiten. Daher ist es besonders bei der reinen Fruchtnahrung weder anzuraten noch nötig zu mischen. Nur bei den Gemüsen, die ja keine vollwertigen, alle für den Menschen notwendigen Stoffe enthaltenden Nahrungsmittel sind, kann gemischt werden, um eine bessere Verdauung und ein vollwertiges Mahl zu erhalten.

Nüsse

Nüsse werden nur nach Bedarf und in möglichst erntefrischem Zustand verzehrt. Wie alle erhitzten konzentrierten Nahrungsmittel sind besonders erhitzte Nüsse gefährlich für die Gesundheit. Nüsse erfordern lange Verdauungszeiten und große Anstrengungen in Magen und Darm. Essen Sie sie allein oder mit den Verdauungshilfen milchsaure Gemüse oder Honig. Möglich sind auch Bananen-Nuß-Cremes oder Mischungen.

Pilze

Pilze sind schwer verdauliche eiweiß- und mineralstoffreiche *Waldfrüchte* mit einem großen Anteil an ansonsten kaum in der Nahrung enthaltenen seltenen Mineralstoffen beziehungsweise feinstofflichen Substanzen. Vor allem Pilze (auch Giftpilze) dürfen nur von Menschen gegessen werden, deren natürlicher Instinkt (*Guy Claude Burger »Die Rohkosttherapie«* 5) wieder vollständig rückentwickelt ist. Man muß bei Pilzen genau spüren, wann es *genug* ist, sonst läuft man in die Gefahr einer Verstimmung oder Vergiftung. Es ist absoluter Irrsinn, Pilze in erhitztem Zustand massenweise herunterzuschlingen, weil dann ja all die vielen Mineralstoffe und Feinsubstanzen wieder zu Metallen beziehungsweise anorganischen Giften geworden sind. Erst dann und deshalb wirken und gelten ja viele Pilze eigentlich zu Unrecht als Giftpilze. Pilze, die jedoch auch für den Neuling relativ leicht verdaulich und unverfänglich, selbst beim Vermischen in Salaten sind, sind Champignons, Schopftintlinge, Steinpilze. Wesentlich reicher und wertvoller, aber auch schwer verdaulich und streng nach dem Instinkt auszuwählen sind Austernseitlinge, Shii Take, Pfifferlinge, Morcheln (auch sogenannte Hexeneier von Stinkmorcheln). Viele bittere oder unverdauliche Waldpilze werden genießbar und zu bisweilen sehr wirksamen *Medikamenten*, wenn sie milchsauer vergoren sind. Giftpilze werden nur Kranken schmecken und dürfen noch mehr als andere Speisen nur dann roh und unvermischt einzeln gegessen werden, wenn und solange Geruch und Geschmack verlockend bleiben.

Salate

Um die ansonsten nicht unbedingt für Menschen geeigneten Gemüsepflanzen dennoch schmackhaft, genießbar, verdaulich, energiereicher und vollwertig zu machen, bedient man sich verschiedener Hilfsmittel, die diese Defizite ausgleichen sollen. Solche sind vor allem Zitronensaft, Orangen, milchsaure Gemüse oder Gemüsesäfte, Molken, Ziegenquark oder Frischkäse, Honig, getrocknete Feigen, Rosinen, Nüsse, Keimlinge, Knoblauch und Zwiebel, in bestimmten Fällen auch Äpfel, Bananen, Trauben, Ananas, (diese Früchte lassen sich am ehesten mit anderen kombinieren), und Avocados als Fettersatz.

Sie sehen also, daß Sie auf die klassische, aber wenig zuträgliche Essig-Öl-Mischung gut verzichten können. Die verschiedenen Kombinationsmöglichkeiten bei den unterschiedlichen Salaten können und sollen jedoch nicht Gegenstand dieses Buches sein. Ich verweise deshalb auf die einschlägige Literatur.

Schlackenabbau bei schwerverdaulichen Nahrungsmitteln

Zum Abbau von schwerverdaulichen Nahrungsmitteln (besonders eiweißhaltige) eigenen sich besonders Feigen (Ficin), Ananas (Bromelin), und Papayas (Papain). Auch Gemüsefrüchte, vor allem Paprika, Tomate und Gurke, ferner einige Gewürzpflanzen bewirken eine schnellere und bessere Verdauung. Mit ihrem

Reichtum an Säuren und Fermenten können auch Zitrusfrüchte sowie saure Äpfel und saure Früchte überhaupt hilfreich sein. Unter den übrigen Nahrungsmitteln sind unter diesem Aspekt außerdem Honig, milchsaures Gemüse und auch überreifer Käse zu nennen. Ein Allergiker oder Kochtopfkranker wird bei dieser übrigens nicht vollständigen Liste sicherlich bemerkt haben, daß die aufgezählten Nahrungsmittel genau diejenigen sind, die bei ihm Allergien auslösen beziehungsweise die er partout nicht *vertragen* kann, und die ihm deshalb sein Arzt, wahrscheinlich nach einem *Allergietest*, verboten hat. Genau diese Ausscheidungsförderer oder -Hilfen werden jedoch allein deshalb gemieden und fälschlicherweise verteufelt, weil sie andere große Fehler in der Ernährung eines Suchtmenschen ans Licht beziehungsweise zur Ausscheidung bringen können.

Krankheit ist ja ein Prozeß der Reinigung und Besserung, der Genesung und Befreiung von Altlasten, von denen der Kranke jedoch nichts wissen will, und die der Arzt gefälligst versteckt und verdeckt halten soll. Ein Allergiker ist deshalb nicht allergisch gegen den bösen **Käse**, sondern der Käse reichert sein Körpersystem mit einer solchen Vielzahl an Bakterien, Pilzen, Hefen, also Abbauorganismen an, daß die dort befindlichen Schadsubstanzen damit endlich abgebaut und ausgeschieden werden können. Wenn Sie also alten Käse essen, ist dies, als ob Sie sich selbst anzeigen würden. Sie infizieren sich ja sozusagen selbst mit den nötigen Abbauorganismen. Hier wird auch erklärlich, weshalb Käse so verlockend riechen kann und unser Körper diesen gelegentlich offenbar will. Wir können uns ja auf unseren Instinkt außer bei Kochnahrung absolut verlassen. Das was uns vom Geruch her anlockt, will und braucht auch unser Körper.

Auch wenn Sie dann nach dem Käsegenuß ein wenig krank werden, braucht Sie das deshalb immer noch nicht in Zweifel verfallen lassen, sondern dadurch bestätigt sich ja gerade, was hier geschrieben wurde. Wenn Sie in einer solchen Zeit dann das, was von Ihnen geht, aufmerksam beriechen, können Sie vielleicht sogar den Giftstoff identifizieren, der gerade ausgeschieden wurde. Sie werden dann vielleicht überrascht und gleichzeitig Ihrer Sache noch sicherer sein, wenn Ihr Urin plötzlich etwa nach Laugenbrezeln riechen sollte, also nach einer Giftsubstanz, die Sie vielleicht schon jahrelang nicht mehr zu sich genommen haben.

Alter Schimmel- oder Rotschmierkäse ist also ein *Initialzünder* für die Ausscheidungsfunktionen Ihres Körpers, der Ihr **Abwehr- und Immunsystem** auf Hochtouren bringen kann, der jedoch nur deshalb und dann verwendet werden darf (wie übrigens alle Nahrungsmittel), wenn der Geruchssinn untrüglich und unwiderstehlich danach verlangt. Lassen Sie sich also von Ihrem Körper beziehungsweise Ihrem Geruchssinn zur Gesundheit führen, nur er, nicht ein oberschlaues Buch oder ein Arzt weiß den Weg. Sie können dabei aus allem auswählen, was lebendig ist. Ihr Instinkt verläßt Sie niemals, wenn Sie ihn einmal wiederentdeckt haben, nicht einmal bei Giftpilzen. Mikroorganismen in Gärprodukten sind keine Totnahrung, sondern diese bilden im Gegenteil gerade den Anfang, die erste Stufe des Lebens überhaupt. Trauen Sie also ausschließlich Ihrem Körper beziehungsweise seinen Sinnen! Selbst der *Erfinder* einer Rohkosttherapie (*Guy Claude Burger*) findet anscheinend sogar Rohfleisch menschenwürdig, verbietet aber Käse und Milchprodukte. Mein Verstand weiß, meine innere Wahrnehmung fühlt und meine Körpersinne riechen, daß ein toter Kadaver oder gar ein lebendes Tier niemals Menschennahrung sein können und dürfen, Käse jedoch unter bestimmten Umständen schon. Selbst dieser *Instinktologe* hält sich also nicht konsequent an die von ihm selbst aufgestellten Thesen, sondern bricht sie genau dort, wo seine Süchte oder starrgefaßten verstandesmäßigen Einstellungen eine klare Sicht der Dinge vernebeln, sein eigenes verstandesmäßiges Falsches noch über das seinem Körper beziehungsweise der Ordnung des Lebens überhaupt Gehorchen-Wollen herrscht.

Es wäre allerdings als Mangel an der Schöpfung zu betrachten, wenn obengenannte Funktionen nur durch Tier- oder Gemüseprodukte erfüllt werden könnten. Dem ist natürlich nicht so. Auch jede überreife Frucht, jedes angegorene Gemüse kann solche Zwecke erfüllen. Unsere *Bakterienfreunde* sind zum Glück häufig, und sie sind niemals ein Feind des Gesunden, sondern nur des Kranken, Toten, Faulenden, usw. Sie können selbst aus einer milchsauer vergorenen Zwiebel eine Art *Pflanzenkäse* entstehen lassen, wenn Sie diese noch einige Zeit an der Luft reifen lassen. Diesbezüglich liefert uns die wertvollste und beste Speise unter all diesen Bakterienzuchten natürlich eine Frucht, und zwar der gereifte, starkriechende Durian. Ich würde viel darum geben, wenn diese Frucht hierzulande häufiger importiert werden würde.

Säfte/Getränke

Wer über eine gute Auswahl an verschiedenen Früchten, vor allem wasserhaltigen Zitrusfrüchten, Melonen, usw., verfügt, braucht keine Getränke zusätzlich. Ohnehin wird das Trinken erst nach konzentrierter oder besser gesagt nach Falschnahrung notwendig, die ja zuwenig Anteile an Wasser aufweist. Will man dennoch einmal trinken oder, etwa während einer Fastenzeit Flüssigkeit zu sich nehmen, kann das mit destilliertem oder mineralarmem Wasser (*Bragg* 12), oder mit Fruchtsäften gemacht werden. Fruchtsäfte haben jedoch den Nachteil, daß die darin enthaltenen Säuren nicht schon vom Mundspeichel neutralisiert werden können und somit sauer in den Magen gelangen. Durch ihre mangelnde Ausgewogenheit, die ja nur in der ganzen Frucht vorhanden ist, verleiten Fruchtsäfte anschließend zu übermäßiger Aufnahme anderer Nahrungsstoffe, mit denen der Körper dann wieder einen Ausgleich erreichen will.

Tropenfrüchte

Hierbei handelt es sich nicht um irgendwelche Luxusnahrungsmittel, sondern um Früchte, die eigentlich für unsere Gattung entstanden sind. Besonders die wertvollsten davon sollten wir unbedingt im Anbau fördern und auch vermehrt importieren, anstatt in den Südländern weiterhin Ackerbau und Viehzucht zu fördern. Auch in jenen Ländern besteht die Tendenz, Fruchtbäume mehr und mehr verwahrlosen zu lassen, da auch dort die Kocherei vorherrscht. Besonders wichtig und fördernswert sind für alle Menschen dort und hier Mangos, Jackfrucht (Nangka) und andere Brotfruchtarten, Cherimoya (Annonen), Durian, Papaya, Sapote, Dattelpflaumen, und generell jede bekannte und unbekannte Fruchtart. Sie helfen mit jeder Frucht, die Sie essen, nicht nur einem Fruchtbaum zum Überleben, sondern tragen außerdem noch dazu bei, daß sich dieser Planet dadurch vielleicht eines Tages wieder in einen großen Fruchtgarten verwandelt, in dem *Frieden und Weisheit einander küssen* (Wort Gottes), in dem das Klima in Nord und Süd wieder menschlich wird, sowohl was die Temperaturen als auch die Menschenherzen betrifft.

Trockenfrüchte

Diese sind nicht mehr vollwertig, das heißt sie enthalten nicht mehr all die vielen tausend Stoffe der lebendigen, frischen Frucht. Sie sind Konzentrate mit zu geringem Wassergehalt. Man benützt sie deshalb auch oft nur als *Energieausgleich* zum Gemüse, da ja letzteres zu wenig davon hat, ferner bei Reisen, Bergwanderungen, wenn man nicht viel Last schleppen möchte.

Wildgemüse

Sie sind vom Gehalt an vitalen Stoffen den Gartengemüsen überlegen. Besonders wertvoll sind Brennessel und Löwenzahn. Erstere hat einen Eiweißgehalt von über zehn Prozent, letzterer besitzt hervorragende Inhaltsstoffe zum Schlackenabbau. Wildgemüse werden auch in Form von Pflanzensäften – vor allem im Frühjahr oder während einer Fastenzeit – mit Honig angewendet.

Wurzelgemüse

Zur Reinigung von *Altlasten* eignen sich besonders schwarze, reife Rettiche. Rettiche können dazu mit etwas Zitronensaft und/oder Honig gegessen werden. Wenn Sie irgendwelche Schwierigkeiten mit dem Magen haben, kann ich Ihnen rohe Kartoffeln empfehlen, eventuell mit etwas Bittersalat (Löwenzahn) und Paprika. Auch alle anderen Wurzeln haben mehr die Funktion von Mitteln zur Genesung und Ausscheidung, als die der Dauernahrung. Es ist heute wenigen bekannt, daß mehr oder weniger alle Wurzeln natürliche Antibiotika enthalten, die freilich für den, der sie gerade braucht, im Gegensatz zu den pharmazeutischen keinesfalls schädlich, sondern nützlich sind.

Zitrusfrüchte

Sie sind die *Muntermacher* unter den Früchten, der *Kaffee* des Paradiesmenschen. Sie können auch mit Gemüsen kombiniert werden, (zum Beispiel Orangen mit Sellerie, Orangen in Salaten, Zitronensaft), wobei sie dann verdauungsanregende Funktionen übernehmen.

Praktischer Teil II

Einkauf

Die wesentlichsten Auswahlkriterien beim Einkauf sind Geschmack, Reifegrad und Frische der Früchte oder Gemüse. Während bei eigentlich bereits *getöteten* Gemüsepflanzen (abgeschnittene Salate, Pflanzenteile, weniger Wurzeln) der Frischezustand dieser *Pflanzenleichen* entscheidend beim Einkauf sein sollte, machen Ungeübte bei der Früchteauswahl häufig den Fehler, daß sie unreifes Obst bevorzugen, das zwar optisch einwandfrei ist, aber bereits in unreifem Zustand geerntet wurde und somit weder geschmacklich, noch was den Wert anbetrifft, befriedigen kann. Eine Frucht muß ja all ihre unzähligen Stoffe zum gesunden und vollkommenen Aufbau unseres Körpers beitragen können. Sie besitzt diese aber nur nach vollständiger Reife. Besonders bei Tropenfrüchten sollten Sie deshalb nach Geruch und Reifezustand auswählen, auch wenn die Frucht schon weich ist oder optische Mängel hat. Gefrorene oder schockgefrorene Früchte sind erfroren, das heißt tot und somit wertlos und schädlich. (Nur manche Samen überstehen Tiefgefrieren). Durch Wachsschichten haltbar gemachte Zitrusfrüchte verlieren nicht so schnell an Wert wie unbehandelte, und schmecken deshalb oft besser. Bananen werden mit Azetylen begast, um den Reifungsprozeß zu steuern. Dieses Gas entströmt auch Ihren Äpfeln im Keller und läßt Ihre Kartoffeln frühzeitig austreiben. – Haben Sie also keine Angst vor den *begasten Bananen*.

Angst müssen wir jedoch vor der **Bestrahlung von Früchten** haben. Unsere Bürokraten schaffen es anscheinend nicht, diese tödliche Gefahr von uns abzuwenden, weil sich die Befürworter der Bestrahlung darauf berufen können, daß ja all jene durch radioaktiven Beschuß auftretenden bisher in die Diskussion gebrachten Giftstoffe in der Kochnahrung in weit größerem Umfang anzutreffen sind, und somit laut Gesetz erlaubt sein müssen! – *Oh armes Deutschland*! Verlassen Sie sich also nicht nur auf irgendwelche Qualitätssiegel und *Bio*-Normen, sondern vermehrt auf Ihren Geschmacks- und Geruchssinn, und vor allem mehr und mehr auf Ihren eigenen Garten. Besonders im Falle der Gemüse und Gemüsefrüchte ist gute, vollwertige und frische Ware oft weder bezahlbar noch erhältlich.

Energie

Wir essen nicht, um Kalorien oder Energie zu tanken – der Körper besitzt eine Art von Energierückgewinnungsanlage, verbrennt oder verbraucht also nicht wie zum Beispiel ein Auto – sondern wir essen, um unseren Körper zu regenerieren und zu reinigen, um unsere kranken alten Zellen zu erneuern. Das können wir nur mit bester naturbelassener, menschengerechter Nahrung. Je mehr tote Nahrung wir verschlingen, umso größer wird deshalb unser Energiebedarf, bis wir schließlich aus Mangel an lebendigen Bausteinen trotz fettem Bauch verhungern.

Der Bedarf des durch reine Früchtenahrung gereinigten Menschen jedoch wird so weit sinken, daß dieser zuletzt sogar einige Zeit von den Stoffen aus der Luft (allerdings nicht aus unserer Dreckluft), die er über seine Lunge aufnehmen kann, leben kann.

Fasten

Unter Fasten (siehe *Ehret* 16, *Bragg* 17, *Shelton* 18) versteht man heute zumeist den mehr oder weniger gewaltsamen Verzicht auf Nahrung als Therapieform bei allen möglichen Leiden. Ich halte jedoch Fasten nicht immer für ratsam oder gut. Erstens nützt es wenig, wenn mit einer Reinigung des Körpers nicht gleichzeitig eine innere Reinigung, eine Zeit der Buße und inneren Einkehr verbunden wird, und das Fasten nur zu dem Zweck mißbraucht wird, um nachher wieder besser sündigen zu können, also eine geistig parallele Weiterentwicklung nicht stattgefunden hat. Zweitens sind alle Gewaltmaßnahmen gegen den eigenen Körper abzulehnen, außer natürlich jenen des Entziehens von Schadkost. Gerade während einer Fastenzeit, während der schädlichen Stoffe endlich einmal ausgeschieden werden können, verlangt und braucht der Körper zur Unterstützung lebendige vollwertige Fruchtnahrung. Drittens kann Fasten unter Umständen gefährlich werden, da sich mit der Umkehrung der Darmfunktionen – der Darm nimmt nicht mehr Nahrung auf, sondern gibt Schadstoffe ab – solche Mengen an toten Schlacken im Darmsystem anreichern können, daß eine erneute Nahrungsaufnahme beziehungsweise ein Fastenbrechen mit falschen oder gar konzentrierten Nahrungsmitteln tödliche Komplikationen auslösen kann.

Ich akzeptiere deshalb das **Kurzfasten** zur Darmreinigung, verbunden mit Einläufen oder Darmspülungen als Vorbereitung zur

Früchtenahrung, das **Dauerfasten** jedoch nur für gereinigte Menschen auf freiwilliger Basis. Dann nämlich, wenn der Körper von allein kein weiteres Interesse an Nahrung zeigt, oder wenn der geistige innere Zustand eines Menschen ein Fasten auslöst.

Frühstück

Der fortgeschrittene Früchteesser hat morgens keinen Hunger mehr. Sein Körper wurde durch Meiden von entwerteter oder für Menschen ungeeigneter Nahrung immer mehr gereinigt, so daß sein Nahrungsbedarf, der ja von der Belastung durch schädigende Substanzen wesentlich abhängt, ständig abnahm.

Der Umstellende hingegen spürt gerade morgens die Ausscheidung seiner *Altlasten* am meisten und versucht deshalb, die Ausscheidungsfunktionen seines Körpers mit allen Mitteln zu unterbinden. Solche Mittel waren früher zum Beispiel Kaffee, Zigaretten, ein *herzhaftes Frühstück*, nun vielleicht Frühsport oder übertriebene Arbeitstätigkeiten, Bananen.

Früchteesser haben keine *Aufmunterer* nötig und Giftausscheidung soll ja gerade unterstützt, nicht unterbunden werden. Sie sollten deshalb als erste Tagesmahlzeit möglichst saure, wasserhaltige, ausscheidungsfördernde und nicht -hemmende Früchte zu sich nehmen.

Solche sind vor allem die Zitrusfrüchte sowie Melonen- und Gurkenarten. Der Beginn der ersten Mahlzeit soll außerdem so lange als möglich hinausgezögert werden, das *Frühfasten* immer weiter ausgedehnt werden.

Garten

Es muß wieder zum Grundrecht eines jeden Menschen werden, in seinem Garten und aus seinem Garten zu leben. Dieses Leben in und mit der Natur ist eine der Grundvoraussetzungen für die Entwicklung von gesundem Geist in einem gesunden Körper. Wenn man dem Menschen sein Land, seinen Garten wegnimmt, ist es, als ob man ihm das Leben verbietet. Er kann ja dann, und dies trifft besonders heute angesichts wertloser Handelswaren vermehrt zu, tatsächlich seine Nahrung nicht mehr gewinnen.

Der Boden ist also den zur Zeit leider noch alles (außer der geistigen und inneren Welt) beherrschenden Geldjongleuren und Manipulatoren zu entreißen – es gibt kein Recht eines einzelnen als auf genausoviel Land, wie er selber zum Leben braucht – und wieder an den Bürger zu verteilen, damit dieser dort sein *Paradies*, also seinen Garten entsprechend seinen inneren Neigungen aufbauen kann. Und dies ohne sich dadurch zum Zinssklaven auf Lebenszeit machen zu müssen, und ohne daß ihm irgendwelche *Ämter* sein Paradies bis in alle Einzelheiten vorschreiben können. Wir sollten deshalb keine Flächen stillegen, sondern an die wahren *Naturschützer*, nämlich die Paradiesgärtner verteilen. Daß die Monopolisten jegliche Selbständigkeit und Unabhängigkeit des Bürgers mit allen Mitteln zu verhindern suchen, wissen wir. Wir müssen jedoch auch wissen, daß auch jene Menschen sind, die mit Einsicht beschenkt beziehungsweise vom Herrn erlöst werden können und sollen, und daß uns Myriaden von Engeln im Kampf gegen alles Falsche und Böse dieser Welt beistehen werden.

Heilmittel

Die besten und eigentlich einzigen wirklichen Heilmittel sind unsere natürlichen Nahrungsmittel, die der gesunde Mensch mit seinem natürlichen Instinkt über seinen Geruchssinn automatisch richtig auswählt. Hören Sie deshalb auf Ihren Körper und essen Sie nur, was dieser will beziehungsweise was gut riecht, und nicht was Ihnen gerade ins Auge fällt. Das Auge läßt sich, wie Sie wissen, laufend und mit einfachen Tricks täuschen, nicht aber der Geruchssinn, über den die wirklichen Bedürfnisse des Körpers wahrnehmbar werden. Sie dürfen aus allen lebendigen natürlichen Lebensmitteln auswählen. Alles Tote und Erhitzte müssen Sie jedoch strengstens meiden, da dieses Ihren Geruchssinn betrügt beziehungsweise Ihre Instinktabwehr aufgrund von Suchtkreisläufen nicht mehr funktioniert.

Kinder

Erwachsene glauben, daß Kinder mit der **Ernährungsumstellung** große Probleme haben, kaum mit Fruchtnahrung leben können usw. Tatsächlich ist jedoch genau Umgekehrtes der Fall. Sie können mit Kochnahrung kaum leben!

Kinder verbringen qualvolle Jahre der Gewöhnung an die Suchtkost der Erwachsenen. Jeder Säugling preßt die ihm eingeflößten Getreidebreie sofort wieder aus dem Mund, braucht Jahre, um das, was heute unter dem Begriff Kuhmilch verkauft wird, ohne Blähungen und Bauchschmerzen ertragen zu können. (*Hovaunessian* 19) Es ist keineswegs natürlich, daß Kinder nachts schreien, sondern sie schreien oft aufgrund von unerträglichen Qualen durch die Koch- und Falschnahrung. Uns Erwachsenen ist zwar bewußt, daß wir Kindern noch kein Bier oder Zigaretten geben dürfen, aber daß unsere Tod- und Kochnahrung die eigentliche Hauptdroge ist, die anderen aber nur periphere Randsuchtmittel sind, wollen leider noch wenige wahrhaben.

Sie werden also nach der Umstellung dankbare, liebenswerte, gesunde, fröhliche, blühende Kinder haben, die Ihnen ihre Rettung ein Leben lang danken werden.

Kochkunst/Gourmandise

Die Kochkunst ist nichts anderes als eine inzwischen geradezu pervertierte Kunst der Gaumenbetrügerei. Der Umstellende wird sich anfangs manchmal noch wehmütig an all die feinen Gerichte erinnern. Diese sind jedoch nur in der Erinnerung und was den Geruch anbelangt attraktiv, da ja durch das Erhitzen all die wertvollen Inhaltsstoffe sozusagen in die Luft flüchten und den Geruchssinn anregen, im Essen jedoch nicht mehr oder nur noch in wertloser anorganischer Form vorhanden sind und durch Reizmittel wie Gewürze und Salz, also durch billige, giftige Substituten ersetzt werden. Die einzig wirkliche Feinschmeckerei, die ihren Namen verdient, ist die Ernährung von der hier beschriebenen lebendigen Menschenkost nach dem Instinkt beziehungsweise Geruchssinn ausgewählt. Was Küchenchefs heute noch allen Ernstes mit feierlicher Miene an Verfälschungen aufzutischen pflegen, wird Ihnen nach Ihrer Zeit der Entwöhnung, des Entzugs im besten Falle noch lächerlich vorkommen.

Sie sollten außerdem wissen, daß Ihr Körper nach einer Entwöhnung von der Kochkost wieder natürlich auf Vergiftungen durch Erhitztes oder Totes reagiert. Das bedeutet, daß Sie, wenn Sie wieder einmal in herkömmlicher Weise und Dosis essen, die Überdosierung mit diesen Suchtnahrungsmitteln kaum mehr ertragen werden und mit erheblichen Nachwehen beziehungsweise Komplikationen rechnen müssen. Ähnlich kann es Ihnen bei einem Arztbesuch ergehen, wenn dieser Ihnen die gewohnte Giftdosis verabreicht. Er kann Sie damit ins Grab befördern.

Krankheit

Es wird Ihnen vielleicht auffallen, daß ich in dieser Einführung verstärkt auf das Problem **Giftausscheidung** zu sprechen komme. Genau damit werden Sie jedoch konfrontiert, sobald Sie Ihrer

Nahrungsmittelsucht ein Ende machen. Genau diese Abläufe müssen Sie deshalb vorrangig verstehen lernen, damit Sie nicht erneut ins Fettnäpfchen treten.

Bisher wurden die Ausscheidungsversuche oder Krankheiten Ihres Körpers ja folgendermaßen behindert oder *bekämpft:* Wenn Ihr Körper infolge andauernder Vergiftungen durch Kochnahrung, Medikamente, usw. einmal die Frechheit oder Kraft besaß, sich von solchen Giften reinigen zu wollen – was natürlich Krankheitssymptome verursacht, da ja all diese Stoffe wieder in die Blutbahn gelangen – dann verpaßten Sie ihm vielleicht zunächst hausgemachte Giftmittelchen. (Tees, Punsch, heißes Bier oder ähnliches) Wenn diese *nichts halfen* beziehungsweise die Ausscheidung von Giften nicht stoppen konnten, gingen Sie zum Arzt oder kamen ins Krankenhaus, wo man Ihnen dann professionellere Drogen verabreichte, die genau die Selbstreinigung des Körpers von diesem bestimmten Gift durch Neuvergiftung stoppten beziehungsweise die dem Körper eine solche Überdosis mit Langzeitwirkung an neuen Giftstoffen verpaßten, daß dieser sich auf einige Zeit davon nicht mehr erholen, und an eine Ausscheidung der alten Gifte nicht mehr denken konnte. Man nannte und nennt immer noch dieses Mundtotmachen des Körpers und seiner lebensnotwendigen inneren Reinigungsfunktionen *Heilung.*

Natürlich wird der Giftballast durch diese seltsamen Heilmethoden immer größer, da ja die Mikroorganismen die unbrauchbare Zellen abbauen können. Deshalb muß diese Praxis des Verhinderns des Sündenabbaus zu immer gefährlicheren Anhäufungen führen, die zuletzt in vernichtenden Zusammenbrüchen enden müssen. Das Ergebnis solcher Anhäufungen nennt die Medizin zuletzt **Krebs**, (im Falle von Zellanhäufungen) die verzweifelten Versuche, all die toten Stoffe und unfähigen Zellen doch noch los zu werden, AIDS (siehe auch *Hans Baumgardt* »Keine Angst vor AIDS, 20« und *Dr. Bob Owen*» Geheilt von AIDS, 21«) . Die lebenswichtigen Funktionen aller Mikroorganismen zum Abbau von Totzellen oder fremden Stoffen aus Zellen (Viren) sowie aus dem Verdauungstrakt und den Atmungsorganen (Bakterien) werden nicht nur verschwiegen, sondern man macht diese sogar noch zum Sündenbock für den selbstverschuldeten Mist, den man sich einverleibt hat. Man macht also quasi die Müllmänner für den Müll verantwortlich.

Sie sollten sich also nach und nach aus Ihrem *goldenen Sterilkäfig* befreien und danach trachten, Ihre alten Sünden abzubüßen und auszuscheiden. Sie können sich nach und nach sogar absichtlich mit allen erdenklichen Bakterien und Viren infizieren, damit alle nicht zum menschlichen Organismus gehörigen Stoffe ausgeschieden werden können. Kommen Sie jedoch nicht auf die Idee, sich impfen zu lassen, da man Ihnen dadurch unfähige Mikroorganismen injizieren würde, die gerade ihrer Aufgabe nicht gewachsen wären, und somit lebenswichtige Reinigungsfunktionen behindern können. Ohnehin sind unsere inneren Müllmänner vielgestaltig und überall vorhanden. Bei jeder neuartigen Giftanhäufung durch neue Suchtmittel und Manipulationen müssen sich jedoch erst wieder neue *Müllspezialisten* entwickeln. Deshalb entstehen auch immer wieder neuartige Krankheitsbilder, wenn neuartige Giftstoffe nach draußen befördert werden.

Prüfen und eliminieren Sie also, indem Sie erstens keine weiteren Gifte mehr aufnehmen und zweitens alle alten ausscheiden. Was auf körperlicher Ebene gilt, gilt natürlich erst recht auf geistiger.

Kunstdünger

Achten Sie beim Einkauf vor allem auf die Düngung der Gemüsepflanzen. Wasserlösliche Dünger sind ein Betrug am Verbraucher, da dieser dann kranke, aufgeschwemmte, mit anorganischen Salzen, die der Pflanze quasi gewaltsam eingespritzt (Osmose) werden, auf doppeltes Gewicht getriebene Scheinprodukte erhält. Diese Praxis des Düngens macht nicht nur Pflanzen, Tiere und Menschen krank, sondern vor allem auch diejenigen reich, die ein Interesse am Absatz von Düngemitteln, dann Spritzmitteln, später Tierarzneimitteln und schließlich Medikamenten haben und deshalb die natürliche Düngung mit Mist und Fäkalien am liebsten verbieten würden.

Eine Pflanze ist nur dann gesund, wenn sie alle Stoffe zum Aufbau ihres Pflanzengerüstes in ausreichender Menge aufnehmen konnte. Nur dann darf und kann sie auch der menschlichen Ernährung beziehungsweise dem Aufbau des gesunden Menschenkörpers dienen. Deshalb muß endlich erkannt werden, welche Tragik hinter einer Aufzucht von kranken Pflanzen mit allen möglichen Medikamenten steckt. Wir schießen damit quasi ein *Eigentor*! All die künstlichen Düngemittel, Spritzmittel, all die Tricks zur Überlistung der scheinbar so bösen Schädlinge führen nur zu dem Ergebnis, daß wir eine wertlose, krankmachende Nahrung zu uns nehmen, die wir wirklich besser den *Raupen zum Fraß* überlassen hätten. Es ist deshalb vermehrt auf die Düngemethoden und die Art des Anbaus zu achten. Es ist leicht möglich, daß unser Körper einen großen Teil der Spritzmittelrückstände ohne Schwierigkeiten eliminieren kann. Was er jedoch nicht kann, ist aus einer mangelhaften, nicht alle arttypischen Nährstoffe und Bestandteile enthaltenden Pflanze eine vollwertige zu machen, um damit seinen vollwertigen, vollständigen Körper mit all seinen Sinnen zu entwickeln. Wir dürfen deshalb nicht immer nur danach fragen beziehungsweise untersuchen, ob nun dieses oder jenes Gemüse diesen Giftstoff vermehrt hat oder nicht, sondern wir müssen uns vor allem darum kümmern, ob die Pflanze all ihre vielleicht 20.000 arteigenen Wertstoffe und Verbindungen besitzt oder nicht, und ob all diese in einem ausgewogenen Verhältnis zueinander stehen. Dabei hilft Ihnen allerdings kein Chemielabor, sondern allein Ihr Geruchs- und Geschmackssinn. Es sieht jedoch momentan so mit unserem Land aus, daß durch die ständige Falschdüngung und Überbeanspruchung unserer Flächen in der vergangenen Zeit eine solche Auszehrung, ein solcher Raubbau an Wertstoffen stattgefunden hat, daß ein Anbau von vollwertigem Gemüse oder auch eine Gewinnung von makellosen Tierprodukten (Milch, Eier, Käse) kaum mehr möglich erscheint.

Zum Glück erreichen die wasserlöslichen Düngesalze kaum die Früchte, können sich Bäume dank ihrer großen Kollektorfläche auch aus der Luft beziehungsweise Sonne versorgen. Schon bei den Gemüsefrüchten sieht es jedoch anders aus. Wählen Sie deshalb zum Beispiel Tomaten besonders sorgfältig aus und nehmen Sie Gemüse oder gar Produkte tierischer Abstammung, wenn möglich, aus eigenen Quellen.

Lebensmittelverfälschungen

Es wird heute immer schwieriger, den vielen Manipulationen in allen Lebensmittelbereichen zu entgehen und seine Gesundheit auf Dauer zu bewahren. Einhergehend mit der wachsenden Macht und Größe von Konzernen und Machtsystemen (EG-Zwangsordnung) wird uns immer mehr die letzte und wichtigste Basis der körperlichen Unversehrtheit, nämlich die Naturbelassenheit unserer Nahrung entzogen.

Nicht nur der Kochtopf tötet lebendige Nahrung.

Bürokraten, Gesundheitsämter, die uns beherrschenden wirtschafts- und profitorientierten Systeme, neuerdings Eurokraten bringen es zum Beispiel fertig, mit Hilfe ihrer Medien etwa gegen **Rohmilchprodukte** zu kämpfen, aber gleichzeitig der Zulassung zur allgemeinen Bestrahlung von lebendiger Nahrung den Weg zu bahnen. Obwohl es gerade in Deutschland noch nicht gelungen ist, die Bevölkerung von der *Unbedenklichkeit* radioaktiver **Lebensmittelbestrahlung** zu überzeugen – Tschernobyl wirkt wohl noch zu stark nach – wurde dieses Ziel in anderen Ländern offenbar schon erreicht.

Es genügt also keinesfalls, wenn wir bei Nahrungsmittel nur zwischen gekochten und rohen unterscheiden, sondern wir müssen angesichts der heutigen Praktiken noch weitere Kriterien erstellen. Erstes und wichtigstes, ich möchte sogar sagen einziges und entscheidendes Kriterium, mit dem wir wirklich leben können, ist die Frage der Lebendigkeit. All unsere Nahrung sollte leben, lebendig sein. Wir sollten uns schleunigst abgewöhnen, Totes oder auch Halbtotes zu essen.

Sicherlich ist mit der Vermeidung von Kochnahrung ein großer Brocken an Totkost aus dem Weg. Es gibt aber leider auch noch Nahrungsmittel, die uns als Lebendkost verkauft werden, obwohl sie es nicht sind. Das sind zum Beispiel die Trockenfrüchte. Man kann zwar einräumen, daß eine Trocknung an der Sonne ein natürlicher Prozeß ist, und wir alles, was in der Natur bzw. durch natürliche Prozesse an wohlschmeckendem aus lebendiger Nahrung entsteht, auch essen dürfen. **Trockenfrüchte** sind heute jedoch meist nicht mehr naturbelassen und werden je nach Lieferant zu hoch erhitzt (wesentlich über 40° C}, schockgefroren bei -40° C (vor allem Bioware), mit Chemikalien (Schwefel) behandelt, begast und bestrahlt. Auch mit den **Nüssen** geschieht ähnliches. Oder haben Sie schon einmal einen lebendigen Wurm in einer Haselnuß entdeckt? Sind ihre Nüsse noch keimfähig? Man kann bei Nüssen mittels eine Keimtests die Lebendigkeit bzw. Unverfälschtheit relativ einfach feststellen, nachdem die hiesigen Nußarten während der Kälteeinwirkung des Winters ihre keimhemmenden Substanzen abgebaut haben. Nüsse sollten also, wenn man sie naturrichtig lagern will, einige Minusgrade durchmachen, damit sich diese Keimhemmer, die auch dem menschlichen Esser Schwierigkeiten bereiten – wir müssen ja unsere Nahrung *lebendig*, nicht schlafend oder totenstarr zuführen – abbauen können.

Brachialgewalt schädigt jedes Nahrungsmittel

Bei den **Ölen** sieht es bei genauer Betrachtung nicht viel besser aus. Die Bezeichnung **kaltgepreßt** darf uns nicht darüber hinwegtäuschen, daß Öle aus Samen schon allein durch den hohen Preßdruck ohne weiteres einer Erhitzung von 60°C ausgesetzt werden. Einzige Ausnahme ist das **Olivenöl**, wenn es aus Fruchtfleisch gepreßt wurde. Auch das Zentrifugieren hinterläßt Zell- und Enzymschädigungen. Selbst den Mixer oder überhaupt jegliche mechanische Veränderung von Lebendnahrung, bei der rohe Gewalt vor allem in Form von hohen Bearbeitungsgeschwindigkeiten angewendet wird, was besonders bei maschineller Verarbeitung zutrifft, halte ich keinesfalls für unbedenklich, weil jedesmal ein mehr oder weniger großer Anteil der Moleküle unbrauchbar werden.

Wir dürfen auch nicht der Illusion verfallen, daß nur schwach geschädigte Nahrungsmittel (60 Grad Erhitzung, Pasteurisierung von Milchprodukten, Gefriertod bzw. Unterkühlung, Bestrahlung, Trocknung bei 60 °C) weniger gefährlich als eine Starkschädigung sind. Gerade das Gegenteil kann der Fall sein. Während nämlich unser Körper bei völlig totgekochter Nahrung deren Unwert ohne Schwierigkeit erkennen und diese zur Ausscheidung bringen kann, fällt dies bei halbtoter Nahrung nicht so leicht. Die Moleküle sind ja nur unwesentlich geschädigt, können also eher versehentlich eingebaut werden und dann versagen, weil sie eben doch entscheidend angeschlagen und letztlich tot sind. Ich vermute, daß gerade die Entstehung von **Krebs** durch solche Halbtoten wesentlich begünstigt wird. Auch werte ich den Umstand, daß unsere instinktgesteuerten Geruchssinne immer wieder nach Milchsäureprodukten, Schimmeln, alten Käsen bzw. Mikro- und Abbauorganismen verlangten, als eine instinktive Gegensteuerung des Körpers vor allem gegen solche Vergiftungen, die man uns immer noch ohne unser Wissen einflößen konnte.

Wovon sollen wir noch leben?

Wir wissen momentan nicht, und werden auch absichtlich nicht informiert, welche Nahrungsmittel bereits bestrahlt im Handel sind. Die **Bestrahlung** ist sicherlich nicht allzu tragisch, wenn nur solche Lebensmittel bestrahlt werden, die nachher ohnehin noch einmal durch Kochen zerstört werden. Wenn es sich dabei aber um Nahrung handelt, von der wir leben sollen, kann die Wirkung katastrophal sein. Wovon sollen wir denn überhaupt noch leben? Koch- und Totkost ist keine Alternative! Kochkost ist tödlich. Das lernten eigentlich schon die alten Seefahrer, die genau wußten, daß sie eine längere Fahrt ohne Sauerkraut, Äpfel, Zitronen, also ohne ein Minimum an echter Nahrung nicht überleben konnten. Das lernten ebenfalls auf tragische Weise solche, die zum Beispiel im alten China mit reiner Tierfleischnahrung hingerichtet wurden.

Wir müssen uns für unsere lebendige Nahrung einsetzen

Wir müssen uns also mit aller Kraft gegen die Vergiftung unserer wenigen noch unverfälschten lebendigen Nahrungsmittel einsetzen. Da bereits schon teilweise Obst und Gemüse bestrahlt werden, und die Bestrahlung im Zuge der anstehenden *Reformen* allgemeine Praxis zu werden droht, – wahrscheinlich noch einhergehend mit weiteren Verboten von naturbelassenen, echten Nahrungsmitteln wie Rohmilchprodukte und Käse- wird deutlich, wie sehr uns das Wasser bereits am Hals steht. Allmählich stellt sich nämlich nicht mehr nur einfach die Frage nach den besten Nahrungsmittelgattungen, sondern die Frage, womit wir überhaupt längerfristig leben und überleben können. Ich glaube, daß wir dabei keine Ausweichmöglichkeit mehr einfach beiseite schieben dürfen. Wenn uns nämlich zeitweise einmal keine *koscheren* Früchte mehr zur Verfügung stehen sollten, müssen wir eben wissen, mit welchen Milchprodukten, Honigen, Roheiern, Nüssen, wir zum Beispiel unsere Wintergemüse zur vollwertigen Nahrung aufwerten können.

Es geht also um die **Kenntlichmachung** oder das Verbot von tiefgekühlten, hitzebehandelten bzw. pasteurisierten zentrifugierten und homogenisierten Milchprodukten, nicht um das Verbot einer unserer wenigen naturbelassenen Ausweichmöglichkeiten durch Rohmilchprodukte, insbesondere vom Schaf und vor allem der Ziege. Machen Sie jedoch besser Ihre Gemüse und Salate mit

Bananen, Trauben, Äpfeln, Ananas, Feigen, also mit Frischfrüchten (ich empfehle keine Trockenfrüchte) vollwertig, solange solche vorhanden sind.

Der Kampf gegen jegliche Verfälschung von lebendiger Nahrung wird also im natürlichen wie auch innerlich-geistigen Sinn überlebensnotwendig sein. Seltsamerweise kommen bislang nicht einmal *Umwelthelden* wie Greenpeace oder die Organisation Robin Wood auf die glorreiche Idee, etwa Bestrahlungshallen zu boykottieren. Es wird eben heute scheinbar alles und jedes geschützt, nur nicht der Mensch und Bürger bzw. die Völker dieser Erde. Unser Nahrungsmittelwesen ist ein einziger großer Lebensmittelskandal. Und dieser sollte dringend aufgedeckt werden.

Was ist tot, was lebendig?

Ich möchte Ihnen im Anschluß noch einige praktische Hinweise bezüglich der Unterscheidung zwischen toter und lebendiger Nahrung geben: Das erste und ursprünglichste Tötungs- und Mordinstrument war das Schlachtermesser. Beim Ermorden eines Lebewesens produziert der sterbende Organismus für alle Zellen chemische Selbstvernichtungsbefehle in Form von tödlichen Giften, genannt Leichengifte. Die sich in der Folge auf dem toten Lebewesen entwickelnde Bakterienflora bringt den toten Körper zur Verwesung, wobei sich üble Gerüche entwickeln, die geeignet sind, beinahe alle Tiere und natürlich auch den Menschen vom Genuß abzuhalten.

Wir können aber durch die Beobachtung der Zersetzungsvorgänge bei Lebensmitteln wesentliche Rückschlüsse auf deren vorherigen Lebenszustand treffen. Generell gilt die Regel, Lebendiges fermentiert, Totes verwest. Wurde zum Beispiel in einer Milch durch die Homogenisierung jedes einzelne Molekül in tausend Fetzen zersplittert, also quasi jedes Teilchen extra getötet, dann säuert sie nachher nicht mehr richtig, sondern fault bzw. verwest. – Leichen verwesen – Man muß also daraufhin alle Verwesungsbakterien noch einmal abtöten, was durch die Pasteurisierung geschieht, um danach mit chemischen Zusätzen (Kalziumchlorit, Nitrat) und mechanischen Tricks (Separatoren, Mikrofilter, Baktofugen mit Drehzahlen um die 8000 U min) – es befinden sich danach ja wieder tote, faulende Mikroorganismen in der Milch – noch so etwas wie ein Milchprodukt zu behalten.

Lebendiges fermentiert, Totes verwest

Auch die Tatsache, daß Kunstdüngerpflanzen und auch Milch von mit solchen gefütterten Tieren nicht mehr richtig fermentieren, sondern verfaulen, zeigt deutlich, daß durch wasserlösliche Nährsalze tote Stoffe in Pflanze und Milch gelangen können. Künstliche Düngesalze sind starre, chemisch kaum trennbare Gebilde, die nicht einmal von den Pflanzen geknackt werden und in eine organisch-lebendige Form gebracht werden können, sondern eben in wäßriger Lösung gespeichert werden müssen, also sozusagen als Totmaterial auch noch in der aufgetriebenen künstlich gedüngten Pflanze oder der Milch vorkommen.

So lassen sich also alle gesunden Pflanzen milchsauer vergären, fermentiert gesunde Milch ohne Zusätze zu Sauermilchprodukten und Käse, entwickelt sich in überreifem Obst oder Obstsäften eine alkoholische Gärung oder eine Essiggärung, je nachdem ob Sauerstoff hinzutritt oder nicht. Alles, was aber tote, nicht zur eigentlichen Pflanze gehörige leblose Teile enthält, zersetzt sich anders. Es kann hier deutlich gesehen werden, daß es beim allgemein undifferenziert genannten *tierischen Eiweiß* gravierende Unterschiede gibt. Milch und Honig sind **Nahrungsmittel** und wurden als solche geschaffen.Tote Tierkadaver in jeder Form jedoch sind *giftiges Aas*, haben mit lebendiger Nahrung oder Sonnenkost nicht das Geringste zu tun, sondern sind, besonders in roher Form die Ursprünge aller Suchtmittel.

Jedes tote Nahrungsmittel ist süchtigmachend

Jedes tote Nahrungsmittel ist süchtigmachend, weil es immer tote Stoffe bzw. Gifte enthält, die anschließend wieder ausgeschieden werden müssen und dabei den Drang, die Sucht zur erneuten Giftaufnahme, mit der die unangenehme Ausscheidung zu stopfen ist, auslösen. Die Gier von Raubtieren oder *Raubmenschen* wird also durch Nahrungsgifte auf der körperlichen und andere Reizmittel auf geistiger Ebene erhalten und ausgelöst. Ist also ein Nahrungsmittel süchtigmachend, kann man davon ausgehen, daß es vergiftet bzw. tot ist. Unsere auf Umsatz fixierte Lebensmittel-industrie profitiert ja von der Sucht der Bevölkerung, stopft den Menschen immer noch mehr wertlose Nahrung in die Bäuche.

Strahlenware wird von den Behörden nicht zurückgehalten

Doch weiter mit der Praxis: Leider haben die Lebensmittel

Konzerne inzwischen neuartige und raffiniertere Tötungs- und Vergiftungspraktiken entwickelt, so daß es dem Konsumenten zusehends erschwert wird, lebendige von toter, echter von süchtigmachender Nahrung zu unterscheiden. Vor allem die Lebensmittelbestrahlung wird zur immer größeren Gefahr. Die Behörden dulden ja momentan die Strahlenware trotz Verbotes auf dem Markt, angeblich weil ein Nachweisverfahren für Früchte und Frischgemüse fehlt. Gerade von diesen Nahrungsmitteln hängt aber das Leben unseres Körpers ab! Gerade und nur diese liefern uns durch Licht und der Wärme der Sonne lebendig gemachte Stoffe der Erde. Das natürliche Leben entspringt der Sonne genauso wie geistig-inneres Leben Gott unserem Herrn Jesus Christus entspringt. Alle höheren Lebewesen können deshalb nur von Pflanzen und besonders deren Essenzen, den Früchten, leben. Erst die Früchte bilden das fertige Endprodukt, das perfekte Nahrungsmittel der Natur. Andere Pflanzenteile sind nur teilwertig. Fleischfresser und Raubtiere machen deshalb einen giftigen und verderblichen Umweg in der Nahrungsaufnahme, indem sie Zellen von anderen Tieren rauben und sich einverleiben, dabei aber ständig vergiftet werden und besonders im Falle des Menschen entarten.

Unsere Sinne sind die besseren Laborinstrumente

Eine relativ praktikable Methode zur Feststellung der Lebendigkeit einer Pflanze oder Frucht ist zum Beispiel die **Kirlianfotografie**. Allerdings kann man damit zum Beispiel nicht Kühlleichen und Strahlenleichen unterscheiden. Bessere Nachweisinstrumente sind unsere Sinne. Eine tote Frucht *lacht* uns nicht mehr an, strahlt kein Leben mehr aus. Empfindsame Menschen sehen die **Lebensstrahlung** einer Pflanze oder Frucht. Strahlentote verbreiten nicht mehr den typischen Wohlgeruch ihrer Gattung. Sie schmecken fad, nach gar nichts, oder haben fremde Geschmacksbeifügungen. Sie halten sich relativ lange in ihrem bei der Bestrahlung erreichten Reifegrad und reifen nicht nach, sondern zerfallen plötzlich unter **Schimmelbildung**. (Schimmel können strahlenzerstörte Teilchen übrigens auch in unserem Organismus abbauen).

Während die Strahlentötung bei Früchten für den verfeinerten Geschmackssinn des Früchteessers nicht allzuschwer feststellbar ist, wird die Sache bei den Gemüsen schwieriger. Essen Sie also nie fade Tomaten oder beim Anschnitt geruchlose Gurken. Jedes Gemüse muß noch deutlich seinen typischen Geruch haben. Ansonsten iost es wahrscheinlich tot. Bestrahlten Salat werden Sie vielleicht an seiner langen Haltbarkeit oder gar erst bei seiner süchtigmachenden Wirkung (man wird nicht satt) oder dem späteren Verlangen nach Schimmelkäsen erkennen. Auch an toten Nüssen können Sie sich zu Tode essen. Totes Getreide oder generell Samen erkennen Sie am sicheresten durch die fehlende Keimfähigkeit, ebenso bestrahlte Kartoffeln, Zwiebeln oder Knoblauch an fehlenden Keimtrieben.

Qualität

Die höchste Qualität für die menschliche Ernährung haben Früchte. Es geht darum unserem Organismus die ganze Vielfalt aller notwendigen Stoffe in richtiger Zusammensetzung und aufnehmbarer Form und vor allem in lebendigem organisch gebundenen Zustand zur Verfügung zu stellen. Das ist nur durch sonnengereifte vollreife Früchte möglich (**Sonnenkost**). Schon bei der Ernährung durch Pflanzenteile (Gemüse) fehlen einige der erforderlichen Stoffe beziehungsweise ist das notwendige ausgewogene Verhältnis dieser zueinander nicht mehr gegeben. Zieht man noch die heutigen Anbau- und Verarbeitungsweisen sowie die Praktiken im Zusammenhang mit der Gewinnung von *tierischem Eiweiß* in Betracht, dann muß man zu dem Ergebnis kommen, daß von Qualität hierbei eigentlich nicht die Rede sein kann, sondern eher von absoluter Mangelkost, mit der ein Volk binnen weniger Generationen ausgerottet werden kann. Doch leidet die geistig- innere Reifung des Totköstlers ebenfalls. Seine Fähigkeit zur Transzendenz, zum Einstieg und Kontakt zur geistig-inneren Welt vom Herrn wird behindert. Man kann also sagen, daß die einzigen Nahrungsmittel, die die Qualität einer Menschennahrung erreichen, Früchte sind.

Rückfälle

Rückfälle sind immer wieder möglich. Solche treten besonders dann auf, wenn sich ein Umstellender besonders zwanghaft und einseitig mit seinem Verstand, nicht seinem Instinkt gemäß seine Nahrung auswählt, und sich danach in einer Phase zu starker Ausscheidungen oder eines Mangels an Mikroorganismen befindet, den der Körper nun wieder ausgleichen möchte oder muß. (Auch wenn Sie zwanghaft Ihrem Körper nur Früchte bieten wollen, obwohl dieser vielleicht auch mal einen schwarzen Rettich oder eine Zwiebel bevorzugt hätte).

Sie verhindern Rückfälle am besten dadurch, daß Sie gelegentlich auch auf später nicht mehr notwendige, aber momentan noch nützliche konzentrierte Nahrungsmittel wie zum Beispiel Getreide (Sonnenbrot, Keimlinge), Honig, Samen und Nüsse, Rohmilchkäse beziehungsweise Sauermilchprodukte (aus eigener Herstellung), rohe Eier (nur von eigenen Hühnern), usw. zurückgreifen. Gerade am Anfang ist der Nahrungsmittelbedarf beim ausgehungerten (an echter Nahrung) Zivilisationsköstler oft noch so hoch, daß er mit einer Fruchtnahrung schwer zu decken ist. Sie werden jedoch feststellen, daß Sie immer dann von einer Freßwelle befallen werden, wenn Sie bereits mit etwas Falschem begonnen haben, da der Körper ja dadurch wieder mehr Energie zur Verdauung und Ausscheidung braucht, oder diese Falschnahrung Schäden im Körper verursacht, die repariert werden müssen. Auch gibt es Nahrungsmittel (Käse, Honig, Gärprodukte), die geradezu einen Anstoß oder Impuls zur Ausscheidung geben. Unser Körper reagiert außerdem, sobald er wieder gesünder geworden ist, viel empfindlicher auf Giftnahrung, als Sie sich das jemals vorstellen konnten. Er hat ja dann wieder die Kraft, sich zur Wehr zu setzen.

Es ist durchaus möglich, daß auch Ihre Früchte nicht immer alle nötigen Bausteine für Ihren Körper haben, da diese eventuell falsch gezogen, gedüngt, behandelt, unreif geerntet, gespritzt, bestrahlt wurden. Die Spritzmittel gegen pflanzliche und tierische *Schädlinge* können auch in Ihrem Organismus ein Defizit an mikrobiellen Abbauorganismen (Pilzen, Bakterien, Enzymen, usw.) hervorrufen, das Ihr Körper dann durch entsprechende Nahrung (Schimmel- oder alter Käse, Honig, Gärprodukte, Durian) ausgleichen will. Widerstehen Sie also nur dann Ihrem alten Suchtkörper, wenn er nach Gift- und Kochnahrung verlangt. Widerstehen Sie auch dem Fleischessen, auch wenn Sie glauben daß im Rohfleisch viele der benötigten Stoffe zum Aufbau Ihres Körpers enthalten wären. Sie machen sich sonst zum Wilden, zum Tiermenschen.

Sexualfunktionen

Entsprechend den unterschiedlichen Aufgaben und Funktionen von Mann und Frau besitzen auch beide Organismen zur speziellen Reinigung des jeweils wichtigsten Fortpflanzungsorgans. Da der Frau die Aufgabe der Ernährung (Mutter, Erde) beziehungsweise der Entwicklung des embryonalen Körpers zukommt, muß vor allem ihr Blut als Nährstofftransportmittel regelmäßig gereinigt werden, sobald dies nötig ist. Diese Funktion übernimmt eine dem Vergiftungszustand entsprechend mehr oder weniger starke Menstruation. Eine vollkommen reine Frau menstruiert jedoch nicht mehr. Eine solche wurde in alten Zeiten zum Beispiel als reine oder unbefleckte Magd bezeichnet.

Beim Mann hingegen besitzt der Samen, die Abstammung wesentliche Bedeutung. Deshalb wird bei ihm die Verschmutzung oder Wertminderung seines Samens (vor allem durch totes tierisches Eiweiß) durch Samenergüsse geregelt. Ein *unreiner* Mann verfällt deshalb in periodischen Abständen (entsprechend der Menge an Tot- beziehungsweise Eiweißüberernährung) einer Geilheit, der er in mehr oder weniger animalischer Weise per Geschlechtsverkehr, Onanie, aber auch durch Vergewaltigungen und andere Exzesse verfällt, bis er für kurze Zeit durch einen Samenerguß davon befreit werden kann.

All diese Symptome, die sich ja für die persönliche Entwicklung und Reifung junger Menschen fatal auswirken, die zu Problemen und Vergehen von der Bevölkerungsexplosion bis zur Abtreibung reichen, verschwinden mit dem Weglassen der Suchtkost. Der Mensch ist nicht in einer Weise geschaffen, daß er sich ohne Verhütungsmittel hemmungslos vermehrt wie die Heuschrecken, sondern die Sexualfunktionen tragen im Normalfall dazu bei, daß sich eine Gattung nicht über die Maßen vermehrt beziehungsweise stellen dem Menschen Kräfte zu anderen Zwecken zur Verfügung. Allerdings kann man auch beobachten, daß sich die Natur mit Quantität zu helfen versucht, wo die Qualität leidet beziehungsweise wo aufgeputscht, getrieben, künstlich gedüngt wird.

Transzendentale Meditation (TM) Kontemplation

Über all den praktischen Ratschlägen dürfen wir nicht vergessen, daß die Veränderung unserer Nahrungsgewohnheiten nur eine Ursache und einen Zweck haben soll, nämlich den, uns in die göttliche Ordnung als ganze Menschen, also mit Leib, Geist und Seele vollständig einzufügen, um so immer feineres, wirkungsvolleres, edleres Werkzeug unseres Herrn und Meisters Jesus Christus werden zu können. Er hat uns durch sein Leben gezeigt, wie weit auch ein Mensch die Potentiale seines Geistes und seines Inneren erschließen kann und soll, wozu der reine Mensch erblühen kann und darf, wenn er sich von der göttlichen Quelle nährt und sein ganzes Leben danach ausrichtet, Gottes Liebe und Weisheit aufzunehmen und zu verbreiten.

Mit der Empfehlung einer östlichen Technik zur Reinigung und Entschlackung des Geistes möchte ich nicht östlichen Religionen und Praktiken den Weg bereiten, die ja wie alle Religionen dieser Zeit sich mehr oder weniger von der Wahrheit und Liebe vom Herrn entfernt haben, sondern Gutes von der östlichen Lebensweise hier übertragen, das zwar in ähnlicher Weise bei uns bereits im Mittelalter in der Technik der Kontemplation vorhanden war, aber inzwischen verloren ist.

Es handelt sich dabei auch keinesfalls um die Annahme einer religiösen Anschauung, sondern um eine innere Reinigungstechnik, mit Hilfe derer Sie den täglich über Sie hereinbrechenden geistigen Alltagsmüll, Ihre täglichen kleinen Sorgen und Probleme, die jedoch immer größer werden, wenn man sie nicht *ausscheidet*, und auch Ihre selbstsüchtigen egoistischen Wünsche, Ihr falsches Wollen einfach dadurch abbauen, daß sie diese geistig verdauen und ausscheiden können. Nur wenn allmählich auch Ihr innerer Körper, Ihr innerer Kelch von allem Unrat gesäubert ist, kann man reinen Wein einschenken, hat das göttliche Licht, der göttliche Einfluß ungehindert Zugang und kann sich zu Ihrem und zum Wohle der gesamten Menschheit verbreiten. In genau entsprechender Weise übrigens, wie sich Ihr Körper mehr und mehr durch die Fruchtnahrung zum vollständig funktionierenden feinsten Werkzeug ihrer Sinne und Ihres Willens entwickeln kann.

Trennkost

Es ist heute viel die Rede von *basischen* und *sauren* oder basen- und säurebildenden Nahrungsmitteln, die sich infolge der verschiedenen zu ihrer Verdauung nötigen Magensäfte gegenseitig behindern. Es heißt dann in der Regel, daß man einfach die beiden Nahrungsgruppen trennen soll, um beste Gesundheit zu erreichen.

So einfach ist das Ganze natürlich nicht. Erstens sollte man all die gemeinten säurebildenden Konzentrate und Totnahrungsmittel überhaupt nicht essen, und zweitens stimmt die Trennung zwischen Eiweiß und Kohlenhydraten nicht immer und kann zur Verwirrung führen. Es geht ja nicht in erster Linie um die größtmögliche Energieausbeute, von der immer die Rede ist, sondern viel mehr um die rückstandslose Verdauung aller Problemstoffe aus nicht menschentypischen Nahrungsmitteln. Wenn Sie zum Beispiel Nüsse vollständig verdauen wollen, dann hilft eben zum Beispiel ein echter Honig mit all seinen Enzymen und Verdauungsstoffen. Ein Unschädlichmachen beziehungsweise Verdauen von schwerverdaulichem Eiweiß (zum Beispiel Käse) tierischer Herkunft kann durch Feigen, Ananas oder Papayas unterstützt werden usw. Wenn Sie sich von Menschenkost, also hauptsächlich Früchten ernähren, dann sollten Sie sich ohnehin mehr auf Ihren Instinkt verlassen und die Theorien beziehungsweise das Steuern der Nahrungsauswahl mit dem Verstand schnellstens vergessen. Der Körper weiß nämlich besser als alle Wissenschaftler und Diätpläne, was er gerade braucht.

Überessen

Ein Überessen mit menschlicher Naturnahrung führt nicht zu Übergewicht, sondern zu Energieverlusten, da dadurch die Verdauungsorgane auf *Schnellpassage* schalten und dann eine Verwertung der Nahrung nicht mehr möglich ist. Das Problem mit den Ablagerungen von giftigen, wertlosen, wasserlöslichen Schlackenstoffen, tierischen Fetten, Salzen usw., und damit verbunden mit dem Aufbau eines unansehnlichen, kranken, schwerfälligen Körpers, den man als lebendige Mülldeponie bezeichnen kann, besteht für den Früchteesser nicht mehr. – Es sei denn, er ernährt sich vorwiegend von mit wasserlöslichen Düngesalzen (Kunstdüngern) getriebenen Gemüsen. Diese anorganischen Salze, die nicht einmal von der Pflanze für uns aufgeschlossen und verfügbar gemacht werden können, führen nach deren Genuß auch zu Aufschwemmungen im menschlichen Körper.

Umstellung

Die Umstellung auf Fruchtnahrung kann je nach Zustand eines Menschen langsamer oder schneller geschehen. Am schnellsten geht es mit einem zwei- oder dreitägigem Kurzfasten, verbunden mit Einläufen und Darmspülungen* (*Ehret* 11). Langsamer geht es mit dem schrittweisen Abbau von Falschnahrung, beginnend mit der morgendlichen ausschließlichen Früchtekost. Allmählich wird die Fruchtkost immer weiter über den Tag ausgedehnt, bis Sie schließlich nur noch am Abend essen, was Sie dann gerade noch *anmacht*. Nach einiger Zeit werden Sie merken, wie schädlich die Giftkost wirkt, da Sie die erforderliche Menge an Giftzufuhr zur Aufrechterhaltung des Suchteffekts nicht mehr mit dieser einen Mahlzeit zuführen können und werden. Ihre nächtlichen Leiden aufgrund der Kochnahrung werden Sie schließlich auch abends davon abhalten zu sündigen.

Verdauungsgeschwindigkeit

Damit Sie nicht durch das Durcheinandergeraten von verschiedenen Nahrungsmitteln in Ihrem Verdauungssystem zu sehr zu leiden haben, darf ich auch darüber kurz informieren. Je weicher und wasserhaltiger eine Frucht ist, desto leichter und schneller passiert sie den Magen, vorausgesetzt, daß darin nicht eine schwerverdauliche Speise blockiert. Deshalb sollen Früchte am besten nur auf leeren Magen gegessen werden. (Für den *Kochtopfsüchtigen* ist es zunächst nicht leicht, mit leerem Magen zu leben, da er es bisher ja gerade geflissentlich vermieden hat, jemals einen leeren Magen zu haben.) So können zum Beispiel Melonen schon nach fünfzehn Minuten den Magen passiert haben. Stoßen diese dann allerdings im Darm auf *Trödler*, dann beginnen sie dort mit *Überholmanövern*, die sich durch Gurgeln und Darmgeräusche bemerkbar machen können. Es ist also nicht gut, zuerst Bananen oder Avocados, und nach einiger Zeit dann Melonen zu essen. Auch den Gemüsen müssen längere Verdauungszeiten zugestanden werden. Erst recht natürlich allen Samen und Nüssen und allen Konzentraten. Nach einer üblichen Kochmahlzeit brauchen Sie eigentlich am selben Tag gar nicht mehr mit Früchten anzufangen. Wenn Sie jedoch reine Fruchtnahrung wählen, können Sie essen, was, soviel, und so oft Sie wollen. Unsere Vorfahren benutzten ja sicherlich auch keine Uhr, sondern ihren gesunden Ernährungsinstinkt, der sie einmal von diesem, und ein andermal von jenem Baum kosten ließ

Kapitel 9
Flugverkehr

Der Autofahrer ist nicht an allem schuld

Der Übersicht halber möchte ich hierzu einmal die verschiedenen Gruppen von Luftverschmutzern aufzählen. Dabei läßt sich feststellen, daß jede Luftschicht ihre speziellen Verschmutzer hat. Es beginnt beim **Raucher** in der guten Stube, setzt sich beim **Kraftverkehr** fort, steigt langsam in höhere Schichten der **Hausfeuerungen**, dann der **Industrieschlote**, schließlich erreichen wir in größerer Höhe die **Kraftwerksschornsteine** und ganz oben schließlich den **Flugverkehr** und zuletzt die **Raumfahrt**. All diese Emittenten vergiften unsere Atemluft und Atmosphäre. Nun sind heute die meisten dieser Verursacher bekannt. Seltsamerweise wird jedoch der Flugverkehr immer aus der Umweltdiskussion herausgehalten, obwohl es sich dabei um das verschwenderischste, größenwahnsinnigste, aufwendigste, aber gleichzeitig auch um das am leichtesten entbehrliche Verkehrsmittel handelt. Wer den Kraftstoffverbrauch aller Flugbewegungen über Deutschland summiert, kommt zu dem Ergebnis, daß er etwa so hoch wie der am Boden ist. Entscheidendes Übergewicht bei der Schadstoffbeteiligung in der Atmosphäre bekommt der Flugverkehr aber erst dann, wenn man die Verweildauer der Schadstoffe in der Atmosphäre vergleicht. Diese beträgt infolge der größeren Höhe des Ausstoßes beim Flugzeug bis zu zwei Jahre! Beim Auto dagegen etwa einen Tag. Das bedeutet, daß sich Autoabgase binnen eines Tages, weil sie schwerer als Luft sind, setzen. Sie richten dann zwar im Boden oder sonstwo weiteren Schaden an, sind aber aus der Atemluft verschwunden. Wäre dem nicht so, dann könnte man sich zum Beispiel in Großstädten des Nachts sicher nicht mehr erholen. Flugzeugabgase hingegen reichern sich um ein Vielfaches des täglichen Ausstoßes an, da ja heute noch Abgase eines Flugzeuges, das vor zwei Jahren flog, und die sämtlicher zwischenzeitlich geflogener Flugzeuge zusammen in der Atmosphäre verweilen. Öfters kann man lesen, daß die Luft heute in gewissen Bergregionen schlechter als in einer Großstadt sei. Experten machen dann in der Regel das Auto dafür verantwortlich! Können jene nicht eins und eins zusammenzählen? Oder wollen die Herren Politiker nur sorgsam **ihr** Verkehrsmittel beziehungsweise die Rüstungsindustrie aus einer Diskussion heraushalten? Man braucht hier wirklich kein Experte zu sein, um folgende Beobachtungen zu machen.

- **Waldschäden** stellten sich etwa zeitgleich mit der Überhandnahme des Flugverkehrs in Mitteleuropa ein. (Reiseboom, Militär, Aufrüstung)
- Alle Waldschadensländer weisen eine enorme **Flugverkehrsdichte** auf. Die Bundesrepublik Deutschland hat die größte der Welt!
- Wälder sterben in **Hochlagen**, von oben nach unten, und nicht neben Autobahnen.
- Der **saure Regen** entsteht ebenfalls nicht erst in Bodennähe, sondern in Schichten, in denen Autoabgase nicht vorkommen.
- Da die **Verbrennung von Treibstoff** mit wachsender Höhe und sinkendem Luftsauerstoffanteil immer unvollständiger wird, steigen Schadstoffanteile in den Abgasen bei Flugzeugen mit der Höhe.
- **Abgasreinigung** wird bislang bei Flugzeugen nicht praktiziert.
- Oben fehlen **luftreinigende Lebewesen** und Pflanzen.
- **Unsere Erde** ist inzwischen kein blauer, sondern ein grauer Planet geworden. Dieser Grauschleier ist vom All aus gut zu beobachten.
- Dieser Grauschleier beeinflußt unser **Klima** negativ. Die Sonneneinstrahlung wird vermindert. Bei Schrägstellung im Frühjahr und Herbst kann die Sonne den Dunst kaum mehr durchdringen. Die Folge sind kalte, verregnete Frühjahre und nicht reifende Früchte im Herbst. Im Sommer ergibt sich durch Senkrechtstellung der Sonne der Treibhauseffekt, die Dunstglocke. Im Winter verhindert die Dunstglocke ein Hereinbrechen großer Kälte.Es ist an sich einleuchtend, daß nur solche Emittenten, die in größerer Höhe Schadstoffe ausstoßen, diese Phänomene hervorbringen können, also hohe Kraftwerkschornsteine und Flugzeuge. Wenn es auch den Verantwortlichen im Zuge

der nächsten Steuererhöhung für Kraftfahrzeuge ins Konzept passen würde, aber der Autofahrer ist fürs Waldsterben nicht verantwortlich zu machen.

Wir verschließen uns der Sonne

Betrachten wir die Sache noch aus anderer Sicht. Das Flugzeug ist ein Produkt des menschlichen Größenwahns, des Hoch-hinaus-wollens. Ein Ergebnis von Bestrebungen solcher Menschen, die sein wollen wie Gott selber, die über alles gebieten, herrschen, die alles besitzen wollen, die sogar die (ihre) Natur besiegen wollen. In diesem Fall vor allem die Schwerkraft. Eine alte Weisheit besagt jedoch, daß man, je höher man steigt, umso tiefer anschließend fällt. Oder, je größenwahnsinniger ein Projekt oder Werk des Menschen ist, desto größer ist der Schaden, den er damit anrichten kann. Wir sind gerade dabei, uns von der Sonne, der Quelle allen natürlichen Lebens abzutrennen mit den Abgasen und Ausdünstungen unserer Verschwendungssucht. Die Sonne, die uns Wärme und Licht spendet, und die alles natürliche Leben wachsen läßt, ist die natürliche Entsprechung für Gott, der in der geistigen, inneren Welt alles Leben wachsen läßt, und ohne den nichts gedeiht. Als Wärme strahlt er Liebe, als Licht Weisheit über uns aus. Hier wird der Zusammenhang zwischen unserer Abkehr vom Schöpfer und gleichzeitigen Zuwendung zum Selbst, zum Egoismus überdeutlich. Deshalb sind diese Abgaswolken, diese stinkenden Ausdünstungen unserer Verschwendung, unserer Großmannssucht nur verstofflichte Folgen unserer morbiden Geisteshaltung, äußerlich sichtbares Zeichen unserer Abkehr von Licht und Wärme der Sonne, die in Wahrheit Abkehr von Gottes Weisheit und Liebe ist. Wir trennen uns von der geistigen und natürlichen Sonne, vergiften Luft, Wasser und Boden, verschließen den Himmel, hüllen uns in stinkende Nebelschwaden unserer Höllen.

Elektromagnetische Strahlungen wirken auf alle Lebewesen

Bezüglich des Wald-, Tier- und Pflanzensterbens, auch der Gesundheitskatastrophen, die bereits über den Menschen hereingebrochen sind und vor allem noch hereinbrechen werden, möchte ich natürlich mit den Ausführungen über den Flugverkehr die Belastungen durch andere Verkehrsmittel nicht entschuldigen. Es geht mir in diesem Buch jedoch vor allem um Mißstände, die noch aufgedeckt werden müssen. Deshalb möchte ich an dieser Stelle auch auf Untersuchungen aufmerksam machen, die zum Beispiel die elektromagnetischen Felder von Sendeanlagen, Radarstationen, Mikrowellenherden als Verursacher von Schäden an der Natur- und Volksgesundheit dingfest machen. Waldschäden sind auch und vor allem im Strahlungsbereich solcher Anlagen zu finden, also in Höhenlagen, wo sie natureigene Steuerungsmechanismen in den Organismen empfindlich stören beziehungsweise lahmlegen können. Die Energie dieser Anlagen übersteigt die natürlich vorkommende Strahlungsenergie aus dem Kosmos zum Teil millionenfach und stört dadurch massiv biochemische Regulationsmechanismen in Bäumen, die durch ihre Größe, Verzweigtheit und ihr Blätterwerk ideale *Empfängerantennen* besitzen. Natürlich kann auch der Mensch durch technische Strahlungen geschädigt werden, da auch seine biochemischen Reizleitungen mit Hilfe von Eisenatomen funktionieren beziehungsweise von den künstlichen Strahlungen in Resonanz oder besser gesagt Streß versetzt werden.

Fest steht jedoch, daß vor allem Bäume in Höhenlagen betroffen werden. Wenn man bedenkt, daß wir neben der größten Flugdichte auf der Welt auch noch am Brennpunkt zwischen Ost und West liegen, also die dortigen Radarsysteme auf uns gerichtet sind und unsere nach drüben, dann kann klar werden, weshalb gerade Erzgebirge, Fichtelgebirge und der Bayerische Wald vom Waldsterben betroffen sind. Auch das Absterben der Höhenlagen im Schwarzwald ist, wenn man die Anlagen der Franzosen in Betracht zieht, einleuchtend begründbar.

Auch solche Untersuchungen werden momentan noch genauso unterdrückt, wie die Erforschung der negativen Wirkung von Atomanlagen auf die Umgebung.

Gibt es eine *menschliche* Technik?

Ich habe nun einige zweifellos bedenkliche Wirkungen der Technik auf den Menschen und seine Umwelt aufgezeigt. Es stellt sich die Frage, ob wir nun die gesamte Technik schlechthin verteufeln sollten und uns wieder auf den Stand unserer Urgroßväter zurückbegeben müssen, oder ob es da nicht noch eine andere Möglichkeit gibt. Muß Technik lebensfeindlich, zerstörerisch sein, oder gibt es so etwas wie eine *menschliche,* eine gute und sinnvolle

Technik? Ich habe im Kapitel über die Energie schon einiges aufgezählt, was uns auch ins technische 20. Jahrhundert bringen kann, anstatt uns zurück in die Steinzeit zu führen. Gerade die Abschirmung der Atmosphäre gegen große Kälte sowie Hitzeeinbrüche aus dem All, die unweigerlich überall dort auftreten, wo der atmosphärische Schutzschild zu dünn geworden ist, übernehmen ja zur Zeit die Dunstglocken aus Abgasen über den Industrienationen. Selbst diese haben also noch ihr Positives, indem sie extreme Klimaschwankungen und Härten, wie sie zum Beispiel über Wüstenflächen herrschen, aber auch aufgrund allzu großer Temperatursprünge auftretende Stürme oder Unwetterkatastrophen abfangen und dämpfen können, so daß lebensfreundlichere Temperaturen mit geringeren Schwankungen möglich werden.

Doch sollten wir diese nützliche Abschirmung natürlich nicht mit Flugzeugabgasen und dem Dreck aus Industrieschornsteinen aufbauen, sondern mit einer Rekultivierung der vielen versiegelten Flächen sowie mit einer Veränderung der bestehenden **Armutskulturen** zugunsten von Fruchtgärten. Erst die flächendeckende Wiederbepflanzung und Entsiegelung möglichst aller Flächen (einschließlich der Gebäudeflächen mit Hilfe der Dachbegrünung) dieser Erde und zunächst unseres Landes werden durch ihre Wasserverdunstungskapazitäten den natürlichen Schutz- und Dunstfilter Atmosphäre wieder in ursprünglich vorhandenem Umfang aufbauen und uns überall auf dieser Erde wieder ein menschenwürdiges und -freundliches Klima bescheren. Machen wir jedoch immer noch größere Teile dieser Erde zu Ackerwüsten, Gras- oder Getreideeinöden, Asphalt- und Betonstädten, dann werden wir zuletzt im Sommer verbrennen und in den Winternächten in eisiger Kälte erfrieren müssen.

Klimaforscher aller Welt indessen rätseln und streiten sich um die Entgleisungen des Wetters und Klimas in jüngster Zeit. Niemand will aber die wirklichen Gründe hören. Diese allgemeinen Turbulenzen sind genau das Ergebnis all dieser Versiegelungen und Verwüstungen der Erdoberfläche, angefangen von der Asphaltierung bis zu den Armutskulturen von Ackerbau und Viehzucht im heutigen Stil. (Natürlich spielen auch die Urwaldrodungen eine große Rolle) Wir sollten deshalb schnellstens mit der Reparatur der Lufthülle beginnen und möglichst keinen Tropfen Regenwasser mehr ungenutzt und unverdunstet abfließen lassen. Weder von unseren Feldern noch von unseren Hausdächern. Allein das von den Dächern gesammelte Regenwasser kann nicht nur wesentliche Aufgaben und Rollen in den hauseigenen Systemen übernehmen, sondern auch schon eine beträchtliche Stabilisierung des Klimas bewirken. Das Wasser gehört wieder in die Böden und in die Atmosphäre, anstatt in Überschwemmungsgebiete, polare Eiskappen, Gletscher und das Meer.Auch wenn uns unsere Industrie- und Flugzeugemissionen vor allzu harten Hitze- und Kälteeinbrüchen noch einige Jahre schützen sollten, so werden diese uns nicht davor bewahren können, darin langsam aber sicher zu ersticken. Wir sind keine Pflanzen, die anorganische Stoffe aufnehmen können und dabei sogar noch besser wachsen beziehungsweise gedüngt werden. (In Flugschneisen wächst zum Beispiel bester Kohl) Und selbst die Pflanzen vertragen offenbar heute mancherorts **Industrienähe** nicht mehr. Außerdem brauchen wir und unsere Nahrungspflanzen das Licht der Sonne, das zwar mühelos durch eine feuchtigkeitsgesättigte Atmosphäre zu dringen vermag und auf der Erdoberfläche für eine ausgeglichene Gewächshausatmosphäre sorgen kann, nicht aber durch eine Schmutzglocke.

Nicht zurück zu den Großvätern, sondern vorwärts in ein neues Zeitalter!

Es bleiben also genaugenommen zwei Möglichkeiten. Die eine heißt zurück zur Lebensweise der Urgroßväter. Die andere, und aus meiner Sicht einzig gangbare, heißt jedoch vorwärts und heraus aus der **technischen Steinzeit**. Müssen denn unsere Flugzeuge noch mit Kerosin, unsere Autos noch mit Benzin fliegen beziehungsweise fahren? Die **Wasserstofftechnik** ist längst entwickelt und wird doch nur von Monopolisten aus Gründen der Unterjochung der Völker beziehungsweise der Aufrechterhaltung ihrer Weltmachtstellung verhindert. Gerade das Verbrennen von eventuell aus Sonnenenergie erzeugtem Wasserstoff, das ja wieder Wasser freisetzt, kann unsere defekte atmosphärische Decke wieder regenerieren, kann vielleicht wieder Gebiete mit Niederschlägen versorgen, die schon längst nicht mehr ausreichend beregnet werden. – Ich habe im Energiekapitel auch die beiden Erfindungen Magnetmotor und Flugkreisel erwähnt. Können nicht damit oder mit anderen neuen und besseren Techniken Fluggeräte entwickelt werden, die die momentanen Verkehrsmittel nicht nur wesentlich verbessern, sondern zudem noch Fortbewegung ermöglichen, ohne Schäden an Mensch und Natur zu hinterlassen? Die jedem Menschen das Fliegen möglich machen? Die vielleicht sogar das heutige Straßen- und Asphaltsystem überflüssig machen?

Beinahe jeder informierte Bürger weiß heute, wer und weshalb jener eine ganze Reihe von fremdenergieunabhängigen neuen Energiegewinnungstechniken beziehungsweise Erfindungen blockieren will. Und wir müssen davon ausgehen, daß noch viele **Patente** aufgekauft und verschlossen wurden, um uns weiterhin in unserem Sklavenzustand, unserem Abhängigendasein zu halten. Es ist deshalb nicht weiter als rechtens zu betrachten, daß etwaige zum Wohle der gesamten Menschheit, zur Unabhängigkeit, zur Verminderung von Schädlichem beitragende Erfindungen und Neuerungen einfach *aufgekauft* und anschließend verschlossen werden, nur weil diese eventuell ihre alten Systeme ersetzen könnten. Wir müssen das produzieren, was gut und richtig ist, nicht das, was gerade Geld in irgendeinen Geldbeutel eines *armen Irren* bringt!

Forcieren wir also neue und bessere Techniken mit allen Kräften! Die Aufgabe unseres Staates muß es vor allem sein, dafür Gelder bereitzustellen. Wir bezahlen schließlich genügend Steuern. Eine Finanzierungsmöglichkeit bietet sich schließlich auch aus der Besteuerung von Flugbenzin, was der herkömmlichen Massenfliegerei ein schnelles Ende zugunsten anderer Treibstoffe oder Antriebstechniken bereiten würde.

Solche Aufgaben der Rettung unseres Planeten vor dem drohenden Untergang durch eigenes Verschulden der Menschheit oder eines Teils davon fallen übrigens genau uns, den Industrienationen zu. Wir sind das **Gehirn dieser Welt**, wir tragen die Verantwortung! Es soll niemand glauben, daß diese Welt von Gott oder per Zufall zu dem gemacht wurde, was sie heute ist. Das waren wir beziehungsweise die Mächtigen allein! Diese Welt war ursprünglich ein einziges Paradies für Menschen. Dieser Erdball wurde eigens dafür geschaffen, daß Menschen darauf leben können. Machen wir ihn wieder zu dem, was er einmal war und was er sein soll, nämlich ein einziger Fruchtgarten mit warmem Klima (Effekt der dann schützenden Dunst-Waldschicht) und aller geistig-inneren sowie leiblichen Nahrung vom wirklichen Herrn für seine Bewohner.

Kapitel 10
Geld

Wer sich mit den Nöten, dem Elend, allem Unsinnigen, der Zerstörung, der Gewalt, aller Verbrechen, kurz, mit dem Schlechten dieser Welt etwas näher beschäftigt, der wird sehr schnell auf die fatale Bedeutung des Geldes stoßen. Er wird erkennen müssen, daß Geld **das Zwangsmittel**, die Sklavenpeitsche unserer Zeit ist, und daß es höchste Zeit ist, sich Auswege aus dieser Knechtschaft zu schaffen.

All unser Geld und unsere dafür erbrachte Arbeit fließen in einen großen Schlund

Ich will an dieser Stelle einmal nicht in erster Linie die lebens- und umweltzerstörende Wirkung des Geldes, oder mit einem anderen Wort, des Kapitals in der Dritten Welt beleuchten, sondern die verheerenden Zusammenhänge gerade bei uns aufzeigen. *Gold – Geld – ein sorgenfreies Leben* verheißt die *Glücksspirale*. Geld wird also nicht als das erkannt, was es heute eigentlich ist, nämlich das *Blut in den Adern des Bösen und Falschen* (Teufel, Satan), sondern als großer Glücksbringer gepriesen. Die Bürger erkennen nicht, daß gerade das Geld verhindert, daß sie sich in diesem Leben verwirklichen, ihr Leben leben können, in dem es sie vor den *Karren anderer spannt*. Sie wissen nicht einmal, wie der *Karren* überhaupt aussieht, und wer drauf sitzt. So bringen zum Beispiel Millionen von Bürgern ihren Verdienst mit einem Bienenfleiß monatlich zur **Bank**, ohne zu wissen, daß sie sich dadurch ihr eigenes Grab schaufeln, daß ein *raffgieriger Honigräuber*, oder den Imkereiverhältnissen heute eher entsprechend, eine *parasitierende Varroamilbe* sie um die Verdienste ihrer Arbeit bringt. Wie dieser größte und raffinierteste Geldräuber unserer Tage über sein **Zinssystem** absahnt, ohne daß es der Bürger dazu noch bemerkt, sieht man vielleicht ansatzweise an folgenden Beispielen:

Herr Maier hat 200.000 DM gespart und möchte sich ein Haus kaufen. Leider kostet dieses Haus das Doppelte, da Banken den Preis, vielleicht sogar mit seinem eigenen angelegten Geld in die Höhe treiben. Entweder er verzichtet auf Kauf und zahlt Miete – an die Bank – oder er nimmt Kredit auf, und wird dadurch gezwungen, der Bank ein Leben lang immense Summen abzuzahlen. Gerade solche Wohnungsbauskandale wie zum Beispiel der *Neue-Heimat-Skandal* zeigten recht deutlich, daß eigentlich diese ganzen Immobilien letztlich den Banken gehören. Jene profitieren immer, können immer überbieten, haben die Nase immer vorn. Unsere hohen Immobilien- und Bodenpreise sind genauer betrachtet nichts als (Bank-)Zinsen oder besser gesagt *Banksteuern*, leistungslose Geldmanipulationen zu Lasten der Bürger.

Nach einer Schweizer Aufstellung von 1968 betrug der Zinsanteil an den Mietpreisen 80 Prozent, den Telefongebühren 70 Prozent, den Lebensmitteln 50 Prozent, den Steuern 45 Prozent. (*Otani* 15).

Oder lassen Sie mich noch ein anderes Beispiel zeigen: Nehmen wir an, ein Großimporteur importiert hierzulande eine Sendung Mangofrüchte, den Karton (zehn Stück) zu DM 5,–, und verkauft diese in einer großen Menge an einen Großmarkthändler in der Großmarkthalle München. Von dort verkauft der Großmarkthändler an den regionalen Großhändler, dieser wiederum an den Einzelhandel, der dann schließlich an den Endverbraucher weitergibt. Zuletzt kostet dann eine einzige Mango DM 5,–. Wer jetzt allerdings glaubt, die Zwischenhändler würden sich unbotmäßig bereichern, weil sie jeweils vielleicht das Doppelte ihres Einkaufspreises berechneten, der irrt. Jeder dieser Händler beziehungsweise Verteiler von Nahrungsfrüchten mußte diesen Aufschlag vor allem deshalb machen, damit er die ganze Kette von Schmarotzern, die von ihm, ohne etwas dafür zu leisten, wesentliche Anteile einfordern. Jeder dieser Händler muß ja beinahe unüberschaubare Steuern, Mieten, Gebühren, Zinsen, Versicherungen für alles mögliche begleichen. Nur deshalb mußte er ja die Früchte so sehr verteuern! Die ganzen Gelder fließen in all diese *nimmersatten Rachen* von Steuer-, **Zins- und Geldsystemen**, münden alle in ein und denselben großen Kanal der Monopolisten und ihrer Institutionen, die damit dann ungeheure Macht entfalten und ihre *Untertanen* nach Belieben steuern können.

Das **Kapital** hat also, wenn mans genauer betrachtet, praktisch überall seine Finger drin, wo Geld im Spiel ist. Natürlich auch in den Benzinpreisen und den anderen Erzeugnissen der Petrochemie, in Strom- und Wasserrechnungen usw. Auch unsere heutigen **Großstädte** sind letzlich nichts anderes als Geld- oder Kapitalballungszentren. Man muß sich nur mal die Innenstädte ansehen. Dort sind Banken, Versicherungen, Großkaufhäuser, Büros. Die Bevölkerung wurde dort schon längst durch den (Boden-)Wucher jener modernen Krebszellen vertrieben. Welcher Privatmann könnte auch DM 10.000 oder mehr für einen Quadratmer Boden bezahlen? Das Geld und seine Hintermänner sind so auch für die *Wohn-Bunker*, die Trabantenstädte, den dadurch entstehenden Verkehr, Umweltschäden, für soziale Härten, unmenschliche Wohn- und Lebensverhältnisse usw. verantwortlich. Es ist das Geld und damit die erbrachte Arbeit von jedem einzelnen, das zum Beispiel die Banker horten und mit dem sie heute die Welt zugrunde richten. Diese begnügen sich jedoch nicht nur mit dem weiteren Ansammeln von Besitz, sondern bestimmen auch, was in unserem Staat gemacht wird, was und wie gearbeitet wird, beziehungsweise was unterbleibt. Sie sorgen dafür, daß das Ehrliche, weniger Rücksichtslose und Brutale untergeht, indem eben gerade dort investiert wird, wo am meisten *Reibach* zu machen ist. Geld ist also dafür verantwortlich, daß auch hierzulande nicht das gemacht wird, was gut und richtig ist, sondern das, was am meisten Profit bringt.

Der Bürger ist bereits weitgehend enteignet und entmachtet

Die Folgen werden von Mal zu Mal sichtbarer. Viele Menschen können heute kaum mehr verstehen, warum dies und das nicht endlich geändert wird, irgend ein offen zutage getretener Mißstand trotzdem nicht behoben wird. Sie begreifen nicht, daß dieses **Geldsystem** gesammelte Wirkungen der Profitsucht eines jeden einzelnen hervorbringt. Sie haben trotzdem noch ihre paar Tausender *gewinnbringend* angelegt, obwohl sie in der Regel viel mehr Zinsen zahlen, als sie dort bekommen. *Reiner Bischoff* meint in seinem Buch *»Umweltzerstörung durch Geld- und Bodenwucher«*(16), daß ein Anleger mindestens DM 300.000 anlegen müßte, um mehr Zinsen zu bekommen, als er selbst in Steuern und Preisen bezahlte. Allerdings wird dieses *Polster* des arbeitenden Bürgers immer dünner, da aller Besitz sich immer mehr bei den Großen anhäuft und dies infolge des Zinssystems auch gar nicht anders möglich ist. Der Bürger ist bereits weitgehend enteignet.Wenn wir Glück haben, steigt das Wirtschaftswachstum beziehungsweise unsere Arbeitsleistung so stark, daß wir diese unaufhörliche Zinsschröpfung aushalten und unseren **Lebensstandard** halten können. Wenn nicht, geht es uns an den Kragen. Aus diesem Zusammenhang kann auch sichtbar werden, wieso ein Nullwachstum auf die Dauer zu sozialen Härten, zu Armut, schließlich zu unserem Ruin führt, solange die Zinsschröpfung anhält.

Wir führen Krieg gegen uns selbst

Seit dem Aufbau und Wachstum des Geldwesens ist zu befürchten, daß Lebensgrundlagen des Menschen durch seine und die Raffgier seines Zinssystems zugrunde gehen, bevor er merkt, daß eine anschließende **Neuverteilung**, ein Sieg der Gerechtigkeit nach dem *Zusammenbruch des alten Tyrannen* nicht mehr möglich ist, da selbst die Grundbedürfnisse nach Nahrung nicht mehr befriedigt werden können. Genau genommen ist das, was wir momentan machen, bereits Krieg. Krieg gegen die Natur, zu Lande, zu Wasser und in der Luft! Dieser ständige Weltkrieg richtet sich nicht gegen die Besitztümer der Reichen der Welt, sondern gegen die **Lebensgrundlagen** aller Menschen.Welch ein Irrsinn, in den wir da verstrickt sind! Wir sehen nun was passiert, wenn wir nicht die Gebote Gottes befolgen, nichts Gutes und Wahres suchen und tun, sondern *Wirtschaftsinteressen* folgen, unserer in die Tat umgesetzten Macht- und Profitsucht. Wir müssen zusehends stärker spüren, wie die größenwahnsinnigen Machwerke dieser *Zivilisation* nach und nach wie Seifenblasen zerplatzen, wie diese nur aus Schädlichem bestanden, wie unser gesamtes Wertsystem kopfstand, wie wir den falschen Leitbildern nachrannten, wie wir innerlich öd und leer waren, und schließlich unsere Umwelt in eine ebensolche Wüste verwandelten. Man wird wirklich bald aus allen Wolken fallen, wenn man zum Beispiel anstatt Tennis zu spielen oder ein Sqash-Center zu besuchen, seine Nahrung wieder selbst anbauen muß. Auf total verseuchtem Grund. Man wird auf die Vergangenheit fluchen und sich gleichzeitig eingestehen müssen, daß man ein kompletter Idiot war und ist, daß man zwar den Kopf voller Unnütz und Eitelkeit hatte, aber von den grundlegendsten Dingen des Lebens (Nahrungsmittelanbau, -Verarbeitung, natürlichem Leben) keine blasse Ahnung hat.

Ich möchte solche Zukunftsprognosen nun nicht weiter ausschlachten. Noch haben wir ja Energie, die Nahrungsmittel und Bodenschätze der armen Länder, noch wächst auf Deutschlands Äckern Eßbares. Noch haben wir Geld, werden hier einige denken, die meinen, Geld wäre zu irgend etwas nütze, wäre eßbar, trinkbar usw. Das Gros der Bevölkerung ist eben leider immer noch der Ansicht, man brauche in erster Linie Geld zum Leben. Natürliche Menschennahrung aus dem eigenen Garten sowie ein Leben im Einklang mit dem Schöpfer und aus ihm wären erst zweitrangig oder überhaupt nicht erstrebenswert. Auch die wohlhabende Schicht, die wenigen Großverdiener, deren Kapital ständig noch weiter wächst, scheinen die Aussichtslosigkeit auch ihres Tuns noch nicht zu begreifen. Es gibt keine zweite Welt. Wir sitzen alle in einem Boot. Lassen wir das Ruder noch länger hängen, oder rudern wir geradewegs auf den Abgrund zu, wie es heute noch geschieht, werden alle, egal ob reich oder arm, ihr Leben verlieren.

Ein Jubeljahr ist überfällig

Fassen Sie deshalb meine nun folgenden Vorschläge nicht als revolutionär, als gegen die Gesellschaft gerichtet usw. auf, sondern im Gegenteil als rettende Hilfen, mit denen man dem sicheren Untergang entgegenwirken kann.

Schon die Bibel verbietet jegliche Zinsnahme für alles, was man verzinsen kann (Deut. 23,20). Außerdem empfiehlt sie die Einrichtung von Sabbat- und Jubeljahren, das heißt, daß alle sieben Jahre* jegliche Arbeit ruhen sollte, wie es von Natur aus wächst. (Ähnlich wie am siebten Tag der Woche, dem Sonntag). Nach sieben mal sieben Jahren, also dem 50. Jahr soll ein Jubeljahr gehalten werden, in dem aller Besitz, der innerhalb der letzten 50 Jahren angehäuft wurde, wieder neu und gerecht verteilt wird, also alle **Schulden** erlassen sind.

Außerdem werden alle **Strafen** erlassen und Verzeihung gewährt. Solch ein Jubeljahr wäre sicherlich heute mehr als fällig und ein großer Segen für alle Bewohner dieser Erde. Keiner muß dann

*Auch dürfen Schulden nicht länger als sieben Jahre lang eingefordert werden beziehungsweise erlöschen nach sieben Jahren.

mehr Not leiden. Kriege wären überflüssig – entstehen sie doch vor allem erst dann, wenn Unrecht und Härte gegenüber dem Volk überhandnehmen, wenn sich das Volk verzweifelt gegen seine Blutsauger wehrt, wenn die Unterschiede zwischen arm und reich zu groß geworden waren. Auch die heutige Naturzerstörung wäre schnell beendet, wenn die Menschen wieder das tun könnten, was sie wollten, aus ihrer Geldknechtschaft, der Produktion von unsinnigen Luxusgütern, Paragraphen, und vieles andere mehr, was heute an Nutzlosem getan wird, befreit würden.

Freier Haus- und Grundbesitz sind menschliche Grundrechte

Natürlich würde ein nie gekannter wirtschaftlicher Um- und Aufschwung einsetzen, wenn all das von wenigen gehortete Geld wieder unter den Menschen verteilt würde, wenn jeder in seinem Haus wohnen könnte, das ihm gehörte usw.

Überhaupt ist nicht einzusehen, weshalb einer Person mehrere Häuser gehören, obwohl sie nur eines zum Wohnen braucht. Auch nicht, warum jemand mehr Land besitzen darf, als er selber bebauen kann. Das Volk hat schließlich durch seine Arbeit alle materiellen Güter dieses Landes geschaffen. Es ist ebenfalls unbegreiflich, weshalb es diese nicht auch nützen darf, ohne weiterhin dafür bezahlen zu müssen. Alle Besitztümer müssen also an den einzelnen gemäß seinen Wünschen und Bedürfnissen verteilt werden, dürfen nicht von einigen Reichen und Konzernen gehortet werden, und dürfen auch erst recht nicht verstaatlicht werden, wie das im Kommunismus geschah. Das **Grundrecht auf Eigentum** und die selbständige, ungehinderte Entfaltung eigener Vorstellungen und Lebensweisen werden hier wie drüben gleichermaßen beschnitten und durch Machtmonopole verhindert. Dort gehört (fast) alles dem Staat, bei uns (fast) alles wenigen Banken, Konzernen, dem Staat. Man kann daher sagen, daß wir uns lediglich auf einer Vorstufe* zur absoluten Besitzlosigkeit, in einer Art *Kapitalkommunismus* befinden. Hier wird auch verständlich,

*Man könnte auch sagen, daß wir hier den perfekten Kommunismus haben. Ich meine damit ein Unterdrückungssystem, das mit Hilfe von Medien und Meinungsmache von oben die Bürger auf geistiger Ebene so perfekt und reibungslos zu steuern versteht, daß diese es selbst nicht einmal mehr merken, wie die Wünsche der Manipulanten zu ihren eigenen gemacht werden. Auch wenn hierzulande jemand sein eigener Herr zu sein glaubt, so wird er dann seine absolute Unfreiheit beziehungsweise die perfekte bis ins kleinste Detail gehende Steuerung durch den Staatsapparat und die Bürokratien sofort spüren, wenn sein Wollen dem Vorgegebenen nicht genauestens entspricht. Das kann zum Beispiel schon dann sein, wenn er auf sein Haus andere Dachplatten als die genehmigten decken möchte.

weshalb die Machthaber sich partout gegen jede **Dezentralisierung** wenden. Eine solche ist eben grundsätzlich gegen jedes, ihr Monopol gerichtet und könnte einen Schritt zur Selbständigkeit des Volkes hin bedeuten. Auch kann erkennbar werden, daß eigentlich nicht das arbeitende Volk die Hauptschuld am ganzen Elend dieser Erde trägt, sondern selbst ausgebeutet wird, gar nicht in den Genuß des eigentlichen Reichtums kommt, sondern mit Billigprodukten aller Art, minderwertigen Nahrungsmitteln und *Legebatteriewohnungen* abgespeist wird, und ständig um seine nackte Existenz bangen muß. Vor allem dann, wenn eben das nicht mit dem Kapitalwachstum durch den Zins Schritt halten kann.

Außer den in der Bibel genannten Lösungsmöglichkeiten gäbe es natürlich noch weitere. Man findet in Schriften von *Helmut Creutz*, *Reiner Bischoff*, *Yoshito Otani*, aber auch schon bei Silvio Gesell, Vorschläge, die vor allem am *Knackpunkt Zins** (*Helmut Creutz*) (25) ansetzen. Dort werden vor allem Systeme zur Umlaufsicherung des Geldes vorgeschlagen, die eine Hortung des Geldes unrentabel machen und die leistungslose Gewinne auf dem Rücken der arbeitenden Bevölkerung, der Natur, der Gesundheit aller nicht mehr möglich machen. So sollten demnach jegliche Spekulationsgewinne, Zinserhebungen*, also jeglicher **Geldzuwachs ohne eigene Leistung** weggesteuert werden. Dies ist wohl auch der wirkliche Kernpunkt, der Hebelpunkt, an dem angesetzt werden muß, und der schon das meiste wieder ins Lot bringen kann. Allerdings muß man dann den oder diejenigen, die wegsteuern, genauestens kontrollieren, damit das Geld letztlich für die Belange des Volkes dienlich gemacht wird, und nicht erst recht von Oberschmarotzern abgezapft wird. Dann würden zum Beispiel Immobilien nicht mehr als Anlagewerte tauglich sein, wären wohl über Nacht Haus- und Grundbesitz wieder für jeden erschwinglich, da ja nicht mehr gehortet würde. Auch die Geschäfte müßten nicht mehr das Letzte aus dem Verbraucher rausholen, um die immensen Mietpreise beziehungsweise Grundstückspreise reinzuholen. Ob allerdings die bloße Beseitigung der Zinsgewinne aus-

*Würde der Staat das von den Banken angemaßte Recht der Zinserhebung beschneiden und auf sich selbst übertragen, dann wären wohl alle Steuerzahlungen für den Bürger bei sogar steigendem Wohlstand ab sofort hinfällig und aus der Welt. Zinsen sind nichts anderes, als von den Geldmächtigen zu Unrecht und zum Schaden der Völker erhobene Steuern auf zumeist durch Manipulationen erworbene beziehungsweise erschlichene Besitztümer, Gelder, Aktien usw.

reichen würde, um alles zu bessern, wage ich zu bezweifeln.

Das Geld abschaffen?

Die immensen Besitzunterschiede würden zwar momentan nicht mehr wachsen, blieben aber doch bestehen. Darauf, daß reichsein allmählich langweilig würde, dürfen wir wohl kaum hoffen. Vielmehr vermute ich, daß sich das Kapital schon wieder irgendwelche Wege und Mittel suchen würde, um sich zu vermehren. So lange es Geld gibt und man dafür alles kaufen kann, solange wird es auch hortbar sein, werden sich wenige auf Kosten vieler bereichern können. Ich möchte deshalb noch eine weitere Lösungsmöglichkeit nennen, nämlich die, das Geld schlechthin abzuschaffen. Ich meine nun nicht Rückkehr zum Tauschhandel, wie manche Leser jetzt sicher mit innerlicher Entrüstung zunächst vermuten werden, sondern ein System, bei dem sich ein ganzes Volk sozusagen als eine große Familie verstünde, oder auch als ein großer Organismus bestehend aus vielen einzelnen Individien, von denen jedes seinen speziellen Teil zur Gesamtfunktion beisteuerte. Solche Völker existieren heute noch. Sogar mitten in der zivilisierten Welt. Diesen Völkern geht es gut, sie funktionieren ausgezeichnet, obwohl ihre Umgebung sie permanent zu vernichten trachtet, indem man jene zur Annahme des Geldes und damit zur Erpreßbarkeit, Knechtschaft, Parasitierbarkeit zwingen möchte. Ich meine die letzten **Indianerstämme** in den USA. Diese sind die einzigen freien Völker in der *schönen neuen Welt*, nur weil sie sich nicht mit Geld abgegeben haben. Auch unser Volk könnte genauso weiterfunktionieren. Wenn jeder heute seine Tätigkeit beibehalten würde, nur ohne dafür Geld zu verlangen, würde die Versorgung mit allem, was man zum Leben braucht, nach wie vor funktionieren. Es würden sogar noch riesige Leistungspotentiale und Kräfte frei. Nämlich all jene, deren Tätigkeit vorher nur auf dem Jonglieren mit Geld, Zahlen, Verordnungen beruhte, die nicht schufen, was man wirklich zum Leben braucht, sondern die hauptsächlich bis dahin die Welt komplizierter machten.

Ich meine natürlich hier auch den **Verwaltungs- und Beamtenapparat**, soweit er sich mit Geld beschäftigt. Mit Geld und dessen Auswirkungen beschäftigen sich jedoch mehr Stellen, als man zunächst annehmen wird. Weiß man, daß zum Beispiel 90 Prozent aller Verbrechen des Geldes wegen geschehen, so könnte man dann auch einen Großteil des Polizeiapparates, der Gefängnisse vergessen. Da die Sorgen ums Geld die Menschen ein Leben lang belasten und drängen, wären sicher auch Gesundheitswesen, Kranken- und Irrenhäuser sowie Ärzte bald nicht mehr so belastet. Entfiele die Sorge ums Mehr-an-Geld, würde man wohl auch bald wieder zu echten Werten finden. Der Raubbau an der Natur würde aufhören. Ein Paradies könnte hier geschaffen werden, da ja alles, was auf Unterdrückung, Zwang, auf Schlechtem und Bösem aufgebaut ist, über kurz oder lang fallen würde. Denn der Mensch könnte dann genau das produzieren, was er für gut und nötig hielte. Und das wären sicherlich andere Dinge, wie die heutigen selbst unter großem Druck und Gewaltausübungen seitens der Geld- und Machtkartelle und mittels ihrer Politiker nur noch mühsam *durchpeitschbaren* Großprojekte und *Ex- und Hopp-Produkte.* Die Gefahr des Hortens, der Raffgier, wäre wohl gebannt, müßte doch jeder einsehen, daß er einfach zum Beispiel nicht mehr Kartoffeln einzulagern braucht, als er essen kann. Allenfalls könnten kurzfristig vielleicht Dinge wie zum Beispiel Kaviar oder Trüffel knapp werden. Allerdings wohl nur so lange, bis man davon genug hätte und merkte, daß eben der eigene Apfel aus dem Garten auf die Dauer doch besser schmeckt. Man müßte hier dem Anlaß entsprechend auswählen. Ebenso müßte zum Beispiel die Berufswahl nach Eignung und Neigung getroffen werden können, und nicht nach den Besitzverhältnissen. Dasselbe mit der Wohnungswahl.

Geld behindert und belastet

Ich glaube kaum, daß es dabei zu großen Interessenkollisionen kommen würde, da es ja verschiedenste Menschen und daher verschiedenste Neigungen und Eignungen in einem Volk gibt. Allenfalls würden sich die Städte so nach und nach auflösen und die großen **Maschinenlandwirtschaften** in kleinere handarbeitende Höfe aufgeteilt. Man würde, sobald man die Nahrungserzeugung als wichtigste Tätigkeit erkannt hätte, die Bewirtschaftung von Land ungern Maschinen überlassen. Maschinen* könnten höchstens noch das tun, was man selbst nicht mehr gerne täte. Ebenso würde man den ganzen nutzlosen, billigen Tand, der heute produziert

*Bei genauem Hinsehen ist die in der Regel von Maschinen verrichtete Arbeit ohnehin nicht einwandfrei, schädlich, oder schlicht unnötig.

wird, als solchen erkennen und stattdessen wieder möglichst dauerhafte **Wertarbeit** zu erstellen suchen. Ich bin überzeugt, daß wir ohne den schlechten Einfluß des Geldes eine absolute Blüte erleben würden, und zwar auf allen Bereichen und Ebenen der Kultur. Denn wem nützt denn schon Geld? Es behindert doch nur. Wer zuviel davon hat, ist in ständiger Sorge und ständigem Kampf um die Vermehrung seines Reichtums, was ihn von der eigentlichen Erfüllung seines Lebens mit inneren Werten abhält.

Ich erinnere an das Gleichnis vom Reichen, dem Kamel und dem Nadelöhr in der Bibel. Derjenige aber, der zuwenig davon hat, den behindert es dahingehend, daß er seine Neigungen nicht in die Tat umsetzen kann, oder gar, daß er sein Tun des Geldes wegen opfert, zum Sklaven oder Prostituierten eines anderen oder einer Sache wird, den oder die er eigentlich nicht gutheißen kann. Letztlich ist der Mensch aber das, was er tut, was er sich während eines Lebens schafft, zu wem er sich entwickelt oder hinneigt. Jeder Mensch soll *das Gute tun und das Böse lassen*. Dieser Satz bezieht sich heute vor allem auch auf die sogenannte Arbeit. Jegliche Tätigkeit muß also in erster Linie gut und richtig sein. *Schlechtes darf nicht nur deshalb gemacht werden, weil es Geld bringt*. Auch nach der Geldabschaffung gäbe es Führer und Untergebene, aber führen könnten dann nur solche, die tatsächliche geistige Führer wären, die eben mehr könnten und wüßten, weise wären, und die deshalb auch den anderen weiterhelfen könnten.

Reinigen wir unseren inneren Tempel

Hoffen wir nun, daß reich wie arm bald diese Zusammenhänge begreifen und diesem Satan in Form von Kapital und Zins ein Ende machen. Wir haben sonst zunächst wohl nur die Wahl zwischen einem wirtschaftlichen oder einem ökologischen Zusammenbruch. Letztlich werden jedoch beide zusammenbrechen. Lassen wir uns nicht länger vom *Mammon Geld* regieren. Dieser behält seine Macht nur solange wir ihm huldigen, ihn verehren, ihm nachstreben, ihn zu einer Art Ersatzreligion, einem *goldenen Kalb*, einem Götzen machen, wie es heute praktisch auf der ganzen Welt geschieht. Es gibt wirklich andere Werte außer bedrucktem Papier und zu Münzen geprägte Metalle! Geistige, **innere Werte**, die mit Geld absolut nichts zu tun haben, sondern dadurch in ihrer Verbreitung sogar noch gehindert werden. Dieser ganze Geld- und

Machtfirlefanz ist doch nichts als ein in *tierischem Erwachsenenernst* entartetes kindisches, böses Spiel. Wer diesem Spiel Leben lang verfallen ist, möchte ich hier geisteskrank nennen. Die Besitzliebe und die Liebe zu herrschen, sind in der Tat die größten Krankheiten des Geistes unserer Zeit, wenn sie der Welt- und Eigenliebe entspringen. Sie sind dann der Liebe zu herrschen, um Gottes Reich auf dieser Welt zu begründen und das Falsche und Böse zurückzudrängen, und zu besitzen, um diese Welt im Sinne Gottes und der Schöpfungsordnung zu bewahren und dankbar darauf zu leben, genau entgegengesetzt. Das Geld ist hierbei wirklich der Motor, wie unsere Politiker richtig feststellen, nur treibt uns dieser Motor genau in die falsche Richtung, dem Untergang zu.

Lukas 12, 13–21, beschreibt die Torheit des reichen Mannes, der Schätze für sich hortet, aber nicht reich ist vor Gott. Reinigen wir also unseren (inneren) Tempel, werfen wir Hab- und Herrschsucht hinaus, denn in Matthäus 21, 12–13, sagt der Herr: *»Und Jesus ging in den Tempel, trieb alle hinaus, die im Tempel verkauften und kauften, stieß die Tische der Wechsler und die Stände der Taubenverkäufer um und sprach: Es steht geschrieben: Mein Haus soll ein Bethaus heißen, ihr aber habt es zu einer Räuberhöhle gemacht«*. Machen wir also unser Inneres zu einem Haus Gottes, mit wirklichen, geistigen, inneren Schätzen und nicht mit Anhäufungen von bedrucktem Papier und Metallmünzen.

Wer sind die Weltmächtigen?

Zu guter Letzt ist endlich auch zu sehen, wer sich hinter den internationalen Bankendynastien, dem Geldsystem, dem Kapital verbirgt (*Des Griffins*) (26). Es handelt sich ja letztlich immer um Personen, nicht um Institutionen. Wer liebt das Geld als Endzweck und nicht als bloßes Mittel zum Zweck des Handelns und zum Dienst an der Allgemeinheit? Wer unterdrückt und beraubt die Welt mittels seiner **Zinsherrschaft** und hat es dabei bis heute geschafft, unerkannt zu bleiben? Ich kann und darf in diesem Zusammenhang den Begriff des internationalen, politischen Zionismus nicht verschweigen, nur weil einst ein ebensolcher geistiger Zionist und Rassist, nämlich *Adolf Hitler*, durch seine unangemessenen Gewalttaten am jüdischen Volk uns seither einen Maulkorb umgebunden zu haben scheint. Recht muß wieder zu Recht werden. Und Unrecht muß schonungslos als solches enthüllt werden. Allein die Enthüllung genügt zur Beseitigung. Das heißt, jemand kann erst reagieren und richtig handeln, wenn er die Wahrheit kennt. Mit **Zionismus** meine ich außerdem nicht generell das jüdische Volk beziehungsweise jene, die sich dazu zählen lassen, sondern vielmehr die Idee und Haltung gewisser *Geldbarone* auf der ganzen Welt, die meinen, sie seien die Erleuchteten, Auserwählten, die einzig Großen, Regierungsfähigen und -würdigen dieser Welt. Alle anderen Menschen hingegen seien das *gemeine Fußvolk*, die große *Viehherde,* die es zu *melken* gelte, also Knechte und Diener jener Herrschaften. Jene lassen eine Beteiligung des Volkes am Reichtum nicht zu, sondern wollen Kontrolle, Vereinheitlichung, Enteignung der Völker, Monopole, streng gegliederte hierarchische Von-oben-nach-unten-Ordnungen. Selbst die Regierungen werden zu bloßen Marionetten, wenn man weiß, daß die Banker schon seit Jahrhunderten das große Geld mit der Finanzierung von Regierungen und Königen machen.

Die Schuldner müssen dem Gläubiger ja immer ein Mitspracherecht einräumen, wenn sie Kredite bekommen wollen. Tun sie das nicht, so ist schnell ein Gegner *finanziert.* Die Banker profitieren außerdem von jedem Umsturz, von jedem Wechsel, jeder Revolution und jedem Krieg. Sie sind sogar darauf aus, solche zu schüren beziehungsweise herbeizuführen. Man verdient ja zuerst an der **Aufrüstung**, kauft das vom Krieg zerstörte Land dann für ein *Butterbrot*, und nimmt nachher den **Wiederaufbau** in die eigene Hand. So kann man sagen, daß die Geldmächte quasi von Krieg, Zerstörung, Not und Elend der Völker leben, ja sogar, daß sie es sind, die eigentlich die Völker bis heute ins Unglück stürzten. Sie schüren Konflikte zwischen **Ost und West** und entfachen ihre Feuer des Mordes, der Verwüstung, der Greuel in jedem erdenklichen Land der Erde, indem sie bewaffnen, aufrüsten, manipulieren, Regierungen stürzen und andere bezahlen, mit Krediten handeln wie ein Dealer mit Heroin, genau wissend, daß danach der Niedergang des Schuldners perfekt sein wird.

Die Bankendynastien sind eine unkontrollierbare, unerkannte, regierende, die Wirtschaft der Länder nach Belieben steuernde, ausbeutende, die Völker parasitierende Macht.

Neben den sogenannten zivilisierten Staaten ist auch der Staat Israel* ein Zentrum dieser Kräfte, dieser über die ganze Welt verstreuten Clique von Geldmächtigen. Die jüdische Religion ist hierbei willkommenes Mittel zum Zweck, da sie die Juden ja als einziges Volk Gottes sieht, dem alle anderen *Heiden* zu unterwerfen sind. Man leugnet die Gottheit Jesu und wartet auf einen Erlöser, der einem die Welt zu Füßen legt. Unser Gott, der Herr Jesus Christus, ist für jene ein Teufel, das wahre **Christentum** der Erzfeind, dessen Vernichtung mit allen Kräften vorangetrieben wird**. Mit allen möglichen Irrlehren aus diversen Religionen, vor allem aber atheistischen und marxistischen Denkweisen wurde und wird versucht, das Christentum endgültig zu besiegen beziehungsweise auszulöschen. Auch die Ökumenebewegungen dienen letztlich einem Ausverkauf und einer Verwässerung der christlichen Lehre. Man kann heute sagen, daß die Orientierungslosigkeit, die Verwirrung, die Verdummung, die Vereinheitlichung, also die Auflösung, Verdrehung und Verfälschung aller Werte und allens Wissens inzwischen soweit fortgeschritten sind, daß die Welt nun wie Auf-dem-Kopf-stehend erscheint. Hierfür mache ich jene Geldmächte und die Geisteshaltung des politischen und religiösen Zionismusses in aller Welt, auch hierzulande, verantwortlich. Wenn nun in absehbarer Zeit ein Kampf zwischen jenen Geldmächten und ihren zahllosen Anhängern gegen den Rest der Welt entflammen wird, so hoffe ich, daß sich die *Streiter des Herrn* auf ihre einzige und wirksamste Waffe besinnen, nämlich auf die Wahrheit, das Wort Gottes aus unserem Herrn Jesus Chri-

*Es ist der Sache wenig gedient, wenn wir, um Unannehmlichkeiten zu vermeiden, das jüdische Volk, dessen Geschichte ja maßgeblich immer mit der Geschichte des Geldes verbunden war und noch ist, aus der Diskussion heraushalten. Es geht ja gerade darum, **alle** Falschheiten jedes Volkes, Standes, oder Systems kenntlich zu machen. Nur dadurch und nur dann können diese erkannt und behoben werden. **Alle** sollen und müssen vom Herrn unserem Gott erlöst werden, erst dann kann unsere Welt genesen. – Auch und gerade die Juden! Ich bitte deshalb alle Juden, die dieses Buch lesen werden, meine gutmeinende Absicht zu erkennen. Schließlich findet sich heute Böses und Falsches in jedem Volk. – Wenn dem nicht so wäre, dann sähe alles anders aus. – Außerdem läßt sich die Kritik am Geldsystem nicht auf Juden beschränken, sondern muß vor allem die sogenannte *Christenwelt*, die aus in späteren Kapiteln genannten Gründen ebenfalls längst schon keine wirkliche mehr ist, einschließen.

**Die wesentlichsten Verfälscher und Vernichter des Glaubens an den einen Herrn Jesus Christus befinden sich jedoch im Christentum selber. Je näher jemand an der Wahrheit dran ist, umso mehr kann er ihr schaden.

stus. Nur mit ihr können wir siegen. Ohne sie werden wir noch mehr untergehen. Ein Volk ist nicht das, was es an materiellen Gütern besitzt, sondern das, was es an inneren, geistigen Gütern vom Herrn in sich trägt. Dazu möchte ich noch aus dem Wort Gottes durch Ezechiel Kapitel 28 zitieren. Dem Unkundigen seien vorweg zwei Begriffe erklärt, die auch in Ezechiel 28 vorkommen, und die die Juden für sich in Anspruch nehmen und fälschlicherweise daraus ableiten, daß sie heute auf der Seite Gottes stünden beziehungsweise dort nicht gemeint sein können. Zum einen der Begriff *Israel.* Darunter ist die geistige Kirche Gottes zu verstehen. Also all diejenigen, die sie bilden beziehungsweise das Wort und die Wahrheit Gottes durch Jesus Christus suchen und angenommen haben. Zum anderen die Beschneidung: Darunter ist eine Säuberung oder Reinigung bezüglich der *Begierden des Fleisches* zu verstehen. Also eine Art Taufe. Beschnittene sind somit von ihren Begierden Gereinigte oder Befreite durch den Herrn. Ein äußeres Zeichen dieser Reinigung war die Entfernung der Vorhaut. Allein diese äußere Reinigung besagt jedoch überhaupt nichts. Schon gar nicht, daß jemand, der einen Teil seines Körpers zu äußeren Reinigungszwecken entfernt, zum Volk Gottes gehört beziehungsweise geistig und innerlich gereinigt sei. Doch nun zu Ezechiel: *»Dieweil dein Herz hoffärtig geworden und du sprichst: Ein Gott bin ich, auf dem Sitze Gottes sitz ich, . . . und Du (Jesus, Gott) bist ein Mensch und kein Gott . . . Weise bist du und kein Geheimnis ist vor dir verdeckt . . . dadurch hast du Vermögen dir gemacht, . . . du in deinem Handel dein Vermögen gemehrt, und durch dein Vermögen ist hoch dein Herz geworden . . . Durch deine vielen Handel ist deine Mitte voll von Gewalttat geworden, und du sündigtest . . . Ob deiner vielen Missetaten, ob der Verkehrtheit deines Handels hast du entweiht deine Heiligtümer...«*

Die Weltmächtigen sind Gegner des echten Christentums

Hier möchte ich es dem Leser überlassen, seine Schlüsse zu ziehen. Dabei ist zu beachten, daß es hier nicht nur um diejenigen geht, die heute glauben, Israel, also Volk Gottes zu sein, sondern um alle, die keinen Gott außer sich selbst anerkennen, um alle, die die Göttlichkeit von Jesus Christus leugnen, weil seine Lehre ihnen nicht ins Machtkonzept paßt, also um alle Kulte und Denkrichtungen, in denen ein oder der Mensch sich zum Gott machen wollte. Von den Babyloniern und den vorchristlichen Götzenkulten (Sonnen-, Baal-, Osiriskult), zu den ersten Verfälschern der christlichen Lehre bis zum Satanskult und dem Illuminaten (Erleuchteten–) Orden, und ihren Werkzeugen, den Aufklärern, Atheisten, Marxisten, Kommunisten – auch Demokraten unserer Zeit, deren Ziel es ist, die Welt in Bedrängnis zu bringen, um sie nachher hierarchisch zu unterjochen und zu regieren, denen es einzig und allein um Macht und Geld geht, und die bei genauem Hinsehen auch schon beides in den Händen halten.

Warum und wie jene das Christentum zerstören wollen beziehungsweise bereits zerstört haben, müßte hier einleuchtend ersichtlich sein.

Es zeigt sich hier auch, daß die eigentlichen Kriege nicht mit Waffen, sondern mit dem Geist zwischen Gut und Böse, Richtig und Falsch geführt werden. Die heutigen Kriege sind ja nur Mittel zur Machtbereicherung und Verschiebung zugunsten der Geldmächte beziehungsweise Auswirkungen und Folge des Wirkens und Herrschens jener. Auch hoffe ich, daß an dieser Stelle der Leser wieder die Bedeutung des wahren Christentums als einzigen Weg aus dieser Misere erkennt und diesen Weg einschlägt, selbst wenn er bislang ebenfalls eines der vielen Opfer jener geistigen Pestinfektionen, die von den Geldmächten gegen die Kirchen geschleudert wurden, gewesen sein sollte.

Doch die Pforten der Hölle werden Sie nicht überwältigen

Unsere alte Mutterkirche, die **katholische Kirche** liegt durch all jene Irrlehren, Fremdeinflüsse, Verwirrungen ihrer *Schafe,* die seitens der Illuminaten, Zionisten, Kommunisten, Geldmächte, Antichristen, vor allem jener, die in diese vom Herrn gegründete Kirche mittels des Priesteramts eingedrungen waren, am Boden darnieder. Sie ist gemeint in der Schrift, wenn es heißt, das alte Israel, die alte Kirche Gottes werde untergehen. Doch heißt es darin glücklicherweise auch, daß ein neues Israel, eine neue Kirche, eine erneuerte *Braut des Herrn* (Kirche), ein neues Jerusalem entstehen wird. Diese neue *Braut des Herrn* wird die Kirche sein, die den Herrn Jesus Christus wieder als alleinigen Gott verehrt. Mit Sicherheit jedoch nicht ein auf Verschwörungen, Lug und Trug, Unterdrückung, Mord, Krieg, Ausbeutung gegründete Geldmachtimperium von Illuminaten (Erleuchteten), die Jesus Christus als Erzfeind sehen.

Auch jene werden das Geld abschaffen

Fallen Sie auch nicht darauf rein, wenn in naher Zukunft jene ebenfalls das Geld abschaffen werden. Dies wird geschehen, sobald sich die ganze materielle Welt mehr oder weniger in deren Händen befindet. Da sich aufgrund des Zinssystems über kurz oder lang zwangsweise alle Besitztümer bei den Zinsschröpfern anhäufen müssen, ist ein Endpunkt dieser Entwicklung dann gesetzt, wenn der Bürger vollends enteignet ist beziehungsweise keine Schuldner mehr gefunden werden können, die die Zinsen noch bezahlen können. Dieser Endpunkt ist sehr nahe. Viele **Dritte-Welt-Länder** sind bereits zahlungsunfähig. Momentan spielen deshalb noch die USA beziehungsweise deren Bürger die Rolle des Hauptschuldners duldsam mit. Sollten jedoch zum Beispiel die dortigen Farmer nicht mehr länger bereit sein, immer noch mehr *gemolken* zu werden, kann der Zusammenbruch des Geldsystems bereits beginnen. Es ist durchaus denkbar, daß die Geldmächtigen dann das **Bargeld abschaffen** werden. Jedoch keinesfalls, um etwa wieder gerechte Verhältnisse, Besitzverteilung, Rückgabe aller Produktionsmittel- und Güter an diejenigen, die sie geschaffen haben, also an das Volk, usw. zu praktizieren, sondern im Gegenteil um zu verhindern, daß das Volk wieder zu Eigentum und Besitz gelangen kann.

Einen Schritt dahin sehe ich in der allgemeinen Einführung eines elektronischen **Kreditkartensystems**, mit dem jeder Bürger optimal kontrolliert und parasitiert werden kann, da es Eigentum, Privatgeld, Unabhängigkeit verhindert. An dieser Stelle kann auch sichtbar werden, daß all die kapitalistischen, demokratischen Systeme, die die Zinsnahme nicht verbieten, nur Parallelen zu dem, was wir bereits im Osten unter dem Namen Kommunismus vorfinden, sind, beziehungsweise daß diese von den Geldmächtigen installierten antichristlichen, da auf weltlichen Dingen basierenden Systeme dabei sind, sich die **Weltherrschaft** endgültig zu sichern. Verhängnisvoll für jene Kräfte ist nur der Umstand, daß diese ihre *Rechnung* ohne unseren Herrn, Meister und Erlöser Jesus Christus, den einzigen und alleinigen Gott aller Welten gemacht haben.

Zuletzt möchte ich einen unveröffentlichten Leserbrief an die Schwäbische Zeitung beifügen, in dem es um eine besonders abscheuliche Zählerei und Besitzanmaßung von Möchte-gern-Göttern geht.

Schon König David sündigte mit einer Volkszählung

zum Thema Volkszählung:

Da die Bibel heute gern von irgendwelchen Manipulatoren dazu mißbraucht wird, ihre Falschheiten durch Verdrehung des Gotteswortes zu begründen, möchte ich die Schrift nun auch einmal zu einem Thema zitieren, zu dem eine Falschdeutung kaum möglich sein dürfte, und das den Herrschenden gegen den Strich laufen könnte.

In 2. Samuel, Kapitel 24, wird beschrieben, wie sich König David schwer gegen Gott versündigte, weil er das Volk zählte. Manche werden sich hierüber wundern, da sie ja ihr ganzes Leben mit Zählen und Berechnen verbringen. Weshalb sollte Zählen ein Verbrechen sein? – Nur durch Zählen kann man besitzen, anhäufen, verwalten. Zählen und berechnen drehen sich immer um das Streben nach Äußerem, Materiellem, nach Besitz, Reichtum, und damit einhergehend nach Macht, Herrschaft, sind also Welt- und Selbstliebe mit all ihren üblen Folgen wie Unterdrückung, Ausbeutung, Gewalt, Haß, Krieg usw. Zählen ist also dem Streben nach Innerem und Geistigem, der göttlichen Liebe und Weisheit genau entgegengesetzt. Eine Anmaßung und Ungeheuerlichkeit besonderen Ausmaßes ist es jedoch, nicht nur materielle Besitztümer, sondern gar das Volk zählen zu wollen. Jene, die solches anstreben, maßen sich Gottes Besitz an. Deshalb wurde König David für seine Zählerei auch streng bestraft. Er konnte zwischen Hungersnot, verlorenem Krieg und der Pest wählen, wobei er damals die Pest vorzog. Da die Worte Gottes jedoch außer ihrem Wortsinn immer auch einen inneren Sinn haben, der der eigentliche Sinn ist, muß unter Hungersnot auch eine geistige, innere verstanden werden. Hungersnot ist also auch eine Zeit, in der den Menschen geistige Wahrheiten, das Gute und Wahre vorenthal-

ten werden. Ein verlorener Krieg bedeutet auch den geistigen Untergang einer Kultur oder eines Volkes, der dann eintritt, wenn eben Wahrheiten unterdrückt werden. Pest bedeutet somit auch eine innere Seuche, also eine Fehlleistung des Volkes zu Bösem und Falschem. Viele fallen dann dieser Seuche zum Opfer.

Dem Wortsinn nach dürfte das 24. Kapitel Samuels ja verstanden werden. Es scheint, als würden wir uns heute, genauso wie David, die Pest, beziehungsweise Krebs, Aids usw. als selbstverschuldete Strafe zuziehen.

Kapitel 11
Genmanipulationen/Aids

Seit der Eiszeit entfernte sich der Mensch immer weiter von seinen Lebensgrundlagen.

Seit etwa 10.000 Jahren, etwa beginnend mit der Schlachttierhaltung, dem Getreideanbau, also seit der Entstehung von **Ackerbau und Viehzucht**, begann eine Entwicklung, deren Ende beziehungsweise Zusammenbruch sich allmählich immer deutlicher abzeichnet.

Wo sich der in seinem und von seinem Garten lebende Paradiesmensch – im Wort zum Beispiel in der Genesis beschrieben – noch im Einklang mit der Natur von Früchten und Gemüsen seiner Art entsprechend ernährte und damit zufrieden und glücklich war, entstand heute eine Naturferne, eine Naturvergewaltigung, ein Mißhandeln der gesamten Schöpfung, wie man sie sich kaum mehr schlimmer vorstellen kann. So lebt so gut wie kein Mensch mehr in seinem, geschweige denn, aus seinem Garten im Einklang mit der Natur und ihrem Schöpfer, sondern führt ein sogenanntes *zivilisiertes Leben* in den Städten, während auf dem Lande die moderne Maschinenlandwirtschaft das übernommen hat, was die grundlegendste, wichtigste, lehrreichste allgemeine Tätigkeit des Menschen sein sollte, nämlich das Gewinnen seiner natürlichen Nahrung.

Einhergehend mit einer kaum zu beschreibenden Verwüstung unseres Innenlebens wie unserer Lebensweisen insgesamt zeigen sich, da ja eine Umkehr beziehungsweise Rückkehr zum Herrn und damit in den Paradiesgarten immer noch nicht einmal begonnen zu haben scheint, zunehmende Bedrohungen und unübersehbare Gefahren für die Existenz allen Lebens auf dieser Welt, deren Ursachen in unserer eigenen Hab- und Machtgier, in unserer Gottferne zu suchen sind.

Wir benutzen die falschen Pflanzen als Nahrungsgrundlage
Doch betrachten wir die Geschehnisse etwas konkreter. Was geschieht heute tatsächlich? – Die einst vorhandene Nahrungsvielfalt (zirka 6.000 Arten von fruchttragenden Pflanzen) wurde auf einige Dutzend, meist menschenunwürdige, nur unter großem Aufwand überhaupt am Leben zu erhaltende Nahrungspflanzen eingeengt.

Saatgutkonzerne kontrollieren
Die wenigen verbleibenden Arten werden von international operierenden Saatgutkonzernen kontrolliert, wobei jene an der Gesundheit des Saatgutes bislang wenig Interesse zeigten, wohl weil sie ja gleichzeitig vom Dünge- und Spritzmittelgeschäft leben, und später obendrein noch an den weiteren Teilhabern der sich aufbauenden Nahrungskette ihren Reibach machen, indem sie diesen Medikamente (Gegengifte) gegen eintretende Krankheiten beziehungsweise Vergiftungen verkaufen. Das Geschäft blühte bislang zu Kriegs- und Friedenszeiten gleich gut. Der Unterschied bestand jedoch vor allem darin, daß man zu Friedenszeiten die angewendeten Gifte und Methoden etwas besser tarnen mußte.

Anbaufehler rächen sich in der Dritten Welt noch schneller
In neuerer Zeit werden die Giftmärkte vor allem in den Ländern der Dritten Welt ausgeweitet. Da sich dort alle schädlichen Eingriffe in die Natur noch schneller und verheerender rächen – in Form von Schädlingsbefall, Dürre, Bodenerosion, ist auch das Geschäft dort entsprechend expansiv. Anstatt nun zu versuchen, dort die einheimischen Nahrungspflanzen, vor allem die Fruchtbäume, zu erhalten und zu kultivieren – Gräser, Getreide, Kühe wachsen auch bei uns, Bananen aber leider nicht – scheinen diese leider noch bestimmenden, da vermögenden Kräfte das Ziel vor Augen zu haben, selbst die entlegendsten Menschengegenden, in denen manche Völker noch schadlos von der Natur lebten, mit ihrer Version von Ackerbau und Viehzucht, mit all den dekadenten lebensuntüchtigen Pflanzensorten und Nutztierarten, die sie in neuerer Zeit *marktgerecht* gezüchtet hatten, ins Verderben beziehungsweise in die Abhängigkeit zu ziehen.

Hunger, Elend und Krankheit sind besonders in den Entwicklungsländern einhergehend mit Ackerbau und Viehzucht. Kaum haben unsere Lebens- und Ernährungsweisen dort Fuß gefaßt, werden dort auch sofort Krankenhäuser, Sozialstationen, eben der überall praktizierte Scheinkampf gegen den eigenen Körper etabliert.

Ein neuer Sortenkatalog bedeutete Aussterben vieler Nahrungspflanzen

Die vernichtenden Wirkungen der Monopolisten sind jedoch auch in den Kulturländern gravierend, wenngleich sie dort so alltäglich geworden sind, daß sie niemandem mehr auffallen. So führte zum Beispiel ein neuer gemeinsamer EG-Sortenkatalog vor einigen Jahren zum Aussterben mehr als der Hälte aller europäischen Gemüsesorten, einfach deshalb, weil sich die Bürokraten mit diesem Katalog erdreisteten, alle nicht enthaltenen Arten nicht mehr für den Handel zuzulassen. Leider kümmern sich unsere *Ökologen* weniger oder gar nicht um unsere Nahrungspflanzenvielfalt und - Güte, sondern hauptsächlich um irgendwelche *Biotope* für Frösche, Orchideen, Wildtiere. Eine *rote Liste* für Nahrungspflanzen wäre jedoch weit wichtiger, wenn wir nicht bis in einigen Jahren nur noch wertlose Chemiezöglinge, die hauptsächlich auf möglichst große Düngeraufnahmekapazität und damit Krankheit und Anfälligkeit selektiert werden, weniger aber auf ihren Ernährungswert, vorfinden wollen. Was nützt es uns dann, wenn wir von der schmackhaften Erdbeere unserer Großmutter zwar noch erzählen können, unser Erbe bezüglich der Nahrungspflanzengattungen jedoch in dümmlicher Weise verpraßt haben wie ein *Hans im Glück*?

Genbanken können uns nicht retten

Zwar werden von den Konzernen überall auf der Welt große Genbanken angelegt – man will sich damit Alleinrechte auf eine Pflanzen- oder Tiergattung sichern, um damit einst die Welt über die Nahrungsmittel beherrschen zu können – doch ist selbst die robusteste Sorte, wenn sie einmal für einige Jahre aus dem Rennen ums Überleben genommen ist *out*, den neuen Bedingungen oft nicht mehr gewachsen und sozusagen im Rückstand, was Anpassung und Erneuerung betrifft. Natürlich versuchen unsere Möchte-gern-Schöpfer auch laufend noch künstlichere beziehungsweise noch naturfernere Geschöpfe zu züchten. Nur so können ja Aufwand, Energieverbrauch, sprich Geschäft immer noch weiter wachsen.

Die Grenze ist erreicht

Eine Entfernung von den ursprünglichen, natürlichen Wuchsbedingungen ist jedoch nur bis zu einer gewissen Grenze möglich, die mit jedem weiteren Gifteinsatz, jedem weiteren künstlichen **Düngemittel**, jeder weiteren marktgerecht und nicht gesundheitsgerecht gezüchteten und gehaltenen Pflanzen- oder Nutztierart immer bedrohlicher näher rückt, bis zum allgemeinen totalen Zusammenbruch all dieser *Kunstgebilde*.

Die Grenzen dieser Naturferne wird jedoch nicht nur die Kulturpflanze oder Nutztierart spüren müssen, sondern noch mehr und noch krasser der am Ende der Nahrungskette stehende Mensch. Auch dieser nähert sich immer mehr seinem endgültigen Zusammenbruch, den auch sämtliche **Medikamentengifte** – die Spritzmittel für Menschen – nicht mehr aufhalten können, sondern diesen geradezu noch beschleunigen. So wird noch vor seinen Zöglingen der Mensch selbst zum Opfer seiner eigenen Abscheulichkeiten, er eben genau die Früchte ernten, die er gesät hat.

Der bereits begonnene Zusammenbruch hat schon einen Namen

Der bereits begonnene Prozeß der Zusammenbrüche von menschlichen Organismen verbreitet heute unter dem Namen **Aids** Angst und Schrecken unter der Bevölkerung. Wer einige Hintergründe dieser mysteriösen *unheilbaren Krankheit* (*Baumgardt* (20), *Owen* (21) kennt, der wird bald einsehen, daß es sich hier nicht um eine neue, unheimliche und unheilbare Krankheit – Krankheiten sind nebenbei erwähnt ja nur Reinigungsprozesse des Körpers, also wünschenswerte, notwendige Läuterungen – sondern genau um das Endergebnis all der vielen Vergiftungen und Naturgesetzübertretungen handelt, die den endgültigen Zusammenbruch des Organsystems bewirken. Diese kommende Welle des Zusammenbruchs von Körpersystemen ist bereits das Endprodukt einer vieltausendjährigen Geschichte des Sich-Abwendens von der Schöpfungsordnung, des falschen Lebens und Denkens seit dem Sündenfall.

Aids kann nicht alle treffen

Homosexuelle, Drogensüchtige, Medikamentenabhängige,

Chemotherapieopfer, Alkoholiker bekommen nicht rein zufällig, oder weil sie sich angesteckt haben, Aids und sterben dann an dieser neuen Krankheit, sondern jene sind quasi die ersten Vorboten eines drohenden Massensterbens, das all und genau diejenigen Menschen dahinraffen wird, die Gift zu ihrer Nahrung, und auf geistig-innerer Ebene Böses und Falsches zu ihrem Wahren und Guten gemacht haben, also die göttlichen Gesetze auf Erden und in den Himmeln mißachtet haben. Nur deren Organsystem befindet sich allmählich in einem solch vergifteten, vielleicht unrettbaren Zustand.

Die Schulmedizin will ihre Versagen nicht eingestehen

Daß die *verantwortlichen Ärzte*, die Schulmedizin überhaupt, ihre Unfähigkeit nicht eingestehen wollen, auch nur eine der immer massiver auftretenden, zum Tode führenden Zusammenbrüche, je nach ihrer Art und Weise oder Lokalität genannt Krebs, Leber-, Nieren-, Herzversagen, heilen zu können, und man nun all diese zu einer neuen, nun Aids genannten *Seuche* zusammenfassen will, liegt nahe. Erstens wird ihr Versagen nicht offensichtlich, zweitens schafft man sich mit dieser neuen Krankheit auch einen neuen *Goldesel* an. Aidsforschung, Aidstests, und wohl in absehbarer Zeit Aidsimpfungen sind und werden Milliardengeschäfte.

Ich weiß, daß diese Zusammenhänge schwerwiegende Bedeutung haben und unsere Medizin, unsere Wissenschaftler und Forscher ins Mark treffen können. Doch muß man nicht zwangsweise solche Schlüsse ziehen? Warum wird zum Beispiel nicht genau erforscht, warum im Tiertest Tiere mit Zivilisationskost zugrunde gehen, mit roher lebendiger Nahrung aber nicht? Warum wird Sonnenkost beziehungsweise Früchtenahrung nicht als Ausweg aus diesen ganzen Giftkreisläufen propagiert oder zumindest gewissenhaft erforscht, um nachher die Ergebnisse in den Medien für alle zugänglich zu machen? Die vergleichende Forschung für all jene, die nicht an die Schöpfungsordnung glauben, und nur das für wahr haben wollen, was durch Zahlen belegt ist, von Maschinen und Apparaten berechnet usw. wäre ein Kinderspiel! Das Ergebnis für die Früchtenahrung und gegen die Totkost als Hauptauslöser der gesamten Misere ist von vornherein jedem Einsichtigen klar. Da nun solche Forschungen bis zum heutigen Tag mit allen Mitteln unterdrückt werden, kann der Verdacht auf ein falsches und böses Spiel der Geldmächte zu Lasten des Suchtbürgers nicht entkräftet werden.

Wann kommt der Aids-Impfstoff?

Doch noch einmal zurück zum Thema Aids. – Aids-Impfstoffe werden vermutlich genau dann gefunden werden, wenn die Aidsangst und Panik in der Bevölkerung soweit geschürt sein wird, daß sich alle Welt augenblicklich gegen Aids impfen lassen möchte. Dann werden die scheinbaren *Rettungsengel* der Medizin wieder einmal zum *Segen* der Menschheit einen Sieg über die tödliche Krankheit erringen. – Die Menschen werden jedoch nach den Impfungen genauso oder noch schneller sterben, allerdings wird die Diagnose dann nicht mehr auf Aids, sondern wieder Krebs, Nieren-, Herz-, Kreislaufversagen usw. lauten.

Lebendimpfstoffe als Träger des Aidsvirus

Dieses Geschäft kann solange blühen, solange man bei der Bevölkerung den Glauben aufrecht erhalten kann, daß Viren, Bakterien oder ein böser Geist die Ursache ihrer Krankheit sind und nicht ihr eigenes Fehlverhalten. Im Falle von Aids zum Beispiel konnte man feststellen, daß die sogenannten Aidsviren nichts anderes als modifizierte Rinderleukämie- oder Schaf-Visna-Viren sind.

Wer sich nun fragt, auf welchem Wege jene Viren zum Menschen gelangen konnten, könnte ebenfalls eine sehr schlüssige Antwort darauf finden, wenn ihm diese nicht von der Pharmaindustrie und der WHO peinlichst verschwiegen würde. Diese Viren können nämlich offenbar durch verseuchte *Lebendimpfstoffe* in die menschliche Blutbahn gelangen. Solche Impfstoffe (vor allem Pockenimpfstoff) werden am lebenden Tier gewonnen, indem man diesem (zum Beispiel einem Kalb) Schnitte am Bauch zufügt, Pockenviren dort einbringt, und dem in einen engen Käfig gesperrten Tier (damit es die Wunden nicht ablecken kann) nach einiger Zeit den entstandenen Wundschorf mitsamt dem Eiter wieder abkratzt. Dieser wird zuletzt zerrieben und in Serum gelöst, und fertig ist der Pockenimpfstoff!

Daß bei einer solch abscheulichen Prozedur niemals Gesundheit für einen Menschen herauskommen, sondern eben noch weitere Vergiftungsschäden entstehen können, müßte eigentlich sogar einem rein wissenschaftlich denkenden Menschen einleuchten.

Die Verbreitung von Aidsviren in Pockenimpfgebieten

Es ist also anzunehmen, und dies wurde auch durch Untersuchungen (*Baumgardt* (20), *Owen* (21) bestätigt, daß das Aidsvirus vor allem in jenen Gebieten Verbreitung fand, in denen verstärkt mit solchen Impfstoffen geimpft wurde, und zwar durch die *Weltgesundheits-Organisation* (WHO)!

Weder Viren noch andere Mikroorganismen sind schuld am Kollaps

An dieser Stelle muß deshalb noch einmal deutlich gesagt werden: **Es gibt keine Heilmittel, Medikamente, Impfungen gegen Krankenheiten** und auch keine Institution, die solche herstellen kann, es sei denn sie beschäftigt sich mit dem Anbau von Früchten und Gemüsen. Krankheiten sind Entgiftungsvorgänge und Abläufe im Körper, die nicht durch anorganische Substanzen beziehungsweise Gifte manipuliert und behindert werden dürfen, da sonst die Gesundung unterbrochen würde. Solche Stoffe zwingen den Körper, seine Giftfracht so lange zu behalten und abzulagern, bis diese zuletzt so übergroß geworden ist, daß der Gesamtorganismus darunter zusammenbricht. Je mehr Gifte (auch Medikamente, Impfungen) Sie zu sich nehmen, je mangelhafter Ihre Ernährung ist, je schlechter die Luft, die Sie atmen usw., umso wichtiger werden geradezu die reinigenden Krankheiten, mit denen sich Ihr Körper von Zeit zu Zeit davon befreien kann. Wenn Sie trotz all den täglichen Giften nicht mehr krank werden, alles *vertragen* können, kann der Zusammenbruch Ihres Körpersystems näher sein als Ihnen recht ist, weil dann nämlich Ihr Körper bereits resigniert hat, das heißt zu schwach ist, um all die Gifte noch abwehren zu können.

Drogensüchtige sind nur die Vorhut

Wenn Sie das Kapitel Drogen oder Ernährung schon gelesen haben, wird Ihnen sicherlich auch klar werden, daß hierzulande nicht nur *Drogensüchtige* Gifte zu sich nehmen, sondern schon und vor allem die übliche Ernährungsweise – und Lebensweise täglich Dutzende von verschiedenen Vergiftungen bewirkt, auf die Ihr Körper schon längst nicht mehr abwehrend reagiert. Drogensüchtige, Alkoholiker, Medikamentensüchtige, Chemotherapiebehandelte, Schwule sterben nicht per Zufall und nicht am bösen *Aidsvirus*, sondern diese Bevölkerungsgruppen umfassen jene Zeitgenossen, deren Vergiftungszustand bereits am weitesten fortgeschritten ist, und bei denen deshalb zuerst Mikroorganismen (Viren, Bakterien) auftreten. Die Kleinlebewesen sind nicht die Feinde des lebendigen, gesunden Menschen, sondern im Gegenteil seine Freunde, indem sie ihm helfen, all die kranken Stoffe und minderwertigen Zellen abzubauen und ausscheidbar zu machen. Sie sind und müssen also überall genau dort erscheinen und in Aktion treten, wo kranke, vergiftete Zellen und Stoffe zum Wohle des Gesamtkörpers abgebaut werden müssen. Genau das ist ihre Aufgabe. Deuten wir daher in Zukunft die Symptome unseres Körpers wie unserer Zeit richtig, dann wird uns keine noch so *unheimliche Krankheit* etwas anhaben können.

Heilung ist also nie und nimmer durch weitere Giftzufuhren zu erreichen, sondern einzig und allein durch ein Leben nach den göttlichen Gesetzen der Schöpfungsordnung. Unser Schöpfer ist der einzige Heiland und Heiler dieser und jener Welten. Ich kann Ihnen nur raten, SEINE Heilmittel baldmöglichst einzunehmen.

Kapitel 12
Gesetz und Ordnung

Dieses Kapitel setzt das Lesen des Abschnittes über die Regierung voraus und knüpft daran an.

Die Geschichte hat gezeigt, daß es **das** Recht und **die** Ordnung bislang noch nicht gegeben hat. Recht und Ordnung wurden immer von den jeweils Herrschenden und Besitzenden für ihre Zwecke verändert und mißbraucht. Gesetze schützten so nicht mehr den guten Willen und die nützliche Absicht der Menschen, sondern wurden im Gegenteil zu Unterdrückungswerkzeugen, mit denen man jegliche Entwicklung des Guten und Wahren zunichte machen konnte. Dies geschieht gerade auch heute wieder in der Bundesrepublik Deutschland.

Unsere Gesetze treffen die Falschen!*

Die erlassenen *Antiterrorgesetze* zum Beispiel führen schon wieder über die Hintertür die Gesinnungsschnüffelei ein, die Verfolgung Andersdenkender, auch wenn sie weder Sachen noch Personen Schaden zufügten. Da müssen schon wieder Schriften beziehungsweise deren Verfasser, die geeignet sind, *terroristische Straftaten* zu fördern, mit Ausnahmegesetzen verfolgt werden. *Terroristisch* ist so langsam wieder mehr oder weniger alles, was den Staat beziehungsweise die Wirtschaft in ihren größenwahnsinnigen Vorhaben zu behindern scheint.

Parteiische Richter können nach den neuen Gesetzen nicht mehr abgelehnt werden. Das Vorgehen gegen Anders- beziehungsweise Freidenkende, genannt Gegner, wird immer härter. Die *Schlinge* wird bereits schon wieder zugezogen, allerdings nicht um den Hals der eigentlichen, ursprünglichen Provokateure – diese haben ja den Staat gewollt oder ungewollt einen großen Dienst erwiesen –,

*Man geht heute auch so vor, daß zunächst – oft selbst initiierte – Provokationen, Falsches und Böses per Gesetz bekämpft werden, diese Gesetz dann aber wiederum gegen das Gute und Wahre eingesetzt werden.

sondern nun um genau jene, die den Mächtigen wirklich im Wege sind, weil sie Gutes und Wahres wollen, Nützliches im Sinn haben, oder auch nur, weil sie noch nicht staatshörig, abhängig, völlig versklavt sind. Bespiele für Opfer dieser Taktik finden Sie heute zum Beispiel in den Bereichen Landwirtschaft und Umweltschutz.

Die Hintergründe sind kaum erkennbar

Der Staat erscheint jedoch so zunehmend im Licht des totalitären Unterdrückungsstaates, der sein Volk als **unmündige Bürger** behandelt, und der zu seiner Verteidigung auch äußere Polizeimacht nötig hat. Durch die Verschärfung solcher Gesetze kann er das Volk so gegen sich aufwiegeln, daß es ihn stürzt, entmachtet, oder auch auf *demokratischem* Weg seinen Gegnern den Weg bahnt. Terroristengesetze könnten also zunächst den *Volkszorn* gegen eine Regierung entfachen, sie stürzen, und nachher, wenn eine neue Regierung an der Macht ist, deren *Kämpfer* als Volkshelden oder gar Märtyrer im Lichte der Gerechtigkeit *erstrahlen* lassen, indem dann durch bestimmte *Bekennerschreiben* passenden Inhalts die neuen Herrscher und Helden als wahre Vorkämpfer der Revolution vorgestellt werden könnten.

Durchschauen Politiker das Spiel?

Natürlich ist auch denkbar, daß nicht nur diejenigen, die einen Staat stürzen und danach selbst regieren wollen, terroristische Straftaten begehen, sondern auch viele andere die verschlungenen Wege und Mittel von Intriganten nicht erkennen und durchschauen können, weil es heute ja allgemein und gewollt an umfassender Information, Geschichtswissen, entsprechenden Gedanken und Einsichten fehlt. Selbst viele Regierenden mit all ihrer Großmannssucht, ihrem Streben nach Ruhm und Ehre, ihrem mangelnden Wissen des Guten und Wahren aus dem Herrn im Wort Gottes, erkennen nicht, daß sie nur *Bauern* im Schachspiel der internationalen Finanzmagnaten und Geldmächte sind, die sich mit ihrem Handeln für die Intriganten aufopfern. Denn je mehr sich Regierende zu Handlungen gegen das Volk bewegen lassen, desto mehr sägen sie an genau dem *Ast*, auf dem sie eigentlich sitzen oder sitzen sollten. Die wirklichen Drahtzieher des Weltgeschehens haben es immer verstanden, zur rechten Zeit und in für sie vorteilhafter Weise solchen Marionetten einen Fußtritt zu versetzen, sie zu stürzen, um *ihr* System als die Lösung schlechthin für die ganze Welt zu propagieren.

Recht und Gesetz sind zu Machtwerkzeugen geworden

Recht und Gesetz sind jeweils das, was der Staat, die Regierenden und die Besitzenden dazu machen, also Mittel zur Festigung ihrer Positionen, Privilegien, ihrer Unterdrückungs- und Machtwerkzeuge. Sogar Verbrecher erscheinen nicht immer als Rechtsbrecher, sondern werden aus einem anderen Blickwinkel oder zu einer späteren Zeit oft sogar als Volkshelden, Märtyrer usw. gefeiert, weil sie sich gegen Unrecht und sich anbahnende Katastrophen mit aller Kraft zur Wehr gesetzt zu haben *scheinen*. Hierbei wird leider auch das Mittel der Gewalt oft legitimiert beziehungsweise als rechtens angesehen.

Gewalt ist kein Weg

Ich möchte hier einmal das Thema Gewalt gegen Sachen, Personen, den Staat näher erläutern. Ein **Atomkraftgegner** zum Beispiel, der einen Strommast umsägt, gleicht in meinen Augen einem Arzt, der versucht, eine Krankheit durch kurzzeitige Beseitigung von Symptomen dieses Leidens zu bekämpfen. Er erreicht dadurch nur, daß der Patient die wirklichen Ursachen seiner Krankheit nicht findet, beziehungsweise daß sie später an dieser oder anderer Stelle noch heftiger als zuvor ausbricht und dann noch größere Gewaltmaßnahmen herausfordert. Daß die Krankheit aber geistiger Art ist und sich aus einer falschen Geisteshaltung des Immer-mehr-wollens, der mangelnden Bescheidenheit, der mangelnden Einsicht, des fehlenden Wissenwollens, die sich durch eine falsche und rücksichtslose Lebensführung gegen sich, und im speziellen Fall Kernenergie, gegen seine Umwelt äußert, die sich außerdem nicht nur im eigenen Körper, sondern in genau dem Inneren der Menschen entsprechenden Schäden an der Außenwelt äußert, dieser ursächliche Zusammenhang wird durch Gewalttaten weder begriffen noch geheilt. Eine Heilung aller Krankheiten, auch der äußeren Krankheiten an der Umwelt, kann letztlich nur durch die Erkenntnis dessen, was wirklich richtig, gut und wahr für uns alle ist, eingeleitet, und durch die Umsetzung des Guten und Wahren in die Tat vollzogen werden.

Das Wollen nach mehr, der heutige **Konsumrausch**, die ***moderne Art zu leben,*** kurz alle Arten der Liebe zu rein Materiellem, der Weltliebe und Liebe zu sich selbst, die der Liebe zu Gott und dem Nächsten, also der Liebe zu allem Guten und Wahren und zu allem Nützlichen vom Herrn genau entgegenwirken, jene *höllischen* Neigungen und Vorlieben sind die eigentliche Ursache der heutigen Umwelt- und Innenweltkrankheiten. Diese sind in ihrem Ursprung Geisteskrankheiten und nur durch den (guten) Geist zu heilen. Erst wenn der Mensch das Böse, Schlechte, Falsche nicht mehr will, will er umgekehrt Gutes, Wahres und wirklich Nützliches. Erst wenn er sich seinem Schöpfer zuwendet, wenn er sich durch *Christus wiedergebären* läßt, kann er seinen sonst sicheren inneren, geistigen, aber auch den Tod der Schöpfung insgesamt verhindern.

Gerichte sollen Gutes und Wahres schützen

Wir müssen aus dieser Sicht auch die Thematik Gesetz, Gericht, beziehungsweise Strafe neu beleuchten. »*Richtet nicht, auf daß ihr nicht gerichtet werdet, oder Wer das Schwert erhebt, wird durch das Schwert fallen*«, sind zwei bekannte Bibelzitate. Sie besagen, daß es keinem Menschen zusteht, über einen anderen zu richten. Jeder Mensch ist aufgrund seines Menschseins in der Lage, sich seinem Guten aus dem Herrn zuzuwenden. Auch wenn er der größte Verbrecher war, kann er seine Untaten bereuen, sich ändern, und sich so dem Herrn zuwenden. Die Aufgabe der Gerichte auf dieser Welt sollte daher eigentlich nicht im Verdammen, im Richten, im Verurteilen bestehen, sondern im Schützen des Guten und Wahren, das vor allem dadurch geschehen kann, daß der Verbrecher durch seine eigene Umkehr und Einsicht vom Tun des Bösen abgehalten wird. Da er aber in der Regel nicht willens ist, Einsicht, Reue und Umkehr anzustreben, kann er oft nur durch Strafen von seinem schädlichen Tun abgehalten werden. Hätte er das Wissen um das, was gut und wahr ist, und die Einsicht, den Willen, solches in sich aufzunehmen, könnte er gar kein Verbrechen mehr begehen. Also entstehen Verbrechen und Gewalt erst in einer Umnachtung, einer Finsternis, einer Abkehr von Gottes Liebe und Weisheit.

Solch eine *Finsternis* oder *Hölle* findet sich jedoch im einzelnen genauso wie im Gesamtvolk. Je mehr ein Volk von diesem Gott-abgewandt-sein, von Unwissen durchdrungen ist, umsomehr kann sich eben solch Schädliches, wie wir es heute überall beobachten, verbreiten. Umso mehr wird Licht in Schatten verwandelt, werden auch die besten Gesetze noch so verdreht, daß sie schließlich das Böse schützen, statt umgekehrt.

Es ist eine Tatsache, daß Licht zwar die Dunkelheit erhellen kann, die Dunkelheit aber selbst nicht in der Lage ist, Licht zu sehen.

Dann wäre sie ja nicht mehr. Genauso ist zu erklären, warum viele heute immer noch irgendwelche Mißstände und Schäden beziehungsweise höchste Gefahren für die Menschheit überhaupt nicht nur nicht sehen, sondern Schädliches sogar noch in (ihr) vermeintlich Gutes zu verwandeln verstehen, und daraufhin allen Ernstes *optimistisch* sind. Von Gott abgewandte Völker, vor allem ihre Führer und Köpfe, sehen also Schlechtes für gut, Falsches für wahr, Schädliches für nützlich an und umgekehrt.

Böses und Falsches richten sich selber

Es bleibt die Frage, wie nun der in Bösem und Falschem Verhaftete aus diesem seinem inneren Gefängnis befreit werden kann. Meine Vorschläge hierzu orientieren sich wiederum am Wesen und der Organisation von Höllen im Diesseits und Jenseits, beschrieben durch das Wort Gottes, mir verständlich gemacht durch **Emanuel Swedenborg**. Das Grundprinzip, die göttliche Art und Weise, das Böse und Falsche zu bestrafen, besteht nicht in irgendwelchen Zwangsanwendungen, gewaltsamen Bekehrungen, Vergeltungsschlägen usw., sondern im Gewährenlassen. Nicht Gott straft, sondern das Böse und Falsche richten sich selber. Dies geschieht dadurch, daß, wie schon zu einem gewissen Grad im Diesseits, in vollem Maße aber erst im Jenseits sich Gleich und Gleich zusammengesellen. Kommen nun genau solche, die in ihrem Inneren die gleichen Höllen aufweisen zusammen, so richten sich diese in absolut ihren Vergehen entsprechenden Weisen und strafen sich, peinigen einander gegenseitig, leiden, und kommen gegebenenfalls durch ihr Leiden auf den richtigen Weg. Ihr Vergehen, ihr Falsches und Böses wird ihnen also nicht genommen, sondern darf sich solange *ausleben*, bis der Sünder vor lauter Schmerz, Leid, Pein, das er sich selbst oder gleichartige Menschen ihm zugefügt haben, von seinem Tun abläßt und das Licht und die Weisheit Gottes sucht, beziehungsweise nach den Geboten Gottes zu leben und zu handeln versucht. Läßt er trotzdem nicht davon ab, sondern wendet er sich immer noch mehr seiner Besitz-, Macht-, Herrsch-, also Selbstliebe zu, wird er sich, besonders nach seinem physischen Tod, immer tiefer in seinen Höllen, in einem Kreislauf ohne Ende, seinem eigenen Wahn und den entsprechenden Leiden und Peinigungen verstricken. Die gleichen Leiden, in denen er selbst gefangen ist, wird er schließlich auch Seinesgleichen zufügen.

Gleich und Gleich strafen sich am gerechtesten

Ich möchte nun aus diesen Überlegungen einige Schlußfolgerungen für die Praxis des **heutigen Strafrechts** ziehen. Wollten wir tatsächlich eine Besserung, himmlische Zustände, Frieden durch Gesetz und Ordnung erreichen, und nicht nur unsere Rachegelüste – die ja genaugenommen schon noch nicht in die Tat umgesetzte aber trotzdem gültige Verbrechen sind – befriedigen, müssen wir Zustände schaffen, die tatsächlich Gleich und Gleich zusammengesellen. Je nach der Schwere des Verbrechens, die übrigens nicht nach Deutsche Mark berechnet werden kann, sondern nach der Verwerflichkeit der Absicht, müssen diese Trennungen mehr oder weniger scharf vollzogen werden. So sollten bestimmte Mörder, die aus Habgier, andere aus sexuellen Begierden, aus Zorn und Rachsucht, am besten getrennt auf jeweils eine Insel oder ein anderes abgeschlossenes Areal gebracht werden, wo sie sich gegenseitig ihre *Hölle heiß* machen können, und wo Wächter nur darauf zu achten hätten, daß sie nicht entkommen können. Ähnlich kann man mit anderen Aggressoren verfahren, zum Beispiel mit solchen, die aufs Kriegführen, Plündern, Rauben usw. aus sind. Auch andere Formen der Habgier, des Besitzstrebens, der Geldgier, können durch Zusammenziehen einander entsprechender Gesellschaften am ehesten kuriert werden.

Eigentlich befinden wir uns ja gerade in einer eben beschriebenen *Besserungsanstalt* auf dieser Welt, diesem Staat, oder unserer Familie. Das Prinzip der Verstärkung, der Zusammenballung von Krankheitssymptomen kann nicht nur auf medizinischem Gebiet, zum Beispiel der Homöopathie, zur Heilung führen, sondern beim ganzen Volk schlechthin. Natürlich müßten leichtere Vergehen nicht gleich zum Ausschluß aus einer intakten Gesellschaft führen. So kann zum Beispiel der Diebstahl einer Tafel Schokolade etwa so *geheilt* werden, daß man den *Schokoladegierigen* zunächst soviel Schokolade essen ließe, bis ihm schlecht wird, ihn aber danach einer Gesellschaft zuführt, die zum Beispiel aus Rohkostvegetariern besteht und gar keine Schokolade mehr ißt, produziert oder kauft. Zudem müßte in diesem Fall auch der Produzent, Verführer und Händler dieser Droge bestraft werden.

Verbrechen sind Symptome des Bösen

Verbrechen sind Symptome des Bösen, Falschen und Nutzlosen in einem Volk. Sie wurzeln in geistigen und inneren Krankheiten und beruhen auf **Unwissen** beziehungsweise **Dummheit**. Es besteht ein direkter Zusammenhang zwischen physischer und psychischer Krankheit in einem Individuum genauso wie im ganzen Volk. Weder beim Individuum noch beim ganzen Volk, weder auf geistiger, innerer noch auf physischer, körperlicher Ebene kann eine Krankheit, ein Verbrechen durch Bekämpfung der Symptome gebessert oder gar geheilt werden, sondern im Gegenteil nur verlagert, gestaut, verschlimmert werden. Eine Besserung kann nur auf geistiger, innerer Ebene, durch Zuwendung zum wirklichen Wissen und zur Erkenntnis, infolgedessen auf gutes Wollen und schließlich auf deren Umsetzung in die Tat in der Nutzwirkung geschehen. Eine Regierung, ein System, ein Gesetz, das Wissen und Erkenntnis unterdrückt oder gar bekämpft, Unwahrheit verbreitet und Verschleierung von Wissen und Erkenntnis betreibt, ist zum Untergang bestimmt, verursacht Leid, Krieg, Verbrechen aller Art, ist Tummelplatz von Satanen und Teufeln. Dagegen werden sich in einer Gesellschaft, die Gottes Liebe und Weisheit sucht, und dem Bösen und Falschen entkommen will *Gerechtigkeit und Friede* küssen. (Psalm 85. 9,11) Friede ist daher ohne wirkliche Gerechtigkeit nicht möglich.

Schließlich möchte ich noch einiges über das Gesetz der Gesetze, das Gesetz des Herrn, durch das ER uns mit IHM verbunden hat, das im Wort Gottes den Menschen mitgeteilt wurde, das mir durch E. Swedenborg (Wahre christliche Religion, 282 ff.) verständlich gemacht wurde, schreiben:*

Das **erste Gebot** bedeutet auch: Niemand außer Gott selbst darf angebetet werden. Nur seine Weisheit und Liebe sind wahr und gut.

** Diese Aufzählung von Inhalten der zehn Gebote ist nicht vollständig, sondern umfaßt hauptsächlich jene Bedeutungen, die heute im Verborgenen liegen. Die zehn Gebote sind eine Zusammenfassung, eine Essenz der Heiligen Schrift schlechthin. Alle zehn Gebote sind wiederum auf das erste gegründet, das bereits die anderen beinhaltet. Das Gesetz im weiteren Sinn ist somit das gesamte Wort Gottes, sein Wirkungsbereich die gesamte natürliche, geistige und innere Schöpfung des Herrn.*

Der Glaube an IHN als den einzigen Gott und Erlöser ist die Grundlage, der Fels des *neuen und ewigen Bundes*, der neuen Kirche des Herrn. Die Anbetung eines Menschen und der Glaube an die Übertragbarkeit von göttlichen Eigenschaften oder *Ämtern* auf Menschen beruhen auf selbstgefälligen Irrlehren und sind Hauptursachen des inneren Abfalls z. B. der römisch-katholischen Kirche vom Herrn. *(Swedenborg) (2EO)*

Das zweite Gebot bedeutet auch: Unter Gottes Name ist alles zu verstehen, was das Wort lehrt, also die Lehre selbst, die nicht verändert werden darf. Der Name Jesus nennt alles, was mit der Erlösung, der Name Christus das, was mit der Lehre zu tun hat. (In Verstößen gegen dieses Gebot liegen Ursachen des Abfalls bei den Protestanten begründet).

Das dritte Gebot bedeutet auch: Der Sonntag ist der Tag der Wiedergeburt, der Tag, an dem sich der Mensch erstmals und endgültig seinem Schöpfer zuwendet. Dieser Sonntag, der siebte Tag bedeutet somit endgültigen Frieden im Herrn, und ist anzustreben, zu würdigen und heilig zu halten.

Das vierte Gebot: (Vater und Mutter ehren). Unter Vater wird im geistigen Sinn das (Glaubens-)Wissen verstanden, das uns von Gott, besonders wieder seit Jesus Christus, vermittelt wurde. Jesus Christus verband sich mit uns, seiner Kirche, wie ein Bräutigam mit seiner Braut. Deshalb wird die *neue Kirche des Herrn* als Mutter, das heißt die Wahrheit vom Herrn empfangend und als Braut, das heißt sich dadurch mit ihm vermählend, mit *Namen* auch als Mutter Maria bezeichnet. Vater und Mutter ehren, heißt also nicht nur leibliche* Eltern, geistige, innere Führer, das Vaterland ehren, sondern vor allem Gottvater und seine Kirche.

Das fünfte Gebot: Nicht nur die Mordtat, sondern bereits Feindschaft, Haß und Rache beherbergen versteckte Mord- und oder Rufmordabsichten, sind somit bereits Verbrechen. Geistiger Mord ist die Verführung und Verleitung von Seelen zu Falschem und Bösem. Den Herrn und sein Gutes und Wahres zu hassen, vernichten zu wollen, heißt den Herrn *kreuzigen.*

Die gleiche Absicht findet sich auch hinter der Verfolgung seiner Anhänger beziehungsweise aller, die das Gute und Wahre aus

*Die leiblichen Eltern, Regierende, geistige Führer unserer Zeit beziehungsweise deren Errungenschaften sind nur dort zu ehren und weiterzugeben, wo diese mit dem Willen unseres Himmlischen übereinstimmen. Dies ist leider heute nicht oft der Fall.

dem Herrn suchen und tun wollen, ebenso hinter der Verführung, Verleitung, Bestechung jener. Als geistige Raubtiere versuchen sie die Zahmen zu verschlingen, zu töten, mundtot zu machen.

Das sechste Gebot: Da eine Ehe zwischen Gottvater und der Kirche, zwischen Jesus Christus und der Gemeinschaft der Menschen genauso wie zwischen Mann und Frau bestehen kann, wenn beide Seiten das Bündnis halten, ist Ehebruch nicht nur zwischen Mann und Frau, sondern auch den vorausbeschriebenen Bündnissen gemeint. Ehebruch ist bereits schon das bloße Begehren, die Absicht einer ehebrecherischen Tat, wodurch nicht nur die Schändung einer Frau bewirkt wird – sondern vor allem auch die Schändung und Verfälschung, die Leugnung und Verachtung alles Heiligen hervorgeht.

Das siebte Gebot: Stehlen bedeutet jegliche Wegnahme von materiellen und geistigen Gütern, jegliche Art von Betrug, Vorteilnahme, Wucher usw.

Stehlen im geistigen Sinne bedeutet zum Beispiel auch Länder ihrer Kultur und Unschuld zu berauben. Im inneren oder himmlischen Sinn bedeutet Stehlen schließlich, andere Menschen zu verführen, ihnen seine Version von Gut und Böse aufzuschwindeln, also sich Göttliches anzueignen und trügerische Scheinwahrheiten zu vermitteln um des eigenen Gewinnes wegen.

Das achte Gebot: Unter *falschem Zeugnis* werden alle Arten von Lügen und Heucheleien, Verleumdungen, Hinterlisten aus Haß, Feindschaft, Neid, Eifersucht, Macht- und Geldgier verstanden. Auf geistiger Ebene ist jegliche bewußte Begründung von Falschem genannt. Schließlich die Verdrehung, Verfälschung und Verdrängung des Wortes, der göttlichen Wahrheit, aber auch von irdischen Gesetzen durch bestechliche Richter, die besonders abscheulich sind, wenn dazu Teile der Heiligen Schrift mißbraucht werden.

Schließlich sind auch alle hinterlistigen Überredungskünste gemeint, bei denen nur eine Seite betont, und die andere bewußt verschwiegen wird, oder auf das Opfer solange eingeredet wird, bis es schließlich glaubt, daß das Falsche wahr und das Böse gut ist, und sein eigenes Denken quasi erloschen ist. Eine Zerstörung des Wahren durch Überredungen aller Art geschieht heute fortwährend seitens der Herrschenden und mittels der Medien.

Die Gebote neun und zehn sind sozusagen eine Zusammenfassung der anderen Gebote. Sie meinen alle Begierden nach Gütern und Werten anderer und mahnen noch einmal das Böse und Falsche weder zu wollen, zu denken, noch zu tun.

Wer sich ändern will, der kann es auch

Ich möchte es nun dem Leser überlassen, sich und seine Umgebung auf diese Punkte hin zu prüfen und daraus seine Schlüsse zu ziehen beziehungsweise zu erkennen, wer die wirklichen Gesetzesbrecher sind. Denn das Gute kann erst dann und in dem Maße im Menschen beziehungsweise Volk Eingang finden, in dem das Böse vorher entfernt wurde. Entfernt werden kann es erst dann, wenn es erkannt worden ist. Unsere Rettung beruht also auf der Erkenntnis dessen, was Sünde wider Gott und dem Nächsten ist. Die Erkenntnis dessen, was gut und wahr, und was nützlich ist, kann uns aber nicht quasi eingetrichtert werden, solange wir nicht wollen, das heißt, Eigenes, Böses, Dinge der Welt- und Eigenliebe wollen. Unser Seelenheil hängt also zuinnerst von unserem Wollen ab. **Wer will, der kann.** Wer nicht will, kann nicht gerettet werden.

Die zehn Gebote sagen deshalb nicht, was wir tun sollen, sondern was wir **nicht** tun sollen. Das Nichttun des Bösen ist das erste Gebot. Alles weitere wird uns danach gegeben.

Nur SEINE Ordnung gilt

Somit kommen den Geboten Gottes und auch vielen Gesetzen der Welt entscheidende Bedeutung zu. Nur durch die Einhaltung seiner Gebote kann eine wirkliche freiheitliche Ordnung der himmlischen Vielfalt, Mannigfaltigkeit und Weiterentwicklung zum Besseren hin entstehen. Das, was bislang als Ordnung galt, nämlich Gleichschaltung, äußere und innere Uniformierung, Macht eines schlechten Menschen und seiner einäugigen Ideen über ein ganzes Volk, also geistige Monotonie, Wüste, auch deren äußere Sichtbarkeiten in der Umwelt (Zierrasen, Monokulturen, gleiche Häuser, Städte) ebenso der Ersatz von innerer Sauberkeit durch rein äußere (noch weißere Wäsche, übertrieben gepflegtes Äußeres, Putzwahn) ist ebenso höllischen Ursprungs wie das unter den höllischen Freiheiten beschriebene. Der Herr kann daher nur dann in den Menschen einfließen und diesen selig machen, wenn dieser sich in die göttliche (Schöpfungs-)Ordnung einpaßt, also nach den Geboten Gottes lebt und aus Liebe zum Wahren, zur Gerechtigkeit und zum Guten, also zu Gott und dem Nächsten handelt.

Wenn der wahre Glaube zerstört ist, kann ein Volk beliebig mißbraucht werden

Man hüte sich auch heute besonders davor, sich von gewissen Kräften gegen den Staat und die Ordnung aufhetzen zu lassen, um diesen zu schwächen und zu Fall zu bringen. Allzuoft hat sich in der Geschichte gezeigt, daß Unzufriedenheit und Aufruhr im Volk genau von der Seite geschürt wurden, die am Sturz einer Regierung und am Untergang eines Volkes arbeiteten, um es hernach selbst zu regieren, und es umso mehr zu unterjochen. Es ist also nicht nur denkbar, sondern sogar eher wahrscheinlich, daß sowohl die scheinbare Unfähigkeit der heute Regierenden, wie auch die vielerorts auftretenden *Retter aus der Not,* die die Welt wieder in Ordnung bringen würden, wenn man sie nur ließe, beide von einer **dritten** *Kraft* gesteuert werden, die einem Land vollends den Rest geben will, um es nachher übernehmen zu können. Außerdem muß man annehmen, daß es jene Kräfte, die ihr materialistisches System über die ganze Welt verbreiten wollen oder schon verbreitet haben, verstehen, auch all die ehrlichen, gutwilligen und gutmeinenden, aber leider uninformierten, ahnungslosen Menschen für ihre Zwecke zu mißbrauchen.

Ein Volk, genauso jeder einzelne, wird sofort dann steuerbar und willkürlich manipulierbar, wenn es vom wahren und echten Glauben an den einen Gott abgebracht worden ist beziehungsweise dieser verfälscht werden konnte. Dann nämlich kann sogar die Religion zur Unterstützung aller möglichen Schandtaten herangezogen und mißbraucht werden.

Eine dieser Manipulationsweisen besteht zum Beispiel darin, dem Volk einzureden, alle Macht müsse von ihm ausgehen, damit es zum Beispiel seine Monarchen und den Adel zugunsten von noch raffinierteren Ausbeutern und rücksichtslosen Emporkömmlingen stürzt, seine Regierungen zu bloßen *Schwätzerzentren* macht, unfähig zu handeln und zu sehen, und so dem langsamen Zerfall von Eigentum, Kultur, Sitte, Ordnung, Gesetz entgegengeht, indem es zum willenlos treibenden, korrumpierten, führungslosen *Narrenschiff* wird, das die Fädenzieher nach Belieben mit *Enterhaken* wie Kommunismus, Sozialismus, Demokratie, ihrer Art von Freiheit, die letztlich eine Freiheit beziehungsweise absolute Herrschaft des Staates bedeutet, von Gleichheit, die Gleichschaltung und Vereinheitlichung meint, und Brüderlichkeit, die Gemeinschaftszwang ist, (be)steuern können.

Die Veränderung wird von innen ausgehen, also vom Herrn

Fest steht, daß sich hierzulande etwas ändern muß. Aber nicht durch ein vom Regen in die Traufe kommen, durch eine geschickte Inszenierung von dramatischen Umstürzen, Chaos, Kippen der Staatsmacht, für die Zwecke einer *neuen* alten Ordnung, sondern durch eine heilende, friedliebende Erneuerung des Volkes durch den Herrn Jesus Christus, das es dann auch verstehen wird, sich die Parasiten vom Hals zu schaffen und einen weisen König und eine Königin zu ernennen, die im Sinne des Herrn regieren und wissen, daß ihr Wohlergehen mit dem des Volkes gleichzusetzen ist.

Es ist momentan auch für mich unmöglich, die Beziehungen zwischen Ost und West zu durchschauen. Ich favorisiere jedoch die These, daß beide in einer Hand sind und zugunsten der Geldbarone gegeneinander aufgestachelt werden, damit diese letztlich die ganze Welt besitzen und beherrschen können. Ich hoffe, daß die Geschichte der Zukunft den Schleier um die Machenschaften gewisser Kreise etwas mehr lüften wird.

Um hier jedoch diejenigen zu beruhigen, die über diesen Zusammenhängen dennoch in Wut geraten, möchte ich folgende Stellen aus dem Wort Gottes in Offenbarung Johannes 13, 10 zitieren, die jedem die absolute Gerechtigkeit Gottes auch auf dieser Erde deutlich machen kann: »*Hat jemand gefangen geführt (durch Irrlehren, Falschheiten Menschen verführt), der soll in Gefangenschaft kommen – hat jemand mit dem Schwert getötet, der soll selbst mit dem Schwert getötet werden*«. (Wer durch Falsches die Seelen von Menschen zugrunde richtet, dessen Seele soll selbst gerichtet werden und verloren gehen).

Kapitel 13
Gewalt

Das Gute bleibt nur bestehen, wenn es auch getan wird

Ich möchte dieses heikle Thema gesondert abhandeln. Gewalt kann äußerlich in Form von körperlicher, physischer Gefährdung, Verletzung oder gar Tötung von Menschen wirken, oder aber innerlich und geistig in Form einer Unterdrückung von Menschen, die Gutes tun wollen, bestehen. Innere, geistige Gewalt kann Menschen nicht nur daran hindern, ihr Gutes zu tun, sondern bewirkt auch gleichzeitig, daß jene mit der Zeit überhaupt nicht mehr wissen, was gut beziehungsweise was schlecht ist. Wird das Gute nicht getan, wird es nicht verwirklicht, hört der Einfluß des Guten und des Wahren vom Herrn zum Menschen auf, das heißt der Mensch denkt und handelt schließlich nur noch in vorgegebenen, erzwungenen Bahnen. Sein Geist ist gefangen, unterdrückt, vergewaltigt. Er wird zum willenlosen und geistlosen Automaten, zum Werkzeug seiner Unterdrücker.

Besitzt der Mensch jedoch die uneingeschränkte Freiheit, seine vom Herrn empfangenen Vorlieben und Einflüsse auch in die Tat umzusetzen, dann kann der menschliche Geist sich gleich einem Adler immer weiter und immer höher erheben, und durch ihn das Reich Gottes sich in immer größerer Macht und mit wachsender Vielfalt oder Reichtum über die ganze Welt verbreiten.

Leider werden der menschliche Geist und seine freies und gutes Wirken daraus heute auf der ganzen Welt massiv an seinen Höhenflügen gehindert. Bezeichnenderweise ist der vorher beschriebene geistige Adler im deutschen Bundestag an die Wand geheftet und zeigt so wirkungsvoll die Gefangennahme der geistigen Freiheit auch in Deutschland durch dieses Regierungssystem.

Wie funktioniert nun ein geistiges Unterdrückungssystem, und welche Inhalte werden unterdrückt?

Welche Inhalte heute unterdrückt werden, kann ich nicht im Gesamten erfahren, da auch mir ja unterdrückte, potentielle Wahrheiten verborgen bleiben müssen, solange der Geist desjenigen unterdrückt wird, der diese verbreiten möchte. Doch ist es mir mit diesem Buch sicherlich gelungen, einige solche Ansätze trotz massivem Widerstand beziehungsweise Unterdrückung seitens der Herrschenden und ihres *Wahrheitenvernichtungssystems* aufzudecken. Unter dem Wahrheitenvernichtungssystem verstehe ich zum Beispiel wirtschafts- und regierungstreue Wissenschaftler*, die die gewünschten Ergebnisse beziehungsweise Falschheiten durch Manipulationen, Verdrehungen, Auslassungen, *wissenschaftlich untermauern* sollen. Ebenfalls können darunter Ärzte verstanden werden, die die Erfolge und gefundenen Wege zur Heilung und Besserung von Krankheiten, zur Beseitigung von Not und Elend der Kranken, seitens der Naturheilkunde (zum Beispiel das Wissen um die Ernährung mit Früchten, um die Gefahren der Kochkost, der Trinkwasserfluoridierung, oder auch um die krankmachende Wirkung von geopathologenen Reizstreifen, technischen Strahlenquellen, modernen Baustoffen usw.), nicht nur leugnen, sondern solche Alternativen sogar massiv angreifen. Das geschieht durch Rufmord, Anzeigen und Verleumdungen, die heute noch bis zur Gefängnisstrafe für Naturheilärzte führen.

Medien sind die wichtigsten Instrumente der geistigen Gewaltanwendung

Die wichtigsten Instrumente der geistigen Gewaltausübung sind das **Fernsehen** und die **Presse**. Deren Machtmittel sind im Kapitel *Medien* ausführlich beschrieben: Mit den Medien können die Menschen zum einen so intensiv berieselt werden, also mit geistig wertlosem Müll überhäuft werden, daß das Opfer schließlich überhaupt nicht mehr zum eigenen Denken finden kann, zum anderen durch Verfälschung von Wahrheiten dafür sorgen, daß der *geistige Sklave* weiterhin den Wünschen entsprechend funkti-

*In den meisten Fällen werden Wissenschaftler wohl durch angedrohte Repressalien (Arbeitsplatzverlust, Streichung von Forschungsgeldern, einseitige Förderung von für die Mächtigen interessanten Gebieten und damit Verhinderung der Forschung in wichtigen, dem Volk nützlichen Bereichen) zur *Erforschung* gewünschter Ergebnisse gezwungen, beziehungsweise andernfalls ignoriert und nicht veröffentlicht.

oniert und sogar noch mithilft, Freidenkende zu vernichten. Als Lohn dafür erhält er dann eine Reihe von scheinbaren Annehmlichkeiten und Vorteilen, die sich jedoch bei genauem Hinsehen als Drogen oder weitere Unterdrückungs- und Verdummungsmechanismen entpuppen. Außerdem wirken sich Gewalt und Unfreiheit von oben nach unten bis ins kleinste auch dahingehend aus, daß jeder von seinem Vorgesetzten abhängig ist, beziehungsweise um seine Entlassung fürchten muß, und schon deshalb lieber nicht *zuviel wissen will.*

Die fatalste Wirkung haben die Medien jedoch darin, daß sie durch die tägliche Überhäufung des Menschen mit *geistigem Müll,* Belanglosigkeiten und Unwesentlichkeiten diesen derartig innerlich verschmutzen und überschütten, daß eine Aufnahme, ein Innewerden von geistigen und inneren Dingen vom Herrn nicht mehr möglich ist, daß eine Aufnahme von Wahrem und Gutem vom Herrn außerdem nicht gewollt wird, und solange und deshalb auch nicht möglich ist. Ein Verbleiben dieser modernen Menschen in einem finsteren Zustand der Eigen- und Weltliebe, also ein Nicht-erlöst-Werden sind die Folgen.

Geistige Gewalt ist heute in folgenden Erscheinungsweisen wirksam:

1 Freidenkende Menschen, die nützliche Dinge erfunden haben, Wahrheiten, Erkenntnisse, also das Wahre und Gute aus dem Herrn, werden an ihrer Ausbreitung und Vermehrung gehindert. Das ist geistige Freiheitsberaubung.

2 Gleichzeitig werden den Menschen verfälschte Wahrheiten und nutzlose, schädliche Dinge *verkauft.* Das ist einerseits geistiger Diebstahl und Raub in Bezug auf die echten, wahren und guten Dinge, andererseits geistiger Betrug und Schwindel.

3 Die echten, wahren und guten Dinge des Lebens werden mittels bezahlter Lügner verleumdet, als falsch abqualifiziert, also vernichtet. Das ist geistiger Mord.

Somit kann dem Einsichtigen hier klarwerden, wer heute die wahren Verbrecher sind. Im Wort Gottes steht in der Weissagung vom Ende (Lukas 21. 16): *»Ihr werdet überliefert werden sogar von Eltern und Brüdern, Verwandten und Freunden, und manche von euch wird man töten«.* Unter den Überlieferern sind hier all jene zu verstehen, die Falschheiten angenommen haben und die Wahrheiten verraten und verfolgen. Unter *Töten* ist das Totschweigen, der Rufmord, die Unterdrückung der Wahrheit gemeint. (Es gibt im inneren Sinne des Wortes keinen Tod beziehungsweise Mord in unserem Sinne.). Weiter in Lukas 21.17: *»Und ihr werdet gehaßt sein von allen um meines Namens willen«*. Daraus geht hervor, daß in Wirklichkeit jene Mörder, Diebe, Betrüger, das geistige, innere Wahre und Gute aus dem Herrn bekämpfen.

Eine fatale Wirkungskette

Die weitere Abfolge dieser Wirkungskette, die ihren Anfang in der Gottlosigkeit nimmt, dürfte bekannter sein. Alle Falschheiten wirken sich ja weiter auf das gesamte Leben des Volkes aus. Falsches wird nicht nur gedacht, sondern auch produziert, gemacht, angestrebt.

Aus Falschem entsteht auch immer Böses, aus Bösem wiederum Falsches. Denn wo Rauch (das Falsche) ist, ist auch Feuer (das Böse), sagt ein Sprichwort. Genauer gesagt, kann die Wahrheit vom Herrn durch den aufnahmebereiten Geist des Menschen Eingang finden und sich von dort in das Innere, die Vorlieben und Neigungen fortpflanzen beziehungsweise dort das eigene oder egoistische Böse entfernen. Die innere, geistige Gewalt beziehungsweise die Unterdrückung von Wahrheiten hat somit eine Verbreitung von Falschem und Bösem zur Folge. Dieses muß nun mit Gewalt beziehungsweise Gegengewalt im Zaum gehalten werden. Hier beginnt erst die Wirkungskette zwischen Gewalt und Gegengewalt. Hier unterdrückt erst der eine den anderen, möchte einer mehr als der nächste, beginnt auch die Gewalt körperlich, physisch zu werden. Man kann sagen, daß die körperliche, äußere Gewalt erst in dem Maß notwendig wird, wie ein Volk sich im Falschen befindet oder andersherum, wie in einem Volk das Wahre und Gute aus dem Herrn unterdrückt wird. Außerdem, wie es heute auch der Fall ist, dann, wenn das Volk oder Teile daraus erkennen, das man es *für dumm verkauft* hat.

Falsches kann durch Wahres, Böses durch Gutes besiegt beziehungsweise ersetzt werden

Allerdings wäre es töricht, wenn ein Kämpfer des Herrn, ein Kämpfer für Wahrheit und Gerechtigkeit, sich den Mitteln der äußeren Gewalt bedienen würde. Ein *Kämpfer des Herrn* kämpft mit den Waffen der Wahrheit aus dem Herrn! Nur diese ist in der Lage, gegen das Falsche und Böse zu siegen, da beide ja geistigen Ursprungs sind und nur als solche bekämpft und vernichtet werden können.

In der Tat fürchtet der Lügner, Heuchler, Verbrecher, Dieb, Mörder nichts mehr als seine **Entdeckung** und verkriecht sich bei einer solchen Gefahr in die hintersten Schlupflöcher. Diese Entdeckung ist daher nur durch die Wahrheit, das Wort Gottes möglich. Natürlich hatte man in früheren Zeiten seine geistigen Wahrheiten auch mit körperlicher Gewalt durchzusetzen versucht. Da wir heute jedoch in einer Zeit der rein geistigen Gefangenschaft leben, müssen wir auch der Zeit entsprechende Wege des Befreiungskampfes wählen.

Weltbündnisse werden zur Weltunterjochungswerkzeugen

Die Gewaltfrage muß also heute anders gestellt werden. Wenn zum Beispiel ein Staat seine Macht mißbraucht und seine Gewaltherrschaft des Falschen und Bösen zu verteidigen sucht, muß der Angriff ein geistiger sein. Es ist auch sinnlos, in einer Zeit wie der heutigen, in der es von (geistigen) Raubtieren nur so wimmelt, die Schutzmechanismen eines Volkes nach innen und außen (Polizei und Militär) zu bekämpfen. Es geht vielmehr darum, diese wieder in die richtigen Hände zu geben. Deshalb erachte ich es für unsinnig, zum Beispiel aus Schutzbündnissen auszutreten, wenn es sich dabei tatsächlich um Schutzeinrichtungen handelt. Es geht ja gerade darum, so viele Völker und Staaten in einem Schutzbündnis zu vereinigen, bis sich schließlich die ganze Welt darüber einig ist, daß jegliche Gewaltanwendung und Freiheitsberaubung zwischen den Völkern unterbleiben muß. Nur ein großes **Weltbündnis** kann eine weltweite Abrüstung möglich machen, da man Waffen nur noch an wenigen Orten benötigen würde, und da überhaupt die äußere Gewalt aufhören würde, wenn man den Menschen in der Freiheit des Herrn beließe. Es wird dann also lediglich darum gehen, irgendwo in der Welt noch einige Verrückte, Höllische zu bändigen.

Leider sind Schutzbündnisse und Bündnisse heute überhaupt oft nur Mittel zum Zwecke der Vereinheitlichung, des Gemeinschaftszwanges, also Macht- und Manipulationswerkzeuge der Monopolisten, denen es nicht darum geht, die Völker in ihrer eigenen Existenz zu sichern, sondern im Gegenteil gerade ihre Eigenständigkeit und Unabhängigkeit zunichte zu machen. Ein aktuelles Beispiel liefert die *Zwangsordnung* der EG. Statt einem Weltbündnis zwischen autonomen Staaten gehen wir einer **Weltherrschaft,** einer Unterdrückung und Zwangsvereinheitlichung aller Völker durch die Geld- und Weltmächtigen entgegen. Wehe uns, wenn ein solches *Weltbündnis* von der falschen Seite erreicht wird und zu einer Weltherrschaft, einer Weltunterjochung wird!

Nicht die Ordnungskräfte bekämpfen

Es ist heute auch undenkbar, etwa auf die **Polizei** zu verzichten. Dann würde eine Gruppe von (geistigen) Raubtieren über die andere herfallen. Auch die Polizei wird erst dann immer weniger notwendig, wenn das Gute und Wahre Oberhand gewinnen. Umgekehrt wird auch dann immer mehr Polizei notwendig, wenn die Gewalt des Falschen und Bösen vom Staat ausgeht, wenn, wie heute des öfteren, Polizei nicht das Gute und die Wahrheit, sondern die Verbrechen und Lügen des Staates schützen soll. Es geht also niemals darum, Ordnungskräfte zwischen den Völkern oder in den Völkern zu bekämpfen, sondern durch sie die Schöpfungsordnung des Herrn auch auf der Erde zu garantieren. Wenn diese Ordnungskräfte jedoch nicht dem Herrn gehorchen, sondern irgendeinem Diktator oder Unterdrückersystem, werden quasi *Wölfe zu Hirten der Herden* gemacht. So haben diese *Wölfe im Schafspelz* heute die Völker fest in den Händen. So lange, bis man sie erkennen und davonjagen wird.

Gewalt geht niemals vom Herrn aus

Gewalt wird niemals vom Herrn ausgehen, sondern sie bekämpft und provoziert sich selber. Allenfalls dürfen oder müssen gegen das Böse und Falsche *Schutzzäune* in Form von Gesetzen und Ordnungshütern errichtet werden, die der reinen Verteidigung dienen beziehungsweise durch geeignete Strafen dafür sorgen, daß der Übeltäter die von ihm ausgehende Schandtat letztlich am eigenen Leibe zu spüren bekommt. Wenn jedoch schon einmal der *Bock zum Gärtner* gemacht wurde, helfen diese Schutzzäune nicht mehr, sondern beschützen das Falsche und Böse.

Sollen wir also nun warten, bis sich diese Wölfe im Schafspelz gegenseitig aufgefressen haben, bis ein erneutes *Sauriersterben* auf der Ebene von Macht und Besitz geschickt, oder bis die Böcke unsere *Gärten* vollends zertrampelt haben, bis sich das Böse immer wieder in Kriegen und gegenseitigen Zerstörungen im Kampf um Besitz und Herrschaft gegenseitig vernichtet hat, und die Vernichtung unserer Umwelt und unserer Freiheit dulden wie ein Lamm? Mit Sicherheit nicht. Doch unsere Waffen müssen die Waffen der Wahrheit und des guten Tuns bleiben, und dürfen nicht Böses mit Bösem vergelten. Schließlich ist jeder Mensch, auch der verstockteste und verdrehteste, dazu in der Lage, Gottes Weisheit zu erfahren, wenn er nur **will.**

Verbringen wir noch einige Zeit des Aussäens von Wahrheit, dann wird eine Zeit kommen in der auch jene sich ändern oder aber sterben müssen. Denn jeder Abfall vom Herrn bringt nicht nur inneres Leid, sondern auch physisches, körperliches Leid und schließlich den Tod auf allen Ebenen mit sich.

Verdrehter Sinn der Bergpredigt

Ich möchte zuletzt noch den Begriff der **Feindesliebe**, wie er in der Bergpredigt verkündet wird, klären. Leider wird durch ein falsches Verständnis dieser Worte Jesu (zum Beispiel »*Wenn dich einer auf die linke Wange schlägt, so halt ihm auch die rechte hin,* oder *Liebet eure Feinde, tut Gutes und leihet, wo ihr nichts dafür hoffet«* oder ähnliches mehr), der Christ zum *duldsamen Deppen* gemacht, der sich von seinen Widersachern kampflos vernichten läßt. Viele Christen kehrten wohl allein wegen dieser Falschauslegung der Kirche den Rücken. Der entscheidende Punkt bei diesen Aussagen zur Feindesliebe ist der, daß man zwischen dem Guten, das man den Guten tut, und dem Guten, das man den Bösen tut, unterscheiden muß. Die Art, Freunde zu lieben ist eine andere, wie die Art, einem Feind gegenüber das Gute und Richtige zu tun, diesen zu lieben. So kann man zum Beispiel sagen, daß ein Richter, der einen Verbrecher gerecht straft, nicht nur dem Volk wohl tut, sondern auch dem Verbrecher selbst, da dieser meist nur durch seine Strafe auf den richtigen Weg finden kann. Auch ein Vater wird seinem Kind durchaus nicht immer mit Wohltaten, Annehmlichkeiten, Genüssen Gutes tun, sondern oft auch mit unerbittlicher Strenge. So kann und soll auch der Christ seinen Standpunkt und sein Eigentum, auch sein Vaterland gegenüber einem Feind verteidigen. Zur äußeren Gegenwehr darf er jedoch erst dann greifen, wenn alle inneren Maßnahmen geistigen Einwirkens, der Versöhnung, der Abwehr von Falschheiten, Verleumdungen durch die Wahrheit versagt haben und der Feind trotzdem angreift. Es geht aber auch dann darum, diesen nicht zu hassen, sich Rachegelüsten hinzugeben usw., sondern zu erwägen, daß auch der *Feind* nur aus Menschen besteht, die von einem falschen Führer durch Intrigen, Lügen, Verdrehungen usw. gegen andere Menschen aufgestachelt wurden, die also quasi selbst Opfer ihrer Unwissenheit, Verführte, Genarrte, also eher bemitleidenswerte Menschen sind.

Der Christ soll daher nicht selbst zum Hasser, Aggressor, Gewalttäter, Rächer oder Mörder werden, sondern allen Menschen, auch seinen Gegnern durch entsprechende Maßnahmen Gutes und Richtiges entgegenbringen.

Auf die *linke Wange* schlagen bedeutet daher, jemanden durch Böses und Falsches verletzen. Die *rechte Wange* hinhalten heißt, dem Bösen und Falschen nicht mit ebensolchen, sondern mit Gutem und Wahrem entgegenzutreten, was gerade nicht bedeutet, das Böse mehrmals zu unterstützen, sondern es rigoros auszumerzen, dem *Teufel* also niemals *Brot zu geben.*

Kapitel 14
Himmel

Man weiß nicht einmal mehr, daß es Himmel und Höllen gibt

Da der Begriff Himmel in unserer Erwachsenenwelt immer noch gern in den Bereich von Großmutters Märchen abgedrängt wird, möchte ich diesen für unser Leben sehr bedeutungsvollen Grundbegriff der Verheißung, des Lebens im Diesseits und Jenseits näher beleuchten (*Swedenborg*) (2,HH). Fragt man heute Erwachsene, was der Himmel ist, tauchen mit großer Wahrscheinlichkeit Dinge wie Schlaraffenland, Paradies (gemeint ist ein Konsumparadies), ein Ort, wo man alles bekommt, was man will, auf. Die Menschen stellen sich den Himmel (wenn überhaupt) als einen Ort vor, an dem ihre Wünsche erfüllt werden. Daß ihre Wünsche schon im Diesseits und erst recht im Jenseits in Erfüllung gehen werden, möchte ich gar nicht bestreiten. Des Menschen Wille ist ja sein Himmelreich, kann aber genausogut seine Hölle sein. Wollte einer zum Beispiel ein Schlaraffenland als Himmel, so wäre das zwar sein Himmel, in Wahrheit aber eine ganz tiefe Hölle. Oder etwas genauer: Jeder glaubt sich heute mehr oder weniger im Recht und auf dem richtigen Weg. Selbst die schlimmsten Verbrecher fühlen sich über andere erhaben. Jeder fühlt sich als eine Art *Herrgöttle*, als insgeheim der Größte, Klügste, Beste. Schlechtes wird bei sich einfach übersehen oder zum schaubar Guten verkehrt. *Der in Finsternis wandelt, weiß nicht, wohin er geht*, sagt die Bibel und meint damit, daß das Schlechte zwar von jenen, die im Guten sind, nicht aber von den Betreffenden selbst gesehen werden kann.

Wir können wissen, was gut und was schlecht ist

An einem praktischen Beispiel verdeutlicht, kannt man feststellen, daß zum Beispiel ein Kreis von notorischen Stammtischsäufern ihre zerlebten Gesichter und dunkle Schatten um ihre Augen nicht erkennen, wohl aber Außenstehende, die sich *in einem anderen Licht befinden.* Hierzu auch die Redewendungen: Bei Licht betrachtet, aus einem anderen Licht betrachtet.

Was gut und was schlecht, was Himmel und was Sache der Hölle ist, hat nun nicht jeder einzelne zu bestimmen, sondern wurde uns im Wort Gottes mitgeteilt. Das Wort Gottes, niedergeschrieben in großen Teilen der Bibel,* ist deshalb einziger Maßstab für alle gesellschaftlichen, ethischen und politischen Dinge. Der Himmel des einzelnen ist nur dann Himmel, wenn er nach diesen Maßstäben handelt, also nicht nach seinen eigenen, selbstgemachten, zurechtgebogenen.

Der Himmel ist ein Zustand

Der Himmel ist deshalb kein Ort, sondern ein innerer Zustand, kein Schlaraffenland, sondern eine ewig fortdauernde Weiterentwicklung und Vervollkommnung des Menschen, der anerkennt, daß er alles Leben von Gott hat, dessen Werkzeug und aufnehmende Form er sein darf und will. Er ist ewig Lernender und darauf bedacht, Gutes und Wahres bei sich aufzunehmen und zu tun und so aus Gott immer mehr wachsen zu dürfen. E. Swedenborg schrieb hierzu: *»Ein jeder Mensch wird zum Himmel geboren, und keiner zur Hölle; und ein jeder Mensch kommt in den Himmel durch den Herrn, und in die Hölle durch sich selber«.*

Jeder Mensch ist bzw. wird eine andere Form von Himmel oder Hölle

Nun gibt es natürlich unterschiedlichste Formen von Gutem wie Wahrem. Es gibt also soviele Himmel oder himmlische Zustände, wie es himmlische Menschen (Engel) gibt. Oder sinngemäß. *»Der Himmel hat viele Häuser oder Wohnungen«.* Dies hat seinen Sinn darin, daß das Himmlische oder der Himmel in der Gesamtheit, also alle Engel zusammen gerade durch ihre Mannigfaltigkeit, Verschiedenheit und Vielfalt zur göttlichen Form werden. Jeder neue himmlische Mensch oder Engel bereichert also den Himmel, macht Weisheit und Liebe noch größer. Monotonie, Einfalt, Konformismus hingegen sind höllische Zustände. Dieselben und deren Auswirkungen auf die Umwelt können heute überall erkannt werden.

*Einige Bücher sind nicht immer Wort Gottes, sondern von und aus Menschen geschrieben (z. B. die Apostelgeschichte).

Himmel und Höllen gibt es nicht nur im Jenseits

Wichtig ist noch zu sagen, daß die Begriffe Himmel und Hölle nicht erst im Jenseits einzusetzen sind, sondern daß bereits zu Lebzeiten jeder eine Art Himmel oder Hölle in sich trägt und infolgedessen seine Umgebung in einen ihm entsprechenden Zustand versetzt, wie auch sich selber in die Gesellschaft von möglichst gleichartigen Menschen begibt.

Die Erdenbewohner befinden sich bezüglich der Einflüsse aus der geistigen Welt in einem Gleichgewicht zwischen Gut und Böse, das es ihnen ermöglicht, beide Seiten zu erfahren, zu erkennen und zu unterscheiden. Nur so ist eine Entscheidung zum Guten und Wahren aus dem Herrn möglich und von Wert. Nur in der Freiheit seiner Entscheidung ist der Mensch überhaupt Mensch, kann er durch den Herrn wiedergeboren werden. Um hier einem schlimmen Irrtum entgegenzuwirken – *Wiedergeburt im Herrn* heißt sein eigentliches Leben aus und in dem Herrn erkennen und vom Zeitpunkt dieser Geburt, bei der das eigentliche Leben im himmlischen Sinn erst beginnt, ewig weiterzuleben, sich dem Licht, der Wahrheit und Liebe Gottes entgegenzubewegen. Die Lehre von einer Rückkehr oder Reinkarnation ins natürliche Leben nach dem Tod ist widersinnig und beruht auf Falschauslegungen und Irrtümern, mit denen schon viel Unheil angerichtet wurde (siehe Kapitel Irrlehren).

Jeder richtet sich selber

Entfernungen oder Annäherungen im Himmel sind also nicht in Kilometern zu fassen, da der Himmel ja kein Ort, sondern ein Zustand ist. Sie sind in der Verschiedenheit innerer Zustände begründet. Gleiches zieht einander an, Ungleiches stößt ab. Diese Entwicklung, die schon zu Erdenzeiten des Menschen beobachtbar ist, führt sowohl hier, in ihrem Endzustand aber erst im Jenseits zur Bildung von verschiedensten Gesellschaften in Himmeln und Höllen. Die Menschen werden daher nicht in die Hölle geworfen, sondern begeben sich aus Selbstliebe, aus eigenem Willen dorthin, richten sich also selber.

Das Gute und Wahre aus dem Herrn jedoch führt die verschiedensten Formen einander ähnlicher Engel in den jeweiligen Bereichen und Teilen des Himmels zu Gesellschaften zusammen, wo sie einander innigste Freunde sein können und ihrem Guten und Wahren entsprechend leben und lernen können.

Nur der Mensch ist schuld

Es soll sich also kein Mensch heute erdreisten, den Herrn auch noch für seine eigenen Sünden verantwortlich zu machen. Selbst dann nicht, wenn sich zum Beispiel Naturkatastrophen wie Stürme, Dürren, Kälte – Überschwemmungskatastrophen ereignen, und er sein eigenes Verschulden daran (noch) nicht erkennen kann. Ich habe in anderen Kapiteln angedeutet, daß der höllische Mensch in der Lage ist, durch seine Lebensweise, durch sein rücksichtsloses, falsches Umgehen mit seiner ihn umgebenden Natur selbst solche scheinbaren Naturkatastrophen zu verursachen. Nicht einmal diese, geschweige denn all die anderen täglichen Plagen oder Krankheiten aufgrund eines gegen die Schöpfung und ihre natürliche Ordnung gerichteten Lebenswandels können und dürfen dem Herrn angelastet werden. Sogenannte Bittgebete, bei denen es um die bloße Beseitigung von selbstverschuldeten Symptomen, resultierend aus Fehlhaltungen geht, sind also eigentlich eine Unverschämtheit. Allenfalls darf um bessere Einsicht in die eigenen Fehler gebetet werden. Wobei es bei dieser nicht bleiben darf, sondern die entsprechende Tat folgen muß.

Kapitel 15
Hundehaltung

Ein dem Menschen gefährliches Raubtier

Da der Hund eine so große Verbreitung und Akzeptanz in unserer Gesellschaft besitzt, lohnt es sich, über das Warum zu schreiben. Laut Versicherungsstatistiken passieren jährlich allein in Deutschland bis zu 10.000 registrierte *Unfälle* mit Hunden, bei denen Menschen gebissen und zum Teil schwerverletzt, und ein gutes Dutzend, bei denen Menschen sogar totgebissen werden. Die Wahrscheinlichkeit, bei uns von einem Hund getötet zu werden, ist weit höher als zum Beispiel in Indien von einem Tiger gefressen zu werden. Was hierbei auch befremden muß, ist die Tatsache, daß ein hundeähnliches Tier, nämlich der **Fuchs**, hierzulande fast ausgerottet* wurde, weil einst statistisch gesehen etwa 1,5 Menschen jährlich an Tollwut starben. Den Fuchs also jagte man bis zur Ausrottung, viel gefährlichere, größere Hunde, manchmal wahre Bestien läßt man frei laufen. Ohne Rücksicht darauf, daß sich zum Beispiel Kinder davor (mit Recht) fast zu Tode ängstigen, und man in manchen Gegenden, meist ländlichen, bald hinter jedem zweiten Haus von irgendeinem Riesenhund bedroht wird. Wenn man Glück hat, ist er angebunden beziehungsweise hält die Kette. Wenn nicht?

Meistens ist dann bei einem Unfall oft noch der Gebissene schuld. Er hat sich dann eben falsch verhalten, ist weggelaufen, hat Angst gezeigt. *So was fühlt eben ein Hund.* Oder, *das Kind hat ihn falsch angefaßt*, usw., sind oft gehörte Argumente bei eigentlich unerhörten Vorfällen. Aus meiner Sicht müßte Hundehaltung, vor allem von großen Hunden, bis auf wenige Fälle, wo die Tiere wirklich sinnvoll eingesetzt werden (wegen ihres Geruchsinns als Blindenführer) verboten werden. Raubtiere, die heute nicht nur nutz-

*Inzwischen hat die Pharmaindustrie den finanziellen Wert der Tollwutimpfung erkannt und impft nicht nur die wenigen befallenen Menschen, sondern inzwischen auch alle Füchse vorbeugend.

los, sondern für Menschen gefährlich sind, dürfen nicht noch extra gezüchtet werden.

Hundehaltung bedeutet Verschwendung

In China war die Hundehaltung bis vor kurzem verboten, weil sie volkswirtschaftlich einfach ein Unsinn ist. Man bebaut nicht im *Schweiße seines Angesichts* seine Äcker, oder schlachtet sogar Tiere, um die mühsam gewonnene Nahrung dann an den Hund zu verfüttern! Wie viele Menschen könnten allein mit dem versorgt werden, was bei uns die Hunde fressen! Seine Zuneigung sollte man vor allem seinen Mitmenschen und nicht Hunden schenken. Manche haben lieber einen Hund als ein Kind! Wenn man bedenkt, daß für die Nahrung eines Hundes jedes Jahr etwa ein größeres Tier in Mastställen, oft unter tierquälerischen Bedingungen – mit Nahrungsmitteln, die den Hungerländern vom Tisch weggestohlen werden, oder die bei uns unter riesigem Düngemittel-, Gift- und Energieeinsatz produziert wurden – gemästet und schließlich getötet wird, müßte man eigentlich zu dem Schluß kommen, daß Hundehaltung nicht nur nutzlos, sondern verschwenderisch und unverantwortlich ist, und mit Tierliebe überhaupt nichts zu tun hat.

Erst das Raubtier Mensch begann mit der Hundehaltung

Hunde hatten vielleicht einmal in grauer Vorzeit einen Nutzen,* als sie die Hütten von den Exkrementen der vielen Kinder reinigten, oder das Herannahen eines Tieres oder Menschen früher witterten. Diese Hunde wurden jedoch mit Sicherheit nicht mit eigenen Nahrungsmitteln gefüttert und sofort getötet, wenn sie sich gegen den Menschen richteten. Man hatte wohl auch damals gehofft, besser gegen Raubtiere geschützt zu sein, wenn man eins auf seiner Seite hatte. Die Geschichten vom Hund als Jagdhelfer und ersten Begleiter des Menschen wurden nach neueren Forschungen entkräftet. Der Hund war so wenig Jagdhelfer, wie der Mensch ursprünglich Fleischesser war**. Bei den damaligen Verhältnissen hätte wohl ein Hund einem eventuellen Jäger auch eher die Beute vertrieben oder *abgejagt* und selbst gefressen.

*Mit Sicherheit begann die Hundehaltung erst nach dem *Auszug aus dem Paradies*, als der Mensch selber zum Fleischesser, Raubtier, gierigen und unersättlichen Allesverschlinger geworden war. Hunde gesellten sich solchen *Kannibalischen Horden* wohl schon allein wegen der übriggelassenen Kadaverreste hinzu. Nach dem Prinzip: Gleich und Gleich ziehen einander gegenseitig an.

**Untersuchungen von Mageninhalten gefundener Moorleichen haben ergeben, daß noch nicht einmal unsere jüngeren Vorfahren, die Germanen, Fleischesser waren, sondern diese sich selbst im Winter ausschließlich von Früchten, Wurzeln und Gemüsen (teilweise schon Gartenpflanzen), sowie von Haselnüssen in großen Mengen ernährt hatten.

Der Hund paßt zum heutigen Menschen

Der Hund als Begleiter des Menschen ist bei den heutigen Verhältnissen schlicht überflüssig. Er wird jetzt eher wegen seines *Charakters*, der ja so gut zum heutigen Menschen paßt, gehalten. Auch der Hund ist ein Wesen, das sich einer streng hierarchischen Ordnung unterwerfen läßt. Er unterwirft sich den Stärkeren und beißt die Schwächeren. (Deshalb werden auch Kinder so oft gebissen). Der Hund dient dem Besitzer oft als versteckte Waffe, mit der er Macht ausüben kann. Es ist bezeichnend für den heutigen Menschen, daß er sich liebend gern mit Raubtieren verbindet. Er nimmt es in Kauf oder hat sogar Gefallen daran, wenn sein Tier *scharf* ist und andere Tiere zerfleischt. Da er selbst von Begierden getrieben ist, verbindet er sich weniger mit friedlichen Tieren, sondern mit Raubtieren, die wie er töten und Fleisch verzehren. Das große *Raubtier* oder die wahre *Bestie* im Hintergrund ist also oft der Halter, der seinen Hund so erzieht, daß er tötet.

Natürlich kann Omas Schoßhund nicht als gefährliche Bestie eingestuft werden. Solche Tiere sind Ersatz für menschliche Zuwendung, Trost in der Einsamkeit, und werden im Gegensatz zu anderen Tieren, die heute zu Tode gequält werden, eher zu Tode geliebt. Der Hund kann durch seine Anpassungsfähigkeit beziehungsweise Unterwürfigkeit genau das sein, was der jeweilige Besitzer in ihm sucht. Er ähnelt deshalb dem Besitzer, wird in für ihn oft verhängnisvoller Weise mit den Eigenschaften seines *Frauchens oder Herrchens* verbunden, ist nicht mehr Hund, sondern Abbild oder Erziehungsprodukt seines Halters, und deshalb mit verblüffend menschlichen Eigenschaften, allerdings nicht immer mit guten, behaftet.

Hunde als Symbole unserer Gesellschaft

Ich möchte hier noch betonen, daß kein Tier nutzlos ist, solange es seine Stelle in der Natur oder auch eine sinnvolle Aufgabe beim Menschen hat. Jede Tierart hat ihre Existenzberechtigung. Doch ist eben hier einiges aus dem Gleichgewicht geraten. Wieso verwöhnt man Raubtiere bis zum Geht-nicht-mehr und quält gleichzeitig seine Nutztiere in gleicher Weise? Wäre man jenen, die uns mit Nahrung versorgen oder für uns arbeiten, nicht eher zu Dank und Zuneigung verpflichtet? Im übrigen wären das Problem *Hund* sowie die ganze Ziertierhalterei schnell beseitigt, wenn jeder wieder für die Erzeugung seiner Nahrung selbst aufkommen müßte. Hunde sind in einer Überflußgesellschaft, die von der Ausbeutung fremder Kräfte profitiert, Symbolfiguren der Aggression, des Räubertums, der Gier, einer hierarchischen Ordnung von oben nach unten, und schließlich reines Luxustier, das keinen direkten Nutzen mehr für die Allgemeinheit hat, sondern in höchstem Maß beängstigend wirkt und gefährlich ist.

Wollen wir uns menschenfressende Raubtiere züchten?

Es wäre interessant zu wissen, wieviele Hunde es in der Nachkriegszeit noch in Deutschland gab, als wir uns tatsächlich vorwiegend aus eigener Kraft versorgen mußten. Interessant zu wissen wäre auch, was aus hiesigen Hunden im Falle einer großen Katastrophe für die Menschheit (Seuchen, Atomkrieg, Vergiftungen) würde. Sollten, was durchaus heute nicht mehr auszuschließen ist, einmal nur noch wenige Menschen hier überleben, so könnten die verbleibenden Hunde zu einer großen Bedrohung für die Restmenschheit werden. Es gibt ja heute Züchtungen, die gefährlicher als jedes andere bei uns je dagewesene Raubtier sind. Man muß davon ausgehen, daß durch ein Ausleseprinzip genau solche Rassen überleben würden (zum Beispiel Kampfhunde). Solche Hunde sind heute die *Waffe des kleinen Mannes*. Sie töten, sobald sie losgelassen werden, Menschen genauso wie Tiere. Ich plädiere in diesem Punkt für *Abrüstung* beziehungsweise Verbot.

Zuletzt noch ein Tip: Wenn Sie nicht wissen, wie Sie anfallende Fleischreste, Speiseabfälle etc. verwerten können, so schaffen Sie sich ein paar Hühner an. Sie fressen restlos alles, was anfällt.

Kapitel 16
Irrlehren

Abkehr vom naturwissenschaftlichen Zeitalter?

Wir erleben seit einiger Zeit eine regelrechte Renaissance von Esoterik, Mystik, östlichen Religionen, von Kosmischem, von Ideologischem, Philosophischem, von Sekten und neuen schwärmerischen Bewegungen innerhalb und außerhalb der Kirchen. Diese Bewegung und Rückbesinnung zu Innerem und Geistigem und die gleichzeitige Abkehr vom naturwissenschaftlichen Weltbild ist zweifellos angebracht, doch besteht die Gefahr, daß sich die Suchenden in unzähligen Netzen von Irrlehren verfangen, daß in diesem *Supermarkt der Ideologien und Religionen* nur Unverbindliches, Schnellebiges und einem gerade in den Sinn Passendes herausgesucht wird, und daß man sich sein gerade in den Kram passendes Denkschema zwecks Selbstbestätigung und Bekräftigung aussucht und Tiefergehendes, Verbindlicheres beiseite schiebt.

Viele schwimmen heute auf leichten *kosmischen Wellen*, versteigen sich in Nebulöses, Mystisches und lehnen natürlich die traditionelle Kirche mit all ihren Dogmen als nicht mehr zeitgemäß ab. Es entstehen erneut Irr- und Aberglauben, dunkle, unklare Vorstellungen, Verstrickungen in den düsteren Tiefen des **eigenen** Geistes, getragen von Eigenliebe und dem Gefühl erhaben, insgeheim der Größte, Tiefsinnigste, Gottähnlichste zu sein

Lernen entsteht niemals durch Selbstbekräftigung

Echtes Lernen, Entwicklung, Weiterkommen geschehen jedoch niemals durch Selbstbekräftigung oder -Verherrlichung, sondern durch Selbsterniedrigung und Demut, durch das Wissenwollen und Lernenwollen, auch von Unangenehmem. Schließlich durch die Umsetzung dieses Wissens in die Tat, ohne die jegliches Wissen unnütz ist. Unser Herr zeigt uns unsere Stellung genau indem er sagt: *»Ich bin der Weinstock, ihr seid die Reben«*. Er ist die

Kraft in unserem Leben. Wenn wir von ihm abfallen, müssen wir jämmerlich in der Glut vertrocknen. Ich möchte deshalb gewisse Glaubensirrtümer aufdecken und den Leser wieder einen Schritt weiterbringen. Wir sehen ja, daß unsere Gesellschaft heute auf dem falschen Weg ist. Hätte sie den richtigen Glauben nicht verloren, so wäre die Welt voller Dinge des Guten und der Wahrheit.

Als erstes die Wiedergeburt

An vielen Stellen im Wort Gottes ist von der *Wiedergeburt im Herrn* die Rede. Gemeint ist damit folgendes: Mit der Zeugung erhält ein Mensch nicht nur ein natürliches physisches Leben, sondern auch ein inneres, geistiges Leben von seinem Schöpfer. Genau dieses unterscheidet ihn vom Tier und macht sein Leben oder seinen Tod nie endend. (Leben gibt es nur vom Herrn). Deshalb rätseln Evolutionsforscher wohl noch lange am Rätsel des Übergangs vom Tier zum Menschen herum, wenn sie nicht endlich ihr inneres Leben als von Gott erhalten sehen. Der heutige Mensch empfindet dieses geistige Leben jedoch leider als ihm eigen, von ihm stammend. Er erhielt die absolute Freiheit, seinen Herrn anzuerkennen, zu lieben, oder sich selbst als Ursprung allen Lebens zu sehen.

Ein Mensch lebt erst, wenn er vom Herrn wiedergeboren wurde

Jeder Mensch wird nun zunächst in diese natürliche Welt geboren. Sein **ewiges**, inneres, geistiges Leben wurde ihm gleich einem Saatkorn eingepflanzt. Dieses Saatkorn wird solange nicht keimen, bis er es selber zum Keimen bringt, indem er die Liebe und Weisheit Gottes in sich aufzunehmen versucht. Er muß die absolute Freiheit haben, dies zu tun oder zu lassen, denn: Was der Mensch liebt, das tut er in Freiheit. Und: Nur was er in Freiheit tut, kann er lieben. (Swedenborg) Genau der Zeitpunkt nun, an dem sich ein Mensch erstmals in seinem Leben aus eigenem Willen seinem Herrn zuwendet, wird unter *Wiedergeburt im Herrn oder in Christus* verstanden. Man spricht hier von Geburt, weil ein (inneres, ewiges, himmlisches) Leben ohne den Herrn kein Leben, kein Himmel ist, sondern Tod, Finsternis, (noch) nicht Leben oder Hölle.

Ein Mensch lebt für die himmlische Welt erst dann, wenn er wiedergeboren wurde, sich seinem Schöpfer, dem Licht, der Liebe und Weisheit aus ihm zugewandt hat. Wendet er sich dagegen sich selber zu, lebt er für den Himmel nicht. Hat er zwar die Lehre, das Wort Gottes schon vernommen, aber noch nicht für sich geltend in die Tat beziehungsweise sein Leben umgesetzt, so ist er im Wort ein *Schwangerer*. Versucht er Gottes Wahrheit zu leben, fällt jedoch immer wieder davon ab, ist er also noch nicht selbständig fest im Herrn verankert, bezeichnet ihn das Wort als Stillenden und Säugenden. (Lukas 21. 23: Wehe aber den Schwangeren und Säugenden in jenen Tagen).

Jeder Mensch lebt nur einmal im Körper

Das eigentliche Leben des Menschen ist ewig. Wir sind in der glücklichen Lage, davon zu wissen und die *froheBotschaft* gehört zu haben. Umso schlimmer beziehungsweise tödlicher für uns, wenn wir uns trotzdem abwenden.

Dieses Leben ist einzigartig und einmalig für jeden Menschen. Jeder Mensch hat **eine** Existenz, die mit seiner Zeugung beginnt und die nach seinem natürlichen Tod in der geistigen Welt ewig weitergeht.

Von einer Rückkehr auf die Erde ist nirgends die Rede, wenn man unter Wiedergeburt die Zuwendung zum Herrn begreift. Eine solche ist auch aus folgenden Gründen unsinnig und unschlüssig:

1. Die Aufgabe der natürlichen Welt ist es, neue Menschen, neue Geister beziehungsweise Engel (Himmel) entstehen zu lassen. Diese Zeugung geschieht nur in der natürlichen Welt. In der geistigen Welt werden unter Kindern geistige Dinge verstanden. Man könnte sagen, daß die Erde eine *Pflanzenschule des Himmels* (Swedenborg) ist, und daß sich der Himmel aus der Erde aufbaut, vielfältiger, mannigfaltiger, reicher wird. Wir werden also dazu geboren, den Himmel zu bereichern.
2. Es wäre unsinnig, nach einem Leben auf der Erde noch einmal als Kind ein zweites natürliches Leben zu beginnen. Eine Weiterentwicklung ist nur denkbar, wenn der Weiterlebende das Leben und Wissen des Vorausgegangenen kennen und darauf aufbauen kann, wie das ja nach dem Hinscheiden eines Menschen im Jenseits der Fall ist.
3. Absolut unbefriedigend werden gewisse östliche Thesen, wenn man sich einmal fragt, wieso es denn immer mehr Menschen gibt, wo doch die Zahl der *Haftentlassenen aus diesem Jam-*

mertal ins Nirvana einen Rückgang der Bevölkerung auf der Erde zur Folge haben müßte. Die Erde ist eben keine Haftanstalt für Sünden vom vorangegangenen Leben, sondern je nach dem Inneren der darauf lebenden Menschen bereits Paradies (Himmel) oder Hölle. Verteidigt werden jene Gedankengebäude dann mit wenig überzeugenden Argumenten wie etwa, daß sich Geister heutzutage öfters wieder in Körper begeben, daß alle Menschen auf einmal wie Funken aus einer Explosion göttlicher *Urmaterie* entstanden seien, (wo doch jeder sehen kann, daß sich die Schöpfung, die Erschaffung von neuem Leben täglich neu ereignet!), daß die Menschen gestürzte Engel aus dem Himmel seien, die sich erneut zu *bewähren* hätten, und dergleichen Anmaßungen und Unsinnigkeiten mehr.

Falsche Beweise für die Reinkarnationslehre

Bedauerlicherweise sucht und findet die neue Religiosität ihre Gehalte vorwiegend in anderen Religionen, wo sie anscheinend gerade deren Irrlehren herausgreift. Man fühlt zwar oder nimmt an, daß es außerhalb der physischen noch eine weitere Welt gibt, glaubt wieder an Geister, Übernatürliches, weiß aber diese Dinge nicht einzuordnen. Sie bleiben mystisch geheimnisvoll, unfaßbar, obwohl sie durchaus begriffen werden könnten.

Bleiben wir noch etwas beim Thema Wiedergeburt im buddhistischen Sinne: Da werden scheinbare Beweise dafür erbracht, indem sich jemand zum Beispiel genauestens an seinen *früheren Wohnort* erinnern kann, sich dort genauestens auskennt, obwohl er in diesem Leben noch nie dort war. Solche und ähnliche Phänomene sind jedoch eigentlich nichts Außergewöhnliches, und aus folgenden Gründen schon gar kein Beweis für ein zweites Leben auf diesem Planeten. Der innere Mensch kann wissen und fühlen, daß er bereits zu Lebzeiten *Bürger zweier Welten* (Swedenborg, nicht Steiner) ist, das heißt körperlich auf dieser Welt und geistig in der Geisterwelt lebt. Ein verstorbener Geist ist übrigens nichts Geheimnisvolles oder Mystisches, sondern einfach ein vollends vom Natürlichen ins geistige Leben übergesiedelter Mensch. Geister sind also ausschließlich Menschen, die irgendwann einmal gelebt haben. Nun dürfte bekannt sein, daß sich Gleich und Gleich gerne zusammengesellen. Dies betrifft die natürliche genauso wie die geistige Welt. Da aber der Mensch bereits zu Lebzeiten schon geistig ist, ist naheliegend, daß er auf einer für ihn zwar nicht direkt wahrnehmbaren, aber doch vorhandenen Ebene ständig von Seinesgleichen auch aus der Geisterwelt umgeben ist. Die Redewendung *er ist von allen guten Geistern verlassen,* ist also durchaus wörtlich zu nehmen.

Nun gibt es Menschen, die mehr als andere die Präsenz der Geisterwelt wahrnehmen können, die sogar Botschaften, Bilder usw. aus dem Jenseits empfangen können. Diese Wahrnehmungen können auch durchaus echt und vorhanden sein, doch dürfen sie nicht zu dem Trugschluß führen, man selbst habe zu der und der Zeit an dem oder dem Ort gelebt, nur weil diese Vorstellungen im eigenen Bewußtsein auftauchten. Es ist ein großer Irrtum, aus solchen Botschaften von Geistern auf das Vorhandensein eines früheren Lebens zu schließen. Bewiesen werden kann dadurch vielleicht dem Zweifler die Existenz der jenseitigen Welt, oder auch die jeweilige Art der Besessenheit eines Menschen durch einen Geist. Es ist auch sehr aufschlußreich zu erfahren, daß Geister sich oft gerade demjenigen mitteilen, der ein etwaiges erlittenes Unrecht seitens des Verstorbenen sühnen könnte. So ist es erwiesen, daß zum Beispiel Henker des öfteren von den Geistern Ermorderter *besetzt* werden, die sich so an ihrem Mörder rächen wollen.

Nur wenige Jenseitsbotschaften kommen heute vom Himmel beziehungsweise vom Herrn

Mit Skepsis sind überhaupt alle Botschaften aus der Geisterwelt zu werten, da diese ja nicht immer von guten Geistern stammen müssen. Botschaften, die ein Mensch empfängt, der auf irgendeine Weise schlecht ist, das heißt nicht im Sinne seines Herrn Gutes und Wahres liebt und auch tut, sind schon deshalb anzuzweifeln, weil sein *Informant aus dem Jenseits* aus gleichem Holz geschnitzt sein dürfte. Deshalb ist Skepsis an Erleuchteten, Gurus, Sektierern wohl berechtigt. Unser Gott ist ja ein persönlicher Gott, der sich jedem in seinem Inneren mitteilt, direkt, ohne *Umleitungen.*

Ich möchte damit natürlich nicht die Bedeutung von Lehrern, auch Gurus, schmälern, sondern sie nur an ihre Plätze verweisen. Sie sind auch nur Menschen, Lernende, Schüler in der Schule des Lebens. Größe und Ansehen können jedoch jeden Menschen leicht vom richtigen Weg abbringen, in einen Wahn verfallen lassen, Bescheidenheit und inneren Reichtum durch Äußerlichkeiten ersetzen lassen. Direkte Verbindung zum Herrn kann nur haben, wer ihn genau kennt. Diese Kenntnis wurde aber heute genommen. Deshalb geschickt die Verbindung mittels Engeln, deren Weg und Wissen jedoch niemals vollkommen und ohne Fehler ist.

Karma-Glaube verdammt zur Untätigkeit

Letztlich kann man die fatalen Wirkungen des Wiedergeburtsglaubens auch dort beobachten, wo dieser heute vor allem lebendig ist. In buddhistischen Ländern nimmt man sein *Karma* resignierend hin. Mißstände werden nicht behoben, Ungerechtigkeiten werden nicht beseitigt, nur weil man meint, der Betreffende habe es eben nicht anders verdient, müsse die Strafe für Sünden aus seinem Vorleben nun büßen. Daß alle Mißstände jedoch auf Falsches und Schlechtes auf dieser Welt zurückzuführen sind, und es unsere Aufgabe und der Wille unseres Schöpfers ist, diese zu beseitigen, wird nicht gesehen und deshalb auch nichts verändert. Selbst hierzulande neigt man zu diesem *Vorstrafenprinzip*, da man nicht willens ist, die Fehler im eigenen Leben zu sehen, zu suchen und zu beheben. Es ist eben einfacher, die Dinge als Unabänderlichkeiten, als Schicksale, oder als Karma beziehungsweise Vorherbestimmung zu sehen, als seinen Fehlern ins Auge zu blicken, selbst in den Spiegel zu schauen, und daraus Konsequenzen zu ziehen.

Adam und Eva machten nur den Anfang

In diesem Zusammenhang möchte ich auch den Begriff der *Erbsünde* klären, da der eigentliche Sinn dieses Begriffs auch in der christlichen Welt weitgehend verlorenging. Unter Erbsünde ist heute nicht der sogenannte Sündenfall von Adam und Eva zu verstehen, sondern all die Sünden, die ein Kind ohne eigene Schuld von seinen Eltern aufgeladen bekommt. Die Erbsünde ist heute so erdrückend groß geworden, daß unsere Kinder vielleicht nicht einmal mehr lange hier leben können, weil sie an unzähligen Umweltgiften geistiger und materieller Art zugrunde gehen beziehungsweise gar nicht mehr zur Entfaltung ihres Lebens kommen können.

Adam und Eva machten mit ihrem Sündenfall, mit ihrer beginnenden Abkehr von der göttlichen Ordnung nur den Anfang. Jede weitere Generation jedoch, die das verhängnisvolle Erbe nicht durch die Annahme des Guten und Wahren vom Herrn unterbrach, vermehrte Falsches und Böses, das so bis auf den heutigen Tag zu einer unvorstellbar mächtigen geistigen Sintflut anwachsen konnte, von der sich bislang nur sehr wenige auf die rettende *Arche* des Herrn, das heißt auf den inneren wahren Glauben an Jesus Christus retten konnten, um vor dem inneren geistigen Ertrinken bewahrt zu bleiben.

Die Mißdeutung der göttlichen Vorsehung im Islam

Auch der Islam kennt die entwürdigende Vorausbestimmung und Schicksalsgläubigkeit im *Inch Allah*, die den Menschen, anstatt ihn aktives Werkzeug Gottes werden zu lassen, das die Welt im Sinne Gottes verändert, eher lähmt, gleichschaltet, ihn sich höheren Mächten, meist menschlichen unterwerfen, zum Werkzeug nicht Gottes, sondern irgendeines Machthabers werden läßt, der ihn sogar morden oder sterben läßt, angeblich um eines höheren Lohnes im Himmel willen. Auch hier gibt es keinen persönlichen Gott, der jeden einzelnen zur individuellen Form seiner Weisheit und Liebe aus ihm heranwachsen läßt, durch direktes Innewerden und Fühlen dessen, was gut und wahr ist, und durch daraus resultierende mannigfaltige Erkenntnisse und Taten, sondern eher Monotonie, Gleichschaltung und infolgedessen starken Konformitätsdruck. In Wirklichkeit ist mit dem Wirken der göttlichen Vorsehung die Tatsache gemeint, daß der gesamte Himmel mit all seinen Engeln seinen ganzen Einfluß in den menschlichen Geist dazu aufwendet, die Menschheit ständig mit allen möglichen Mitteln und Belehrungen vom Bösen abzuhalten und dem Guten zuzuwenden. Die Zulassung von Bösem beziehungsweise von Plagen wird jedoch dann unumgänglich, wenn sich der Mensch infolge seines freien Willens vom Himmel abwendet und sich den irrealen, egoistischen, höllischen, triebhaften Begierden und Phantasien der Höllen zuwendet.

Die Polygamie verhindert die eheliche Liebe

Was ich beim Islam jedoch noch schwerwiegender falsch empfinde, ist die Zulassung der Vielweiberei. Da der Mensch als Mann und Frau erschaffen wurde, unter einem Menschen Mann und Frau, also ein Paar verstanden wird, und da die göttliche Liebe sich am vollkommensten in der Liebe zwischen Mann und Frau offenbart, muß in der Zulassung der Polygamie eine große Irrlehre gesehen werden.

Ein Zustand der Liebe zwischen **einem** Mann und **einer** Frau kann der *Himmel auf Erden* für ein Paar sein. Dieser Zustand der innigen Liebe ist jedoch nicht zu mehreren Frauen erreichbar. Somit entgeht dem Anhänger der Vielweiberei dieser entscheidende himmlische Zustand des Glücks, er kann in diesen wesentlichsten Himmel nicht gelangen. (Himmel oder Höllen sind Zustände, nicht Orte).

Naturvölker sind oft religiöser

Bevor ich auf die Irrlehren unserer modernen Welt zu sprechen komme, möchte ich nur noch kurz auf die Anhänger von vielen anderen Religionen, die zum Teil mehrere Götter haben, mangels Wissens Dinge der Natur anbeten oder von einem Leben nach dem Tod, also der frohen Botschaft, nichts wissen, zu sprechen kommen. Jene Naturvölker sind im Vergleich zu uns dennoch oft religiöser, gläubiger und demütiger oder bescheidener. Man wird ihnen im Jenseits auch nicht vorwerfen können, daß sie nichts vom Wort Gottes gehört haben und Gott in anderen Formen und Weisen angebetet haben.

Der Christ glaubt sich dem Heiden überlegen

Entscheidend ist der Zustand des Glaubens und der Religiosität dieser Menschen überhaupt. Wenn der Christ glaubt, mit der Taufe und der Mitgliedschaft zur Amtskirche einen *Persilschein für den Himmel* zu haben, den der *Heide* nicht hat, so täuscht er sich gewaltig.* Die Heilsgarantie ist nur dann gegeben, wenn sich im Innern des Christen tatsächlich ein *Gotteshaus* befindet. Man kann auch nur dann von Kirche sprechen, wenn sich viele solcher Gotteshäuser, das heißt, Menschen, die Gutes und Wahres suchen, eine Religion haben und einen Gott über sich wissen, zusammenfinden. Ob also bei uns sich *Kirche* befindet, ist angesichts der Lage der Dinge fraglich. Wir sind wohl eher die *herbstlichen Bäume, doppelt gestorben, ausgerissen mit der Wurzel* aus Jud. 12.

Tatsächlich läßt sich beobachten, daß das Wort Gottes, wenn es

*Diese Irrlehre, die unter anderem auch das Seligwerden durch den bloßen Glauben losgelöst von der Tat, der *tätigen Nächstenliebe* (*Swedenborg*) (2EO) lehrt, trägt vor allem zu den wesentlichen Verfälschungen der protestantischen Kirchen bei. Es wird dann der Mensch als etwas gleichsam lebloses, einem Stein ähnliches gesehen, das auf die mehr oder weniger willkürliche Gnade und Barmherzigkeit beziehungsweise die Erlösung durch den Herrn angewiesen ist, ohne dazu selbst etwas beitragen zu können. Der Herr kann jedoch nur diejenigen erlösen, die seine Lehre nicht nur aufnehmen, sondern auch **tun**. Die Liebe zum Herrn **und** dem Nächsten sind erstes Gebot, der wahre Glaube (das richtige Glaubenswissen) erst zweites.

zu Völkern der von uns als Dritte Welt bezeichneten Ländern kommt, dort viel inniger und lebendiger aufgenommen wird als bei uns, und daß sich dort wirkliche Kirchen Gottes bilden. Das mag vor allem daran liegen, daß jene Menschen keine intellektuellen Barrieren, keine wissenschaftlichen Bilder und Betrachtungen, keine Vergiftung der eigenen Innenwelt zu überwinden haben, die ihre inneren Wahrnehmungen verhindern oder zumindest nachhaltig stören. Denn in dem Maße, in dem sich der Mensch seinen äußeren Sinnen zuwendet, sterben die inneren ab, bis schließlich, wie bei uns, ein materielles, naturwissenschaftliches, oberflächliches Weltbild übrig bleibt bzw. aufgebaut wird. (Babylonischer Turm) Genau dieses Weltbild ist eine Hauptursache all der Mißstände in der zivilisierten Welt. In der Bibel wird solches mit *Essen vom Baum der (eigenen) Erkenntnis von Gut und Böse* beschrieben. Wenn der Mensch davon ißt, wird er sterben. Hier ist gemeint, daß dann sein Inneres stirbt und somit der Mensch aus der Sicht des Himmels tot ist. Der physische Tod dürfte allerdings dann auch nicht allzulange auf sich warten lassen, denn das Böse quält, verseucht und zerstört sich schließlich auch körperlich. (Sie können diesen Vorgang täglich in Ihrer Umgebung beobachten).

Die Naturvölker wiederum begreifen die inneren Geheimnisse im Wort Gottes viel leichter und müheloser, da sie mit einem gleichsam kindlichen Gemüt ausgestattet sind. Das meinten auch Stellen im Wort wie *» Wenn ihr nicht werdet wie die Kinder, werdet ihr nicht ins Reich Gottes eingehen«* usw. Gemeint ist hier jedoch keineswegs, daß wir unseren Verstand grundsätzlich ausschalten sollen, sondern nur, daß oft Barrieren der eigenen Überheblichkeit im Erwachsenen vorhanden sind, die eine Aufnahme innerer und himmlischer Dinge verhindern. Es ist auch anzunehmen, daß Menschen von Naturvölkern, selbst wenn sie zu ihren Lebzeiten die Frohbotschaft nie hören konnten, diese im anderen Leben genauso schnell und umfassend aufnehmen und Gott anerkennen werden wie sie es im Diesseits getan hätten.

Sind wir wirklich Christen?

Ich habe nun bereits ein wenig angedeutet, woraus die Religion, das Streben, die Werte der *modernen Gesellschaft*, auch wenn sie sich christlich nennt, bestehen, nämlich aus dem egoistischen Streben nach Geld, Macht, Besitz, nach möglichst großer Anhäufung materieller Güter, gestützt von einem *aufgeklärten*, *wissenschaftlichen Weltbild des modernen Menschen.* Gut und wahr ist immer das, was mehr Geld bringt. Unter Wachstum versteht man die Anhäufung von Materiellem. Fortschritt und Erfolg einer Sache oder Tat messen sich nicht in wirklichen, ethischen Werten des Guten und Wahren, sondern einzig und allein in Geld.

Diese (Ersatz-)Religion, wie immer sie sich auch nennen mag, ob Wirtschaftswachstum, Fortschritt, Wohlstand, Sicherheit, Wissenschaft usw. ist die Irrlehre aller Irrlehren, ist das *Essen vom Baum der Erkenntnis von Gut und Böse*, das den (inneren) Menschen sterben läßt. Bäume, überhaupt alle Pflanzen, alles Kraut, Gras, alle Sträucher usw. bedeuten Wissensdinge oder Erkenntnisse. Der Mensch sollte jedoch hauptsächlich vom *Baum des Lebens,* das heißt, vom Wahren und Guten des Lebens aus dem Herrn, essen, und den Baum der Eigenmächtigkeit, des Größenwahns, der Gier, des selbstherrlichen Lebens aus der alleinigen, egoistischen Betrachtung von sinnlichen, äußeren Dingen der Welt meiden.

Alle anderen Religionen dieser Welt, selbst wenn sie noch so große Irrtümrer enthalten, können die Menschen niemals in ein solches Verderben führen, wie es dieser Glaube an die Allmacht des Menschen getan hat und noch tun wird. Religion anerkennt immer etwas Göttliches, Höheres. Wir jedoch sehen den Menschen als Maß aller Dinge, wollen sein wie Gott selber und wissen, beziehungsweise sehen nicht einmal, daß wir uns dadurch immer tiefer in unseren Höllen verstricken.

Wenn sich Politiker oder Parteien, die dieser *Religion* frönen, heute christlich nennen, so ist das absolute Verdrehung aller Wahrheiten, auf den Kopfstellen aller Werte, ist Anmaßung von Geldmächtigen, die das Wort Gottes für ihre Zwecke mißbrauchen, ist Lebenslüge und Selbstbekräftigung für vermeintliche Christen, die im Wort nur Passendes für sich herauspicken und im Christsein eine Art Versicherung neben anderen für weit wichtiger gehaltenen Versicherungen gegen materielle Schäden sehen, ist Ausdruck dieses *Narrenzeitalters.*

Die Offenbarung des Johannes handelt von den sogenannten Christenkirchen

Die Offenbarung des Johannes bezeichnet die falschen Christen, man könnte auch sagen Antichristen, als gierige *Drachen*, die darauf aus sind, alles und jeden zu verschlingen, geistig zu töten, zu verseuchen usw. Die Verfälschungen der Lehre, die Vernünfteleien und Mißbräuche aus dem Wort durch die Menschen beziehungsweise ihre Kirche werden unter Drachen, oder der Stadt (= Lehre) Sodom beschrieben. Diese Arten der Verfehlungen finden sich vorwiegend in den protestantischen Geistesgemeinschaften. Die inneren Verfälschungen, vor allem Anmaßungen von göttlichen Rechten (Sündenvergebung, man hört auf den Papst, nicht auf den Herrn, man überträgt Göttlichkeit auf den Menschen – *Gottesvertretung*) aus einem Gott wurden drei vereinigte Götter, Verehrung und Anbetung von Menschen anstelle Gottes, sind Geisteshaltungen, die gegen das erste Gebot des Herrn verstoßen und vor allem in den Gemeinschaften der Römisch-Katholischen anzutreffen sind. Diese werden im Wort deshalb unter dem *Weib, sitzend auf einem karmesinroten Tiere voll von Namen der Lästerung* (Offenbarung 17, 3.4) mit einem *Becher inwendig voller Greuel* beschrieben, da sie äußerlich den Anschein der wahren Kirche erheben, aber inwendig der Hure Babylon (Offenbarung) entsprechen, deren Träger sich von weltlichen Dingen wie Macht, Geld, Besitz usw. bestechen ließen.

Diese Lehre wird auch unter der großen und (äußerlich) prächtigen Stadt Babylon beschrieben, deren Kaufleute (Klerus) von ihrem Handel (mit religiösen Dingen aufgrund der Anmaßung göttlicher Rechte) reich und mächtig geworden waren, deren Gericht aber in *einer Stunde* kommen soll. (Offenbarung Kapitel 18)

Der Vollständigkeit halber möchte ich schließlich noch einige weitere Unklarheiten in den Aussagen und Lehren der christlichen Kirchen entschleiern, die auch zum Abfall vom Wort Gottes und zur Hinwendung zu unserem *modernen* Weltbildes geführt haben. Im Laufe der Zeit wurde innerhalb der Kirchen einiges verdreht, falsch ausgelegt und verschleiert, was unseren Abfall von Gott sogar verursacht haben kann. Einst mit Sinn erfüllte Handlungen in den Gottesdiensten und Glaubensinhalte wurden zu leeren Ritualen beziehungsweise leeren Worthülsen. Glauben bedeutete schließlich *nichts wissen,* anstatt wissen und erfahren auf allen Ebenen des Menschseins.

Anbetung gebührt nur Gott allein

Zuerst möchte ich deshalb die Vorbilder der kirchlichen Welt, deren Lehrer und *Gurus*, nämlich die Heiligen ansprechen. Soweit das Leben solcher Personen tatsächlich gut und richtig war, könnte man jene durchaus als Vorbilder gelten lassen. Doch wird es sehr kritisch, wenn die Grenzen zwischen Verehrung und Anbetung undeutlich werden, wie das immer noch der Fall ist. Anbetung gebührt nur einem, nämlich Gott allein. Kein Mensch, und wenn er noch so *heilig* schien oder auch war, darf angebetet werden. Auch nicht etwa Maria oder gar Josef. Ein solches hieße die Göttlichkeit Jesu leugnen. Jesus war Gottes Sohn, nicht Sohn der Maria. Er war selber Leben und Licht, und nicht Empfänger oder Aufnahmegefäß desselben wie jeder Mensch. Es gibt nur einen Gott. Anbetung von Menschen ist deshalb unterlassene Anbetung Gottes und letztendlich Frevel, Götzenverehrung.

Gott kann zwar in verschiedensten Formen und Weisen angebetet werden (je nach dem Wissen der Gläubigen), darf aber nicht durch die Hinwendung zu Menschen anstelle Gottes ersetzt werden. Selbst den Heiligen* im Himmel dürfte es absolut nicht recht sein, wenn Menschen sich ihnen anstelle Gottes zuwendeten, da sie ja wissen, daß alles Wissen, alles Gute und Wahre nicht aus ihnen selbst, sondern aus Gott kommt, und daß auch sie noch unvollkommene Formen der Weisheit und Liebe Gottes sind, die zu lernen haben. Sollte es jedoch einigen von uns Heilige genannten Geistern gefallen, angebetet zu werden, so dürften sich solche *Heilige* nicht im Himmel befinden, sondern größenwahnsinnige Möchtegerngötter in ihrer Hölle sein.

Engel helfen täglich

Es ist anzunehmen, daß viele von der Papstkirche verehrte Heilige von jener Natur sind, also nicht heilig um des Guten und Wahren willen, sondern um ihrer selbst willen gelebt haben, weil sie sich dadurch über andere erheben konnten und so zu Ruhm und Ehre oder zu Geltung und Ansehen gelangen konnten. Wir wenden uns also mit der Anbetung von Geistern (ehemaligen Menschen) nicht nur von Gott ab, sondern *falschen Göttern* zu, die nicht den Himmeln angehören. Daß sogenannte Heilige Menschen durch die Kraft des Herrn geholfen haben, ja sogar Wunder wirkten, ist durchaus möglich, aber kein Grund zur Anbetung, sondern eher

*Der Begriff *Heilige* ist ohnehin unklar. Entweder man meint damit alle vom Herrn *geheiligten* Menschen, also alle Engel im Himmel generell, oder aber den Herrn selber. Dann jedoch müßte deutlich werden, daß nur der Herr der einzige wirkliche Heilige im Himmel und auf Erden war und ist, damit nicht etwa Menschen auf dieselbe Stufe mit ihm gestellt werden.

Indiz für die Verbindung des betreffenden Menschen zum jeweiligen Geist. Meist zu dem Geist, der ihm selbst am ähnlichsten ist. Sobald ein Mensch eine Verbindung zu einem Geistwesen aufgenommen hat, diesen anzieht indem er ihn sich vorstellen kann, ein genaues Bild von ihm kennt, kann er auch dessen gesamte Kräfte nutzen. – Ohne daß es Menschen wissen helfen täglich Engel jedem Menschen, sonst könnte er keinen Tag länger leben. Man bedient sich also durchaus *geistiger* Mächte und Kräfte, diese sind jedoch oft finstere, also nicht immer (Schutz-)Engel, sondern auch gelegentlich Teufel.

Trotzdem ist es recht und gut, von Gott geheiligte Menschen als Lehrbilder zu verehren, und sich ihren Weg als gutes Beispiel vor Augen zu halten, wenn es sich tatsächlich um Geheiligte handelt. Man sollte außerdem im Zusammenhang mit Menschen besser den Ausdruck *Geheiligte* gebrauchen, um das Wort *heilig* künftig allein für Gott zu reservieren.

Genau wie jeder Mensch im Himmel (Engel), hat auch jeder Mensch auf Erden die Möglichkeit, direkt von Gott Liebe und Wahrheit zu empfangen, Umwege über andere Menschen sind möglich, jedoch besteht hierbei die Gefahr, daß sich *finstere Kräfte* der Eigen- und Weltliebe dazwischen schalten. Selbst die Verehrung der Maria, auch wenn sie noch so *geheiligt* war, muß Verehrung bleiben, darf nicht Anbetung werden. Denn auch sie war ein Mensch, und somit nicht Gott.

Der Herr regiert Himmel und Höllen

Man muß sich immer vor Augen halten. daß ja alle Engel des Himmels nicht aus sich, sondern allein aus der göttlichen Kraft oder Liebe bzw. Weisheit leben, und daß diese einzig und allein bestrebt sind, jene zu vermehren bzw. dem Menschen weiterzuvermitteln, daß somit nicht ein Verdienst des Guten oder Wahren dem Menschen zugeschrieben werden sollte, sondern lediglich seine Abkehr vom eigenen Bösen und seine Hinwendung zum Herrn löblich sein kann.

Der Herr regiert sogar die Höllen, das heißt, diese haben ihre Kraft, die ja die einzig existente Lebenskraft oder Liebe überhaupt ist, sogar noch von IHM, wenngleich sie göttlich Wahres zu Falschem machen, und die allumfassende göttliche Kraft und Liebe in eigenes Böses verwandeln.

SEIN Joch ist nicht schwer

Von den Heiligen selbst möchte ich auf die Lebensweisen, die als heilig galten, kommen. So galten und gelten noch heute Entsagung aller fleischlichen Lüste, Ehelosigkeit, Abgeschiedenheit von der *schlechten Welt*, Selbstkasteiungen aller Art bis zur körperlichen Selbstflagellation als heiligmachende Eigenschaften. Je mehr sich einer quälte, desto heiligmäßiger galt oft sein Leben. Ich glaube, daß hier einiges aus der Schrift falsch verstanden wurde. Im Wort steht zwar von der engen Pforte, vom schmalen und vom breiten Weg, doch nicht, daß der schmale Weg mühsam und *schwer zu tragen*, sondern eher schwer zu finden ist. Wege findet man. Jeder Mensch geht (seine) Wege im geistigen Sinn. Es heißt sogar im Wort, *»Mein Joch ist leicht zu tragen«* . Auch wird nicht verlangt, daß der Mensch ehelos leben soll, oder daß er in der Ehelosigkeit sein Heil finden kann, wenn dieser Anschein auch durch manche Stellen im Wort, in denen es um die Nachfolge geht, erweckt werden könnte, wenn man nur den Wortsinn betrachtet.

Mann und Frau sind zusammen ein Mensch

In Wirklichkeit aber ist der Mensch als Mann und Frau erschaffen. Nur **eine** Frau und **ein** Mann zusammen bilden einen Menschen, der Bild, Ähnlichkeit und Form göttlicher Liebe und Weisheit auf Erden ist. Dabei braucht man beide Geschlechter gar nicht ständig auseinander dividieren, den Mann oder die Frau getrennt betrachten, wie dies in unserer, auf Egoismus aufgebauten Gesellschaft ständig geschieht, da jeder ohne den anderen nur ein halber Mensch ist. – Hier sei noch darauf hingewiesen, daß die Frau im Wort für Dinge des Guten, des Willens, der Liebe, der Mann hingegen Entsprechung für das Wahre, die Weisheit, den Verstand ist, beide zusammen aber erst den Menschen ausmachen. Wo der Mensch von solchen Dingen nichts weiß bzw. nichts wissen will, kämpfen Mann und Frau gegeneinander, will einer noch mehr, noch größere Vorteile, Rechte usw. wie der andere und auf Kosten des anderen für sich selber erhaschen.

Die Liebe zwischen Mann und Frau ist das treffendste Abbild der göttlichen Liebe auf Erden schlechthin, kann aber bei niemandem leben, der in der Eigenliebe ist. Ein Ausweg aus dieser Situation ist jedoch nicht in der Ehelosigkeit oder in der Enthaltsamkeit zu finden. Die körperliche Liebe zwischen Mann und Frau ist nichts Schlechtes, sondern durchaus gottgewollt. Sie ist allerdings nur eine erste Stufe, ein Anfang der Liebe zwischen Mann und Frau überhaupt, der weitere, geistige und innere Stufen folgen. Da der Egoist eigentlich ja nur sich selbst liebt, kommt er nicht über eine gewisse Vorahnung von dem, was Liebe sein kann, hinaus, sucht er ständig weitere Genüsse, die sich meist in Äußerlichkeiten begründen, und tötet, nachdem er genügend Partner verbraucht hat, schließlich auch die Freuden der körperlichen Liebe bei sich ab.

Vielleicht liegt in eben geschildertem Wirkungsmechanismus auch der Grund, weshalb schließlich alle Freuden der Liebe verneint wurden, da man ja nur die Geschlechtsliebe kannte, und diese wegen seiner eigenen Schlechtigkeit, seiner Gier nach dem Körper des anderen Geschlechts (nicht nur nach **einer** Frau oder **einem** Mann) zu verbannen suchte, weil sie ja sowieso früher oder später erlosch, oder aber immer perversere Formen anzunehmen drohte. Es ist möglich, daß die Kirche deshalb ein Zölibat einführte, weil sie ihre Priester nicht der Gefahr aussetzen wollte, sich in einer solchen Weise zu verirren. Gerade aber ein Priester sollte sich nicht zu verschließen suchen. Er sollte mitten unter den Menschen wirken, versuchen, ein Abbild Gottes zu werden, sich also nicht in die Einsamkeit flüchten, sich nicht kasteien. Er sollte nur dem Bösen entsagen, nicht aber den Freuden des Himmels. Das kann er nur als Mann und Frau zusammen. Nur so kann er in den *Genuß* von himmlischen Freuden kommen, die im nützlichen Wirken, im Schaffen von Gutem und Wahrem, eben in der Liebe zwischen Mann und Frau zu finden sind.

Das was heute noch hauptsächlich unter Freuden und Genüssen verstanden wird, sind meist nutzlose oder schlechte Dinge und Tätigkeiten, Rauschzustände, Verschwenderei, Maßlosigkeit, Hurerei, Ehebruch, kurz Dinge, die den Menschen in höchstem Maße schädigen.

Wenn nun die *Freuden* des Menschen heute daraus bestehen, sich selbst oder gar anderen zu schaden, darf das nicht bedeuten, daß auch wirkliche Freuden für Priester entfallen müssen, daß auch Priestern der eheliche Himmel verschlossen bleiben muß, nur weil die meisten *Weltlichen* daraus eine Hölle gemacht haben. *Weltlich* heißt nicht automatisch gleich schlecht. Die äußere Welt und auch die körperliche Liebe zwischen Mann und Frau sind ja geradezu das Fundament, auf dem sich alles weitere geistige und himmlische aufbauen kann. Nicht zuletzt ist hier zu bemerken, daß die Zeugung von neuem Leben, von neuen Menschen nicht mehr im Jenseits, sondern nur auf Erden durch die körperliche Liebe (egal ob höllischer oder himmlischer Art) zwischen Mann und Frau geschehen kann, die Erde also Teil des Himmels, gewissermaßen sein Fundament, seine Pflanzenschule (Swedenborg) ist. Es dürfte deshalb ein Fehler seitens der Papstkirche sein, Mann und Frau trennen zu wollen.

Leere Glaubensinhalte in den kirchlichen Lehren

Neben bereits erläuterten gibt es noch eine Reihe weiterer Unklarheiten und Schwachstellen in den Lehren der katholischen Kirche, die sicherlich viele zur Abtrünnigkeit geführt haben. Ich meine die vielen überlieferten Begriffe und Glaubensinhalte, deren wahre Bedeutung heute verlorengegangen sind. Die Folge war eine schlimme Verdrehung des Wortes *Glaube* überhaupt. Glaube ist zunächst das, was ein Mensch für gut und richtig hält. Das ist sein Glaube. Es gibt also soviele Glauben, wie Menschen, die Gutes und Wahres kennen und tun. Dieses Buch beinhaltet z. B. meinen Glauben, den ich bis zum Zeitraum 1987/88 wahrnehmen bzw. erkennen durfte.

Allerdings kann man nur dann von Glauben sprechen, wenn das, was ein Mensch für gut und richtig hält, es auch tatsächlich ist. Ob es das ist, können wir aus dem Wort entnehmen oder in unserem Inneren spüren. Glaube heißt deshalb nicht nichts wissen, sondern im Gegenteil wissen um die Dinge zwischen Mensch und Gott, oder um das, was gut und richtig ist.

Nebulöse Jenseitsvorstellungen mangels innerer Wahrnehmung

Auch die Vorstellungen von dem, was uns im Jenseits erwartet, sind sehr vernebelt. Etwa die Hälfte aller Christen *glaubt* zwar an ein Leben nach dem Tod, stellt sich dieses aber entweder gar nicht oder als Lufthauch, schwebende Seele vor. Zwar erschienen Engel aus dem Jenseits immer in vollendeter Menschengestalt, sowie Teufel in der Form ihres inneren Zustandes (z. B. mit Bocksfüßen, Bock = Geilheit, oder menschenähnliche Raubtiere = Gier, Begierde), doch steckte man solche Berichte in den Bereich von

Omas Märchentruhe, verneinte schließlich auch gleich den Naturwissenschaften nach und nach sogenanntes Übersinnliches, und verschüttete auch die Existenz des eigentlichen inneren, geistigen, himmlischen und auch höllischen Menschen. So wurden schließlich alle Begriffe und Stellen im Wort, die sich mit dem anderen Leben befaßten, das Wort schlechthin mißverstanden. Die Bibel verschloß sich dem Menschen.

Seither geistern Begriffe wie *Jüngstes Gericht*, *Weltengericht*, *Seele* und natürlich ganze Teile des Worts, die nur im inneren Sinn verständlich sind (z. B. Offenbarung des Johannes), profillos und mißverstanden oder mißbraucht durch die mehr oder weniger düsteren, vernebelten Welten des Irrglaubens, werden nicht selten zu Aberglauben und in dunklen Mystizismus hinabversenkt.

Ein Gericht steht jedem bevor

Ich möchte hier nur kurz den Begriff *Gericht* sichtbar machen. Gerichtet wird ein Mensch prinzipiell dann, wenn er ins andere Leben übergeht, also sein Körper stirbt. Dort ordnet er sich Seinesgleichen zu. Sein Inneres kommt nach außen, wird sichtbar, nachdem sein Körper wie ein Kleid ausgezogen wurde.

Er wird das, was er werden will bzw. ist und richtet sich so selbst, indem er sich seiner ihm ähnlichen Gesellschaft beigesellt. Genauso wie nun ein einzelner Mensch nach seinem Hinscheiden seinem Inneren gemäß gerichtet wird, indem sein *Lebensbuch* aufgeschlagen wird, d. h., all sein Inneres zum Vorschein kommt, kann auch eine ganze Menschengesellschaft oder Kirche wie ein einziger Mensch betrachtet werden. (Wenn ihr Inneres aus einheitlichen Gliedern aufgebaut ist) und am Jüngsten Tag, das heißt, nach dem Ende ihrer Zeit oder nach ihrem Zusammenbruch gerichtet werden bzw. sich selbst richten.

Doch auch auf der Welt richten sich die Menschen entsprechend ihren Untaten bereits schon selber, machen sich und ihre Umwelt krank, vernichten alles Gute und Wahre in sich durch die Aufnahme von Bösem und Falschem aus ihrer Liebe zu sich und der Welt.

Ebenso kann ein Mensch sich seinem Schöpfer zuwenden, aus ihm leben, und so gerettet werden. Gott kommt also nicht als *böser Rächer* auf die Erde und richtet, sondern der Mensch selber richtet sich entweder dem Bösen oder dem Guten zu.

Leider werden große Teile des Alten Testaments heute als

blutrünstige Lektüre mißverstanden, weil man nicht versteht, daß es dabei lediglich um Ursachen und Folgen menschlichen Fehlverhaltens geht, und nicht um Aktionen eines *rachesüchtigen Gottes*. Daß zwar äußere Unglücke, Mordtaten, Greuel und dergleichen beschrieben werden, aber diese in ihren Entsprechungen innere Zustände vorbilden, also Inneres, Geistiges gemeint sind.

Wir dürfen nicht die Hände in den Schoß legen

In diesem Zusammenhang ist mir durch E. Swedenborg noch eine weitere weitverbreitete Irrlehre bekannt bzw. sichtbar geworden. Sie betrifft die Einschränkung oder gar gänzliche Verneinung des freien Willens des Menschen durch die alte Kirche. Der Mensch kann dieser Lehre zufolge gar nichts aus sich tun, sondern ist seit Adam und Eva für alle Zeiten verdammt, von Grund auf schlecht, und es ist einzig und allein das Verdienst des Herrn, den Menschen, der einem Stein oder leblosen Klotz gleiche, zu bekehren oder nicht. Der Mensch wird so zur Passivität und Untätigkeit verdammt, er wird zum Spielball eines grausamen und willkürlich nach Gutdünken handelnden Gottes. Diese weitverbreitete Irrlehre sieht nicht, daß der Mensch erst durch seinen freien Willen Mensch geworden ist, durch seine freie Wahl *vom Baum des Lebens* oder vom *Baum der eigenen Erkenntnis von Gut und Böse* zu essen, sich also entweder Gott oder seinem eigenen zuzuwenden. Deshalb muß der Herr auch jede Ungerechtigkeit und Grausamkeit durch den Menschen zulassen. Er darf nicht eingreifen. Denn würde er das tun, wäre unser Wille nicht mehr frei, unsere Entscheidung zum Guten des Herrn nichts mehr wert. Er will und kann uns nur den Weg zeigen – was durch Jesus Christus geschah – gehen müssen wir ihn selber. (Das ganze Leben des Herrn war also Erlösung, der Kreuzestod lediglich die Vollendung der Erlösungstat.) Deshalb müssen wir uns aktiv beteiligen, das Gute tun und das Böse fliehen, um zu Gott zu gelangen. Niemand sollte also heute denken, lassen wir nur Gott walten, er wird schon das Richtige tun.

Wir müssen das Richtige **tun**! Gerade die Unterlassung des richtigen Tuns wird uns bald zum Verhängnis werden. Machen wir dann nicht Gott verantwortlich! Wir können zwischen Gut und Böse, zwischen Wahrheit und Falschheit wählen, von beiden *Bäumen* essen. Das heißt jedoch keineswegs, daß wir dazu bestimmt sind, oder daß es gar der Wille Gottes wäre, daß wir, oder ein Teil von uns die schlechte Seite wählen. Der Herr ist der Weg, die Wahrheit, und das Leben. Dorthin gehen bzw. ihm nachfolgen müssen bzw. sollen wir selber. Solange wir leben, dürfen wir niemals nach einer Seite hin von oben manipuliert werden, muß die Waage zwischen Gut und Böse im Gleichgewicht sein, nur dann ist unsere Entscheidung frei und von Wert.

Der Mensch ist als Aufnahmegefäß für die göttliche Liebe und Weisheit geschaffen. Dieses Gefäß zuerst säubern, dann füllen, also Werkzeug, Diener oder gar Streiter Gottes sein, muß er selber. Passivität, eigene Machtlosigkeit, oder gar schicksalshafte Vorausbestimmung lassen sich also partout nicht aus dem Wort Gottes ableiten, sondern sind verhängnisvolle Irrlehren, die den Menschen an seiner Weiterentwicklung in Richtung Himmel hindern. Natürlich darf dieser nicht leicht zu fassende Bereich unseres Glaubens auch nicht ins andere Extrem verfallen, nämlich daß der Mensch meint, Gott selbst habe sich gleichsam in ihn ergossen, er sich am Ende selbst für einen Gott hält und dann glaubt, daß Liebe und Weisheit sich quasi auf ihn übertragen haben. Ein solcher Mensch wird allmählich leugnen, daß alles Gute und Wahre von Gott stammt und infolgedessen aufhören, diese nach besten Kräften aufzunehmen. Unsere Freiheit besteht also im freien Willen zur Aufnahme des Lebens vom Herrn oder zu dessen Ablehnung bzw. Verfälschung des göttlichen Lichts. Der Mensch ist aufnehmende Form. Er formt das einfallende Licht seinem Wesen entsprechend, bringt es zum Leuchten oder verfälscht es. Er leuchtet jedoch nicht selber, ist nicht selber Licht, wie es Jesus Christus war.

Alle Kirchen sind heute von Falschem durchdrungen

Auch die katholische oder die protestantische, genaugenommen alle heutigen Kirchen sind von Falschem durchdrungen. Wären sie es nicht, so wäre die Welt eine bessere. Es geht deshalb nicht darum, die eine oder die andere Religion zu verteufeln oder als falscher darzustellen, sondern darum, die wahren göttlichen Weisheiten in alle Religionen Einzug halten zu lassen. Dies kann durch das Wort Gottes, seine Gerechtigkeit und Ordnung, seine göttliche Wahrheit, die durch unseren Herrn, Mittler, Erlöser und Heiland mitten und direkt unter uns gebracht wurden, geschehen.

Um wieder einem eventuellen Irrglauben vorzubeugen:

Es gibt nur einen Gott!

Dieser eine Gott existiert in verschiedenen Formen. Der Form der göttlichen Liebe und des göttlichen Guten, dessen Name in der Schrift Jehovah ist und der göttlichen Weisheit und Wahrheit, dessen Name Gott-Vater ist, der Form der Wirkung, der Anwesenheit der göttlichen Liebe und Weisheit auf Erden, dessen Name Jesus Christus ist, und der Form der geistigen und inneren direkten Auswirkung oder *Strahlung* Gottes über die gesamte diesseitige und jenseitige Welt. Man kann die drei göttlichen Existenzebenen Gottvater, Sohn und Geist durchaus mit den drei Existenzebenen eines Menschen, nämlich Seele, Leib, und seine Wirkung, Ausstrahlung, Geist vergleichen. Genauso wie es sich dabei um **einen** Menschen handelt, der in seinen verschiedenen Existenzbereichen beschrieben wird, kann Gott nur als **Einer** angesehen werden. Wer also aus der Dreieinheit Gottes eine Dreieinigkeit macht – als ob drei sich einig wären – der hat bereits die Grundsäulen der christlichen Religion zerstört. (Was beim Konzil von Nicäa bereits geschah.) Jesus war also nicht eine zweite gezeugte Gottperson, sondern quasi der ausführende Arm des einen Gottes auf Erden.

Die Bezeichnung *Sohn* wurde leider von den Kirchen oft fälschlicherweise für die Existenz eines zweiten oder dritten Gottes mißdeutet. *»Im Sohn wohnt die ganze Fülle des Vaters«* oder *»Ich bin im Vater und der Vater ist in mir«*, oder *»Wer mich sieht, sieht den Vater«*, oder *»Niemand kommt zum Vater denn durch mich«*, sind Bibelaussagen, die die Bedeutung der Begriffe *Vater* und *Sohn* deutlich machen können.

Die Form Gottvater ist für uns Menschen allerdings so wenig begreifbar und nahbar wie eine Sonne. Die Existenzform Sohn jedoch ermöglicht uns die direkte Verbindung zu unserem Schöpfer und damit die Erlösung. Über die Form Seines Geistes baut der Herr heute Seine neue Kirche, das *neue Jerusalem* in uns allen auf.

Die Mutter Gottes ist die vom Herrn durch sein Kommen gegründete neue Kirche

Der Sohn Gottes stammt also vom Vater ab, besitzt seine Seele, seine geistige Gestalt. Die Mutter hingegen ist diejenige, die diese Seele zum Wachsen bringen kann. Vergleichbar mit der (Mutter) Erde, die ein Saatkorn aufnimmt, und in der es durch allerlei Nährstoffe (Gutes), durch die von der Sonne (Gott) erhaltene Wärme (Liebe), sowie durch Licht und Wasser (Weisheit, Wahres) zum Keimen und Wachsen kommen kann. Die Mutter Gottes bzw. Jesu Christi, unseres Herrn ist daher die Kirche, in der der Herr allein verehrt wird. Unter *Mutter Maria* ist deshalb diejenige neue Kirche gemeint, die unser Herr und Gott durch sein Kommen auf diese Welt neu gegründet hat. Deshalb kann die Mutter Maria auch sowohl *Braut* wie *Mutter* sein. Denn der Herr vermählte sich durch seine Menschwerdung wie ein Bräutigam mit seiner Braut, das heißt, der Kirche. Ohne diese Vermählung oder Vereinigung können weder eine Kirche, also eine Verbindung zwischen Gott und Mensch, noch ein göttliches Liebe- und Weisheit-Verbreiten existieren. Denn auch Gott kann nur dann seine Liebe und Weisheit aussenden, wenn er Adressaten dafür gewinnt.

Leider werden die geistigen Dinge zwischen Mann und Frau, die innere Bedeutung der Begriffe *Mutter*, *Sohn* und *Vater* heute im Zeitalter der Frauenemanzipation besonders gründlich mißverstanden. Nicht zuletzt dadurch ist die Bedeutung der *Mutter Maria*, der *Mutter Kirche des Herrn Jesus Christus,* heute zum sinnentstellten Personenkult um diejenige Frau verkommen, die einst den *göttlichen Samen* Jesus Christus empfangen und diesen in einen menschlichen Leib kleiden durfte. Die Namen Maria, Mutter Gottes, Braut des Herrn, müssen also für die neue Kirche des Herrn Jesus Christus stehen, genauso wie z. B. der Name Petrus unerschütterlichen, festen Glauben an den einen Herrn und Gott Jesus Christus bedeutet, und nicht die geschichtliche Person Petrus. Alle Namen im Wort Gottes überhaupt meinen niemals die Person selbst, sondern ihren Glauben, ihre Bedeutung, ihre Taten usw.

Die ganze Menschheit kreuzigt den Herrn noch immer

Zu guter Letzt dürfen auch die Religion des Judentums und der Zionismus in diesem Kapitel nicht verschwiegen werden, weil ja jede Verwässerung unseres Glaubenswissens, besonders was die Göttlichkeit unseres Herrn Jesus Christus und die Einheit Gottes anbetrifft, auch einen Schritt in Richtung Zionismus bedeutet. Die Juden verleugnen den Herrn Jesus Christus bzw. erkennen seine Gottheit nicht an. Sie haben den Herrn gekreuzigt und tun dies im geistigen, inneren Sinn noch heute, indem sie ihn eben nicht anerkennen, das heißt, geistig-innerlich töten. Deshalb ist ihre Religion immer noch in einem alttestamentarischen Zustand des wörtlichen äußeren, nicht inneren Verständnisses von ihnen genehmen Teilen des Wortes, die sie im Talmud zusammengesammelt haben, und die sich für ihre Zwecke *anwenden* lassen, gefangen geblieben und ist inzwischen darin erstarrt. Juden lehnen das Neue Testament ab bzw. dürfen es gar nicht lesen. Unser Gott Jesus Christus ist für sie nicht einmal ein Prophet, sondern ein Geschichtenerzähler, der es verstand, die Menschheit zu fangen und zu ungunsten der Juden zu verführen. Deshalb ist ihnen der innere Zugang zum Herrn, der in der Nachfolge Seines auch für uns durch seine Menschwerdung sichtbar gewordenen Beispiels besteht, versperrt. Sie lassen sich ja nicht vom Herrn *erlösen.* Sie halten an den verschiedensten Ritualen des Alten Testaments fest, obwohl allmählich jede andere Religion den inneren Sinn der Heiligen Schrift zu erkennen beginnt. Mit der Erfüllung eines äußerlichen Rituals ist ja noch überhaupt nichts Inneres vollbracht. Das Gegenteil kann sogar eintreffen, indem z. B. innere Reinigung durch eine rein äußere ersetzt wird.

Das neue Jerusalem ist die kommende innerlich-geistige Kirche des Herrn

Wesentlich schlimmer wirken sich jedoch die vielen Falschinterpretationen des Alten Testaments aus. Im ganzen Wort Gottes ist ständig von Jerusalem, Israel, dem neuen Jerusalem, der Mutter Kirche, der Braut des Herrn, dem Volk Gottes die Rede. Diese Begriffe sind jedoch allesamt Bezeichnungen für die Kirchen Gottes in ihren verschiedenen Entwicklungsstufen und Daseinsformen. Hier waren und sind **alle** Menschen gemeint, die an den **einen** Gott, und nach Seinem Kommen an unseren Herrn Jesus Christus glauben und diesem nachfolgen wollen. Unter dem *neuen Jerusalem* ist die gerade *sich schmückende neue Braut* bzw. neue Kirche des Herrn zu verstehen, wie sie in der Johannes-Offenbarung angekündigt ist, und in welcher Gott im Herrn Jesus Christus allein verehrt wird.

Zionismus und Rassismus

Die Zionisten sind also ebenfalls weit davon entfernt, Volk Gottes zu sein, da sie ja immer noch den Herrn Jesus Christus und den Glauben an ihn vernichten wollen, um in vielleicht nicht allzuferner Zukunft ihren neuen *Messias aus dem Hause Davids,* über die ganze Welt herrschen zu lassen. Ihre unbeirrbare Meinung, auserwähltes Volk Gottes zu sein, führte sie in ein Bewußtsein der absoluten Größe, des einzig wahren Menschseins, des Über-allen-anderen-stehens, also der Geringschätzung gegenüber allen *Heiden* bzw. anderen Völkern, die ja letztlich nur dazu geschaffen sind, der *elitären Rasse* zu dienen. Wer sich hier an *Hitler* und die Nazis erinnert, dem wird vielleicht verständlich, weshalb gerade Juden und Nazis so aneinandergeraten sind. Jeder richtet sich oder wird genau mit dem Schwert gerichtet, das er zuvor erhoben hat.

Hierzu ist anzumerken, daß die hier beschriebenen Phänomene keinesfalls nur dem Judentum angelastet werden können und dürfen, sondern sich heute über die ganze Welt mit all ihren Völkern verbreitet haben, bzw. äußere Zeichen einer innerlich von Gott abgewandten und allem Irdischen oder Äußerlichen (Macht, Geld, Besitz, Größe, Gewalt usw.) zugewandten Welt sind. Die jüdische Religion mit ihrer rein äußeren und wörtlichen Betrachtungsweise des Wortes Gottes läßt sich lediglich dieser Geisteshaltung am besten anpassen bzw. am besten dazu mißbrauchen.

Äußere Wirkungen des Abfalls

Die Führenden dieser Welt beschränkten sich in dem Ziel, die Weltherrschaft zu erlangen, jedoch nicht nur auf die innere Vereinnahmung der Völker, sondern scheuten vor keinem Mittel zurück.(*Des Griffins*) (26)

Eine ideale Methode, viel Geld und Macht zu gewinnen, war und ist die Finanzierung von Kriegen und Aufständen. Man verdient an Krediten zur Aufrüstung, kauft das zerstörte Land nachher für wenig Geld, und verdient dann wieder am Aufbau. Allerdings sind dann beim Wiederaufbau die Mittel gänzlich neu und zu ungunsten des Bürgers verteilt bzw. wird dieser dann zum enteigneten Arbeitssklaven der Geldbarone.

Natürlich versucht man auch mit allen Mitteln, die jeweiligen Kulturen, Sitten, und besonders die Religion zu zerstören, indem man eben solche Irrlehren unter die Leute bringt, die dazu geeignet sind. Solche Irrleitungen begannen auch mit den Parolen der Freiheit (zur Gesetzlosigkeit gegen sich und die Regierung) – Gleichheit (Gleichschaltung) – Brüderlichkeit (Konformitätszwang, Vereinheitlichung) der Französischen Revolution, mit dem Freigeist der Aufklärung, des Marxismus, Nihilismus, Atheismus, Sozialismus, Kommunismus, der die Irrgeleiteten in die Fänge der Initiatoren (siehe Unterdrückung des russischen Volks durch den Kommunismus) trieb, und zersetzen bis heute die Völker. Monarchien und der Adel wurden so gestürzt und enteignet. Neue *Volksregierungen* oder *Demokratien* als handlungsunfähige Marionetten zur Zersetzung der Völker beliebig gesteuert. Das Volk konnte danach von jedem Emporkömmling ausgenutzt, betrogen, ausgeblutet werden.

Jeder begann gegen jeden *Konkurrent* zu werden. Selbst die Einheit zwischen Mann und Frau konnte durch die Gedanken der Frauenemanzipation und der *freien Liebe* in Gegnerschaft verkehrt werden und so selbst die Familien zerstört werden

Es gelang, die Welt in zwei Lager zu spalten

Es gelang, die Integrität, die Einheit, die Kultur, den Zusammenhalt, die Gemeinschaft, die Kraft, den inneren Frieden und die Unversehrtheit beinahe jedes Volkes auf dieser Erde zu zerstören, diese willenlos und beliebig steuerbar zu machen, auszubluten. Dabei halfen und helfen, bewußt oder unbewußt, alle Menschen, die den einen Gott Jesus Christus, unseren Erlöser und Heiland leugnen und sich selbst an Gottes Seite stellen wollen, bzw. selbst Gott sein wollen.

Die Spaltung der Kirchen war eine Folge inneren Abfalls

Genauso wie dieser Spaltkeil des Atheismus und Materialismus sich durch alle Völker und Gemeinschaften bis hin zur Spaltung und Zerwürfnissen zwischen Mann und Frau getrieben hatte, so spalteten sich auch die Protestanten von den Römisch-Katholischen wie ein sich streitendes Ehepaar, bei dem jeder sich selbst der Nächste sein will.

Die Römisch-Katholischen können bei diesem Streitpaar mit dem weiblichen Teil verglichen werden. Diese glaubt ja auch die *Mutter* bzw. wichtigste und ursprünglichste aller Kirchen zu sein, was ja der Fall sein würde, wenn Sie die Gebote des Herrn gehalten hätte. So wie die Dinge jedoch stehen, muß man allerdings eher befürchten, daß diese Kirche die ursprünglichste und tiefgehendste Entheiligung der wirklichen Kirche des Herrn betrieben hat und noch betreibt. Schon ihr Eucharistiesymbol, eine totgebackene Mehlhostie, aus schädlichen, wertlosen Materialien bestehend, die den Leib des Herrn, SEIN Gutes, SEINE Liebe und Kraft darstellen soll, spricht Bände.

Der protestantische Teil dieses zerstrittenen Paares stellt eher den männlichen, den *gescheiten*, sich im Dünkel des Wissenden und Einsichtigen wähnenden Streitpartners dar. Diesem fehlt jedoch nicht nur das wesentliche, nämlich die Liebe zum Herrn und dem Nächsten als oberstes Gebot, sondern auch das wirkliche Wissen und Verstehen von göttlichen Wahrheiten, die eben nur in Verbindung mit seiner verschmähten Partnerin bzw. mit dem ersten Gebot des Herrn möglich gewesen wäre. So kam es, daß sich diese Kirche seither in einem Zustand des bloßen Vernünftelns und Philosophierens befindet, und man manchmal schon nicht mehr weiß, ob diese überhaupt noch Dinge der Religion zum Thema macht, oder ob sie sich allmählich zur politischen Partei entwickelt.

Auch das Eucharistiesymbol jener Kirche entspricht sehr gut den Begebenheiten, da ja der vergorene Wein, ein Rauschgetränk, mit den tatsächlichen geistigen Vernebelungen durch all die Vernünfteleien sehr gut in Beziehung zu setzen ist.

Das Rauschgetränk aus Weinreben entspricht also genau wie die totgebackene leblose Hostie sehr gut den Verfälschungen der Lehre des Herrn, SEINEM Wein und SEINEM Brot, bei den Katholiken.

Ich habe bereits einige grundsätzliche Unterschiede, die zur Spaltung geführt haben, angeführt und gezeigt, daß es bei den Katholiken um Verstöße gegen das erste Gebot, bei den Protestanten jedoch um das An-die-erste-Stelle-setzen und infolgedessen schon Verfälschen des zweiten Gebots bzw. der Lehre vom Herrn geht.

Über all die genaueren Zusammenhänge und inneren Wesensmerkmale dieser vom Menschen ausgehenden Zerstörungen an den Lehren der verschiedenen Kirchen dieser Welt, und insbesondere an denen, die sich heute noch christliche nennen bzw., die deshalb die Zerstörung des Wortes Gottes im Menschen durch Verfälschungen vorantreiben konnten, werde ich in einem späteren Werk schreiben, wenn ein solches noch nötig sein sollte.

Wir sollen wieder direkten Kontakt zum Herrn suchen

Der Aufdeckung von Glaubensirrtümern und Verfälschungen

kommt jedoch überragende Bedeutung zu, da erst dann ein Ende aller Spaltung eintreten kann und wird, wenn diese beseitigt sind, wenn wieder jede Religion dieser Welt von allem Falschen befreit wurde, und es danach keinen Grund zu Verfeindungen mehr gibt, weil jeder einzelne Mensch dann wieder direkten inneren Zugang zu Gottes Liebe und Weisheit geknüpft hat und kein Außenstehender ihn mehr davon abbringen kann, seine innere Wahrnehmung, sein inneres Sehen, das er wie jeder Engel als direkt vom Herrn kommend empfindet und wahrnimmt, zu mißachten, um wieder irgendwelchen eingebildeten, der Selbst- und Weltliebe entspringenden Trugbildern nachzulaufen. Er wird dann auch keinerlei *Medizinmänner* oder *Vertreter Gottes* mehr nötig haben, die ihm seinen verlorenen *Draht* zur geistigen Welt und inneren Wahrnehmung wiederherstellen sollen.

Dazu bedarf es jedoch noch der schonungslosen Enthüllungsarbeit und Durchleuchtung aller etablierten Institutionen dieser Welt, die allein schon deshalb verdächtig sein müssen, weil sie am Aufbau der heutigen Systeme beteiligt waren und noch sind. Es wird daher ein Kampf zwischen allen obrigkeits- und machtstaatlichen Systemen im weltlichen wie kirchlichen Bereich geben, wenn diese ihre Vormacht nicht wieder an den einzelnen zurückgeben wollen, diesen nicht mündig werden lassen, weiterhin unterjochen, im Abhängigkeitsverhältnis binden wollen. Dieser Kampf gegen die Obrigkeit, die Manipulatoren und Unterdrücker, die falschen Führer unserer Zeit, zugunsten einer neuen Führung durch den Herrn, bzw. einer nicht das Gute unterdrückenden Ordnung ist gemeint, wenn im Wort die Rede von *Armaggedon* (Offenbarung), der Endschlacht zwischen Gut und Böse die Rede ist.

Es geht dabei jedoch niemals um ein Verdammen eines Menschen, Volkes, Systems oder einer Kirche, sondern einzig und allein immer nur um die Enttarnung des Bösen und Falschen darin, also um eine innere Reinigung und Erneuerung, und hernach um eine Erlösung von allem Übel dieser Welt durch ein Einfließenlassen von göttlich Wahrem und Gutem.

Fangen wir jedoch mit dieser Reinigung immer zuerst bei uns selbst bzw. unserem eigenen Volk an, *kehren wir zuerst vor unserer eigenen Tür.*

Jeder Mensch hat ein inneres Gefäß zur Aufnahme der Wahrheit

Wahres Christentum weiß, daß der Mensch nur eine Aufnahmeform der göttlichen Liebe und Weisheit ist, und daß jeder Mensch diese empfangen kann, der es will. Echtes Christentum läßt deshalb jedes Volk und jeden Menschen in seiner Eigenheit bestehen, kann niemals diktatorisch unterwerfen, gleichschalten, monopolisieren, uniformieren, sondern achtet jeden Menschen und jedes Volk in seiner Eigenart. Es will nicht alle Völker und alle Eigenheiten und Kulturen der verschiedenen Völker vermischen und zwangsweise vereinheitlichen, sondern erfreut sich an der Mannigfaltigkeit, dem Reichtum, der Verschiedenartigkeit aller göttlichen Formen und Ausdrucksweisen in der Schöpfung, der Natur, der Arten, der Fauna und Flora, und auch der Menschenvölker mit all ihren liebenswerten Wesensunterschieden und -variationen.

Falsche Propheten wollen die Lücke füllen

Der spätestens mit der Kirchenspaltung der Reformation begonnene Prozeß des Verfalls der Großkirchen bzw. ihrer ungeteilten Macht über die Gläubigen begünstigte beim unmündigen und unwissenden Bürger, der es ja gewohnt war, daß ihm seine religiösen Welten von kirchlichen *Autoritäten*, von scheinbar klugen oder gar *erleuchteten* Menschen vorgefertigt und *vorgekaut serviert* wurden, (anstatt, daß er sich direkt an den einen Herrn wandte) begünstigte bei all diesen geistig-innerlichen *Säuglingen* das Entstehen und Heranwachsen von neuen Autoritäten, Vorbildern, Idolen, Gurus, Philosophien, führte zum Entstehen einer beinahe unübersehbaren Vielzahl von verschiedenen Sekten und Glaubensrichtungen weltlicher wie religiöser Prägungen. Diese neuen vom Menschen gefertigten Gebilde – in biblischer Sprache würde man sie mit Tieren, Städten oder Ländereien umschreiben – haben allesamt den einen großen Mangel, nämlich den, daß sie sich nicht ausschließlich an den **einen Herrn Jesus Christus** wenden. Immer wird ein *Erleuchteter*, eine Philosophie oder abstrakte Idee, oder sonst etwas vorgeschoben und verehrt, nur nicht Gott der Herr selber.

Es hat zwar den Anschein, daß gewisse sehr fromm erscheinende neue Christengruppen diesen direkten persönlichen Kontakt jedes einzelnen Gliedes zum Großen Menschen, das heißt, zum

Himmel und damit zum Herrn wieder hergestellt haben, doch bleibt dieser Anschein ein Trugbild, solange jene nicht auch gleichzeitig die Gesetze des Herrn, SEINE Ordnung vom Innersten bis zum Äußersten leben und in die Tat umsetzen. **Es gibt keinen von der Tat, dem praktischen Leben losgelösten allein seligmachenden Glauben**, wie das viele Protestanten heute noch glauben. Das Denkschema, wonach der Herr durch SEIN Leiden uns alle Sünden weggenommen hat, uns erlöst hat, gleichgültig wie unser Leben auch immer gewesen sein mag, ist grundlegend falsch. ER kann uns nur erlösen, wenn wir IHM nachfolgen! Die Aufnahmefähigkeit, die Fähigkeit Gutes und Wahres vom Herrn zu empfangen, SEINEN Leib zu essen und SEIN Blut zu trinken, wird ja schon durch die Aufnahme von toter leiblicher Nahrung (Kochprodukte, Drogen, Rauschgetränke, Tierfleisch) vollständig blockiert. Solche Tot- oder Rauschnahrung blockiert sofort und nachhaltig jede Fähigkeit zur Transzendenz. Ich kann an mir selber rückwirkend beobachten, wie eine Lebensweise, wenn sie nicht konsequent im Sinne des Herrn nicht nur *theoretisch*, sondern auch im praktischen Leben vollständig in die Tat umgesetzt wird, keine dauerhafte Verbindung zustandekommen lassen kann.

Wir richten unsere Gebete nicht an den Herrn

Auch der Schein all der frommen Gebetskreise kann trügen. Zum einen geht es bei vielen Gebeten eigentlich nicht um ein Sichbereitmachen zur Aufnahme des Herrn bzw. um das Auslöschen des eigenen und die Annahme des göttlichen Willens, sondern genau um das Gegenteil, nämlich um ein hartnäckiges, oft fast gewaltsames Einfordern seiner eigenen kurzsichtigen Wünsche und Willensäußerungen, das eigentlich eine Unverfrorenheit, ein Zweifeln an der göttlichen Vorsehung, eine Ablehnung des Herrn schon in sich ist.

Selbst wenn Betende heute das Vaterunser sprechen, denken sie dabei nicht an den Herrn, sondern an etwas für den Menschen nicht Faßbares wie den vom Herrn getrennten Gottvater. Man will anscheinend nicht vernommen haben, daß im Herrn die *ganze Fülle des Vaters wohnt*, daß nur *wer den Sohn sieht, auch den Vater sehen kann*, daß der *Weg zum Vater nur über den Sohn gehen kann*. Der Herr ist unser Gottvater! Es gibt keine verschiedenen Götter!

Der Herr ist die einzig greifbare und für uns Menschen verstehbare und lebbare Erscheinungsform des einen Gottes.

Richten wir uns also künftig direkt an IHN und befolgen wir SEINE Gebote in einem diesen entsprechenden Leben. Folgen wir IHM auch mit Herz **und** Händen (tätige Nächstenliebe) nach, nicht nur mit dem Mundwerk.

Der Mensch ist niemals Gott!

Während die ebengenannten Zusammenhänge vom Unwissenden nicht leicht durchschaut werden können, sollten die plumpen Verführungskünste von Teilen der *New-Age-Bewegung* eigentlich schneller auffallen. Die meisten dieser neuzeitlichen gedanklichen Lehrgebäude – sie erinnern mich an neuzeitliche ebenfalls sehr kurzlebige Fertighausbauten – wollen letztlich den Menschen bzw. sich selber, ihre Anführer, auf Gottes Thron setzen. Deshalb auch der zentrale Direktangriff auf die Gottheit schlechthin mit der absurden Aussage, der Mensch sei Gott. Wir werden in den nächsten Jahren sicherlich noch deutlicher als bisher erfahren, daß der vom Herrn getrennte selbstsüchtige und eigenmächtige Mensch nicht Gott, sondern Teufel ist.

Man versteckt jedoch diese Aussage in der Vorstellung, Gott würde sich gleichsam in den Menschen ergießen und diesen dann zum *Mitgott* machen. Hierzu muß jedoch in aller Deutlichkeit noch einmal gesagt werden, daß kein Lebewesen, keine Pflanze, nicht einmal ein Stein, kein Mensch, auch kein Engel oder Teufel, absolut gar nichts außer dem einen Gott aus sich selbst existiert und Leben hat. Alles Leben, alle Kraft und Liebe, sowie alle Weisheit gehen vom einen Herrn aus. Dem Menschen wurde sein eigenes nur scheinbar gegeben, um ihn in Freiheit zur Mehrung des Himmels und damit der Dinge des Herrn in sich heranwachsen zu lassen. Der Mensch wächst also durch den Herrn oder aus dem Herrn, kann aber niemals selbst Göttliches innehaben. Er kann nur Werkzeug des Herrn werden, niemals aus eigener Kraft leben, schöpfen, bilden, nur Rebe, niemals aber Weinstock sein.

Nur das Reich des Herrn ist wirklich existent und real. Die Gebilde der menschlichen Phantasie, die sich aus dem Dünkel der eigenen Einsicht, der Selbst- und Weltliebe und aller daraus entstehenden Triebe, Lüste und Begierden bilden, erscheinen leblos und tot, irreal, unmenschlich oder tierisch, sobald sie *am Licht betrachtet* werden, was spätestens im anderen Leben, dem eigentlichen und ewigen Leben des Menschen geschehen wird.

Kapitel 17
Landwirtschaft

Jeden Tag geben zur Zeit 50 bis 60 Bauern in der BRD auf. Die heute noch vorhandenen Betriebe sind im Schnitt mit 104.000,– DM pro Betrieb verschuldet. Immer mehr Anwesen gehören den Banken. Der Bauer ist schuftender Knecht auf seinem eigenen Hof. In die Zange genommen von Schleuderpreisimporten aus der Dritten Welt, Zinslasten von Banken, Niedrigstpreisen von Lebensmitteln aller Art, und Verteuerungen der Betriebskosten durch ständig wachsenden Material- und Energieeinsatz.

Von 1950 bis 1980 stieg der Verbrauch an
Düngemitteln um 708 %
Futtermitteln um 821 %
Maschineneinsatz um 2717 %
Bioziden um 4500 %
Energie um 5245 % (aus Der Biokost-Report).

Ertragssteigerung ist kaum mehr möglich

Die Erzeugerpreise sind jedoch immer die gleichen geblieben oder sogar zurückgegangen. So werden dem Landwirt seit geraumer Zeit die *Daumenschrauben* immer mehr angezogen. Diese heißen Mehrertrag, Rationalisierung, Spezialisierung, Maschinisierung, Vergrößerung, und markieren den Weg des Zusammenbruchs der bäuerlichen Kultur und der Entstehung von **Massentierhaltung** und **Agrarfabriken**. Nur noch riesige Produktionsstätten, spezialisiert auf meist ein einziges Produkt bleiben schließlich übrig, scheinen noch rentabel, da die Gewinnbreite immer mehr eingegrenzt wird. So stieg zwar der Energieeinsatz seit 1950 um das 52-fache, aber bei weitem nicht der Ertrag. Zwar wird versucht, den Boden und die Natur diesem Steigerungsprozeß unterzuordnen, doch läßt sich dieser einfach nicht mehr noch weiter ausbeuten, diesem Wachstumszwang unterwerfen. So steht die

Landwirtschaft heute vor dem ökonomischen und dem ökologischen Zusammenbruch.

Was aber wäre zu tun? Als Bauer zu existieren ist heute beinahe unmöglich geworden. Was soll man auch anbauen? Getreide etwa zu 40.-DM/dz* oder Kartoffeln zu 8.-DM/dz? Den Milchsee oder Butterberg vergrößern? Oder gar Schweine mästen oder Hühner-Batteriekäfige bauen? *Rien ne va plus* – nichts scheint mehr erfolgversprechend zu sein.

Die BRD wird von Lebensmitteln momentan derart überschwemmt, die Preise künstlich so niedrig gehalten, daß sich der Anbau weder hierzulande noch anderswo lohnt. Der Unterschied ist nur der, daß hierzulande importiert, anderswo aber gehungert wird, damit unsere Schweinetröge und unsere Fettbäuche noch voller werden.

Weniger wäre mehr

Ich sehe für die Bauern jedoch einige Möglichkeiten. Da wäre die drastische Einschränkung von Produktion und Produktionskosten. Jeder Bauer sollte nur noch soviel Land bewirtschaften, wie er ohne großen Fremdenergieeinsatz, Düngemittelzukauf, Maschineneinsatz bewältigen kann. Die Betriebskosten sind also zu minimieren. Gleichzeitig muß er wieder **Selbstversorger** werden und seine Lebensmittel erst einmal für sich selber erzeugen, damit also unabhängig von allen Marktlaunen, von der Außenwelt schlechthin werden. Diese Unabhängigkeit oder Autonomie muß vom eigenen Käse bis zur hofeigenen Energieversorgung und dem Treibstoff für Maschinen gehen. Es ist eine Schande, daß es heute immer noch sehr wenige energieunabhängige Höfe gibt. Mit der Verwendung des massenhaft anfallenden Biogases wäre eine solche problemlos zu erreichen. Die nächste Ölkrise wird dieses Versäumnis vielleicht schon sichtbar gemacht haben, bevor dieses Buch in den Regalen stehen wird.

Nicht mehr verbrauchen als erwirtschaften!

Der Bauer muß wieder reell wirtschaften, das heißt, er darf nicht mehr Energie bzw. Mittel verbrauchen, als er tatsächlich erwirtschaftet. Heute steht der Aufwand ja in keinem Verhältnis mehr zum Ergebnis. Ich meine damit, daß viel mehr an Energie verbraucht wird, als umgerechnet in Energieeinheiten tatsächlich an landwirtschaftlichen Produkten auf dem Tisch stehen. Viele unse-

*Inzwischen (1988) strebt der Preis für 100 kg Weizen eher auf 30,– DM zu.

rer vielgepriesenen modernen Errungenschaften arbeiten nämlich bei genauer Betrachtung gar nicht in einer wirklichen Gewinnzone, sondern sind, wenn man einmal alles zusammenrechnet, was an Aufwand aufgebracht werden muß, reine Subventionsprojekte, die lediglich in der Lage sind, noch mehr fossile Brennstoffe zu verschlingen oder noch mehr Futtermittel aus der Dritten Welt zu verarbeiten, die aber ohne fremde Hilfe sofort zusammenbrechen würden, weil sie nicht wirklich erwirtschaften, sondern selbst mehr verbrauchen als sie erbringen, also defizitär sind. Es gibt Untersuchungen, denen zufolge der Gesamtenergieverbrauch der Landwirtschaft heute mindestens zehnmal höher als der Ertrag ist. Das, was wir momentan unter Wachstum verstehen, bedeutet ja lediglich Steigerung des Verbrauchs. Bei einer Situation der Übersättigung wird Verbrauch am besten durch Defizitprojekte oder durch Schäden aller Art angekurbelt.

Die Zukunft liegt in der Qualität

Ich weiß wohl um die Schwierigkeiten dieses Ablösens, des Selbständigmachens durch Eigenerzeugung von Nahrungsmitteln Bescheid, da ich zum Teil Selbstversorger bin. Es fehlt vor allem auch an Märkten und gesicherten Absatzmöglichkeiten von biologisch angebauten Produkten. Doch ist hierbei zu bemerken, daß es den wenigen **Biobauern** in der BRD wesentlich besser als den übrigen geht, selbst wenn ihr Hof noch so klein ist. Sie bekommen angemessene Preise für ihre Produkte und ihr Materialaufwand hält sich in Grenzen. Auch werden Absatzmärkte für **Naturkost** immer mehr erschlossen. Die laufenden Skandale um Lebensmittel und die verheerende Umweltsituation werden ohne Zusatzgifte angebauter Nahrung ohnehin Auftrieb geben. Der Käufer wird sich hoffentlich bald seiner Verantwortung dem gegenüber, was er ißt, bewußt werden. Und die Bauern werden hoffentlich bald merken, daß Mehrproduktion nur Konkurrenz, Gegeneinander, Preisverfall, Bodenzerstörung oder Artentod verursacht, die Zukunft nicht in der Quantität, sondern in der Qualität liegt. Ich meine hierbei nicht nur die Qualität von Lebensmitteln, sondern auch die der bäuerlichen Arbeit, die Lebensqualität aller durch mehr Natur usw. Der Bauer von heute ist ja zum einsamen Einzelkämpfer, zum Bediensteten seiner eigenen Maschinen, die sein tägliches Leben bestimmen, geworden. Er arbeitet weniger mit Menschen zusammen, sondern mit Maschinen. *Da kann ich ja genausogut in die Frabrik gehen.* Eine Meinung, die heute von Bauern oft zu hören ist, und die, wenn es so weitergeht, auch Wirklichkeit wird.

Wir sollten uns alle mehr um die Landwirtschaft kümmern

Rettungsmöglichkeiten für bäuerliche Betriebe schon in naher Zukunft sehe ich in der **Direktvermarktung** von Lebensmitteln. Wo sich Nahrungsmittelchemie und Großhandelsketten bisher ihre Gewinne zu Lasten der Bauern und zum Schaden der Nahrungsmittel bzw. der Verbraucher teilten, können wieder kleine Erzeugergemeinschaften und Verteilerringe zum Nutzen des Kleinhandels und der Bauern gegründet werden. Denkbar wäre auch eine direkte Beteiligung und/oder Mitarbeit von Konsumenten in ihren Erzeugerbetrieben oder Gemeinschaften. Das kann so weit gehen, daß sich zum Beispiel ein Verein um einen Bauernhof gründet, der diesen voll finanziert, seine Arbeitskraft darin investiert, und zum Lohn dafür gute Lebensmittel und vor allem auch neue Kenntnisse und Ansichten dieser Welt erfährt. Ohnehin ist mir unverständlich, weshalb solches noch nirgendwo praktiziert wird, weshalb die *Städter* darin nicht einen Ausweg aus ihrem *Vogel-friß-oder-stirb*-Dilemma erkennen und praktizieren. Ein Bauer wäre also dann mehr Lehrer, Koordinator und Leiter auf seinem Hof. Seine Finanzen jedenfalls wären gesichert.

Zusammenfassend ergibt sich folgendes Programm für eine Erneuerung der Landwirtschaft:

1. Grund und Boden sind die eigentliche **Grundlage des Lebens** unseres Volkes. Der Schutz von Grund und Boden muß oberstes Prinzip sein bzw. werden.
2. Deshalb sind Grund und Boden vor allen **schädlichen Einflüssen** umgehend zu schützen. Das gilt sowohl für Vergiftungen, falsche, bodenschädigende Bearbeitung, Überdüngungen seitens der chemischen Industrie und Landwirtschaft,* wie auch für Einwirkungen von Bodenspekulanten in die Betriebe.

* Der verhängnisvolle Wirkungskreislauf der **Gifte** in Pflanze, Tier und Mensch sollte deutlich gemacht werden. Er beginnt damit, daß durch die Düngung mit wasserlöslichen Düngesalzen (Kunstdünger) die Pflanzen davon aufgetrieben, falsch ernährt und krank werden. In der Folge liefern die gleichen Chemiekonzerne ihre Spritzmittel gegen mit Sicherheit folgende Krankheiten, auf die der Bauer dann angewiesen ist. Damit aber noch nicht genug, denn kranke, fehlernährte Pflanzen führen zu kranken Tieren und zuletzt Menschen. Wiederum kann diese *Geißel der Menschheit* mit seinem Pharmabereich *Retter in der Not spielen*, obwohl die Not erst durch ihre Mittelchen ausgelöst wurde. Wer zum Beispiel weiß, daß die großen Chemiegiganten in Deutschland während des letzten Krieges *wie durch ein Wunder* vollständig unbeschädigt blieben, der kann vielleicht die eigentlichen Drahtzieher hinter ihren Stützpunkten in der Welt erkennen.

3. Der Boden soll ausschließlich dem gehören, der ihn **naturgemäß** bebauen kann. Die Betriebe sind also zu entschulden. Zinsnahme für landwirtschaftliche Kredite ist zu untersagen. Haus- und Grundbesitz müssen für Gläubiger unantastbar gemacht und für die landwirtschaftliche Nutzung bestehen bleiben.*
4. Gleichzeitig ist jedoch darauf hinzuwirken, daß **Großbetriebe** bzw. **Agrarfabriken** wieder zugunsten von Klein- und Kleinstbetrieben aufgelöst werden. Das bedeutet auch radikale Änderung und Lockerung der heutigen restriktiven Baugesetze in punkto Selbstversorgerbetriebe.
5. Diese Auflösung kann durch eine echte **Energiebilanzierung** geschehen, wobei Großbetriebe wegen ihres hohen Energie-Maschinen-Gift-Kunstdünger-Verbrauchs wesentlich schlechter abschneiden werden, als Kleinbetriebe bzw. Selbstversorger. Im Klartext: Derjenige, der das Land am natürlichsten mit dem Einsatz der geringsten Menge an Fremdenergie und Gift (möglichst überhaupt keiner Fremdenergie) zu bewirtschaften versteht, der soll es auch bekommen.
6. Wenn das Land knapp würde, müßte die **Umstellung** mit einer Energiesteuer vorangetrieben werden, um so zu garantieren, daß naturnahe Lebensweisen und Selbstversorgung der Bevölkerung aus eigener Kraft Vorrang erhielte.
7. Jede Landwirtschaft soll wieder völlig **unabhängig, autark** werden, das heißt, alle Lebensmittel wieder selbst erzeugen. Eine Unterbrechung von Nahrungskreisläufen und die Zerstörung der Umwelt, wie sie heute durch die Spezialisierung und

*Neuerdings soll mit **Flächenstillegungen** vorgegangen werden. Man erdreistet sich damit, ohne von der Allgemeinheit erkannt zu werden, dem Bürger oder Bauer das Grundrecht zur Nutzung seines Bodens und zum Anbau seiner Nahrung mit seinem eigenen (Steuer-)Geld abzukaufen. Hinter dem Deckmäntelchen Umweltschutz verbergen sich jedoch ganz andere Gründe. Mit den hohen Stillegungsprämien werden nämlich gleichzeitig Mindestpreise für Pachtland eingeführt, da ja niemand sein Land für weniger Geld hergeben wird, als er bei der Stillegung bekommen würde. Dies wird den Pachtlandbauern den Rest geben und außerdem bewirken, daß Landbesitz auch nach einer massenweisen Hofaufgabe für den Normalbürger unerschwinglich bzw. *stillgelegt* bleibt. Auf der anderen Seite werden damit der Wettbewerb und die Ausbeutung auf noch bebautem Boden wohl bis zum Exzeß gesteigert. Wollten diese Regierungen und Vereinigungen wirklich den Schutz und das Wohl der Völker, dann müßten sie dafür sorgen, daß in jedem Land zuerst die eigenen Produkte verbraucht würden, und man nur dann und das importierte, wenn die eigenen Quellen aufgebraucht wären bzw. was bei uns generell nicht anzubauen ist. Diese Regierungen und Vereinigungen sind deshalb in Wirklichkeit als Saboteure an den Volkswirtschaften, als verhängnisvolle uns Zwangsjacken verpassende Interessenvertreter der einzigen, die bei diesem Hin und Her profitierten, nämlich der Geldbarone, zu entlarven.

die Gigantomanie in der Landwirtschaft geschieht, kann dadurch unterbunden werden. Nur eine autarke Landwirtschaft ist krisensicher und wirkliches Fundament des Volkes.

8. Vor allem im Bereich Energie muß schnellstens Unabhängigkeit erreicht werden. Dies kann unter anderem auch durch umgehenden Einbau von **Biogasanlagen** in allen Betrieben ohne großen Aufwand geschehen.
9. Aus Gründen des Grundwasserschutzes müssen anfallende **Mistübermengen** von noch einseitig betriebenen Viehzuchtbetrieben* auf solche ohne Viehzuchten verteilt werden. Im Sinne der Gesundheit von Böden, Pflanze und Mensch sind die wasserlöslichen künstlichen Düngemittel zu verbieten. Stattdessen muß auch der *Mist* der Menschen wieder dorthin zurückgebracht werden, woher dieser genommen ist, nämlich auf die Böden und nicht in die Gewässer! Auch alle anderen Abfallstoffe sind generell so zu produzieren, daß sie rückstandsfrei wieder auf die Äcker gebracht werden können.

*An anderen Stellen des Buches, an denen ich auf die Eigenschaft des Menschen als Früchteesser hingewiesen habe, wurde ohnehin deutlich, daß sowohl **Ackerbau** wie **Viehzucht** eigentliche Fehlentwicklungen und Irrwege sind. Beide sind sehr mühsam und umständlich, da sie schlicht unnatürliche Eingriffe des Menschen in die Schöpfung darstellen. Welches andere Lebenwesen züchtet sich schon eigene Tiere, um sie später zu verspeisen? Ackerbau und Viehzucht sind ja auch untrennbar miteinander verbunden, da der Ackerbau aufgrund seiner mangelnden Selbstfruchtbarkeit auf die Düngeleistung der Viehzucht angewiesen ist. Dennoch ruinieren beide zusammen nach und nach die Böden, da letztlich nur Bäume und Sträucher in der Lage sind, aus der Luft mehr Stickstoff zu binden, als sie brauchen, um zu wachsen und Früchte zu tragen. Das Gülleproblem der heutigen Landwirtschaft entsteht jedoch nur durch die Spezialisierung auf reine Viehzuchtbetriebe, die ja viel mehr Vieh halten, als sie auf ihrer Fläche ernähren können. Deshalb fällt ja auch ein Übermaß an mit Wasser verdünnter und *gestreckter* **Gülle** an, die, anstatt auf den Höfen ohne Viehhaltung verteilt zu werden, konzentriert auf einer kleinen Fläche ausgebracht wird, während die Betriebe ohne Viehhaltung ihre Böden hierzulande mit **Kunstdünger** ruinieren. – Man sieht also bereits an diesem kleinen Wirkungskreislauf, wie unsinnig und schädlich es für uns alle ist – wir sind ja zuletzt die Leidtragenden – wenn die Höfe immer noch größer und noch spezialisierter werden. Ein kleiner Betrieb mit einigen Kühen macht nicht nur bessere Butter und besseren Käse, sondern kann auch die anfallende Güllemenge gut gebrauchen. Hier sei noch erwähnt, daß bei der Ziegenhaltung nach dem Tiefstallprinzip überhaupt keine Gülle entsteht, und daß ausgebrachte Gülle dort, wo Fruchtbäume stehen, keinen Schaden am Grundwasser anrichtet, weil sie dann gar nicht bis dorthin durchsickern kann, ohne vorher von den Bäumen absorbiert zu werden. Gülle kann vor allem durch unsere Monokulturäcker, unsere *Naturwüsten* schnell durchsickern, weil die angebauten Pflanzen nicht genügend tief wurzeln. Der einfachste Weg, einer ständigen Überdüngung und Schädigung unserer Böden ein rasches Ende zu machen ist aber nicht der, das Ausbringen von Gülle zu verbieten, – was ja auch schlicht nicht möglich ist, denn irgendwo muß der Dung ja hin, und es ist bereits töricht genug, daß der Mensch mit seinem Mist das Wasser direkt verseucht, – sondern der, den Kunstdüngereinsatz zu verbieten. Dieser ist nicht nur schädlich für die Gesundheit von Boden, Pflanze und Mensch, sondern zudem noch mit enormer Energieverschwendung bei der Herstellung verbunden. Ohne Kunstdüngerproduktion können die meisten Atomkraftwerke abgeschaltet werden. Wir müssen stattdessen nur unseren Mist besser verteilen!

10. Den Bauern müssen wieder **angemessene Preise** für Lebensmittel gezahlt werden. Sowohl die Länder der Dritten Welt als auch unsere Landwirtschaft sind vor künstlich abgesenkten Preisen durch protektionistische Maßnahmen zu schützen. Solange die EG weiterhin vorwiegend einer für die Landwirtschaft ruinösen Zwangsordnung sowie einer Preisgabe der nationalen Selbstverantwortung und des eigenen Willens Vorschub leistet, anstatt nützliche, aber nicht zwanghafte Verbindungen zu knüpfen, ist diese Bindung wesentlich zu lockern. Auch dürfen dadurch nicht länger Beziehungen zu Nicht-EG-Staaten (z. B. Fruchtimporte) blockiert werden. Die Bestrebungen, die Bauern hier und in der Dritten Welt von der Einkommensentwicklung fernzuhalten, müssen aufgegeben werden.
11. Die **Direktvermarktung** und der Kleinhandel sind zugunsten der Volksgesundheit und zu Lasten der nahrungsmittelschädigenden Chemiekonzerne und Supermarktketten zu fördern. Direktverkaufsmöglichkeiten, Markthallen, sind überall zum direkten Austausch der Lebensmittel einzurichten.
12. Jedes Gesetz der Monopolisten, das eine Direktvermarktung behindert und einer Entwertung der natürlichen Nahrungsmittel aus *marktstrategischen* Gründen Vorschub leistet, muß beseitigt werden. Also vor allem **Milchgesetz** und **Käseverordnung**, aber auch die **Saatgutverordnungen** (erzwingen dekadente Sorten, Vereinheitlichung), Körbestimmungen (erzwingen dekadente Arten, Überzüchtung, falsche Auslese, falsche Zuchtziele) **Wasseranschluß**- und **Kanalisationszwänge** (verhindern Autarkie, unterbinden Nahrungsmittelkreisläufe) **Bauverbote** (verhindern natürliches Leben, Wohnen, Arbeiten, Zerteilung von Riesenhöfen).
13. **Neue Kultursysteme** mit Schwerpunkten auf mehrjährigen Pflanzen, Sträuchern, Bäumen, mit vielfältigerem Nutzen sollten wegen ihres minimalen Energieaufwandes, ihres Nutzens für alle Lebewesen, ihrer Ertragssicherheit in Notzeiten usw., schnellstens eingeführt werden. Brauchbare Vorschläge kann zum Beispiel *Bill Mollisons* Werk *Permakultur*(27) liefern.

14. Auch **andere Formen** der Landwirtschaft sollte man unterstützen. (z. B.: ein Verein gründet sich zur Finanzierung oder zum Betrieb eines Hofes, autarke Gemeinschaften, Dörfer, Permakulturen)
15. Die Einwirkung der chemischen Industrie auf die landwirtschaftliche **Ausbildung** ist zu unterbinden. Der Landwirt soll nicht länger dort lernen, wie man Gift zusammenmixt, Felder vergiftet und die Natur vergewaltigt. Generell ist das Ausbildungsmonopol den Schulen abzusprechen. Wem es nicht gelingt, allein von der Natur zu lernen, der soll sich dorthin wenden, wo es jemand sichtbar meisterhaft versteht, mit der Natur umzugehen. Natürlich ist das Gesetz, das jedem die Landwirtschaft untersagt, der keine Lehre in besagten Einrichtungen gemacht hat, abzuschaffen, da es verhindert, daß Menschen wieder zu Gärtnern, zu Selbstversorgern, zu Paradiesbewohnern werden.
16. Es ist vor allem darauf zu achten, daß die Produktion von *tierischem Eiweiß* mit fremden **Futtermitteln** unterbunden wird. Wir zerstören mit unserem *Tierkannibalismus* ja nicht nur unsere eigene Menschenwürde und Gesundheit, quälen und töten unzählige Lebewesen, sondern ruinieren in den Futtermittelanbaugebieten dahingehend die Strukturen, daß wir inzwischen im Begriff sind, den Zustand eines *Wüstenplaneten* anzusteuern. Wir müssen unseren Nahrungsmittelanbau deshalb schnellstens wieder von Raubtierkost auf Menschenkost (siehe Kapitel Ernährung) umstellen, also auf den Anbau von Früchten, Nüssen und Gemüsen, und einen solchen zum Wohle der Menschheit und der ganzen Erde überall nach Kräften unterstützen (siehe *Klima*).

Unabhängige Landbesitzer sind nicht gefragt

Wer heute aufmerksamer Beobachter der Dinge in und um die Landwirtschaft ist, der muß klar erkennen, daß Kräfte am Wirken sind, die diese systematisch zerstören wollen. Wenn man dann betrachtet, in welche Richtung und Ecke die Betriebe gedrängt werden, kann man auch die *treibenden Wölfe* erkennen. Es sind genau die Monopolisten und Geldbarone, die auch für so viele andere Mißstände verantwortlich sind. Der Plan ist der: Man versucht seit langem das deutsche Volk in völlige **Abhängigkeit** gegenüber den

Geldbesitzern zu drängen. Dieser Abhängigkeit stehen die wenigen unabhängigen Landwirte und Landbesitzer noch entgegen.

Bei einem erneuten Wirtschaftsschlag gegen dieses Land, zum Beispiel in Form einer Ölkrise, können doch einige Bauern überleben bzw. dem Aufkauf und der Enteignung ihres Landes durch die Geldbarone widerstehen. Die weitere Kommunisierung wäre gefährdet. Auch die übrige Bevölkerung könnte eventuell doch noch von den einheimischen Bauern notversorgt werden und damit von der zwangsweisen Annahme der neuen Monopolistenregierung, einem potentiellen neuen Zwangs-Regime, Abstand nehmen.

Angesichts der heutigen Abhängigkeit der Landwirtschaften von den Geld- und Energiegebern stehen unsere Chancen jetzt schon sehr sehr schlecht. Wir müssen die **Vernichtung der bäuerlichen Familienbetriebe** durch das Agrarfabrikentum also als Vorbereitung und Vorstufe zur endgültigen Enteignung und Kommunisierung des ganzen deutschen Volkes begreifen und die Aktivitäten der Macher und Manipulatoren, auch derjenigen in den Regierungsbänken endlich in diesem Licht betrachten, um die wahren Gründe ihres Handelns durchschauen, werten und abwehren zu können.

Zurück aufs Land!

Deshalb kann ich nur raten: Zurück aufs Land! Machen Sie sich zum **Selbstversorger**! Unterstützen Sie Ihre Bauern direkt!

Den Bauern wünsche ich, daß sie hoffentlich bald das Spiel durchschauen, das man mit ihnen treibt. Die Dritte-Welt-Länder sind nämlich keinesfalls erpicht darauf, daß ihre Lebensmittel oder sonstigen Wert- und Rohstoffe exportiert werden und, im Falle der Landwirtschaft, in die hiesigen Futtertröge wandern. Man tut den Hungerländern keinen Gefallen, wenn man ihnen ihre Mittel zum Leben* raubt und sie nachher bei einer Hungersnot mit ein paar Säcken Bruchweizen aus unserem Überschuß abspeist. Wohl aber den Nutznießern des ganzen Hin und Hers.

Da die Banken ja wohl schlecht Bananen oder Soja horten können, müssen wir die Güter in Geldscheine umwandeln. Daß dabei alle Beteiligten in den Ruin getrieben werden, ist jenen wohl gerade recht, weil ja dann immer mehr Besitztümer in ihre Hände fallen. Damit wird jedoch die Unfreiheit des einzelnen bzw. seine Abhängigkeit perfekt.

Man wählt heute feinere Methoden der Vernichtung

Als ich neulich über die Ausrottung der ukrainischen Bauern durch Stalins Bolschewisten im Winter 1932/33 (Quelle: Robert Conquest, The Harvest of Sorrow) las, wo sieben Millionen Menschen in den dortigen Bauerndörfern verhungerten, weil ihnen die *staatlichen Stellen* einfach die Lebensmittel wegnahmen, drängten sich mir gewisse Parallelen zur heutigen Misere der Landwirtschaft auf. Gewiß, die Methoden der Vernichtung sind heute feiner, subtiler, die Gründe aber doch ähnlich. Es geht den Herrschenden eben darum, letztlich alles und jeden zu unterjochen, abhängig zu machen, einzuspannen. Ein selbständiger, landbesitzender Bauer ist hierbei ein Stein im Wege. So sollen auch hierzulande genau wie im Osten, immer mehr riesige, monopolgelenkte Erzeugergemeinschaften entstehen, in denen keiner mehr sein eigener Herr ist, damit das gesamte Volk nach dem Illuminatenprinzip der Pyramide von oben nach unten perfekt durchregiert werden kann. Übrigens, wem es noch nicht deutlich geworden ist, – wir leben auch hier in einem kommunistischen Land. Vielleicht mit dem Unterschied, daß die Gemeinschaftszwänge vom Bürger nicht so sehr als von oben kommend identifiziert werden können, sondern daß man ihm diese sogar noch als demokratischen Mehrheitswillen des Volkes, oder als *zum Allgemeinwohl nötige Maßnahmen* zu verkaufen versteht. Wo diese Maßnahmen jedoch *von oben her* angeordnet und mittels der Medien zur Volksmeinung gemacht werden, ist das Wort Demokratie nichts als ein anderer Ausdruck für denselben monopolgelenkten Staatskommunismus, den wir heute im Osten antreffen. Jeder Bauer wird inzwischen ein Lied von der Bevormundung und Beschneidung durch die Behörden zum Zwecke des *Allgemeinwohls* singen können. Das beginnt

*Die Mittel zum Leben raubt man diesen nur durch die Förderung des Tierfutteranbaus, der Fleisch- und Genußmittelproduktion, der Milchwirtschaft, des Getreideanbaus, eben von Ackerbau und Viehzucht hier wie dort. Würden wir hingegen den Früchteanbau dort fördern, wäre nicht nur damit der Hunger zu besiegen, sondern auch ein wirtschaftliches Leben der betreffenden Länder, ein glückliches und gesundes Leben der Menschen und eine Rettung vor Bodenerosion, Klimazusammenbrüchen oder weltweiten Klimaverschlechterungen in Richtung Wüstenklima zu erreichen. Ackerbau und Viehzucht im heutigen Stil sind Folgen von falschen Ernährungs- und Lebensweisen ganzer Völker, die in warmen Ländern zu ökologischen Katastrophen und zu schnellem Fall und Dekadenz führen. Ich würde mich als ehrlicher Landmann nicht weiter an der Produktion von Falschnahrungsmitteln beteiligen, wenn ich einmal wüßte, daß damit die ganze Welt verseucht und vergiftet, bzw. zur Wüste gemacht wird.

beim Wasserzwangsanschluß, geht weiter mit unzähligen Vorschriften und Verboten in Sachen Bauen, Anbau, Vermarktung, und endet wohl bald in der Vernichtung von Kleinbetrieben durch Beschneidung von Gewinnmöglichkeiten, Verschuldung, Zinsbelastungen usw.

Leserbrief
an die Allgemeine deutsche Imkerzeitung

Die Schicksale von ***Biene und Mensch*** *sind untrennbar miteinander verbunden.*

Es scheint, als würde die wirkliche Bedeutung der Biene auch heute immer noch nicht in ihrer Gesamtheit verstanden, und die Pflege dieser nach wie vor aus Unwissenheit vernachlässigt bzw. hintenangestellt. So sollte wohl wieder einmal daran erinnert werden, daß durch die Honigbiene nahezu alle unsere Nahrungspflanzen mit Ausnahme der Getreide befruchtet und damit deren und unsere Existenz erst möglich wurden und werden. Überhaupt war die Biene durch ihre Bestäubung von samentragenden Blütenpflanzen der Wegbereiter allen höheren Lebens schlechthin. Niemand sollte dem Irrtum verfallen, daß eine Befruchtung von Nahrungspflanzen und damit unsere Lebensgrundlagen auch durch andere Insekten geschaffen werden könnte. Nur die Biene ist blütenstet, d. h. nur sie fliegt immer nur die Blüten einer Pflanzengattung an, und schafft damit die Voraussetzung für deren Vermehrung und Frucht- und Samenansatz. Deshalb muß die Pflege und Erhaltung unserer Immen vorrangig vor alle anderen, vor allem sogenannte wirtschaftliche Interessen gestellt werden. Es ist ein Wahnwitz, wenn gerade z. B. Obstbauern neuerdings systemisch wirkende Insektizide anwenden und sich gerade diese Bauern, die doch auf Gedeih und Verderb auf die Bienen angewiesen sind, einen Dreck um das Sterben der Völker nach ihren Spritzaktionen kümmern. Diese neuesten systemischen Mittel wirken nicht mehr nur von außen, sondern gelangen durch die Wurzel in das Innere des Pflanzenorganismus, von wo aus sie schließlich von den Insekten und schließlich dem Menschen aufgenommen werden. Die Wirkung bei den Insekten besteht darin, daß deren Häutung verhindert wird. Die Wirkung auf den Menschen scheint u. a. in einer Häutungshemmung des Verstandes zu liegen. Man sollte sich gegen diese nun erneut anstehenden Be-

drohungen seitens der Agrochemie dieses Jahr endlich einmal mit aller Kraft und Entschlossenheit gemeinsam zur Wehr setzen und die Obstbauern vor die Wahl stellen, entweder auf die Vergiftungen zu verzichten – die ja überhaupt nur wegen naturvergewaltigender Anbaumethoden und falscher, d. h. chemisch-künstlicher Düngung nötig wurden –, oder aber von den Imkern nicht mehr angewandert zu werden. Wenn schon der Staat hier offensichtlich auf seiten der Chemie steht und mit seiner Gesetzgebung versagt, dann sollte wenigstens die Gemeinschaft aller Imker hier geschlossen vorgehen.

Kapitel 18
Medien

Medien sind Manipulationswerkzeuge

Die Medien ermöglichen heute eine schnelle Übertragung von gleichen Informationen und Meinungen auf ganze Völker. Dadurch ergibt sich eine ungeheure Gefahr des Mißbrauchs durch Meinungsmanipulationen. Diese sind sofort dann gegeben, wenn die Medien gewissen Einflüssen* unterstehen oder auch nur zugeneigt sind. Eine Beeinflussung der heute praktizierten Art der Meinungsmanipulation hätte man früher als Bezauberung bzw. Zauberei bezeichnet. Eine Bezauberung oder Meinungsmanipulation geschieht mit folgenden zwei Hauptmethoden seitens der Gaukler oder Manipulatoren mittels der Medien mit Wirkung auf die Zuhörer, das Volk, die und das dadurch zu Narren gemacht werden.

Die erste Methode besteht darin, die Sinne des Zuhörers so zu fesseln und zu überladen, daß er zu einem eigenen Denken und Urteil gar nicht mehr kommen kann und sich daran gewöhnt, z. B. mit dem Anschalten des Fernsehers seinen eigenen Verstand abzuschalten, der infolgedessen verkümmert und denjenigen zu einem Narren, einer geistigen Null, einer Marionette, einem Werkzeug bzw. Sklaven der Manipulatoren macht, die dann ungehindert ihre Falschheiten im Volk verbreiten können. Schließlich wird das Volk geradezu süchtig nach diesen *Eingießungen.* Umgekehrt ängstigt es sich immer mehr davor, den Eingießapparat abzuschalten und seinen eigenen Verstand wieder auszugraben, da dieser inzwischen tief verschüttet ist.

Die zweite Hauptmethode dieser modernen Magier, die ihre Macht erst durch die Medien erschwindeln konnten, besteht darin, nur eine Seite eines Problems zu beleuchten und alle Gegenargumente in den Schatten zu stellen bzw. zu unterdrücken. Der Zuhö-

*Über solche möglichen Einflüsse und Interessen seitens der heute Mächtigen wird an vielen Stellen des Buches geschrieben. Ich wiederhole und begründe deshalb hier nicht vorweg, wer und warum jene Einfluß nehmen.

rer oder Zuschauer wird damit seines freien Willens, seiner freien Entscheidung beraubt, indem er nicht wirklich wählen und entscheiden kann, weil ihm ja eine Seite vorenthalten wird. Es handelt sich hier um geistigen Diebstahl, Freiheitsberaubung, sowie um ganz verheerende Lügen, mit denen egoistische Interessen verfolgt werden, sobald auch nur ein Fünkchen an Wahrheit, auch nur ein Gegenargument, ein Kritikpunkt unterdrückt wird. Daß eine solche Einwirkung auf die Medien seitens der Mächtigen heute besteht, möchte wohl niemand mehr ernsthaft anzweifeln. Ich selbst habe diese *Zensur*, besser geistige *Freiheitsberaubung*, schon dutzendfach gespürt, da auch meine Schriften, z. B. in Form von Leserbriefen, massiv an der Veröffentlichung, z. B. seitens der Schwäbischen Zeitung, gehindert oder verändert wurden. Diese Erfahrung wird heute wohl jeder mit jedem Medium machen, durch das er versuchen will, irgendwelche unterdrückte Argumente, deren Wahrheiten irgendjemandem zuwider sein könnten, zu verbreiten.

Jeder, der hier Einblick in die Materie Medien hat, weiß woher heute der *Wind weht*, wer seine Meinungen verbreitet und welche unterdrückt oder verändert, bzw. verdreht und verfälscht werden. Aus Gesagtem kann auch deutlich werden, daß wir uns heute keineswegs in einem freien Staat befinden, sondern daß die Unterdrückung lediglich unmerklicherer Art, nicht auf roher körperlicher Gewalt, sondern auf geistiger, innerer Ebene durch die Medien in den vorher beschriebenen zwei Hauptmethoden der Manipulation oder *Bezauberung* geschieht. Das wahre Gesicht dieses Staates und erst recht seiner Hintermänner bleibt daher verhüllt, zeigt sich aber sofort dort, wo die feinere, geistige Methode der Unterdrückung, der Willensbeeinflussung nicht mehr funktioniert, durch den Einsatz auch von körperlicher Gewalt.

Medien als Eingießapparat für Schädliches und Böses

Schließlich bleibt zu sagen, daß durch die Medien nicht nur Wahrheiten in Falschheiten seitens mancher Mächtiger verwandelt werden, sondern jegliches auch allgemeine, scheinbar belanglose Böse, Schlechte und vor allem Nutzlose verbreitet wird. Da wird dem Bürger vorgemacht, welche nutzlosen Dinge er noch kaufen soll, welche schwachsinnige Mode oder Äußerlichkeit gerade *in* ist, daß er rauchen, Alkohol trinken und schädliche Nahrung zu sich nehmen soll. Da werden komplette Idioten als Helden präsentiert – ich denke dabei an viele amerikanische Gewaltstreifen – falsche Idole produziert usw. Ganze Völker werden heute so durch die Medien infiltriert, daß sich eben diese Dummheiten, falschen Lebensweisen und Vorstellungen, all dieser geistige und innere Müll, in ihrem Innern ablagern und dieses von den Medien verbreitete Falsche sich bis zum letzten Menschen eines Volkes ausbreiten kann. Haben sich Falsches, Dummheiten, Schwachsinniges, Nutzloses erst einmal in einem Volk ausgebreitet, muß zwangsweise auch dessen Umsetzung in die Tat, also das Böse, das Verbrechen in all seinen Formen folgen. Denn was der Mensch an Vorlieben in sich trägt, trachtet er eines Tages auch in die Tat umzusetzen. Der eigentliche Ursprung allen Gifts, Mülls, alles heute so schädlich sich ausbreitenden Schlechten kann hier erkannt werden. Müll ist also in Wahrheit der schmutzige Abfall unseres Denkens und Wollens und deren Auswirkungen auf unser Tun. Da unser Denken und Wollen nicht mehr frei ist, wir manipuliert, verzaubert werden, liegt hier die Schuld an der Misere nicht nur beim einzelnen, beim Volk, sondern vor allem an den schlechten Einflüssen des Kapitals, der Besitzenden und Machthungrigen. Diese machten die Medien zu einem Zaubermittel, das an Wirksamkeit alle bisherigen Heimtücken und Hinterlisten weit in den Schatten stellte.

Es gibt zwei Arten von Freiheit

Wie könnte man nun hier negative Entwicklung verhindern oder laufende wieder rückgängig machen, ohne die vielgepriesene Freiheit abermals in Unfreiheit zu verwandeln? Dazu ist eine Präzisierung des Begriffes Freiheit notwendig: Es gibt nämlich zweierlei Arten von Freiheit.

Die eine besteht darin, Böses, Schädliches, Nutzloses zu tun und Falsches zu bekräftigen, also zusammengefaßt darin, Gott und den Nächsten zu hassen und nur sich selbst und seinen vermeintlichen Vorteil zu lieben. Die andere Freiheit, die echte, die himmlische Freiheit aber besteht darin, Gutes, Nützliches, Sinnvolles zu tun und Wahres zu suchen, also darin, Gott und den Nächsten zu lieben, also alles Gute um des Guten willen und nicht um des persönlichen Vorteils willen, und alles Wahre deshalb zu lieben, weil es göttlichen Ursprungs ist. Schon an dem, was heute unter Freiheit verstanden wird, nämlich z. B. die Freiheit mit dem Auto zu rasen, sich durch Rauchen und Alkohol zu schädigen, das was unter sexueller Freiheit verstanden wird, die Freiheit *nur zum Spaß* nutzlose Dinge zu tun, die Freiheit, andere Völker und Bodenschätze auszubeuten und deren Nahrungsmittel und die Energien der Erde zu verschwenden, diese Freiheiten zeigen deutlich, in welcher Sphäre und welcher Freiheit wir uns heute befinden, nämlich in der höllischen, des Egoismus, der Besitz- und Machtgier. Es ist infolgedessen auch einzusehen, warum die wirklichen Freiheiten heute behindert werden. Nämlich deshalb, weil die Höllischen genau Entgegengesetztes denken, wollen und tun, also den Himmlischen entgegenwirken. Das Wahre, Gute und Nützliche kann sich daher solange nicht verbreiten, solange das Falsche, Böse und Nutzlose anwesend ist. Der Weg der Änderung zum Guten ist der, daß der Mensch, oder auch ein ganzes Volk zuerst sein Falsches und Böses und deren schädliche Auswirkungen erkennen und entfernen, und danach das Bessere erst Eingang finden kann. Bezogen auf die Medien bedeutet dies folgendes:

Zuerst müssen alle schädlichen, verdummenden, falsche Leitbilder vermittelnden Sendungen entfernt* werden. Besonders die Gewaltfilme, in denen das Prinzip der Rache und des Mordens verherrlicht wird, denen besonders die Jugend verhängnisvolle Irrtümer und falsche Lebenseinstellungen abschauen kann.

a) Falsches Bild von **Männlichkeit und Weiblichkeit:** Falsche Vorstellungen in Bezug auf **Ehe, Partnerschaft** und **Familie**. Es gelingt, Ehen und Familien scheitern zu lassen, indem man die Partnerschaft in einer rosigen, irrealen Traumwelt erscheinen läßt, die dann im wirklichen Leben enttäuscht werden muß. Allerlei Schlechtes, Treulosigkeit, Ehebruch, *Seitensprünge*, werden verharmlost oder sogar legitimiert und dadurch die Sittengesetze der Völker untergraben.

b) Schizophrene Haltung zu **Tieren**: Raubtiere (Hunde, Katzen lassen sich unglücklicherweise für den Film nicht dressieren bzw. mißbrauchen) werden zu Spielgefährten, zu Freunden, zu

*An sich genügt es schon, wenn ein Mensch sich z. B. abends, anstatt sich zu bilden, zu lesen, zu lernen, Fertigkeiten zu entwickeln, an den Fernseher setzt. Schon allein dadurch wird ja jegliche eigenständige Entwicklung eines freien Geistes schon vor dem Ansatz verhindert, jede inwendigere Wahrnehmung an Gutem und Wahrem vom Herrn mittels der geistigen Welt in geistigem Müll erstickt

einzig treuen Wesen auf dieser Welt gemacht, während alle nützlichen Tiere, die von *unseren Tierfreunden* in der Regel ja indirekt gemästet, gequält, geschlachtet und verspeist werden, nach wie vor ihrem Leiden erbarmungslos ausgeliefert bleiben. Auch werden aus ehemaligen Nutz- und Arbeitstieren per Film Luxus-Renommiertiere mit *hohem Freizeitwert* gemacht. (In Filmen wie z. B. *Fury*, *Lassie* . . .)

c) Alle weiteren Nutzlosigkeiten werden mit Hilfe der Medien gestartet und am Leben erhalten. (z. B. Modetrends, neue Sportarten, der Wettkampf- und Hochleistungssport schlechthin, mit denen ganze Völker von ihren eigentlichen drängenden Problemen abgelenkt werden können). Nicht zuletzt verbreiten Medien auch all die falschen Ernährungsgewohnheiten, über die ich bereits geschrieben habe. Ein Fernsehsender strahlt *Wellen* aus, die ein Volk heute körperlich und geistig-seelisch zugrunde richten können.

Die Medien steuern also nicht nur, was das Volk auf dem Gebiet der Politik erfahren, denken, wählen soll und was nicht, verbreiten nicht nur einzelne Unsitten wie den Alkohol- oder den Zigarettenkonsum, sondern steuern den gesamten **Geist eines Volkes** bzw. alle Aktivitäten und Meinungen in den modernen *zivilisierten* Völkern.* Man kann also sagen, daß diejenigen, die Macht über die Medien haben, die Völker heute problemlos und ohne äußere Gewalt, aber durch innere Versklavung beherrschen können.

Der Bürger muß also vor jeglicher verdummenden **Konsumwerbung** bewahrt bleiben. Dies betrifft nicht nur Werbesendungen, sondern das gesamte gezeigte Verhalten von Personen in den Medien überhaupt. Ein Raucher, Trinker, eine schädliche oder auch nur sinnlose Tätigkeit praktizierende Person darf nicht länger ohne kritische Hinterfragung ihres Tuns dargestellt werden. Sendungen dürfen niemals nur der verdummenden, hirnlosen Unterhaltung dienen, sondern müssen Gutes und Wahres enthalten, oder auf Böses und Falsches mahnend oder aufklärend hinweisen.

*Um deutlich zu machen, in welchem Ausmaß die Geister der Menschen vor allem durch das Medium Film-Fernsehen gesteuert werden, möchte ich einige Beispiele nennen. Man kann sagen, daß ein Großteil der Bevölkerung derart von diesem Manipulationsmittel gesteuert ist, daß sich in deren Köpfen nichts anderes mehr befindet als das, was jene dem Fernseher entnommen haben. Diese Menschen wurden so zu willenlosem Herdenvieh gemacht, das beliebig zu allen erdenklichen Taten, ja sogar bis zur eigenen Selbstvernichtung getrieben werden kann. Beispiele von vermittelten falschen Geisteshaltungen.

Selbst Medien können nützlich sein

Wenn solches geschehen würde, keinerlei Wahrheiten und Kritikpunkte mehr totgeschwiegen und jegliche Einflüsse des Geldes unterbunden würden, dann könnten auch die Medien im positiven Sinn bezaubernd wirken, alles Gute und Wahre, alles Wissen im Volk, das dieses allein vom Herrn empfängt, bis in den letzten Winkel tragen und auch diesen noch erhellen. Solange aber auch nur ein Fünkchen verändert, manipuliert, eine Seite bevorteilt, andere verschwiegen, verdreht werden, wirken sich die Medien verbrecherisch auf die Gesundheit des Volkes aus. Der Tatbestand geistigen Räubertums und Diebstahls ist dann angezeigt, das heißt, daß diejenigen, die solch potentielle Wahrheiten verbreiten wollen, ihrer (Meinungs-)Freiheit beraubt werden, also nicht länger Gutes wirken können, und auch diese Wahrheiten und Meinungen schließlich dem Adressaten, dem Volk vorenthalten, also gestohlen werden. Die Schwere solcher Verbrechen wird erst dann deutlich, wenn man sich bewußt macht, daß auch alle Verbrechen materieller Art erst dann entstehen können, wenn der Verbrecher im Falschen ist bzw. Wahrheiten nicht kennt. Geistige Verbrechen sind daher immer als Ursachen von materiellen Nachfolgevergehen zu sehen und dementsprechend zu verurteilen. Deshalb ist auf alle Fälle ein unabhängiges Mediensystem zu schaffen, das die Informationsfreiheit gewährleisten bzw. das Unterdrücken und Verändern von Informationen mit absoluter Sicherheit verhindern könnte. So lange solches nicht erreicht werden kann, ist es besser, auf die Medien zu verzichten.

Wer die Medien steuert, steuert heute das Volk

Leider muß heute zunehmend erkannt werden, daß sich die gesamte Medienwelt ausschließlich in der Hand der Geld-Mächtigen, der Monopolisten und Manipulatoren zum Zwecke der lückenlosen Steuerung der Völker befindet. Diese können durch entsprechende Auswahl bzw. *Präparation* der Nachrichten und Inhalte ein Volk genau dahingehend steuern, wo sie es haben wollen. Wer die Medien steuert, der steuert das gesamte politische Geschehen in einem *demokratische* Volk, da er ja die Volksmeinung beliebig verändern kann, diese oder jene Mehrheit zustandekommen lassen, den einen stürzen und den anderen einsetzen kann. In den Demokratien regieren also in Wirklichkeit diejenigen, die die

Medien kontrollieren. Nicht das gerade sich ereifernde *Parlament*, und schon gar nicht das Volk.

Wissen ist Macht, sagt ein Sprichwort. Wissen und Macht werden heute dem Volk durch die Medien entzogen. Was das Ganze noch schlimmer macht ist der Umstand, daß der Unwissende bzw. Falschwissende unbewußt noch vor den *Karren* seines Widersachers gespannt werden kann und so zudem noch dazu benutzt wird, quasi sein eigenes Grab zu schaufeln, indem er das Böse und Falsche als gut und wahr zu sehen bekommt.

Kapitel 19
Medizin und Chemie

Ich möchte hierzu vorweg betonen, daß es mir nicht darauf ankommt, eine *wissenschaftliche* Arbeit zu verfassen. Meine Wahrnehmungen sind nicht *empirisch*, auf die äußeren Sinne beschränkt, sondern dem, was man den *gesunden Menschenverstand* nennt, sowie einem Innewerden, einem Fühlen dessen, was gut oder böse, wahr oder falsch ist, entsprungen. Wer nun das im folgenden Gesagte noch konkreter belegt haben möchte, dem kann ich die Werke von Hans Ruesch *Die nackte Herrscherin* und vor allem *Die Pharmastory* (28), erschienen im Hirthammer-Verlag wärmstens empfehlen.

Das Endziel von Giften ist immer der Mensch

Meines Erachtens ist die Chemie heute ein **Hauptverursacher von Schäden** an der Natur und der Volksgesundheit schlechthin. Die Chemie tut kaum anderes, als Natur und Menschen durch synthetische, unnatürliche Stoffe, die schon deshalb Gifte und von Nachteil sind, weil sie eben nicht natürlich sind, zu verseuchen und zu vergiften. Die Agrochemie und die Nahrungsmittelchemie sind für Gift in der Nahrungskette zuständig, die Pharmaindustrie sorgt für die Aufnahme fremder Stoffe durchs Gesundheitswesen. Die Chemie ist eine Quelle für chemische Kampfstoffe, Nahrungsmittelzusätze, Manipulationen am Tierkörper und dem Menschen u.v.a.m.

Im Herbst 1986 führten Chemieunfälle, vor allem die Rheinverseuchung durch Chemie- und Pharmariesen zu erheblichem Aufsehen. Jeder war besorgt um den Rhein, der vielen eingeleiteten, krebserregenden Substanzen wegen. Niemand kam jedoch auf den Gedanken, daß jene Gifte ja nicht für den Rhein, sondern für das Land und vor allem den Menschen bestimmt waren und im Normalfall dieses Bestimmungsziel auch erreichen. Man ist also im höchsten Maß um *Sicherheitsmaßnahmen*, wie Rückhaltebecken, Sprinkleranlagen, Lagerordnungen usw. besorgt, oder glaubt sogar, die Sache mit Geld wieder gutmachen zu können. Niemand überlegt sich jedoch Sicherheitsmaßnahmen, die das Endziel dieser Gifte, den Menschen schützen können.

In welchem Ausmaß die Gifte der Chemie- und Pharmariesen den Menschen erreichen, kann man gut an den **Krebsstatistiken** ablesen. Diese steigen immer stärker an, genauso wie die Gewinne jener Konzerne. Die Rechnung ist ja auch denkbar simpel. Je mehr Gift man produziert, umso kränker wird die Menschheit, und umso höher ist der Gewinn des Pharmabereiches. Es spielt dabei keine Rolle, ob man seine Giftstoffe in Kriegen einsetzt – eine etwas plumpe Einsatzart – oder wesentlich raffinierter, die Böden damit vergiftet, die Nahrungsmittel *veredelt*, oder sich als *Retter der Menschheit* im *Kampf* gegen z. T. selbstproduzierte Krankheiten an Mensch und Umwelt aufspielt. Da liefert man z. B. der Dritten Welt unserer dekadentes, nur durch Ackergifte am Leben zu erhaltendes Getreidesaatgut, verdrängt dortige jahrtausendalte Kulturen und kommt danach, wenn Schädlinge auftauchen, als *rettender Engel*, mit Giften. Oft mit solchen, die bei uns inzwischen schon verboten sind. Oder man führt in Brasilien eine Polio-Massenimpfung durch, obwohl dort vorher nie Kinderlähmung war und löst damit eine Polioepidemie aus, die die Welt noch nie gesehen hat.

Ich könnte hier noch anhand von vielen Beispielen aufzeigen, wie die Chemie- und Pharmaindustrie in der ganzen Welt Schäden produziert, am heutigen Elend geradezu ursächlich mitwirkt, über Leichen geht, Schöpfungsmord betreibt, Greuel an Mensch, Tier und Umwelt begeht.

Diese Industrien haben heute Macht über das gesamte Gesundheitswesen, die Lebensmittelproduktion, die Landwirtschaft, den Tierschutz, die Medien, sogar über den Staat schlechthin.

Wir dürfen also nicht immer nur generell Wirtschaft und Politiker als miteinander verfilzt betrachten, sondern müssen auch jene Organisationen, die von den Pharma-Chemiekonzernen bis zu den einzelnen Ärzten das öffentliche Geschehen bestimmen, näher betrachten.

Tierversuche sind unnötig und irreführend

Es sind derzeit **205.000 Medikamente** auf dem Markt. Keines dieser Medikamente vermag offenbar unsere Krankheiten am

Wachsen zu hindern, geschweige denn zu beseitigen. Diese hohe Zahl von Medikamenten bedeutete nicht eine Verbesserung, sondern eine Verschlechterung des Gesundheitsstandes und ist nicht zuletzt deshalb notwendig geworden, weil laufend schädliche Medikamente wegen anrollender Schadensersatzklagen von geschädigten Patienten von einem Markt zum anderen verlegt, umbenannt bzw. geringfügig verändert werden mußten, um wieder in Umlauf gebracht werden zu können. Die schädlichsten Medikamente landen schließlich, nachdem sie schon hier eventuell Tausende schwerstens geschädigt oder getötet haben, auf den Märkten der Dritten Welt.

Wenn man sich nun fragt, wie solche Chemikalien überhaupt den Status eines Heilmittels erlangen konnten, stößt man auf ein weiteres Kapitalverbrechen, nämlich auf die Tierversuche. Diese sind nicht nur unendlich grausam, sondern aus folgenden Gründen absolut nichtssagend bzw. verhängnisvoll irreführend, wenn man daraus gewonnene Ergebnisse anschließend im *Menschenversuch* testet. Experimentatoren, die behaupten, Tierversuche seien auf den Menschen übertragbar, lügen wissentlich. Es ist bekannt, daß Tiere durch Stoffe, die dem Menschen nichts anhaben können, tödlich vergiftet werden und umgekehrt.

Ich möchte jenen doch einmal empfehlen, auch einen großen Strauß blauen Eisenhuts* zu verzehren, (Für den Menschen giftigste Pflanze Europas. Todesfälle können schon durch in die Hand nehmen geschehen), wie das unsere Ziegen immer tun, ohne Schaden daran zu nehmen. Tiere bekommen außerdem immer isoliert einen Giftstoff zugesetzt. Das heißt, sie rauchen nicht, nehmen keine Tabletten, keine verseuchte Nahrung zu sich. Dennoch werden sie zur Bestimmung der Höchstmengen an Schadstoffkonzentrationen für den Menschen herangezogen! Genausowenig wie die Auswirkungen und Stoffkombinationsmöglichkeiten bei Chemiebränden absehbar sind, können auch etwaige Folgen von

*Auch unsere Ziegen würden am Eisenhut eingehen, wenn man ihnen diesen in erhitztem bzw. toten, anorganischen Zustand verabreichen würde. Die Pharmaleute kennen einfach noch nicht den wesentlichsten aller Unterschiede, nämlich den Unterschied zwischen lebendig und tot. All die verschiedenen Kräuter und Stoffe können ja bei Bedarf eingesetzt werden. Diese werden jedoch sofort dann zum Gift, wenn sie den Erhitzungs- oder Konservierungsprozeß bzw. Denaturierungsprozeß durchlaufen haben, also zur Pille, zum *Medikament* geworden sind. Sogar Kräutertee muß deshalb als echtes Gift betrachtet werden. Es wirkt selbst eine lebendige Heil- bzw. Giftpflanze schon giftig, wenn sie ohne Bedarf eingenommen wird. Ein kranker Mensch wird jedoch genau wie ein krankes Tier dann selbst Eisenhut essen können, wenn sein Körper die enthaltenen Stoffe daraus gerade dringend benötigt und ihm infolgedessen ein wenig Eisenhutpflanze schmecken kann.

Stoffkombinationen zwischen Umwelt-, Chemie- und Pharma-Giften nicht kalkuliert werden. Die Schadwirkung eines Gifts durch das Hinzukommen eines zweiten kann sich gut bei den sogenannten C-Waffen zeigen. Kommen zwei einzelne, nicht sehr gefährliche Stoffe zusammen, steigert sich die Schadwirkung extrem.

Wir sitzen auf einem Pulverfaß

Es sei an dieser Stelle noch einmal eine besondere Warnung an all diejenigen ausgesprochen, die Totnahrung oder irgendwelche andere Drogen (besonders auch die Raucher) oder Giftstoffe auf- und einzunehmen pflegen. Es sitzen nämlich mehr oder weniger alle Bundesbürger auf einem chemischen Pulverfaß. Keiner weiß, welche Stoffe sich wann plötzlich einmal zur absolut tödlichen Verbindung zusammenschließen können. Wir befinden uns quasi in einem biochemischen Kriegszustand, in dem schon ein weiterer passender anorganischer toter Stoff bereits das Aus für ganze Völker bedeuten kann.

Es gilt also, möglichst **alle Fremdstoffe** zu meiden. Das gilt für die Nahrung, den Wohnungsbau, Kleidung und Mobilar, die Luft, die wir einatmen (Raucherräume, Verkehr), und natürlich erst recht für die Medikamente, die wir einnehmen, wenn wir schon krank sind. Wir sind nicht synthetisch, nicht künstlich, nicht technisch! Wir sind auch keine Tiere, erst recht keine Raubtiere! Wir sind Menschen, ein Teil der Schöpfung, mit unserem physischen Leib ein Stück Natur! Deshalb müssen wir davon ausgehen, daß jeder in der Natur nicht vorkommende, auch jeder der Natur künstlich nachgebildete Stoff einfach schädlich ist. Auch von Tieren gewonnene Impfstoffe, Medikamente und schließlich totes Fleisch enthalten artfremde Stoffe, mit denen unser Organismus auf die Dauer nicht zurechtkommt.

Ärzte trieben ihr größenwahnsinniges Herrscher-über-Tod-oder-Leben-Spiel inzwischen sogar soweit, daß sie Pavianherzen auf Menschen übertragen! All dieses Herumgemurkse an den Innenteilen des menschlichen Körpers ist völlig falsch und nicht geeignet, auch nur eine Krankheitsursache zu beseitigen. Heilungen sind nur durch ein größtmögliches Stoppen von Giftzufuhren und der gleichzeitig damit verbundenen Lebensumstellung auch auf gei-stiger Ebene zu erreichen. Jene menschenzerschneidenden

Ärzte heilen nicht, sie verlängern höchstens die Leidenszeit, halten den Patienten künstlich am Leben bzw. vertuschen und übertünchen die verheerenden Folgen des *modernen Lebens* auf den Körper des Menschen. All die grausigen Zombiefilme von lebenden Leichen finden hier aktuelle Parallelen.

Vor den Menschen sterben Tiere versuchsweise

Im Triumvirat Chemie-Medizin-Tierexperiment durchdringen und verbinden sich die Eigenschaften Geldgier – Größenwahn – Sadismus in verhängnisvoller Weise. Gesunde Menschen wären der Tod der Pharmaindustrie, deshalb muß sie ihre Gifte von Tierexperimentatoren zwecks rechtlicher Absicherung gegen spätere Klagen im Tier-Alibi-Versuch legalisieren lassen. Ist die Zulassung durch den Tod und das Leiden von unzähligen Tieren gelungen – dabei werden auch Mittel, die schon im Tierversuch(28) schädliche Wirkung zeigten, trotzdem zugelassen, was beweist, daß jene selbst nicht an den Tierversuch glauben – so können Ärzte mit ihrem *neuen Mittel* wieder neue Hoffnung wecken, mit ihren Menschenversuchen beginnen. Das jeweils neue *Wundermittel*, auf den neuesten Stand der Forschung gebrachte *Zaubermittel* mit dem geheimnisvollen Namen garantiert jedoch für gar nichts, macht den Patienten zum **Versuchskaninchen der Pharmaindustrie**, die nun herausfinden möchte, welche Schäden das neue Gift verursacht, um dafür dann eine geeignete Verkaufsstrategie zu entwickeln. Garantiert ist jedoch, daß unzählige Tiere damit grausam zu Tode gemartert wurden, durch Experimentatoren, die zwar das Töten in allen Variationen und Grausamkeiten beherrschen und praktizieren, von Heilen, Gesundmachen, also vom Gegenteil zum Töten aber keine Ahnung haben. Erforscht werden vor allem die Vergiftungsreaktionen in Tierkörpern. Diese sind keinesfalls die gleichen wie beim Menschen, und mit Heilung hat das ganze schon gar nichts mehr zu tun. Allenfalls werden Gegengifte zu anderen Chemiegiften produziert. Tierexperimentatoren wissen zwar, wie man Krankheiten erzeugt, nicht aber wie man sie verhindert oder heilt. Zu allem Übel gelang es ihnen bis heute, sich mit dem ethisch-moralischen Deckmantel des *Tieropferns zum Wohle des Menschen* zu bekleiden. Menschenschutz müsse Vorrang vor Tierschutz haben, deshalb *opfere* man besser Tiere als Menschen. In Wirklichkeit opfert man beide, im weiteren Zusammenhang sogar jegliche Verbreitung von wirklichen, überlieferten Heilkünsten, die sich eben zum Leidwesen der Pharmaindustrie nicht in deren Giftküche ihre Heilmittel besorgen, weil dort keine zu finden sind. Krankheit ist eben zu einem *Wirtschaftszweig* geworden. Viele *Arbeitsplätze* hängen davon ab.

Krebskranke bringen Riesenumsätze

Ein Krebskranker ist für diese Branchen ein Riesengewinn. So kann man jahrelang an den Medikamenten, Bestrahlungen, Operationen und schließlich den täglichen Morphiuminjektionen, die der verbrannte, zerschnittene und chemisch vergiftete Körper des Krebspatienten braucht, verdienen, bis dieser schließlich nach unglaublichen, ihm auch von Ärzten beigebrachten Schmerzen und Leiden, nach zig Operationen und künstlichen Lebensverlängerungen aller Art finanziell ausgeschlachtet ist und trotz *intensivster Bemühungen* endlich sterben muß bzw. darf. Künstliche **Sterbensverlängerung** wird ebenso ins Uferlose getrieben wie die künstliche Gesundheitsverkürzung durch Medikamente und Gifte der Chemie. Die Medizin führt also geradezu einen Scheinkampf gegen sich selber. Dabei geht es augenscheinlich vor allem darum, die Gesundheit der Menschen sobald wie möglich zu ruinieren und sie daraufhin zum frühestmöglichen Zeitpunkt in die Fänge der Medizin zu treiben, die dann ihre Krankheit und schließlich ihren Todeskampf aus Profitgründen solange wie möglich ausdehnen will. So werden manche Opfer der Medizin jahrelang in ihrer Agonie festgehalten, dürfen nicht sterben, werden in hilflosem Zustand ihres Rechtes auf einen würdigen Tod beraubt.

Seelischer Beistand wäre wichtiger

Für einen Christen, der die *frohe Botschaft* vernommen hat, ist der Tod zwar eine ernste Angelegenheit, muß er sich doch auf den Weg ins andere Leben machen, aber nichts Schlimmes. Der Tod ist ein ähnlich wichtiger Augenblick wie die Zeugung eines Menschen. Niemand sollte dabei hineinpfuschen dürfen. Diese Dinge gehen Ärzte überhaupt nichts an. Seelsorger wären zum Zeitpunkt des Todes weit wichtiger als irgendwelche operierenden und Betäubungsspritzen verabreichenden Mediziner. Letztere bringen den Betroffenen um das wirkliche große Erlebnis des Todes, des Übertritts in die Geisterwelt.

Halbgötter in Weiß

Auch hier kann wieder der für Ärzte charakteristische größenwahnsinnige Wesenszug des Dem-Schöpfer-ins-Handwerk-pfuschen-Wollens, des Wie-Gott-sein-Wollens sichtbar werden. Am liebsten würden manche Menschen vom Reagenzglas an selbst züchten oder gar aus mechanischen Teilen eigene Menschen schaffen, was ja auch ständig seitens der Forschung angestrebt wird. Man will möglichst viel an einem Menschen selbst *hineinbauen, künstlich* schaffen; mit so einer Mischung aus Teilen der Petrochemie und von Tierkörpern. Dieser Wahnwitz ist bis heute noch nicht aufgeflogen! Leider beherrschen jene Kreise ja über die Medien die öffentliche Meinung perfekt. Auch hier zeigt sich wieder einmal sehr gut, wohin wir heute mit unserem *wissenschaftlichen Weltbild* gekommen sind. Auch werden die Zusammenhänge zwischen Egoismus, Weltliebe, Gottlosigkeit, der Abkehr vom Schöpfer schlechthin und der Zuwendung zur äußeren Sinneswahrnehmung, sprich *empirische Forschung*, die im Wort unter dem *Essen vom Baum der Erkenntnis von Gut und Böse* verstanden wird und den Tod des inneren Menschen zur Folge hat, in ihren verheerenden Wirkungen sichtbar. Ich möchte deshalb behaupten, daß die **Schulmedizin** mitsamt ihren Bündnisgenossen Chemie und Tierexperiment wenig Segen für die Menschheit brachten, sondern ein Fluch waren und sind, und einige Verantwortlichen davon aufgrund ihrer Gottlosigkeit, ihrer mangelnden ethischen Werte, ihrer einzig auf Gewinn ausgerichteten Handlungsweise für Elend und Greuel an der gesamten Schöpfung verantwortlich zu machen sind.

Auch die Alternativmedizin ist auf dem Irrweg

Soweit ich dies nicht bereits getan habe, möchte ich nun noch einige Wege aus diesem Dilemma aufzeigen. Es gibt heute Heilmethoden, die im Gegensatz zu den gängigen schon jahrhundertelang ihre Gültigkeit und Unschädlichkeit in der Anwendung beim Menschen (nicht beim Tier!) bewiesen haben. Da ist zunächst die **Homöopathie** zu nennen, die den Körper mittels geringster Konzentrationen von pflanzlichen Stoffen in Richtung Heilung bzw. Überwindung einer Krankheit zu stimulieren versucht.

Die Homöopathie* funktioniert nach dem Verstärkungsprinzip. Ähnlich wie man z. B. kalte Hände durch Einreiben mit Schnee wieder erwärmen, also den Körper wieder zur besseren

Durchblutung an jener Körperstelle animieren kann, so kann man auch, genaue Kenntnis der Krankheit vorausgesetzt, den Körper veranlassen, andere nicht oder zuwenig funktionierende Körperteile wieder besser in Gang zu setzen.

Homöopathie versetzt also dem Körper einen gewissen leichten Klaps. Den Klaps oder die Zurechtweisung auf geistiger und eigentlich ursächlicher Ebene auszuteilen, wäre allerdings ebenfalls Sache des Behandelnden. Natürlich werden Homöopathen von der Schulmedizin als Quacksalber verschrieben, läßt sich doch durch die unglaublich geringen Verwendungsmengen von Stoffen kein Geschäft machen. Gerade jene haben aber eben Erfolge, die den anderen fehlen.

Des weiteren gibt es Heilkünste wie die **Chiropraktik**, die die zentrale Bedeutung der Wirbelsäule als Nervenversorgungsleitung zu sämtlichen Organen kennt und diese durch rein mechanische Zurechtrückung zu beeinflussen versteht, sowie die Akupunktur.

Es darf und soll jedoch genau genommen eine Krankheit, die ja nichts anderes als eine Ausscheidung von Giftstoffen ist, nicht behindert bzw. durch Neuvergiftung mit Medikamenten unterbrochen werden. Es sei denn, der Kranke überlebt zu schnelle Giftausscheidungen nicht anders. Jede Krankheit beruht auf einer verausgegangenen Vergiftung. Diese muß erkannt und vermieden werden. Deshalb ist jeder, der mit irgendwelchen Mittelchen von den Ursachen ablenken will, auf dem Irrweg.

Fasten als Heilmethode

Als bedeutendes Heilungsprinzip kann auch das Fasten betrachtet werden. In der Natur ist zu beobachten, daß sich Tiere einmal im Jahr, im Winter nämlich, durch Fasten bzw. Aufzehren ihrer Energievorräte entschlacken, entleeren, angesammelte Fremd-, Gift- und Fettvorräte aufzehren, um im neuen Jahr wieder von

*Doch auch die Homöopathie und all die anderen alternativen Heilkünste beschränken sich im wesentlichen auf eine Symptombehandlung von Krankheiten. Freilich mit weit weniger schädlichen Mitteln. Doch sollte generell niemals versucht werden, die Folgen eines falschen Lebens, einer falschen Ernährungsweise, einer falschen Denkweise, die sich irgendwann einmal zu geistigen oder körperlichen Krankheiten akkumulieren können, als die eigentlichen Ursachen zu werten und zu behandeln. Irgendwelche *Mittelchen* dürften zu einer potentiellen Linderung eines Symptoms erst dann eingesetzt werden, wenn der Kranke seine Fehler erkannt, bereut, und zur Genüge erfahren hat, so daß er in Zukunft davon ablassen wird. Erst dann kann eine Krankheit ihren wahren Wert und ihre Aufgabe im Leben eines Menschen wahrnehmen und den Menschen weiterbringen bzw. heilen. Das, was also alle Ärzte und selbst die Naturheilärzteschaft heute machen, ist nicht nur unnötig und in den meisten Fällen schädlich für den einzelnen (wenn anorganische, tote Stoffe verabreicht werden), sondern es werden dadurch auch jede Erkenntnis, jedes Lernen und Weiterentwickeln aus gemachten Fehlern auch im großen verhindert.

neuem aufnehmen zu können. Nicht so jedoch der moderne Mensch der Neuzeit. Jener mästet sich jahrzehntelang unterbrochen, ohne die aufgenommene Nahrungsmenge in vollem Umfang wieder zu *verbrennen* und Gifte wieder auszuscheiden. Das Ergebnis hiervon ist bekannt. Es heißt Ablagerungs- bzw. **Zivilisationskrankheiten**. Heilen kann angesichts der heutigen Lage nicht durch Zufuhr von noch mehr Giften, sondern durch Entfernen bereits vorhandener Gifte aus dem Körper geschehen. Auf geistiger Ebene bedeutet Fasten genau dasselbe wie auf körperlicher, nämlich Entfernen, Aufarbeiten *Verbrennen* von geistigen Giften bzw. Sünden, von verstecktem, abgelagertem Falschen und Bösen, Schädlichen und Nutzlosen.

Der größte Heiler ist der Herr

Schließlich komme ich zu den ganz *dubiosen* Gesundmachern, den **Geistheilern**, die allein schon deshalb heute keinen Erfolg haben dürfen, weil es Geist, inneres, ewiges Leben in der *modernen Medizin* ja gar nicht gibt. Dort wird der Mensch auf einen Zellhaufen, auf ein bloßes *Biosystem* reduziert, das es gilt in seine chemischen Bestandteile aufzuschlüsseln, zu *analysieren*. Daß der Mensch aber ein geistiges Leben hat und dieses von Gott kommt, und daß deshalb wirkliche, geistige Heilung nur durch Hinwendung zum Schöpfer geschehen kann, zu seinem Guten und Wahren, und erst in zweiter Linie von Änderungen in der Ernährungsweise (Siehe Kapitel Ernährung) abhängt, die immer mit der geistigen Änderung einhergehen und ebenso eine Hinwendung zum Guten und Wahren von Gott bedeuten, kann von Schulmedizinern in der Regel nicht nachvollzogen werden, da sie anscheinend in ihrem eigenen Licht, das im Wort unter Finsternis bezeichnet wird, und nicht im Licht Gottes leben. Dieses eigene Licht besteht letztlich aus Selbstbekräftigung, Arroganz, Größenwahn, Geldgier und Unwissenheit. Selbst das Schreiben dieses Buches könnte als Geistheilung bezeichnet werden, sofern Sie das Gesagte als wahr erkennen, zu Ihrem eigenen machen, und danach Ihr Leben von krankmachenden Einflüssen zu säubern suchen.

Wissen kann also sofort dann Heilung nach sich ziehen, wenn Sie das Gelesene in die Tat umgesetzt haben. Wußten Sie zum Beispiel, daß es heute schon viele Methoden gibt, den Krebs*, die Hauptkrankheit unserer Gesellschaft, die Krebs nicht nur hat, sondern ist, zu heilen? Da gibt es sensationelle Ergebnisse durch Fastenkuren – beim Fasten baut der Körper zuerst überflüssiges Gewebe (Krebs) ab – durch Ernährungsumstellung schlechthin, da heilt jemand Strahlenschäden und Krebs, der vielleicht durch solche *medizinische* Strahlen erst entstanden ist, durch milchsauren Getreideschimmel, der schon im alten Ägypten als *natürliches Penicilin* bekannt war und angewendet wurde, und schließlich geschehen Heilungen erst recht durch geistige Heilung, das heißt, durch die Hinwendung zum Wahren des Herrn und den darauffolgenden Umstellungen in der Lebensführung im Sinne der Schöpfungsordnung. Nicht-wissen-wollen bedeutet dagegen weitere Zerstörung, Krankheit, Elend.

Krankheiten können zwar auch auf körperliche Ebene geheilt werden, vor allem wenn die geistige mit einbezogen wird, aber eben schwerlich mit synthetischen Giftmitteln der Chemie. So kann zum Beispiel ein Mann seine Frau durch Zuneigung geistiger und auch körperlicher Art heilen, und umgekehrt kann auch die Frau ihren Mann zum Glück in jeder Beziehung führen. Hier kann verständlich werden, daß erst Gefühle der Liebe und Zuneigung, nicht nur das Wissen um Falsches, eine Heilung ermöglichen und dort, wo sie fehlen, eine solche unmöglich machen können. Krankheit ist also nicht nur eine Sache der falschen Haltung der Umwelt gegenüber, entstammt nicht nur fehlendem Wissen, sondern auch fehlendem Wollen zur Hinwendung, der Liebe gegenüber seiner *anderenHälfte* Mensch, ist also auch so gesehen wieder Folge von Selbstsucht, Habgier, Herrschsucht usw.

Um die verheerenden Auswüchse dessen, was sich hinter den weißen Kitteln in Universitäten, Labors, Krankenhäusern usw. verbirgt, deutlich werden zu lassen, will ich hier einen Leserbrieb von mir an die Schwäbische Zeitung anfügen, der damals (12/86) nicht veröffentlich wurde:

*Es ist mit großer Wahrscheinlichkeit anzunehmen, daß Krebs vor allem durch die vielen toten, tierischen, erhitzten, bestrahlten, bzw. nicht in gesunde Körperzellen verwandelbaren Nahrungsmittel entsteht. Genauso wie jede Pflanze auf einem mit krankmachenden Triebmitteln (Düngesalzen) verseuchten Boden nur krank, aufgetrieben, und anfällig gegenüber allen möglichen Krankheiten werden kann, so kann auch der Mensch, der ja von diesen ebenfalls von der Chemie verseuchten Pflanzen und Tieren zu leben pflegt, aus seiner Darmwurzel niemals einen gesunden Körper aufbauen. Erst recht dann nicht, wenn er seine lebenden Pflanzen noch zusätzlich (durch Erhitzung, Verarbeitung) abtötet bzw. erst in totem Zustand ißt. Aus Totem kann kein Leben kommen! Letztlich wären auch alle Heilpraktiken und -Mittel schlicht überflüssig, wenn sich der Mensch wieder seiner Art gemäß paradiesisch, das heißt, aus seinem Garten von Früchten, Beeren und Nüssen ernähren würde. Geheilt werden Sie also durch im Leben nach der Ordnung und den Gesetzen des Herrn und vom Herrn, bzw. durch ein Meiden alles Falschen und Bösen, das gegen das Leben aus IHM gerichtet ist.

Frauen, macht euch nicht des Mordes schuldig!

Zur Verdeutlichung dessen, was Forscher unter medizinischen Untersuchungen an lebenden Embryonen zum Zwecke der Erkennung von Krankheiten, die der CDU-Politiker Roth laut SZ-Bericht vom 6.12.1986 befürwortete, verstehen können, möchte ich folgenden Augenzeugenbericht eines Pflegers in einem finnischen Laboratorium zu Experimenten an abgetriebenen, lebenden Feten – dort ist die Abtreibung bis zum fünften Monat erlaubt – zitieren:

Sie nahmen aen Fötus und schnitten ihm den Bauch auf. Sie sagten, sie wollten seine Leber haben. Sie hoben das Baby aus dem Brutkasten und es war noch am Leben. Es war ein Junge. Er hatte einen vollkommen ausgebildeten Körper mit Händen, Füßen, Mund und Ohren. Er schied sogar Urin aus. Das Baby bekam keine Betäubung als die Ärzte ihm den Bauch aufschnitten. Dr. Kekomaki (Versuchsleiter): Ein abgetriebenes Baby ist nur Abfall. Diese Kinder hätten sowieso nur eine geringe Überlebenschance gehabt. Warum soll man aus ihnen keinen Nutzen für die Gesellschaft ziehen? Dr. Kekomaki behauptet, er hätte aufgrund dieser neuen Methode schon viele Menschenleben gerettet. Das Ziel seiner Experimente sei es, einen Weg zu finden, Frühgeburten eine Gehirnnährlösung einzuflößen. Deshalb schlüge er den Feten auch den Kopf ab, um das Gehirn zu isolieren und es in Nährlösung oder einem Nährstoff weiterzuentwickeln. (Quelle: Hans Ruesch »Die Pharmastory «). (28)

Dieser Bericht spricht wohl für sich. Was Frankensteins Erben sich heute leisten, zeigt uns, wo wir inzwischen angelangt sind. Dazu noch die momentan allgegenwärtigen Weihnachtslieder – Holder Knabe im lockigen Haar usw. – Welch ein Hohn! Den Grünen möchte ich wünschen, daß sie solche Ungeheuerlichkeiten nicht länger unterstützen und erkennen, daß Abtreibung Mord ist. Es besteht nämlich kein Unterschied darin, ob ein Kind erst im fünften oder schon im dritten Monat, ob es außerhalb oder noch innerhalb des Mutterleibes zerstückelt wird. Das Leben beginnt mit der Zeugung.

Kapitel 20
Naturschutz

Es gibt wohl kaum ein Stück Land hierzulande, das nicht von Menschen bepflanzt, gestaltet, oder irgendwie verändert worden ist. Insofern ist es ein Unding, von *unberührerNatur* zu sprechen und damit Veränderungen in der Bepflanzung und Gestaltung zum Positiven bzw. Nützlichen, der Vielfalt aus Naturschutzgründen zu behindern, da damit die Entstehung einer neuen Bewegung von selbstversorgenden, artenreichen, fremdenergieunabhängigen, natürlichen, paradiesischen Systemen verhindert werden kann. Paradiesgärten sind von solchen Menschen geschaffene Gärten, die im Einklang mit der Schöpfung bzw. Gott leben und in ihrer Umgebung Gutes und Nützliches in erster Linie für den Menschen, aber auch für alle Tierarten pflanzen.

Naturferne Normvorstellungen verhindern Paradiesgärten

Man kann, darf und muß heute Zerstörungen, Verseuchungen, Umweltvergehen verhindern wollen, darf jedoch nicht gleichzeitig einem Zurückwollen, einem Leben von Menschen in der und im Einklang mit der Natur im Wege stehen, indem man der Freiheit des einzelnen in der Gestaltung seiner Umgebung, seines *Paradieses* Normen auferlegt, die *optischer* , äußerlicher, rein tier- und pflanzenschützerischer Art sind, und das Gute und Nützliche für den Menschen außer acht lassen. Ein solcher Vereinheitlichungszwang, eine solche landesweite Normierung verstärkt sich in unserer Gesellschaft zusehends in Bezug auf die **Garten- und Landnutzung** in den Städten durch eine dort allgemein anzutreffende *Ziergartenmentalität.* Dazu zähle ich auch das Sauberkeits-, Aufräum- und Unkrautdenken der Stadtbewohner mitsamt ihren verwaltenden Organen, die heute dort jeden positiven Schritt in Richtung Selbstversorgung zu verhindern wissen. Auf dem Lande aber, und das macht die Sache doppelt traurig, übernehmen diese Rolle des Verhinderns von nützlicher Eigeninitiative immer mehr die inzwischen bundesweit agierenden Naturschutz- und

Umweltschutzverbände. So störten sich unlängst Mitglieder eines Bundes für Naturschutz an meinem Garten, der mir, meiner Familie, und den Gästen meiner Naturkostgaststätte Mittel zum Leben schenkt, und den ich auf einer vorher intensiv milchwirtschaftlich genutzten Wiese zu pflanzen begann, die zudem erst vor einigen Jahrzehnten mit Baggern aufgeschüttet und *planiert* worden war. Nun hatte ich doch auf einem Stück *freierNatur* einfach nützliche Beeren, Büsche, Sträucher, Bäume, Gemüse aller Art gepflanzt, dort zudem noch ein Bienenhaus aufgestellt, und das Ganze durch einen Zaun vor Wildverbiß und/oder mutwillige Zerstörung durch Menschen geschützt, und damit den *freien Naturgenuß* dieser *Naturschützer* anscheinend empfindlich gestört! Die Strommasten und -leitungen, die geradewegs durch meinen Garten führen und das gesamte Areal dort zerschneiden, störten offenbar nicht. Wohl aber, wenn anstelle der Wiese ein Obst- und Gemüsegarten entsteht.

Wir brauchen Biotope für Menschen!

Wenn nun heute schon die **Naturschutzverbände** zu einer Lobby geworden sind, die ein Leben und Pflanzen von Nützlichem und Gutem in seiner für den Menschen bestimmten *artgemäßen* Umgebung behindern und verhindern, dann kann man schon allmählich verzweifeln in diesem Land. Wir brauchen keine *Biotope* für Frösche oder Orchideen, sondern **Paradiesgärten für den Menschen**, in denen all diese Tier- und Pflanzenarten zwar auch vorkommen sollen, die aber in erster Linie für den Menschen Früchte, Gemüse, Nüsse, Samen usw. liefern, damit dieser seine Lebensmittel nicht länger auf riesigen Umwegen, in denaturierter, entwerteter Form in irgendeinem Supermarkt kaufen muß und damit genau das bewirkt, was er – in der Rolle des Naturschützers – eigentlich verhindern wollte mit seinem Einsatz für die Natur, nämlich Energieverschwendung, Monokultur, Düngemittel- und Pestizideinsatz bedingt durch Großkulturen, Massentierhaltung, Chemikalienverseuchung usw. Kommen wir also ab vom *Naturoasendenken*. Solche gibt es hierzulande ohnehin nicht. Und selbst das, was wir heute darunter verstehen, ist nicht zu erhalten, solange wir außerhalb dieser *Oasen* so weitermachen wie bisher. Es geht außerdem darum, gerade solche Flächen zu verbessern, die es am nötigsten haben, also dort Paradiese zu schaffen, wo noch keine sind. Solche Paradiesgärten, die von Mensch zu Mensch ja nach seinen Bedürfnissen, Neigungen und Vorlieben verschieden sein werden – erst dadurch entsteht ja Vielfalt und Reichtum – können nur dann entstehen, wenn die absolute Freiheit der Gestaltung seiner Umgebung sowie seines Hauses als Grundrecht eines jeden Menschen wieder hergestellt ist. Wenn also in Zukunft wieder *Jeder vor seiner Tür kehrt* und aufhört, irgendwo anders anderen durch seine besserwisserischen Vorstellungen, die heute schnell zu Normzwängen werden können, das Leben, Arbeiten, Nahrungfinden auf ihrem Land schwerzumachen. Wer einem Menschen seinen Garten verbietet, verbietet ihm ja eigentlich seine Nahrung und damit sein Leben.

Naturschutz beginnt bei der Nahrungsauswahl

Naturschutz beginnt genau dort, wo die meisten Bürger dieses Landes nicht hinschauen, nämlich bei ihren eigenen Lebens- und Eßweisen. Jemand, der sich zum Beispiel mit der für den Menschen geschaffenen lebendigen **Urnahrung** (vorrangig Baumfrüchte und Nüsse, Produkte freilebender Tiere) ernährt, ist, selbst wenn er sein Essen nur kauft, gleichzeitig Erhalter seiner Nahrungspflanze, die ja irgendwo auf der Welt steht und kultiviert wird. Er kann also allein durch die Auswahl seiner Nahrung dafür sorgen, was in welcher Weise angebaut wird, ob viel Energie, Monokulturen*, Massentierhaltungen, Gifte eingesetzt werden, oder ob er gar mit seiner Nahrungspflanze die Natur bereichert. Ein **Früchteesser** bewirkt allein durch seine Nahrung das Entstehen von Paradiesen bzw. menschlichen Nahrungsräumen überall auf der Welt. Der **Zivilisationsköstler** hingegen bewirkt Raub und Diebstahl, Verwüstung, Ausbeutung der Erde, Klimaverschlechterung, Unterdrückung von Völkern, Tierquälerei, psychosoziale Defekte, Dekadenz und Untergang. Krankheit und Siechtum nicht nur bei sich selber, sondern auf der ganzen Welt. Gerade vom

*Monokulturen kann der Bürger allerdings wirksam nur dann verhindern helfen, wenn er seine eigene Nahrung selbst anbaut. Unsere Nahrung ist überhaupt eine solch wertvolle und wichtige Lebensvoraussetzung, daß wir ihren Anbau und ihre Verarbeitung weder anderen noch Maschinen, und erst recht nicht irgendwelchen (Agrar)-Fabriken im Verbund mit der chemischen Industrie überlassen sollten und dürften. Es muß weder gepflügt noch gesät werden. Wenn große Monokulturen vermieden und geeignete Sorten ausgewählt werden, kann auf jeglichen Gifteinsatz verzichtet werden. Man muß einen Baum nicht einmal ausreißen, beschneiden, also zerstören, wie das beim Gemüse der Fall ist, sondern wird mit Früchten quasi beschenkt. Erst recht muß man nicht mähen, füttern, melken, Heu ernten, Futteranbau betreiben oder gar schlachten. Gerade Naturschützer sollten sich also zunächst vor der eigenen Haustür besser umsehen bzw. dort die Umgebung zu einem *Biotop für Menschen* formen wollen. Ein echtes *Menschenbiotop* ist vielgestaltig, daß darin auch alle Tiere und Pflanzen Platz finden.

Standpunkt des Naturschutzes aus muß also anerkannt werden, daß die besten Nahrungspflanzen für Mensch und Tier immer der Fruchtbaum bzw. selbständig wachsende Obst- und Gemüsekulturen sind. Wenn Bäume oder Sträucher einmal gepflanzt sind, schenken sie ja dem Menschen ohne sein weiteres Dazutun jährlich freiwillig und kostenlos Nahrung.

Wildwuchs entsteht auch ohne Naturschützer

Kurioserweise werden als Naturschutzobjekte Flächen bezeichnet, die, vielleicht wegen mangelnder Nutzungsmöglichkeit (Sumpf, Steinbruch, Kieswerk) für einige Jahre ungenutzt bzw. unbehandelt blieben, also Wildwuchsflächen. Gerade die Entstehung solcher Wildwuchsflächen, die ja durch die von mir geforderte Landbauweise ebenfalls entstehen würden – man kann und will ja nicht überall pflanzen, kultivieren, leben – wird andererseits heute in den Orten peinlichst verhindert nach dem Motto *Unser Dorf soll schöner werden.* Es geht jedoch nicht darum, Wildwuchs entstehen zu lassen, auch wenn dies manchen als Ausgleich zur städtischen Sterilität erstrebenswert sein sollte, sondern quasi wildwachsende **und** nahrungsspendende Gewächse und Ökosysteme zu schaffen. Dann ist allen gedient. Wir leben nun mal in diesem Land und können uns ja nicht aus *Naturschutzgründen* aufhängen, sondern wir müssen die Natur wieder vor allem auch zum natürlichen Lebensraum für den Menschen machen.

Laßt uns also die Suche nach dem verlorengegangenen Paradies wieder aufnehmen und einander nicht länger am Suchen hindern.

Für seine Umgebung ist der Einheimische zuständig

Außerdem kann ein heutiger Stadtmensch, auch wenn er glaubt, Naturschützer zu sein, schon viele Bücher gelesen, lange studiert hat, die Gegend, in der er sich gerade kurz umsieht, niemals richtig und gut pflegen. Dies kann nur der *Einheimische*, der Ortsansässige, der, der auf der betreffenden *Scholle* aufgewachsen ist und dort für sein eigenes Leben und damit auch das seiner Umwelt verantwortlich ist. Niemand anders kennt seine Vorlieben, Bedürfnisse, Ansprüche, was die Gestaltung seiner Umwelt anbelangt. Und niemand anders, erst recht kein dem natürlichen Leben ohnehin entfremdeter Städter, Beamter, *Naturschützer,* darf sein Grundrecht auf freien Haus- und Grundbesitz, sowie auf ungehinderte Entwicklung und Entfaltung all seiner (natur-)schöpferischen Kräfte im Wege stehen. Es geht ja gerade darum, daß sich das gesamte Land zum *Leben im Einklang mit der Natur* hin bewegt. Dazu darf uns das Land nicht versperrt bzw. der Großteil davon Agrarfabriken*, der andere, kleinere Teil Naturschutzgebieten zugeteilt werden, sondern muß jeder seinen kleinen Teil erhalten, sein Paradies für Mensch, Tier und Pflanze so aufbauen können, wie er es für gut und richtig hält. Nur ein Paradies, ein vollkommener Lebensraum für Menschen mit all seinen nützlichen Fruchtbäumen, Pflanzen, Tieren kann auch zu einem Paradies für alle anderen Tier- und Pflanzenarten werden.

Falsches Nostalgiedenken

Noch ein Gedanke zum Abschluß: Nicht wenige meinen heute, daß das Leben unserer Urgroßväter noch in Ordnung war bzw. damals die Menschen wirklich noch im Einklang mit der Natur gelebt hätten. Die Folgen dieses Denkens bestehen in einem umfassenden Bestreben der heutigen Gesellschaft, alles, was alt ist oder *früher* mal gebaut, gemacht, gelebt wurde, auf Biegen und Brechen unbedingt zu erhalten, zu restaurieren, besonders zu schützen usw. Man erkennt dieses Bemühen hierzulande in jeder Altstadt und in jeder *Unser Dorf soll schöner werden-Gemeinde*, in denen dann zum Beispiel die Fassaden von alten Fachwerkhäusern wieder freigelegt werden, um den innen befindlichen zentralbeheizten, elektrifizierten, mit Plastikmaterialien und modernsten Geräten des Technikzeitalters ausgestatteten Räumlichkeiten einen *Hauch von Mittelalter* zu verpassen, das Stadtbild, die Fassade nach außen hin zu *verschönern*. Freilich handelt es sich bei all diesen Denkmalschutzaktionen keineswegs um eine Wiederherstellung mittelalterlicher Lebens-, Wohn- und Baustile, – wehe demjenigen, der so wirklich leben wollte – sondern eben um eine Art von Mumifizierung alter Bauwerke, um Attrappennachbildungen und Fassadenschwindeleien mit den nur scheinbar alten Werten. In Wirklichkeit kennt man weder die damaligen Lebensverhältnisse, noch möchte jemand wieder dahin zurückkehren.

*Gerade das scheint jedoch das Ziel der Regierenden zu sein. Mit ihren *Flächenstillegungsprämien* und *Naturschutzauflagen* machen diese einen Teil der Gebiete zur wertlosen Wildnis, während der andere doppelt belastet wird. Man sollte überdies nicht länger den Fehler machen, Natur mit Wildnis gleichzusetzen, sondern die Vielfalt und den Früchtereichtum an die erste Stelle setzen und anstreben. Nur ein vollwertiger Lebensraum für Menschen kann auch allen Tieren und Pflanzen Nahrung bieten. Der Mensch wäre ja tatsächlich die *Krone der Schöpfung* , wenn er Menschenparadiese im Sinne der Vielfalt, des Früchtereichtums im Einklang mit der Schöpfung aufbauen würde.

Andererseits hat man, genau wie im Bereich der Naturgestaltung inzwischen die Fähigkeit verloren, solche Traditionen, Stile, Bauwerke, Bräuche, Anlagen weiterzuentwickeln oder gar nur zu rekonstruieren. Der Grund für unsere Unfähigkeit zur Verbesserung, Weiter- oder gar Neuentwicklung von *bleibenden Werten* muß hier vor allem in der fehlenden Bau- und Gestaltungsfreiheit, unserer Enteignung und Bevormundung seitens der Behörden gesehen werden. Daraus werden auch unser krampfhaftes Festhalten an allem, was alt ist, unsere verzweifelte Suche nach Wurzeln, nach vergangenen Zeiten, die Nostalgie verständlich. Doch sollten wir diese alte Zeit eben heute nicht schlichtweg als das eben **verlorene Menschheitsparadies** glorifizieren, sondern endlich erkennen, daß auch schon damals Fehler gemacht wurden, falsch gebaut, gepflanzt, gelebt, gedacht, gegessen wurde. Wir sollten unsere Fühler deshalb so weit zurückstrecken, bis wir zu einer Zeit kommen, als die Menschheit eben wirklich noch im Einklang mit der Natur gelebt, wirklich noch keine Fehler gemacht hatte. Das war im Gartenparadies von Adam und Eva.

Unsere Großväter hatten zwar noch nicht die Mittel zur Verfügung, mit denen sie solchen Mist bauen konnten, wie wir es heute tun, doch legten auch schon sie und alle ihre Vorfahren seit dem Sündenfall dazu die Grundsteine. Es geht also heute darum, Altes wie Neues gründlich zu prüfen und allmählich Falsches gegen Richtiges auszutauschen. Auf gar keinen Fall aber darf ein **Denkmalschützer** oder **Naturschützer** dem Aufbau von neuem Gutem, von wirklichen Paradiesen, von sich selbst erhaltenen Systemen, die ein Leben auch in für den Menschen zu kalten Regionen ohne die Plünderung von Fremdenergien, Bodenschätzen möglich machen, im Wege sein, nur weil diese vielleicht optisch gerade nicht seinen verfahrenen Denkschablonen, die uns ja gerade die ganze Suppe erst eingebrockt haben, entsprechen.

Kapitel 21
Raucher

Ich möchte mich zu diesem Thema nicht in Zahlenjongliererei versteigen. Natürlich kann man sich darüber streiten, ob der Zigarettenrauch nun 40 oder 120 krebserregende Gifte enthält, wie radioaktiv eine Zigarette ist, ob diese oder die andere Statistik recht hat usw. Einig ist man sich jedoch, daß Rauchen in höchstem Maß gesundheitsschädlich ist, und dies leider nicht nur für den Raucher selber, sondern genauso für den Passivraucher. Raucher sind in geschlossenen Räumen die größten **Luftverschmutzer** überhaupt, denn andere, zum Beispiel Flugzeuge, Kraftwerke, Autos, Heizungen blasen ihre Verbrennungsrückstände, ihre Abgase ja nicht in unsere gute Stube. Würden irgendwo sonst, etwa an einem Arbeitsplatz, ähnlich hohe Schadstoffwerte wie die durchs Rauchen verursachten freigesetzt, man hätte den Betrieb schon längst geschlossen bzw. die Schadstoffquelle eliminiert. Muß nun eine Mehrheit der Bevölkerung diese enorme Luftverschmutzung, Gesundheitsbeeinträchtigung, ja Körperverletzung hinnehmen, nur weil es annährend 20 Millionen Nikotinsüchtige in der BRD gibt? Müssen wir akzeptieren, daß Rauchen nicht nur geduldet, sondern sogar noch von vielen Seiten (Medien, Filme, Werbung) gefördert werden darf? Daß Menschen, die ihrem berechtigten Bedürfnis nach Kommunikation nachgehen, dies nur tun können, wenn sie eine gleichzeitige Vergiftung ihrer Lungen in Kauf zu nehmen gewillt sind? Wo bleibt der Schutz für Berufstätige in der Gastronomie, die wohl nicht ohne Grund die statistisch niedrigste Lebenserwartung aller Berufsgruppen aufweisen? Man sollte sich nicht länger von oft aggressiven, rücksichtslosen Rauchern einschüchtern lassen, die sich selbst dann – wie erlebt – nicht scheuen zu rauchen, wenn fünf Säuglinge und ein Schwerkranker im Raum sind. Wir sind inzwischen allesamt in gesundheitlicher Hinsicht mit einer solch *dünnen Decke* versehen, wandern auf solch schmalem Grat, daß wir eine zusätzliche massive Beeinträchtigung durch Zigarettenrauch weder länger tolerieren können noch dürfen. Das Rauchverbot in geschlossenen Räumen muß so selbstverständlich werden wie das Rohr am Ofen.

Von der Schizophrenie des Rauchens

Rauchen ist nicht nur eine lästige Angewohnheit, sondern zeugt von einer lebensverachtenden, rücksichtslosen, oft unwissenden Geisteshaltung des *Den -Kopf -in -den -Sand steckens*, des Nicht-wissen-wollens. Raucher sind **Suchtcharaktere** mit all den typischen Eigenschaften der Verdrängung, Genußsucht, Ignoranz und damit verbunden auch der Unwissenheit und Dummheit, eben des Nicht-wissen-wollens. Sie wollen eben nicht wissen, daß sie die größten Luftverschmutzer in Innenräumen sind, daß für ihre Sucht wertvolles Ackerland in Entwicklungsländern auf der Strecke bleibt, daß zum Beispiel für einen 20-Tages-Zigarettenraucher eine Fläche von ca. 500 Quadratmetern bebaut werden muß, und diese Fläche viel nützlicher für den Menschen werden könnte, daß sie bei sich und anderen Krebs züchten usw. Ein Mensch, der das Gute und Wahre sucht, kann doch nicht an etwas Gefallen finden, das ihn und andere in höchstem Maße schädigt!

Rauchern einen Spiegel vorhalten

Man muß den Rauchern dringend einmal einen Spiegel vorhalten, indem sie nicht nur ihr verseuchtes, stinkiges, verbrauchtes Äußeres, sondern auch die inneren Folgen sowie die Schäden an Leib und Leben ihrer Mitmenschen erkennen können. Was natürlich schwierig ist, da der Süchtige ja nicht erkennen will, nicht lernen will, nicht weiterkommen will, bzw. genau dort zu denken aufhört, wo seine Sucht anfängt.

Auf alle Fälle müssen schnellstens alle **öffentlichen Einrichtungen** rauchfrei gemacht werden. Rauchen in geschlossenen Räumen im Beisein anderer muß unter Strafe gestellt werden. Besonders sind **Ungeborene** und **Kinder** vor rauchenden Eltern zu schützen. Rauchen ist Körperverletzung bei sich wie bei anderen! Tabak muß vor dem Gesetz genauso wie zum Beispiel Haschisch behandelt werden, da sowohl körperliche wie geistige Schäden in gleichem Umfang entstehen können. **Filme**, in denen irgendwelche Idioten rauchend irgendwelchen Unsinn machen – meist ist Rauchen ja gepaart mit Gewalt und Alkoholgenuß – dürfen nicht mehr gezeigt werden, da die Gefahr besteht, daß sich vor allem

Heranwachsende mit solchen *Helden* identifizieren und jene nachahmen. Solche Filme bzw. Medien sind geistige Umweltverschmutzung, mit denen unsere Jugend auch innerlich und geistig verpestet wird, und in ihrer Wirkung nicht weniger tragisch wie die äußere Umweltverschmutzung. Die äußere Verschmutzung ist nur eine Folge einer inneren Verseuchung!

Nicht einseitig die Raucher verdammen

Um jedoch nicht allzu einseitig diese Zusammenhänge nur mit dem einen Suchtmittel Zigarette zu verbinden, möchte ich die Hintergründe dieser Sucht und ihre Heilung noch etwas beleuchten. Wie Sie aus dem Kapitel Ernährung sehen konnten, ist das Rauchen nicht die Hauptsucht unserer Gesellschaft, sondern eher neben dem Alkohol-, Kaffee-, Tee-, dem illegalen Drogenkonsum, und dem Medikamentenmißbrauch als Folgeerscheinung der *Hauptdroge* dieser Gesellschaft zu erkennen, nämlich der **denaturierten Zivilisationskost**, der Kochkost, der Totkost. Kürzlich erfuhr ich aus der Zeitschrift NATURARZT (2/89) von Untersuchungen französischer Wissenschaftler, die Giftstoffe bzw. neu entstehende unnatürliche Stoffe nach einer Hitzebehandlung in Nahrungsmitteln zählten. Es ergaben sich bei Kartoffeln 450, bei Tabak 3500, in der Brotrinde von Vollkornbrot ca. 35.000, und im Grillfleisch 40 bis 50.000 anorganische Substanzen und Verbindungen. Somit hat also auch die Wissenschaft die im Narrenzeitalter dargestellten Thesen fundiert. Freilich sagt die bloße Menge wenig. Es wird hieraus lediglich klar, daß umsomehr in einem Nahrungsmittel durch das Erhitzen kaputtgehen kann, als eben vorher an lebendigen Wertstoffen drin waren. Wieviele solcher Stoffe dann tatsächlich im Organismus zurückbleiben, und welchen Schaden sie dort anrichten, ist jedoch keine Frage der Menge. (*Ehret* (16), *Bragg*(17), *Shelton* (18) kann zum Beispiel mit seiner Empfehlung, Brotgebäck zur Unschädlichmachung des Klebereiweißes noch einmal zu toasten, trotzdem richtig liegen, da ja der Organismus vollständig deformierte Nahrungsmoleküle eher als ungeeignet identifizieren und ausscheiden kann, als nur leicht *angeschlagene*. – Der Raucher, der ja immer gern nach Ausreden für seine Sucht sucht, soll diese Zahlen jedoch auf keinen Fall zur Rechtfertigung des Rauchens mißbrauchen. Rauchen wirkt schon allein deshalb verheerender, weil die Aufnahme von Giften in die

Lunge erfolgt. – Es kann aber hier einleuchten, weshalb der eine oder andere trotzdem relativ alt werden konnte, obwohl er rauchte.

Niemand stirbt hierzulande einen natürlichen Tod

Verglichen mit dem tatsächlich erreichbaren Alter eines gesunden Menschen stirbt man heute jedoch samt und sonders in *Jugendjahren.* Niemand stirbt heute eines natürlichen Todes mehr, sondern genauer gesagt an seiner Sucht. Krankheiten sind in Wirklichkeit Vergiftungen des Körpers bzw. Reinigungsversuche davon. Es gibt in Deutschland mehr als 50 Millionen Süchtige, nämlich Totkost- bzw. Kochtopfsüchtige. Und so gut wie jeder Tote ist ein *Drogentoter*, der sein Leben durch seine Tot- und Falschnahrung nicht nur drastisch verkürzt hat, sondern auch niemals seine Fähigkeiten und Talente auch nur annähernd entwickelt hat. Man hat keinen Krebs, kein Herzversagen, kein Aids, sondern einen Zusammenbruch, eine Vergiftung, verursacht durch die ständige Überdosierung an Giften aus denaturierter Kost.

Da wir ja immer Sündenböcke für eigene Sünden suchen, werfen wir ein sehr strenges Auge auf die sogenannten *illegalen Drogen.* Würden wir uns selbst nach dem neuesten Stand des Wissens um die wahren Süchte richten, dann müßten wir uns allesamt als Obersüchtige, Erzverbrecher, Kinderverführer, Drogenhändler, Drogenköche verurteilen und in den tiefsten Kerker verbannen. Denn die Sucht nach Kochnahrung und totem Fleisch ist die Ursucht, die am längsten bestehende (seit dem Säuglingsalter) Sucht nach Giftstoffen des Konsumbürgers. Überwindet er diese, dann verschwinden Alkohol- und Zigarettensucht, all diese begleitenden Abhängigkeiten fast über Nacht. Eine zusätzliche zwischenzeitliche Giftdosis in Form einer Zigarette wird mit abnehmender Vergiftung und zunehmender Reinigung seines Körpers selbst dem Raucher bald lästig. Die Zigarette *paßt* einfach nicht zu einer Naturkost, sondern nur zur Totkost.

Neue Möglichkeiten der Rehabilitierung Suchtkranker und Krimineller

An dieser Stelle hoffe ich, daß dieses Buch auch einigen Verantwortlichen von psychiatrischen Kliniken, von Rehabilitationszentren in die Hände fällt. Sucht ist genauso wie Verbrechen gegen andere, nicht nur gegen sich selbst, in erster Linie ein innerlich-geistiges Problem, sie resultiert aus dem Abfall vom Guten und

Wahren des Herrn, bekräftigt und verstärkt sich jedoch durch Suchtmittel. Verbrechen gegen sich selber und gegen andere sind daher vor allem in den Gefängnissen und Rehabilitationszentren zunächst mit Naturkost auf körperlicher Ebene, und dann mit Unterrichtungen in geistigen Dingen vom Herrn zu heilen. Ein Beibehalten der Suchtkost kann einen Süchtigen niemals heilen, sondern allenfalls auf eine andere *Suchtebene* versetzen.

Verheerend und bisweilen sogar einer Ermordung ähnlich sind deshalb im Zusammenhang mit einer möglichen Heilung durch das Gute des Herrn und die diesem entsprechende Kost auch *chemotherapeutische* Methoden oder überhaupt all die Supergifte, die den Suchtmenschen nach seinem Zusammenbruch mit der medizinischen Behandlung von jeder Möglichkeit der Umkehr, der Heilung und Einsicht aufgrund seiner Leiden abschneiden, und seinem sicheren Ende entgegendämmern lassen.

Kapitel 22
Regierung

Nach bestem Wissen und Gewissen Schaden vom Volk abwenden, das Volk nicht beherrschen, sondern geistig vorbildlicher Weise leiten und auf dem richtigen Weg führen und so dem Volk dienen, das soll die Aufgabe einer Regierung sein.

Nehmen wir einmal an, unsere Regierung – wäre wirkliches Staatsoberhaupt, oberste und alleinige Führungsinstanz. Dann müßten auch folgende Prüfsteine eingesetzt werden:

1 **Nach bestem Wissen . . .**

Es gibt bei der Beurteilung dieses Parameters verschiedene Möglichkeiten. Entweder die Verantwortlichen wissen heute tatsächlich um die Tragweite ihres Tuns und dessen Folgen (Hunger in der Dritten Welt, Verwüstungen der Erde, Ausbeutung der Unterschicht zugunsten der Oberschicht in vielerlei Hinsicht, Verdrehung oder Änderung der Gesetze zugunsten der Konzerne und Regierungen, Zerstörung aller Lebensgrundlagen und der Gesundheit des Menschen, Gefährdung und Schädigung bzw. Tötung von Menschen der Zukunft durch Tausende von *Zeitbomben* – Chemische Waffenarsenale, atomare Anlagen und Lagerstätten, Giftmülldeponien, Tausende von in ihrer letzlichen Wirkung unabsehbare Giftstoffe, die seitens der Chemie freigesetzt werden, Freisetzung von manipuliertem Leben seitens der *Biotechniker*, Tötung von Leben bei der Abtreibung und bei *medizinischen* Experimenten, (*Menschenversuch Ruesch*) (28). – Das Sündenregister der heute Verantwortlichen ist damit noch lange nicht abgeschlossen. (Ich verweise deshalb auch auf die anderen Kapitel des Buches). Dann muß man sie als ungeheure Lügner, Heuchler und was ihre Taten oder das Unterlassen betrifft, als Schwerstverbrecher, Massenmörder an der Schöpfung beschuldigen. Die andere Möglichkeit ist die Annahme des Nichtwissens seitens der Regierenden über die Folgen ihres Handelns oder Nichthandelns. Dann muß man aber von Narren, Idioten, Betrügern, Hochstaplern o.ä. ausgehen.

Ich vermute, daß das Wesen vieler heutiger Politiker dem, was *Swedenborg* (2EL) *Begründer nennt, am ähnlichsten kommt. Solche, die ganz und gar nicht sehen können, ob das Wahre wahr ist, oder nicht, und doch machen können, daß alles, was sie wollen, wahr ist. (Eheliche Liebe 233)* Damit ist gemeint, daß jene in der **Kunst des Begründens** so geübt sind, daß sie alles, selbst die größten Unwahrheiten als Wahrheiten erscheinen lassen können. Da sie der Ansicht sind, daß nur das Wahrheit ist, was der Mensch, genauer gesagt sie selber dazu machen, verstehen sie geschickt alles, was ihnen momentan vorteilhaft erscheint, als Wahrheit zu begründen. So drehen sie ihre Fahne stets nach dem Wind. Dieser *Wind* weht, wie es heute aussieht, stark aus Richtung Wirtschaft (Konzerne, Banken, Industrie) sowie aus Richtung Wählerstimmenfang.

Letztere *Windrichtung* dauert allerdings nur vor Wahlen an. Erstere bringen scheinbar des öfteren aus tiefen schwarzen Wolken (finanzielle) *Niederschläge* mit sich. *Sonnen(E*nergie) ist weniger gefragt. Daß deren *schwarze Wolken* für den Rest der Welt auch Verseuchung, Gift, Leiden und Tod bringen, interessiert viele Regierenden wahrscheinlich deshalb nicht, weil sie keinen anderen Maßstab von Wahrheit als den, den sie selber machen bzw. der ihnen gemacht wird, kennen. Es ist zu befürchten, daß unsere Regierenden oberhalb einer materiellen, finanziellen, wirtschafts- und machtbezogenen Ebene keinen Funken Verstand und Innewerden haben, weil ihnen hier Wahrnehmung und Willen fehlen.

2 Gewissen

Wem es am Wissen fehlt, fehlt es auch am Gewissen. Wissen setzt Wissenwollen voraus. Wer etwas nicht wissen will oder gar meint, schon alles zu wissen, ist verschlossen und zu keiner weiteren Aufnahme von Wissen, zu keinem Lernprozeß fähig. Es dürfte also beim in Augenschein zu nehmenden Personenkreis auch am Wollen oder Willen zu wissen, fehlen. Ein Gewissen kann sich daher auch nicht entwickeln, weil eben ein Gewissen erst durch das Wissenwollen von Fehlern, das Bewußtsein von Fehlern bzw. Sünden gegen das Gute und Wahre des Herrn, und durch die Buße, genauer gesagt, die Änderung seiner falschen Handlungsweise, entstehen kann. Nur wer sein (Ge-)Wissen vom Herrn hat, kann unterscheiden, welche Thesen wirklich wahr sind und was wirklich, im Sinne des Schöpfers nämlich, gut ist.

3 **Schaden vom Volk abwenden**

Nur wer in diesem Guten und Wahren aus dem Herrn ist, und nicht sein Eigenes zum Maßstab aller Dinge macht, sich auch von keinen außenstehenden Interessen beeinflussen läßt, kann ein Volk zu wirklich Wahrem und Gutem führen. Das Eigene ist nur ein aus selbstsüchtigen Begierden und daraus hervorgehenden Gedankengebäuden zur Selbstbekräftigung bestehendes irreales Gebilde der eigenen verworrenen Phantasie, das in dem Maße immer falscher und böser wird und wirkt, indem es sich vom Herrn und SEINER Ordnung entfernt. Einzig SEINE Wahrheit und SEIN Gutes bzw. SEINE Welt ist wirklich und existent.

4 **Das Volk nicht beherrschen**

Es gibt zweierlei gegensätzliche Arten von Freiheit, nämlich himmlische und höllische Freiheit. Damit meine ich einerseits die Freiheit, Gutes zu tun, Nützliches zu schaffen, alle Wahrheiten frei äußern zu können, andererseits jedoch die höllische Freiheit, allerlei Schlechtes und Böse zu tun, sich und andere durch vielerlei Narrheiten, Rücksichtslosigkeiten, (Rauchen, Raserei auf den Straßen, Trunksucht, Freßsucht) zu schädigen, Ehe zu brechen, Nutzlosigkeiten zu frönen (Wettkampfsport, *Spaß*) Sinnloses zu konsumieren (-Medien) usw. Letztere Arten von Freiheit, nämlich die höllischen, sind leider genau die Tollheiten, die heute allgemein unter dem Wort *Freiheit* verstanden werden. Hingegen wird die himmlische, dem Menschen glückbringende Freiheit nach Kräften eingeschränkt. Wahrheiten werden verschleiert bzw. totgeschwiegen. (Unbequeme Erkenntnisse, die zum Handeln und Sich-ändern zwingen würden jeglicher Art), Nützliches wird unterdrückt, wo es nur geht. (Energiesparende Erfindungen, Alternativenergien. Alternativbauweise, Selbstversorgung, wirklich nützliche Techniken).

Der Mensch wird heute durch unzählige Schranken, vor allem

seitens der Gesetz- und Geldgeber daran gehindert, seine Erkenntnisse, seine Vorlieben, sein Nützliches auch in die Tat umzusetzen.

Es geht also darum, das Gute, die Wahrheit, das Nützliche zu fördern und sich in Freiheit entwickeln zu lassen.

Deshalb müssen auch alle Besitztümer, alle Maschinen und Produktionsmittel, alles Werkzeugliche in den Händen des Volkes, das heißt, des einzelnen liegen, damit dieser *in Freiheit* Gutes und Nützliches schaffen kann und zwar in mannigfaltigster, verschiedenartigster Form, da ja jeder Mensch vom anderen verschieden ist. In der Vielfalt liegt das Himmlische. In der Monotonie, Gleichschaltung, dem Konformitätszwang, der Norm, der Uniform, dem typisch deutschen Einheitsmenschen, der Bürokratisierung, diesem abartigen Begriff von Ordnung, der jeden freien Menschen hier in eine Zwangsjacke steckt, liegt die Hölle verborgen.

Hölle ist Monotonie, Wüste, Einheitsrasen oder -Wald (hiesige Formen von Wüste), Monokultur, Vergewaltigung durch Vereinheitlichung von Natur und Mensch. Himmel bedeutet freie Entwicklung, Vielfalt, Artenreichtum, Weiterentwicklung auf natürlicher und geistiger Ebene, wachsen durch die Sonne, im Falle des Menschen auch durch die geistige Sonne, nämlich Gott.

5 In geistig vorbildlicher Weise leiten und auf den richtigen Weg führen

Unsere *Führer* müssen also geistige, innere Führer sein. Vorbildliche Menschen, die in innigem Kontakt mit dem Guten und Wahren des Herrn stehen. Gesetze müssen dazu dasein, das Böse und Schlechte möglichst einzuschränken bzw. zu strafen. Nur durch Strafe kann ein im Schlechten verstrickter Mensch von seinem heillosen Tun abgebracht werden, da ihm ja die Einsicht, der Wille zum Guten fehlt.

Solche Strafen erleiden heute zum Beispiel viele Kranke, die so durch ihre Krankheit auf den richtigen Lebensweg gebracht werden sollen. Denn Böses oder Schlechtes und Falsches tun über kurz oder lang weh, führen entweder zum körperlichen Zusammenbruch eines Individuums, oder, wenn gar ein ganzes Volk darin gefangen ist, zu dessen Untergang. Vieles (eigentlich alles) wird also quasi automatisch per göttlichem Gesetz schon auf Erden vergolten oder gelenkt, doch müssen Gesetze eben vor allem jene schützen, die unschuldige Opfer von *Höllischen* werden (z. B. ungeborene Kinder von Rauchermüttern, Tiere und Menschen in Versuchslaboren und Großställen und Großstädten, die Schöpfung, und vor allem die ungehinderte, freie Entwicklung des naturrichtig lebenden Paradiesmenschen.)

6 **Dem Volke dienen**

Heute ist es so, daß nicht die Regierung dem Volk, sondern das Volk den Herrschenden, wer immer das auch sei, zu dienen hat. Das Volk wird von den wenigen Mächtigen als bloßer Produktionsmechanismus, als Bereicherungsquelle gesehen, bestehend aus Maschinen und *Menschenmaterial*. Eine wirkliche Mitwirkung, Mitbestimmung, also eine Volksdemokratie besteht überhaupt nicht, weil es die Mächtigen bis heute verstanden haben, das Volk genau dorthin zu lenken, wo sie es haben wollen, ohne daß der allergrößte Teil dies merkte. Dies wurde möglich durch die Vereinheitlichung, die Monopolisierung von Meinungen seitens der Medien. Wo andere diktatorische Systeme früher zu härtesten Machtmitteln, zu Brutalität und Mord greifen mußten um das Volk willens zu machen, schaffen das heute Propaganda und Medien auf eine viel subtilere, heimlichere Art, indem sie den Bürgern ihre Meinung in einer so raffinierten, verlockenden Verpackung anbieten, daß jene diese schließlich zu ihrer eigenen machen. Es ist heute gelungen, das Volk durch verkleidete Falschheiten so zu *polen* , daß es seine Ausbeuter, Unterdrücker, Peniger gar nicht mehr erkennt und diese sogar noch unterstützt, verteidigt, wählt usw.

Unser Volkskörper krankt an allen Gliedern und Organen

Ich möchte ein Volk im Gesamten gesehen wissen, nicht in zwei auseinander dividierte Teile Volk und Regierung. Der Vergleich zwischen einem Volk und einem menschlichen Einzelorganismus kann die Beziehung zwischen Volk und Regierung vielleicht am deutlichsten machen. Das arbeitende Volk entspricht also den Beinen, den Säulen, den tragenden Stützen des ganzen Volkes. Die weiteren Organe im Körper kommen den verschiedenen Organen der Verwaltung und Steuerung (Nervensystem), der Weiterverarbeitung (Verdauung), der Verbreitung von materiellen und geistigen Gütern (Herz und Lunge), der Entgiftung (Leber, Niere) bzw. Säuberung von Schädlichem (Polizei, Rechtsapparat) usw. gleich. *(Swedenborg) (2. HG/Zusatzband)*

Ganz oben aber im Körper des Volkes, im Kopf, ist die Regierung anzutreffen. Sie hat die Aufgabe, mit all ihren Sinnen, mit den äußeren (Augen, Ohren, Nase) wie mit den entsprechenden inneren (Wahrnehmung durch Einsicht, Erkenntnis, mit der Hilfe des inneren Sehens, Hörens, Empfindens, Fühlens, Innewerdens, der göttlichen Liebe und Weisheit), das Volk zum Guten und Wahren zu leiten.

Nun kann ein Volk eben an all seinen Organen und Gliedern erkranken. Und wenn eine Krankheit, selbst wenn sie an scheinbar weniger wichtigen Stellen auftritt, nicht durch richtiges Wollen, Denken und Tun aus dem Herrn behoben wird, muß sie, im menschlichen Einzelkörper wie im gesamten Volkskörper, zum Versagen und Tod des Ganzen führen. Man kann deshalb nicht einfach sagen, alles wäre nur deshalb schlecht, weil wir eine schlechte Regierung haben, oder deshalb, weil irgendwelche Organe im Volk sich zur Wehr setzen oder auch nicht, streiken, sondern man muß das Volk alles Ganzes betrachten. Ein Volk, das im Schlechten und Bösen verhaftet ist, wird schließlich auch eine entsprechende Regierung wählen, um weiterhin seinen Schandtaten frönen zu können. Andererseits kann ohne einen richtigen Kopf, ohne eine Führung, die Gutes und Wahres aus dem Herrn will und tut, das Böse und Schlechte, der *Krebs im Volkskörper*, wuchern und zerstören, solange er will.

Eine Trennung von **Kirche und Staat**, von religiösen Dingen und solchen, die, wie bestimmte Politiker öfters betonen, die Kirche nichts angingen, ist somit unzulässig. Eine Trennung gibt es nur zwischen Himmel und Hölle, Gut und Böse, Licht und Schatten, zwischen Wahrem und Falschem, Nützlichem und Nutzlosem, der Liebe zu Gott und dem Nächsten und der Welt- und Eigenliebe. Wer nicht in ersterer ist, ist immer in letzterer!

Die äußere entsteht und formt sich nach der inneren Welt

Doch schauen wir einmal in die Schöpfung, in die Natur, die ja, soweit sie in ursprünglichem Zustand belassen wurde, ein äußeres Abbild der inneren Schöpfung aus dem Herrn ist. Unsere Welt kann und muß als ein äußerster, jedoch fundamentaler Bereich der Schöpfung betrachtet werden, der sich aus dem inneren, geistigen Bereich bildete und formte. Die natürliche Welt entstand also aus der geistigen, inneren bzw. aus Gott, und nicht umgekehrt. Deshalb bilden sich auch alle Schlechtigkeiten des Geistwesens Mensch in der äußeren Welt ab. Eine ideale Ordnung, eine Regierungsform nach dem Vorbild des Himmels, kann also auch aus der Beobachtung der äußeren Schöpfungsordnung abgeleitet und ersehen werden.

Ich will solche Beobachtungen anhand dem Menschenstaat ähnlichsten Gebilde, dem Bienenvolk, machen: Das Bienenvolk hat eine ideale Regierungsform, sofern man die Sache geistig betrachtet. Die Bienenkönigin, das Oberhaupt des Staates repräsentiert eine ständige Quelle der Weisheit bzw. bei denen Bienen des Nachwuchses für das Volk. Dieses Oberhaupt vereinigt bei genauer Betrachtung das männliche mit dem weiblichen Prinzip und bildet so eine Einheit. Die Bienenkönigin ist tatsächlich männlich und weiblich zugleich. Die Drohnen besitzen ja keinen eigenen Chromosomenanteil, sind daher keine Männchen, sondern lediglich fliegende Erbgutträger, Gameten. Ein Herrscher sollte also aus Mann und Frau, aus einem Ehepaar bestehen.

Wir sind ein entweiseltes Volk

Interessant ist auch das Verhältnis zwischen Volk und *Königspaareinheit,* Bienenkönigin genannt. Hört nämlich die Königin auf zu produzieren, zu *weiseln*, zieht sich das Volk neue Königinnen heran. Dies geschieht durch Verabreichung eines besonderen Futters und dem Bau von größeren Zellen. Auf uns übertragen heißt das, daß die Weisen oder Geistlichen eines Volkes durch Vermittlung von besonderem Wissen, königlicher Erziehung, Könige erziehen. Zur Not geht das bei den Bienen auch noch nach ein paar Tagen gewöhnlicher Fütterung. Allerdings wird dann die Königin nicht so gut. Ein Volk bildet sich also nach seinem Wissen seinen König. Dieser wiederum führt in vorbildlicher und idealer Weise seine Untertanen, ist also Erbträger des gesamten Wissens und der Weisheit eines Volkes, vereinigt und repräsentiert das ganze Volk in einem Königspaar.

Was aber, wenn nun das alte Königspaar vernichtet wird und mit ihm das gesamte Wissen des Volkes, bevor sich das Volk den Königsnachwuchs sichern konnte? In der Imkersprache heißt das, das Volk ist weisellos – ohne Königin und ohne die Möglichkeit, aus befruchteten Königinneneiern (unbefruchtete ergeben Drohnen) eine solche nachzuschaffen. Bei denen Bienen übernehmen dann irgendwann Arbeiterinnen das Eierlegen. Das Volk wird drohnenbrütig, kann keinen Nachwuchs mehr erzeugen, und stirbt aus.

Ähnlich ergeht es uns gerade. Anstatt einem Regierungspaar, das sich in idealer Weise mit dem Volk verbindet, da beide gegenseitig voneinander abhängen, übernahmen bei uns irgendwelche Beamte, Emporkömmlinge, jeder für sich das Regieren. Allen fehlte jedoch die männliche Komponente, das Wissen und die Weisheit des Regierens. Der Arbeiterin im Bienenvolk genauso wie den Beamten, neuerdings auch machtgierigen Frauen bzw. allen nun auf Kosten und zum Verderben des Gesamtvolkes aufstrebenden Möchte-gern-Königen und -Königinnen. Man nennt diesen Zustand eines Volkes allgemein heute Demokratie oder Volksregierung. Ein solcher *weiselloser* oder treffender *weisheitsloser* Zustand der Königslosigkeit ist jedoch immer die Vorstufe der Auflösung, des Unterganges beim Bienen- wie Menschenvolk.

Ein Volk kann sich nicht selbst regieren

Dieser Gedanke ist unsinnig und illusorisch. Regieren ist eine hohe Kunst. Dort, wo heute scheinbar das Volk regiert, auch in den Demokratien, regieren in Wirklichkeit längst andere, nämlich diejenigen, die das Geld dieser Welt besitzen. Diese haben die Völker längst eingenommen und könnten mit dem Bienenschmarotzer Varroamilbe verglichen werden. Wir und auch unsere Bienen, die ja ebenfalls mittels unserer *Umweltprägung**, unseres Geistes von uns geprägt wurden, haben inzwischen die Wahrnehmungsfähigkeit bezüglich unserer Schmarotzer verloren. Genauso wie die Bienen ihre todbringenden Milben nicht erkennen, sehen wir nicht, wie wir mit immer schneller werdendem Tempo dem Untergang auf allen Ebenen entgegengehen.

*Die Bienen waren auch früheste Empfänger der göttlichen Einwirkung, des göttlichen Geistes in diese Welt, ohne die diese *wüst und leer* wäre. Tatsächlich sind erst durch die Bienen die Lebensvoraussetzungen für höhere Lebewesen durch Verbreitung von samen- und fruchttragenden Nahrungspflanzen möglich geworden. Leider führt unsere geistige Einwirkung in das Geschehen auf diesem Planeten ebenfalls zu materiellen Auswirkungen, die wieder in Richtung Verwüstung, Öde, Wildnis, Hölle, also gegen das Leben aus dem Herrn gerichtet sind.

Um Falschdeutungen dieses Teils zu vermeiden, noch folgendes:

Die Aufnahme der göttlichen Liebe und Weisheit findet in der Natur durch das Weibliche, Hervorbringende, Gebärende, und das Männliche, Wachsende, Werdende ihre Entsprechung. Deshalb erscheinen bei den Bienen die Könige bei ungenauer Betrachtung als rein weiblich. Beim Menschen hingegen geht es bei den Dingen in und ums Regieren eher um Wissen und Weisheit, also um die männliche Seite. Deshalb wird vorwiegend vom König als männlicher Person gesprochen. Ein König ohne Königin ist jedoch nicht regierungsfähig im Hinblick auf die Schöpfungsordnung. Genausowenig umgekehrt.

Kapitel 23
Rüstung

Die Abwehr von Falschem und Bösem ist rechtens und eine Notwendigkeit

Da es in einem Volk unterschiedlichste Menschen und infolgedessen eine große Vielfalt an Neigungen und Vorlieben gibt, finden sich immer auch genügend, die den Schutz des Landes vor Feinden zu ihrem Lebensziel machen. Eine Wehr, die sich gegen böse Aggressoren auch auf der Ebene der körperlichen Gewalt zu wehren versteht, wenn eine Abwehr auf geistiger und innerer Ebene versagt, ist durchaus rechtens und legitim. Diese Legitimität beginnt aber sofort zu bröckeln, wenn der Soldat Unrecht oder Falsches zu schützen hat. Vor allem dann, wenn er als Staatsorgan, als Soldat im weitesten Sinn, also auch als Polizist, Grenzschützer, ein offen oder versteckt verbrecherisches Regime schützen soll. Er wird dann zum Schützer von Verbrechern, Räubern, Dieben, Mördern usw., also selber zum Verbrecher, wenn er die Falschheiten, Lügen, Betrügereien, Morde jener unterstützt. Diese Zurechnung kann ihm allerdings erst dann gemacht werden, wenn er die böse Absicht seiner Vorgesetzten erkannt hat, davon weiß, was heute bei der allgemeinen Totalmanipulation der öffentlichen Meinung seitens der Besitzenden und Herrschenden sehr erschwert wird. In gewisser Weise kann ihm aber auch schon zur Last gelegt werden, wenn er es unterläßt, die Gegenargumente zu prüfen bzw. die Wahrheit zu suchen. In aller Regel aber halten heute die sogenannten *Sachzwänge* jeden davon ab, *tiefer zu schürfen.*

Je mehr Macht und Besitz, umso mehr Angst, sie zu verlieren

Nun ist bekannt, daß sich ein jeder Dieb, Räuber, Betrüger, Mörder vor seiner Entdeckung fürchtet wie kein anderer, da ja dadurch sein Wesen ans Licht treten könnte und ihm sein ganzer Besitz und seine ganze Macht, an denen ja sein Leben und seine Liebe hängen, genommen werden könnte. Diese Angst ist begründet, da die Wegnahme aller irdischen Güter mit Sicherheit bevorsteht. Wenn nicht in diesem Leben, so doch in der Ewigkeit. Diese Angst der Besitzenden und Herrschenden vor jenen Ereignissen, die ihnen unwiderbringlich bevorstehen, ist die innere Wurzel* des Rüstungswahns. Je mehr also verbrochen wurde, je mehr geraubt und gemordet wurde, umsomehr muß man sich bewaffnen, da man ja umsomehr Güter zu besitzen glaubt, die der Nachbar in seine Tasche stecken möchte. In der Tat ist schon die Meinung etwas zu *besitzen*, wie sie heute in den Köpfen spukt, absolut hirnrissig. Wir können ein Stück Land zum Beispiel nicht besitzen, es *gehört* niemals uns und auch nicht einem anderen, sondern wir dürfen darauf eine Zeitlang leben und dort unsere Nahrung finden, bis die nächsten Generationen uns ablösen. Wir können dieses Land nur bearbeiten, Pflanzen und Tiere darauf halten, die unseren Bedürfnissen entsprechen, und Häuser darauf bauen, die unseren Neigungen und Lebensweisen gerecht werden. Auch Grenzen ergeben oder ergaben sich von allein durch verschiedene Sprachen, Gebräuche, Sitten, natürliche Hindernisse, Entfernungen aller Art.

Das Mehrwollen führt zu Kriegen

Würde jeder nur seinen Bedürfnissen entsprechend** seinen Boden bebauen oder auch andere sinnvolle Funktionen in der Gemeinschaft wahrnehmen und keine Besitztümer anhäufen wollen, hätte es wohl bis heute keinen Krieg gegeben. Kriege entstehen immer dann, wenn eine Anhäufung von vermeintlichen Gütern und Schätzen auf einer Seite zum Nachteil der anderen geschieht. Dann entstehen soziale Ungerechtigkeiten, Haß und Neid. Daß die sich zivilisierte Länder nennenden Systeme bzw. deren Führer heute die Schätze der ganzen restlichen Welt rauben und anhäufen, und auch deren Bewohner sich noch gegenseitig berauben, betrügen, miteinander Feind sind, macht die sehr hohe Kriegsgefahr, in der wir uns befinden, deutlich und den Aufrüstungswahn in diesen Gesellschaften erklärbar.

Das Wort sagt, daß bereits die Absicht etwas Böses zu tun, immer schon das Verbrechen selbst ist, auch wenn diese Absicht

*Die Wurzel der großen Kriege wird jedoch eher in der absichtlichen Zerstörungssteuerung der Völker von seiten Dritter zu finden sein, die sich damit die Besitztümer der sich gegenseitig geschwächten, ruinierten, ausgebluteten Ländereien bzw. die Herrschaft über alle Völker generell aneignen wollen.

**Hier sind die Grundbedürfnisse des Früchteessers Mensch, nicht des Raubtiers Mensch gemeint.

noch durch irgendetwas an der Verwirklichung gehindert wird. Bezogen auf die Rüstung heißt das, daß bereits die Absicht, da oder dann loszuschlagen, vor allem die ständigen Mordübungen des Militärs, und auch schon die Herstellung von Vernichtungswaffen bereits Mord sind, wenn sie die Absicht, den Willen, damit zu töten schon* beinhalten und somit die spätere Tat quasi vorwegnehmen. Heute hat die Waffenproduktion allerdings bereits solche Ausmaße angenommen, daß sie bereits schon zu *Friedenszeiten* tötet. Waffen produzieren heute Tod durch Hunger, Umweltkatastrophen, Elend, vor allem durch das Lenken von Anstrengungen in die falsche Richtung bzw. das Nichttun des möglichen Guten.

Wir rüsten uns noch zu Tode

Wenn noch lange so weiter gerüstet wird, gibt es bald nichts Verteidigenswertes mehr. Wir haben uns dann zu Tode verteidigt und gerüstet. Die täglichen Düsenjäger vergiften außerdem die Atmosphäre, die Pflanzen, den Wald, nur wenige explodierende Nervengasgranaten können ein ganzes Land entvölkern, von den Atomraketen ganz zu schweigen.

Aufrüstungszeiten sind nicht Friedenszeiten, sondern Zeiten der Kriegsvorbereitung, des *Kriegsvorspiels.* Viele werden nun sagen, was nützt es, wenn ich solches weiß, aber der böse Nachbar nicht. Solchen möchte ich die Schrift zitieren und sagen: *Jeder kehre vor seiner Tür* ! Wenn der Nachbar Schlechtes tut, heißt das doch nicht, daß ich das gleiche oder gar noch mehr Schlechtes tun soll. In Wirklichkeit ist jedoch immer der der Schlechte, der der größte Räuber, Besitzer von Gütern ist, die er immer mehr anhäufen will. Außerdem – Ein Krieg der üblichen Art ist in der modernen Welt gar nicht mehr möglich**. Man muß ja schon befürchten, daß ein paar Terroristen heute ganze Ländereien zerstören können, in dem sie zum Beispiel ein Atomkraftwerk sabotieren. Diese Riesenheere könnte man sich also sparen. Es kann nicht *Kriegsspielen*, wer auf einem *Pulverfaß* sitzt.

*Dagegen ist eine Verteidigung, ein Schutz vor Feinden, und auch das Üben dieses Schützens rechtens. Doch sollte Verteidigung besser auf den geistigen Ebenen geübt werden. Bei den kriegerischen Auseinandersetzungen sind ja letztlich immer beide ruiniert, während zudem dabei ein dritter *lachen* und sich später als Initiator und eigentlicher Nutznießer des Krieges herausstellen kann.

**Es sei denn die Abrüstungsverhandlungen in Sachen Atomraketen und der Ausstieg aus der Atomwirtschaft werden Realität. Es ist angesichts der Erfahrungen mit der neueren Geschichte leider zu befürchten, daß bestimmte Kräfte eine solche Abrüstung nur und vor allem deshalb fördern, um wieder einen Krieg in Europa möglich zu machen, der nicht zwangsweise auch zum Untergang der restlichen Welt führen muß.

Die wirklichen Kriege liegen verborgen

Die Materialschlachten der letzten Jahrzehnte waren ja weniger eigentliche Kriege, sondern eher dramatische Theaterschauplätze, auf denen die Völker in die endgültige Abhängigkeit von den Geldgebern, den Finanziers dieser Schlachten getrieben wurden. Die eigentlichen Kriege und Eroberungen werden heute viel unmerklicher, zum Beispiel durch Zerstörungen von (Glaubens-)-Wissen, Überfremdung und Vermischung von Völkern, Versklavung durch Drogenkonsum im weitesten Sinn, Verbreitung von dekadenten Sitten und Haltungen, Vorenthalten von echtem Wissen, Manipulationen im Interesse der Regierenden, usw. geführt und gewonnen.

Ein Land wird, solange es innerlich stark und gefestigt ist, niemals von fremden Völkern überfallen werden, sondern diesen als Beispiel dienen. Kriege brechen erst dann aus, wenn die Völker zuerst innerlich, dann wirtschaftlich bzw. äußerlich zum Falschen und Bösen verführt werden konnten. Ein falscher und schlechter Führer wird sein Volk solange in Eroberungszüge und Kriege verwickeln, bis auch dieses ruiniert ist.

Um den Unterschied zwischen innerer und äußerer Rüstung aufzuzeigen, und um sichtbar zu machen wie ein Volk innerlich angegriffen werden kann, um erst später auch äußerlich zu Fall gebracht zu werden, möchte ich noch einige Angriffstechniken eines *Feindes* nennen, die dieser seit Anbruch der sogenannten Neuzeit (ca. 1750) anwendete und dies heute immer noch tut, ohne durchschaut zu werden.

Folgende Zielpunkte sind dem Welteroberungsprogramm, der durch die Rothschilds gegründeten Geheimorganisation der *Illuminaten* (Erleuchteten) im Namen von Adam Weishaupt entnommen (Quelle: *Des Griffins »Wer regiert die Welt«(26)* und können die Vordenker unserer heute noch anhaltenden gesamten Misere sichtbar machen. Sollte es gelingen, alle Feinde der Menschheit sichtbar zu machen (vor allem auch unsere eigenen, inneren) wäre die *entscheidende Schlacht* zugunsten dem Guten und Wahren aus dem Herrn auf dieser Welt bereits geschlagen. Dann wäre jede Rüstung überflüssig, würden sich *Gerechtigkeit und Friede auf dieser Welt küssen* .

Nun zu den schon vor langer Zeit verfaßten Plänen der Geldmächtigen, die immer noch glauben, mit Geld die Welt regieren zu können:

1 **Abschaffung jeder ordentlichen Regierung**: Dies ist gelungen durch die Aufwiegelung der Völker gegen die Monarchen mit Parolen von Freiheit, Gleichheit, Brüderlichkeit, Volksregierung, *Alle Macht dem Volk*, mit denen die Monarchen schließlich enteignet bzw. gestürzt werden konnten, und man sich deren Besitztümer und Macht aneignen konnte. (Beginn Franz. Revolution, dann Erster Weltkrieg, Sturz des Zaren in Rußland). Einsatz von beliebig manipulierbaren, nur scheinbar frei zu wählenden (man konnte zwar zwischen den angebotenen Möglichkeiten wählen, wer sich zur Wahl stellen konnte, lag jedoch in den Händen der (Geld-)mächtigen, Handlungsunfähigen, da sich gegenseitig aufreibenden und entkräftenden Schwätzerzentren bzw. *Parlamenten*, mit deren Hilfe man eigene, auch gegen das Volk gerichtete Interessen zum Volkswillen umfunktionieren bzw. als *demokratische Mehrheitsmeinung* durchsetzen konnte.

2 **Abschaffung des Privateigentums**: Der Enteignung des Adels und der Monarchen folgte eine schleichende Enteignung der gesamten Besitztümer der Völker durch das Zinssystem, die bis heute anhält. Entscheidende Enteignungsschläge waren und sind die Kriege, die von den Geldmächten zuerst geschürt werden, um Waffen an beide Seiten verkaufen zu können, und die Länder nach und nach in totale finanzielle Abhängigkeit zu stürzen, und dann nach dem Zusammenbruch diese ihrer Souveränität zu berauben und die Produktionsmittel bzw. die ganzen Völker vor ihren *Karren* spannen zu können.

3 **Abschaffung des Erbrechts:** Man verhinderte, daß Haus- und Grundbesitz vom Vater zum Sohn weitergegeben werden konnte durch Zinsbelastungen, Erbschaftssteuern, und die Abschaffung des Ältestenerbrechts. Die Folge waren Zersplitterungen der Besitztümer, Enteignung durch Teilung, letztlich Enteignung zu Gunsten von Spekulanten, Banken innerhalb weniger Generationen. So sind die Völker heute die *Knechte auf ihrem eigenen Land,* die Angestellten, Bediensteten in ihren eigenen Betrieben usw., also genau dem Gegenteil dessen verfallen, was

ihnen ursprünglich versprochen wurde, nämlich Freiheit, *Volksherrschaft*. Auch das geistige Erbe der Väter wurde durch ein staatliches Schulzwangsystem an der Weitergabe gehindert, indem Lehrpläne beliebig gesteuert und damit unliebsame Wissensdinge oder Praktiken von einer Generation zur nächsten eliminiert wurden. Schon und vor allem die Kinder waren seit der Einführung der Schulpflicht schutzlos allen Minipulationen und Beeinflussungen seitens der Weltmächtigen ausgeliefert.

4 **Abschaffung des Patriotismus:** Hier fanden die Mittel der Auflösung von integren Völkern durch Vermischung, Gleichschaltung, (Zwangs-)Vereinheitlichung, propagiert als Weltbürgertum, gegen Volkseinheit, äußerlicher wie innerlicher, erfolgreiche Anwendung. (Siehe Kapitel Asylanten)

5 **Abschaffung aller Religionen:** Wurde durch die Gedanken der *Aufklärung*, durch Materialismus, Nihilismus, Atheismus zusammengefaßt Kommunismus, Sozialismus, eingeleitet, während innerhalb der Religionen vor allem die Irrlehren unterstützt wurden. So wurden jeder der Weltreligionen ihre Irrlehren entnommen und mit diesen alle anderen überhäuft, quasi infiziert, um die Menschen einer kommenden Weltreligion bzw. Weltherrschaft des Teufels (Teufel = oberster Herrscher der äußerlichenWelt) gefügig zu machen. Es muß angenommen werden, daß auch und vor allem Kirchenobere an einer Verwässerung bzw. Auslöschung des Glaubenswissens mitwirkten, da ja das echte Christentum der größte, vernichtende innere Gegner der Weltmächtigen ist.

6 **Abschaffung der Familie:** Durch die Propagierung der Frauenemanzipation ist es gelungen, *Feindschaft zwischen Mann und Frau* zu setzen. Mit einem plumpen Trick, den eigentlich sonst nur eifersüchtige, mißgünstige Freundinnen anzuwenden pflegen, um eine potentielle Ehe zwischen derem vielleicht zukünftigen Mann und ihrer Freundin zu zerstören, und der einfach darin besteht, der angehenden Ehefrau einzureden, ihr Mann würde ihr ihre *Freiheiten* wegnehmen, wäre ein Macho, also bei ihr Egoismus, Stolz, Herrschsucht zu wecken und damit ihre Liebe zum Mann zu töten bzw. die Ehe zwischen beiden zu vernichten. Mit diesem Trick und mit den Slogans über die

freie Liebe, ist es gelungen, die Ehe, die Familien, und damit die Völker bis ins Innerste zu treffen und der Vernichtung preiszugeben. Vor allem der Nachwuchs kann ja mangels intakter Elterneinflüsse und -Fähigkeiten beliebig gesteuert und für seine zukünftigen Funktionen präpariert werden. Außerdem trugen die Gedanken der Frauenemanzipation wesentlich dazu bei, daß hierzulande annähernd jedes zweite Kind bereits im Mutterleib getötet wird. Dieser Volksselbstmord, dieser Kinderholocaust wird in seinen Auswirkungen noch fataler, wenn dann statt der eigenen getöteten Kinder Menschen anderer, meist gänzlich unpassender Volksgruppen *importiert* werden, so daß jedes Land als Kulturnation in einem allgemeinen, bunten *Völkermischmasch* sein kulturelles Erbe bald endgültig verloren haben wird.

7 **Die Errichtung einer Weltregierung:** Man kann sagen, daß die Geldmächtigen heute die äußere Welt mehr oder weniger bereits besitzen bzw. regieren. Die ganze Welt ist ja bei ihnen verschuldet, von ihnen abhängig. Sie steuern allerdings nicht nur, was in den Völkern getan und unterlassen wird, sondern mit Hilfe der Medien auch was gedacht oder nicht gedacht, was erfahren bzw. nicht erfahren werden kann. Deshalb kann und muß das Wort Gottes als letzte Stütze der Wahrheit erkannt, das größtenteils zerstörte Glaubenswissen daraus wieder hervorgeholt und eine neue Christenheit wieder zur *uneinnehmbaren festen Burg* ausgebaut werden. Leider haben unsere Verteidigungsminister von dieser wirklichen Verteidigung und Rüstung gegen den Feind nicht die blasseste Ahnung.

Die Fäden der weltlichen Macht laufen hierarchisch nachoben zusammen

Natürlich werden viele ein solch erfolgreiches, bis heute verdecktes Untergrundwirken der *Illuminaten* bzw. ihrer Nachkommen seit ihrer Gründung bis auf den heutigen Tag anzweifeln. Es kann ja durchaus möglich sein, daß sich die gesamten Miseren der heutigen Zeit, sowie all die sinnlosen und zerstörerischen Kriege, quasi unabhängig voneinander entwickelt und rein zufällig durch die gesammelten Wirkungen von schlechten Eigenschaften einzelner entwickelt haben. Was ich jedoch in diesem Buch ge- und beschrieben habe, sind die für mich am wahrscheinlichsten Möglichkeiten. Es hat sich eben überall gezeigt, daß die Fäden alle nach *oben* zusammenlaufen. Ob es sich dabei jeweils um die Illuminatenvereinigung von Adam Weishaupt, eine Bankerverschwörung unserer Tage, um Trilateriale, Bilderberger, die UNO, oder irgendein anderes geheimes Absprachegremium handelt, ist auch gar nicht entscheidend. Der Name, sofern überhaupt einer existiert, besagt gar nichts. Auf die Tat kommt es an! Und ein heimliches hinter den Regierungen wirkendes Machtzentrum, das wahrscheinlich sogar von einer Person ausgeht bzw. geleitet wird, muß allein schon aufgrund seiner Wirkungen, seiner auf der ganzen Welt hinterlassenen stets gleichartigen *Spuren*` vermutet werden. Außerdem sind weltliche Dinge, äußere Macht, Herrschaft stets hierarchisch von oben nach unten geordnet. Diesen Ordnungszwang, bei uns meist getarnt als Volkswohl, Wille der (manipulierten) Mehrheit, Gemeinwohl, Demokratie kann heute wohl unleugbar jeder spüren. Das hierarchische, pyramidenartig aufgebaute Untergebenenprinzip, das jeden Bürger dieses Staates oder gar dieser Welt in eine Zwangsjacke steckt, ist für uns nur nicht bis zur Spitze sichtbar. Die für uns sichtbare Spitze, nämlich unsere Regierungsmitglieder, sind jedoch selbst Gefangene, Gebundene der weiter oben befindlichen Teile. Am Gipfelpunkt dieser Pyramide von Besitz und Macht vermute ich deshalb einen verdeckten Beherrscher dieser Welt. Daß es momentan nur einer, und nicht zwei sein dürften, was vordergründig der Aufteilung der Welt in Ost und West eher entspräche, zeigt sich für mich u. a. auch darin, daß dic USA vielerorts, zum Beispiel in Afrika, marxistische Regierungen tatkräftig unterstützen und entweder passiv oder aktiv dem Kommunismus den Weg bahnen. Letztlich ist ja unser Kapitalismus nur eine Parallelform der Enteignung der Völker, ein Übergangsstadium, nur eine andere Einführungsart eines monopolgelenkten Staatssystems, das dabei ist, die Weltherrschaft zu übernehmen.

All die Beteiligten dieser beherrschenden Pyramide der äußeren Welt werden jedoch jählings fallen müssen, oder besser gesagt erlöst werden, wenn der einzige Herr aller Welten, nicht nur der äußeren in sein Reich kommt. Denn allein SEIN ist alle Kraft und Herrlichkeit.

Kapitel 24
Selbstversorgung

Fangen wir bei uns selber an

Wenn wir dem drohenden Untergang entkommen wollen, oder auch nur den kleinsten Teil einer Verbesserung, egal in welcher Beziehung, erreichen wollen, müssen wir bei uns selbst anfangen, uns zuerst einmal selber ändern bzw. bessern. Natürlich, so werden viele einwenden, gibt es gewisse Zwänge, die einen Großteil der Bevölkerung daran hindern, ihr *Paradies* selbst zu gestalten. Es ist sicher auch vielerorts schwierig, sich zum Beispiel Hühner zu halten,* wenn dort Menschen wohnen, die sich zwar an den Lärm von Autos, Düsenflugzeugen, Baumaschinen gewöhnt haben, jedoch beim Krähen eines Hahnes aus dem Häuschen geraten.

In der Tat scheint es schwierig, aus einer Gesellschaft von Psychopathen und Halbverrückten auch nur um Haaresbreite auszusteigen, da eben jene sehr darauf aus sind, ihre Zwänge und verdrehten Ansichten auch auf den Nachbarn zu projizieren. Außerdem gibt es noch Ämter und Gesetze, die einem jegliche Freiheit zur Selbstversorgung, zum Selbstanbau von Nahrung, also die grundlegendste Freiheit des Menschen überhaupt, nämlich sich selbst zu ernähren, verbieten wollen. Wieder einmal wird sichtbar, wie Gesetze vor allem Nutzloses, da es ja den Verbrauch fördert, Verschwenderisches, Umständliches, Sinnloses fördern und umgekehrt das Gute behindern. So ist jegliche Nutztierhaltung in Wohnsiedlungen verboten. Erlaubt sind hingegen dort nutzlose Tiere wie Hunde, Katzen, aus dem Urwald entführte Papageien und Kanarienvögel, Zwergkaninchen, Zierdinge aller Art.

Was nicht nützlich ist, ist schädlich

Die Betonung und Abhängigkeit zur Duldung eines Tieres oder auch einer Pflanze scheint heute bei der Vorsilbe *Zier* zu liegen. Ist es nur zur Zierde, dann ist es gut; ist es aber nützlich, sinnvoll und eßbar, dann muß man Gründe dafür suchen, es zu verbieten.

*Hühner sind jedoch letztlich gar keine notwendigen Teile einer Selbstversorgung.

Es gäbe zum Beispiel für die heute über Aufträge klagende Bauindustrie im Bereich der Städte imposante und nützliche Dinge zu erstellen, die dazu geeignet wären, Vollbeschäftigung bis ins nächste Jahrtausend zu garantieren. Ich meine nicht nur die bessere Isolierung von Wohnbauten und den Einbau von neuen Energiesystemen, sondern diesmal den Bau von Systemen, die nicht nur zur Energiegewinnung in Form von Wärme und Strom, sondern auch von Nahrungsmitteln geeignet wären. In der Tat sind ja auch Nahrungspflanzen Energiespeicher und -Lieferanten. Sogar die unentbehrlichsten. Ich möchte bei der folgenden Beschreibung eines Selbstversorgerhauses deshalb weniger den Faktor Wärme- und elektrische Energie, sondern die gesamten Lebensbedürfnisse des heutigen Menschen zu befriedigen versuchen, die sich natürlich mit zunehmender Annäherung an die Schöpfungsordnung immer weiter verringern müssen.

Im Haus nicht nur wohnen

Dazu kann ein Haus* in drei Hauptinnenbereiche aufgeteilt werden. Das südliche Drittel wäre einschließlich der Dachplatten komplett aus Glas bzw. als **Gewächshausteil** zu errichten. Darin können je nach Größe des Hauses und Anzahl der Wohneinheiten – aus verschiedenen Gründen wäre ein relativ kleines Haus für ein Paar wohl am günstigsten – auch in mehreren Etagen Gemüse für die Bewohner gezogen werden. Dieser Gewächshausteil müßte sowohl im Sommer nach außen, wie im Winter von innen her zu belüften bzw. zu heizen sein.

Die einfachste **Heizung** wäre eine Verlegung des Kamins innerhalb des Gewächshauses. Solch ein Wintergarten – ich habe selbst auch einen gebaut – ist ein ausgezeichneter Kältepuffer und Heizenergiesparer im Winter, und üppiger Lieferant von frischer Nahrung während des ganzen Jahres. Zu berücksichtigen ist lediglich eine gute Belüftbarkeit oder Schattierung, eventuell durch Obstbäume, im Sommer, da sich bei Belüftung nach innen leicht Feuchtigkeit an den kälteren Stellen im Wohnhaus ansammeln kann. Im Winter ist eine Bauweise, in der der Anbau senkrecht bis zum Dach bzw. ins Dach übergeht, ratsam, da sonst Schnee liegenbleibt

*Ich konstruiere hier ein Haus, das auf die etwaigen Bedürfnisse der heutigen Bevölkerung ausgerichtet ist, da ich nicht von jedem erwarten kann, daß er augenblicklich zum Früchteesser wird. Selbstverständlich ist das Haus eines Früchteessers noch wesentlich einfacher zu bauen. Allerdings müssen sich Völker, die noch in für den Menschen zu kalten Regionen leben, schon einiges einfallen lassen und sämtliche Energien, die die Natur kostenlos liefert (regenerative Energien), wohl auch mit technischen Mitteln, zu nutzen suchen.

und für eine Verdunkelung sorgen kann oder Hagel bei Schrägstellung von Glas Schäden anrichten kann. Der Besitzer eines solchen Wintergartens kann darin seine Vorlieben und Anbauweisen, sein Paradies entwickeln. Er wird schnell merken, daß es nicht nur müheloser ist, sein Gemüse selbst im Haus zu ziehen, als es in der Einkaufshektik im Supermarkt zu erstehen, sondern daß die Gemüse vorzüglich schmecken und quasi eine richtige *Beziehung* zu ihrem Gärtner aufbauen. Außerdem wird er vielleicht bald einsehen, daß er für den Preis eines gekauften Nahrungsmittels ja schließlich auch arbeiten mußte, und daß diese Arbeit, mit der er sich den Salatkopf vielleicht verdiente, wesentlich weniger schön, befriedigend oder lehrreich gewesen sein dürfte.

Vom Gewächshaus-Südteil nun zum Mittelteil, dem Wohnteil: Der **Wohnbereich** kann etwas stabiler gebaut werden. Je nach Neigung des Bauherrn und nach Größe und Standort des Hauses aus Holz, Lehm oder sonstigem Steinmauerwerk. Bei diesem Haustyp kann der Mittelteil aus Holz auf den gewachsenen Grund gebaut werden. Also ohne speziellen Fußboden, den man dann nur wieder *pflegen* müßte, auf den die Kinder *aufpassen* müssen usw. Neben allerlei nützlichen handbetriebenen Haushaltsgeräten wie zum Beispiel Getreidemühle, Butterzentrifuge, Käsepresse, Obstmühle und Presse, Kleingeräten zur Verarbeitung und Zubereitung von Nahrungsmitteln, neben diversen Lagermöglichkeiten in Schränken, Truhen, im Boden vergrabenen Speichern (z. B. mäusesichere Edelstahltrommeln aus Waschmaschinen), irdenen Töpfen und sonstigem Geschirr und Küchenzeug, möchte ich vor allem das *Herz* des Hauses, das **Energiezentrum** besonders beschreiben. Es kann in etwa die Form von Großmutters Holzherd haben, der jedoch je nach Gegend und vorhandener Umgebungsenergie auch mit anderen Energieträgern als mit Holz und Kohle gespeist werden könnte. Etwa mit Wasserstoffgas, elektrischer Wind-, Wasser-, Solarenergie, Heißwasserkreisläufen usw., was eben gerade vorhanden ist. Selbst wenn man solche Herde ausschließlich mit Holz feuert, genügen wenige Raummeter davon für einen ganzen Winter.

Noch Omas Holzherd war besser

Anhand dieser Herde läßt sich auch gut aufzeigen, daß das, was wir heute unter *modernerKüche* verstehen, nur ein schlechter Ersatz für ein einziges zentrales Haushaltsgerät, nämlich den Holzherd, ist. Es ist mir heute unbegreiflich, wie man den Menschen einreden konnte, dieses nützliche Allzweckding, diesen Herd, der wirklich Goldes wert war, durch eine Vielzahl von fremdenergieabhängigen, kurzlebigen, teuren, in ihrer Funktion mangelhaften E-Geräten zu ersetzen.

Wer meint, Holzhacken sei eine unzumutbare* Arbeit, dem möchte ich entgegnen, daß sinnvolle körperliche Arbeiten wie Holzhacken, Gärtnern, den Menschen geradezu ärztlich verschrieben werden müßten. Es ist doch ein Jammer, wenn man heute Speckbäuche sich sinnlos auf irgendwelchen Trimm-Dich-Geräten abstrampeln sieht.

Ein Holzherd sorgt also nicht erst beim Verbrennen des Holzes für *Wärme*, – außer man kauft das fertige Holz. Der Herd bringt außerdem angenehmes **Raumklima** und frische Luft ins Haus. Anders wie bei Zentralheizungen tauscht er ja die Luft laufend aus bzw. bläst verbrauchte Luft durch den Schornstein. Gleichzeitig sorgt er ständig für genügende Luftfeuchtigkeit, die seinem Wasserspeicher, genannt *Schiff* entströmt.

Schon diese zwei Funktionen, nämlich Luftaustausch und -befeuchtung schaffen heute kaum die aufwendigsten Klimaanlagen in gleich befriedigender und einfacher Weise.

Der Oma-Herd** kann jedoch noch weit mehr. Er übervorteilt zunächst einmal jeden E-Herd oder Kochherd, da er stufenlose Wärmeregelung durch einfaches Verschieben von Töpfen ermöglicht, durchgehende Heizplatten hat – also nicht nur runde Kochplatten – und auch für langsame und weniger Hitze erfordernde Gar- und Reifungsprozesse herangezogen werden kann. Wer einen Holzherd hat, kann auch nicht nur im üblichen Sinn backen

*Es ist allerdings eine weniger oft nötige Arbeit, wenn man aufs Kochen verzichtet.

Besonders vielseitig und in seiner Wärmeleistung noch besser und vielseitiger nutzbar (in der Vielseitigkeit liegt die Energieeinsparung, das einfache Leben, das Wohl aller, unsere Zukunft) wird der Herd dann, wenn man in seiner Abluftrohrleitung noch einen alten **Badeofenboiler dazwischenschaltet. Man hat dann durch die Abwärme des Hauses noch einen zusätzlichen erwärmten Wasserspeicher und Herdboiler. Die Anlage wird zur kompletten Wasserversorgung und zum zentralen Sanitärsystem, wenn Sie Regenwasser als Brauchwasser nach innen in den Boiler oder einen größeren Wasserspeicher leiten, und aus der niedertropfenden Wasserverdunstung eines Trichterdaches bestes **dampfdestilliertes Trinkwasser** gewinnen. Man könnte sich so von der öffentlichen Wasserversorgung unabhängig machen, die Lebens-, Licht- und Wärmequalität eines Hauses verbessern bzw. seine Energiekosten senken, zugleich durch einen Heizkreislauf mit dem unteren Herdsystem, der infolge des Auftriebs von warmem Wasser ohne Pumpen funktionieren würde, auch im oberen Teil des Hauses und während der kalten Jahreszeit wohlfühlen, dort pflanzen, leben und arbeiten.

und kochen, sondern zudem warmhalten, darren (z. B. von Getreide), mälzen, trocknen (von Früchten, Kräutern), Käse, Quark, Joghurt bereiten, usw.

Der Herd ermöglicht also gerade eine schonendere Behandlungsweise von Nahrungsmitteln, die mit den üblichen *Zerkochgeräten* kaum oder gar nicht zu leisten ist. Wer kann schon seinen Wintervorrat an Früchten selbst trocknen, wenn er keinen Holzherd mit darüberhängenden Dörrsieben hat?

Stellt man zum Beispiel einen großen Waschzuber darauf, so kann er auch die Waschmaschine ersetzen. Bastelt man dann noch eine Wäscheaufhängevorrichtung über den Herd, so hat man seine Wäsche schnell trocken. Will man sie dann noch bügeln, so braucht man nur sein altes Eisenbügeleisen vom Herd zu nehmen. Apropos waschen. – Wer viel waschen will, Kinder hat, baden will, dem seien hier auch **Omas Waschkessel-Öfen** empfohlen. Die Kessel fassen gut zwei übliche Wäschetrommeln, sind mit wenigen Holzscheiten warm,* und ermöglichen quasi nebenbei noch das Baden der Familie in einem *Aufwasch*. Da nämlich die Kesselumwandung ebenfalls wassergefüllt ist, wird auch das Badewasser, das mittels eines Schwenkhahns in eine Wanne geleitet werden kann, schnell warm.

Der Herd vermag viele E-Geräte im Haushalt zu ersetzen (selbst Waffeleisen gibts dafür). Auch alle Kaffeemaschinen, Eierkocher, Tauchsieder usw., sofern diese überhaupt notwendig sind. E-Geräte, die außer den genannten bislang noch im Gebrauch waren, lassen sich durch mechanische ersetzen oder sind entbehrlich bzw. bei naturnaher Lebens- und Ernährungsweise ohnehin überflüssig. Schließlich ist ein weiterer entscheidender Vorteil des Herdes der, daß er auch noch die Heizung besorgt. Bei dem Haus, das ich hier in etwa beschreibe, dürfte ein kleiner Herd genügen. Der Holzverbrauch ist so gering, daß er mühelos in Handarbeit beschafft werden kann. Wer nicht den Ehrgeiz besitzt, große Stämme kleinzumachen, kann sich mit bis zu armdickem Holz von kleinen Bäumen und Sträuchern begnügen. Die dürren Stangen lassen sich nach einer gewissen Lagerzeit an einer Kante auch abschlagen, so daß selbst Sägewerkzeuge nicht unbedingt nötig sind. Außerdem

*Im Sommer kann auch aus den schwarzgestrichenen Wassertanks oder Heizkörpern im Gewächshausteil des Hauses warmes Wasser entnommen werden, da diese durch die Sonneneinstrahlung auch als Sonnenkollektoren wirken, also nicht nur durch den Herd beheizt werden.

sei hier noch auf die Möglichkeiten der Wasserstoff- bzw. Biogasverbrennung hingewiesen. Mittels eines einfachen Gasbrenners läßt sich ein Holzherd nämlich schnell in einen Gasherd umwandeln. Wer sich dann noch einen Gärtank für seine Abfälle und Fäkalien beschafft, mit dem entstehenden Biogas zum Beispiel einen großen Ballon aufblasen läßt, dieses dann eventuell als Rückschlagsicherung und zur Reinigung durch Wasser leitet, der hat Gas für Herd, Gaslampen und anschließend hervorragend vergorenen Dünger für Garten und Felder.

Auch eine **Elektrolyse** ist kein *Hexenwerk.* Wird Gleichstrom (aus Wind-, Wasser-, Sonnenenergie) in von Wasser umgebene Elektroden geleitet, entsteht an einem Pol Sauerstoff, am anderen Wasserstoff. Elektrolyse-U-Rohre sind im Handel unter *Labortechnik* zu haben. Wem die Speicherung anfangs zu teuer oder zu *heikel* erscheinen sollte, der kann das anfallende Gas ja auch sofort, zum Beispiel im Herd, der Lampe, dem Generator, Motor verbrennen. Wasserstoffspeicher sind jedoch längst entwickelt und finden bereits in Kfz Anwendung. Die perfektesten Speichersysteme sind angebliche Eisen-Titan-Tanks.

Auf lange Sicht von der Verbrennung abkommen

Es soll jedoch auf längere Sicht jedem bewußt werden, daß wir nach und nach von jeglicher Verbrennung, überhaupt von allem was mit Feuer zu tun hat, wegkommen sollten. Auch Holz ist eben nicht zum Verbrennen da, sondern soll nach dem Verrotten wieder als Grundlage für neues Leben dienen. Wir müssen und sollen daher nach und nach all diejenigen Energiesysteme bevorzugen, die ohne eine Verbrennung auskommen. Das sind zum Beispiel die Umwandlung von **Wind- und Wasserkraft** bzw. **Bewegungsenergien** in direkte Wärme mittels einer thermischen Kupplung (Vissinger Kupplung), die Nutzung von **Erdwärme** sowie von **Thermalwasser** zur Heizung, und vor allem die Nutzung von **Sonnenenergie** mittels gutisolierter Gewächshauskomponenten sowie deren Speicherung mit durch Solarenergie erwärmtem Wasser in den Haustanks oder auch in Form von umgewandeltem Wasserstoff, der bei Bedarf auch katalytisch in Wärme umgewandelt, also ohne Feuer verbrannt werden kann.

Unsere Bedürfnisse, was das Wohnen anbetrifft, werden sich, sobald wir zu Früchteessern geworden sind, ohnehin derart verändern und vereinfachen, daß wir dann vielleicht lediglich ein möglichst großes **Gewächshaus** bauen wollen, in dessen hinterem Teil eine Wohnhöhle und Schlafkoje eingebaut wurde. Wir brauchen ja dann all das Haushaltszeug eines heute noch üblichen Haushalts nicht mehr, brauchen kaum sanitäre Anlagen, da wir ja nicht laufend unsere giftigen stinkenden Ausdünstungen abwaschen müssen. Was von uns geht, wird nicht länger in der Kanalisation zum *Verschwinden* gebracht, sondern nach der Umsetzung wieder den Pflanzen verfügbar gemacht.

Wir brauchen auch so gut wie keinen Strom mehr, da ja die ganze Kocherei und Spülerei, Lagerhaltung in Truhen, Kühlschränke usw. wegfallen. Der ganze Hausbau ist für den Früchteesser überhaupt nur noch solange von Bedeutung, als er noch in einem für unsere Art zu kalten Klima lebt. Selbst dies kann sich jedoch bei einer Rückkehr der Menschheit zu naturgemäßem Leben ändern.

Ich will jedoch noch nicht allzuweit vorgreifen, nicht den zweiten Schritt vor dem ersten tun, und beschreibe deshalb auch hier noch einige andere Systeme, die zwar noch nicht alles Ideallösungen sind, aber immerhin gegenüber den momentanen Praktiken im Hauswesen Verbesserungen sein können. Immerhin wird in absehbarer Zeit viel Holz anfallen, wenn wir unsere ganzen mehr oder weniger nutzlosen Zierkulturen in fruchttragende verwandeln wollen. Und auch der alte Oma-Herd, dieses kleine, dezentrale Hauskraftwerk, verbraucht eben im Vergleich zu den existierenden Systemen nur einen Bruchteil an Energien.

Lebensqualität hängt nicht von Möbeln ab

Wichtiger als die Wohnkultur, die Kücheneinrichtung, die Schlafzimmerschränke und Wohnzimmermöblierung wird allerdings in Zukunft der *Gartenwohnraum* oder Paradiesgarten werden, sowie die daraus gewonnene Sonnen-, Wärme-, Wind- und Wasserkraft in Form von Nahrungspflanzen. Dabei kann ein regen- und kältegeschütztes Gewächshaus oder Tropengarten ergänzend zum Außenareal des Gartens benutzt werden, damit nicht nur der wärmeliebende Mensch, sondern auch seine wärmeliebenden Nahrungspflanzen nötigenfalls Schutz finden können.

Nicht jede Schlafstelle ist geeignet

Noch ein Wort zur Schlafkultur und Schlafstelle. Im Gegensatz zur Zeit vor einigen hundert Jahren ist heute nur noch wenigen

Menschen bekannt, daß nicht jeder Ort als Schlafplatz geeignet ist, sondern auf **geopathogene Reizzonen**, im Volksmund auch *Erdstrahlen, Wasseradern* Rücksicht genommen werden sollte. Die Wirksamkeit, Schädlichkeit und generell die Existenz solcher Störzonen zu leugnen, ist typisch für die Ignoranz und Dummheit bzw. Unfähigkeit der heutigen Wissenschaften, deren technische Meßgeräte eben noch sehr plump und unfähig im Vergleich zum verfeinerten Sinnesapparat eines nicht abgestumpften, unverseuchten, geistig regen und wachen Menschen sind. Leider liegen viele dieser Sinne und Fähigkeiten des Menschen besonders seit der Überhandnahme der Technik brach. Daß unsere Ahnen sämtlich von diesen Zonen wußten, beweisen schon die genauen Ausrichtungen und Berücksichtigungen von Reizzonen bei alten Bauten, besonders bei Kirchen (*Mettler*) (29). Zu berücksichtigen sind vor allem Global- und Diagonal-Gitternetze der Erde, und deren Linien und Kreuzungen sich in jedem Gebäude befinden. Es geht also auch bei der Inneneinrichtung unseres Hauses darum, so gut es geht, Sitz-, Liege- und Schlafplätze außerhalb von Reizstreifen und Kreuzungen zu plazieren. Man sitzt, liegt oder schläft dadurch nicht nur gemütlicher und besser, sondern vermeidet auf die Dauer ernste Gesundheitsschäden. Manche Krankheiten können solche Auslöser (weniger Ursachen) haben. Der Betroffene landet gegebenenfalls irgendwann im Krankenhaus oder Irrenhaus, wo er dann von seinem Leiden befreit wird, wenn er dort das Glück hat, an einer reizfreien Stelle zu liegen, um anschließend nach seiner Heimkehr erneut zu erkranken.

Außer den Störungen, die durch Gitternetze, Fließwasser, Erdverwerfungen, also durch geologische Strukturen in der Erde verursacht werden können, gibt es heute noch eine Reihe von künstlich geschaffenen, auf die bioenergetischen Vorgänge im menschlichen Körper noch störender wirkende Reizquellen. Genannt seien hier Funk- und Fernsehsender, Radaranlagen, Mikrowellenherde, Atomkraftwerke, jede stromführende Leitung, besonders nicht isolierte Drähte, Hochspannungsleitungen, Trafo- und Schaltanlagen, alle eingeschalteten E-Geräte usw. Auch abschirmende bzw. das natürliche Magnetfeld der Erde störende Bauten sind gesundheitsschädlich, weil sie den Menschen aus seinem angestammten

Energiefeld lösen. Ich meine hier vor allem Bauten unter der Erde und *Stahlbetonsilos*.

Bei der Standortwahl eines Hauses sind also neben den natürlichen Störzonen auch technische, künstliche zu beachten. Selbst stählerne Bettfedern stören. Ich möchte deshalb raten, einfach ein großes Bettuch oder einen großen Sack mit Stroh zu füllen, und damit einen Schlafplatz zu suchen, an dem man gut schlafen kann, solange man nicht gelernt hat, Störzonen zum Beispiel mit einer V-förmigen Vertikalrute, die sich wie eine Magnetnadel frei bewegend zwischen beiden Zeigefingerspitzen in Richtung der Reizlinien dreht, wenn man solche überschreitet, zu finden. Obwohl es sicher noch dubiose Rutengänger gibt, die nichts anderes als *Wasseradern* zu finden vermögen, praktizieren heute auch ausgebildete Fachleute auf dem Gebiet der *Radiästhesie*.

Wichtig zu wissen ist jedoch, daß nicht natürliche Reizzonen Ursachen von Krankheiten, d. h. Giftausscheidungen des Körpers sind, sondern eben die einverleibten Gifte. Die Reizpunkte bestimmen jedoch häufig die Körperstelle, an der die Krankheit auftritt. Anders verhält es sich mit technischen, unnatürlichen Störquellen, die wirkliche Körperschäden verursachen können. (Bildschirme, Fernseher, Mikrowellenherde, Zeitungen, Baumaterialien, Sender, Radar, Funk, Transformatoren, E-Geräte usw.)

Natürliche Kühlschränke

Ich möchte jedoch ein Haus auch nach den immer noch vorhandenen Bedürfnissen vieler Menschen ausrichten. Danach fehlen zum Beispiel noch die Ersatzmöglichkeiten für die heute unentbehrlich scheinenden Geräte Kühlschrank und Kühltruhe. Sollte einmal gekühlt werden müssen, was zum Beispiel bei Käse im Sommer nötig werden kann, so kann man den plastikumwandeten Kühlschrank, der deshalb ohnehin den guten Geschmack von Lagergut beeinträchtigt, durch irdene, aus Ton gebrannte Töpfe und Gefäße (z. B. Römertopf) ersetzen. Hält man solche feucht, so kühlen sie nicht nur ausgezeichnet, sondern halten das Lagergut wegen der hohen Luftfeuchtigkeit viel besser und länger frisch, als jeder Kühlschrank. Außerdem kann man sich Lager in den Boden graben, wegen der Mäusegefahr am besten durch Versenken von Waschmaschinen-Edelstahltrommeln, in denen sich lebendige Nahrungsmittel stets *wohler fühlen*, als in jedem Kühlschrank.

Auch ein guter Keller ist stets besser, als jeder Kühlschrank. Die Gefriertruhe ist ohnehin nur für den Fleischesser wirklich nützlich. Sind die Zusammenhänge aus diesem Buch jedoch einmal bekannt, wird nicht mehr als wohlhabend angesehen, wer sich jeden Tag Fleisch leisten kann, sondern eher der bedauert, dem es so schlecht geht, daß er sogar das Fleisch seiner Tiere essen muß.

Möglichst vielseitige Verwendungsmöglichkeiten

Ich komme nun zur Beschreibung eines dritten Teils des Selbstversorgerhauses, das zur Lagerung von Gütern, als Speicher, als Handwerksraum und eventuell auch zur Beherbergung von Nutztieren dienen kann. Dieser Teil kann je nach Bedarf auch massiver oder sogar teilweise in die Erde gebaut werden, um dadurch eine möglichst große Vielfalt an Klimabedingungen und Möglichkeiten zu erhalten. Ich denke dabei an Pilzzuchten, kühle Obstlagerräume mit hoher Luftfeuchtigkeit, Reifungsräume für Gärgemüse oder Käse, Überwinterungsplätze für verschiedene Topfkulturbäume usw.

Auf das Thema Nutztierhaltung möchte ich für all diejenigen, die eine solche noch anstreben wollen, bzw. die noch Eier, Milchprodukte, und vor allem Bienenprodukte genießen wollen, im folgenden anhand der Beispiele Huhn, Ziege und Biene näher eingehen. Weshalb gerade diese Tierarten am ehesten in Betracht kommen, habe ich bereits anderweitig erklärt.

Zunächst zur **Ziege**:

Als Milchlieferanten für den Selbstversorger sind Kühe meist zu groß bzw. die Kuhmilch für den Menschen ungeeignet. Außerdem lassen Kühe große Mengen an Mist und Gülle entstehen, während Ziegen auf der Streu gehalten werden können, also nur etwa zweimal im Jahr ausgemistet werden müssen und keine Gülle, also nur Festmist entstehen lassen. Die Streu- bzw. Mistschicht bildet sich aus dem liegengelassenen Heu oder Stroh zu einer immer dickeren Bodenschicht heran, die durch die entstehende Gärung enorme Wärmemengen an den Stall und auch den angrenzenden Wohnbereich abgeben kann, wenn die Trennwand durchlässig gestaltet ist. Die Ziegen heizen also weniger mit ihrer Körperwärme, sondern es heizen vor allem die feuchten Futter- und Dungschichten auf dem Boden. Diese **biologische Fußbodenheizung** ist heute weitgehend in Vergessenheit geraten, war aber in den Bauernhäusern noch vor einigen hundert Jahren gang und gäbe.

Wer übrigens glaubt, daß durch Stall und Ziegen Gestank entstünden, irrt sich. Pflanzenfresser stinken nicht bzw. nur dann, wenn sie angebunden und dadurch gezwungen werden, im eigenen Kot zu liegen. Selbst der Geruch von Böcken hält sich in Grenzen, wenn sie sich im Stall frei bewegen können und nicht mit Totkost gefüttert werden. Ein genügend großer Stall mit ausreichender Bodenschicht ist oben absolut trocken und geruchsfrei. Eine Ziege gibt je nach Fütterung ca. einen bis sechs Liter Milch am Tag. Im Winter weniger, im Sommer mehr. Sie kann jahrelang durchgemolken werden, ohne daß sie wieder Lämmer geworfen haben muß. Sie geht eine enge Beziehung zu Haus und Bewohner ein, käme nie auf die Idee auszureißen, und ist absolut friedlich und ungefährlich, selbst für Kleinkinder.

Ziegenhaltung

Ziegen können sich von allem ernähren, was dem Rohköstler auch schmeckt, darüber hinaus jedoch auch noch alle Blatt- und Graspflanzen, Blätter, und selbst Baumrinden verdauen. Dies kann zwar von Vorteil sein, wenn man Überwucherung von Freiflächen verhindern oder roden will, jedoch auch zu entschiedenen Nachteilen führen, wenn die Ziegen in noch niedrige Fruchtbaumkulturen oder Gemüsegärten gelangen können. Einmal das Tor offenstehen lassen reicht unter Umständen, um Ihre ganze Ernte zu vernichten. Wenn Sie sich also für die Ziegen- bzw. Weidetierhaltung entschließen, möchte ich dringend raten, vorab für eine hundertprozentige Zaunabsicherung entweder der Ziegen oder Ihrer Nutzpflanzen zu sorgen. Ziegen vernichten große Bäume allerdings nicht mehr, es sei denn, sie leiden Nährstoffmangel. In warmen, tropischen Gegenden wird der Schaden durch wenige Ziegen eher zum Nutzen, weil diese dann kaum mehr als Wege freifressen können. An die Rinde gehen die Tiere nur, wenn kein Laub mehr vorhanden ist, also im Winter. Die bisher noch übliche Gras- und Heufütterung und die damit verbundene Arbeit sowie Flächenverschandelung durch Kümmer- bzw. Graskulturen kann entfallen, wenn Sie zum Früchteesser und Rohköstler geworden sind und infolgedessen ohnehin große Mengen an Resten anfallen. Das wenige, nötige Rauh- oder Trockenfutter ist durch gesammeltes Laub bzw. anderer Sammelpflanzen und vielleicht einem Minimum an getrocknetem Gras durchaus beschaffbar.

Zur Tierhaltung möchte ich noch bemerken, daß in einem wirklichen Paradiesgarten auch Tiere vorzufinden sind. Vor allem Schafe und Ziegen, die ja die Mäharbeiten übernehmen müssen. Diese Tiere kommen allerdings dem Menschen durch ihre Nahrungssuche erst dann nicht mehr in die Quere, wenn dieser von reiner Baumnahrung lebt.

In einem Selbstversorgerhaushalt können Heu, Stroh oder Laub auf dem Dachboden außerdem die Funktion haben, das Haus nach oben hin zun isolieren und zu wärmen. Wenn die Decken nur aus Rundhölzern bestehen, kann die sich im Heu entwickelnde Gärungswärme selbst noch nach unten auswirken.

Der Erde wieder das geben, was man von ihr nahm

Das Haus ist nun bereits intakt, und ohne die Zufuhr von Fremdenergie lebensfähig. Was zugeführt wird, wächst in der Umgebung bzw. der freien Natur. Ich möchte dieses *Musterhaus* jedoch noch etwas ausschmücken und noch einige Kreisläufe schließen. Was nun noch ausgespart wurde betrifft vor allem den **Toilettenbereich**. Jedes Lebewesen, das Nahrung aufnimmt, verdaut und schließlich wieder ausscheidet, gibt dem Boden wieder zurück, düngt den Boden wieder dort, wo es die Nahrung vorher entnahm. Ohne diese Rückgabe würde der Boden (nur bei Kulturen) in kurzer Zeit seine Fruchtbarkeit verlieren. Er wird ja gerade dadurch belebt, daß ihm laufend genommen und wieder gegeben wird. Denn dadurch kommen die Umwandlungs- und Lebensmechanismen dort erst richtig in Gang. Der Mensch allerdings düngt mit seinem *Dünger* seit einigen Jahrzehnten hauptsächlich Wasser. Er *düngt* genau dort, wo er auf keinen Fall sollte, und verdirbt sämtliche Quellen, Flüsse, Seen, Meere.

Ich muß an dieser Stelle darauf hinweisen, daß unter Wasser im Wort die Wahrheit verstanden wird. Urteilen Sie selbst, was der Mensch mit der reinen Quelle macht, bzw. wie seine Wasser heute beschaffen sind, und zwar im natürlichen genau wie im geistigen Sinn.

Was den Toilettenbereich angeht, so sind deshalb Wasserspülungen und Kanalisation eigentlich ein Unding. Man beraubt zuerst den Boden, verändert, *veredelt* dann die Nahrung, bis sie schädlich ist, ißt sie dann zusammen mit anderen Genußgiften, und vergiftet damit anschließend die Gewässer. Der Boden bekommt dann *Kunstdünger* und immer mehr Fremd- und Giftstoffe verpaßt, da ihm ja die Rückgabe seiner Produkte vorenthalten, und er mit immer noch schlechteren abgespeist wird. Wir werden also in unserem Haus nicht mit einem Wasserspülklosett das Trinkwasser vergiften, sondern zum Beispiel mit Hilfe von Omas Nachttopf auch unseren Dünger in Behältern sammeln und diesen dann nach einiger Zeit – vielleicht nach der Vergasung in der hauseigenen Biogasanlage – wieder aufs Feld bringen.

Die Nachttopfinhalte* können auch in Behältern oder dem Komposthaufen mit organischem Material, zum Beispiel Sägemehl, Spelz, gehäckseltes Heu, Stroh, Rindenmulch kompostiert werden. Die Behauptung, daß menschlicher Kot fürs Feld schädlich sei, trifft allerhöchstens dann zu, wenn es sich um den Giftkot von Fleischessern oder sonstigen lebendigen *Sondermülldeponien auf zwei Beinen* handelt. Ein Mensch, der von Menschenkost lebt und auch sonst keine Giftstoffe (Zigaretten, Medikamente) zu sich nimmt, düngt seinen Garten genausogut oder eher besser, wie jedes pflanzenfressende Tier. Auch die sonst im Haushalt anfallenden Brauchwassermengen (Spülwasser, Waschwasser, Badewasser) müssen so beschaffen sein, daß sie keinerlei schädliche Stoffe enthalten und einfach irgendwo ins Freie geleitet werden können, wo sie entsprechende Pflanzen nähren und sich selbst säubern können, müssen also giftfrei abbaubare Dünger sein.

Im übrigen möchte ich dazu noch sagen, daß der Mensch nicht als *Amphibie* geschaffen wurde, die ständiges Baden nötig hat. Der heutige überall zu findende Sauberkeitswahn ist eher darin begründet, daß der Wohlstandsbürger, je mehr er innerlich verdreckt, sich umsomehr äußerlich reinzuwaschen versucht.

Beleuchtung

Genaugenommen ist die Nacht ja zum Schlafen da, also generell das Tageslicht dem Kunstlicht vorzuziehen. Doch wollen wir vor allem im Winter auf zusätzliche Beleuchtung nicht verzichten. Wir haben seit altersher dazu Kerzen oder Öllampen bzw. Feuer benutzt, haben jedoch seit der Neuzeit weitere Lichtquellen erschlossen. Licht kann nun auch mit Gaslampen und dem Gas von

*Kot kann kompostiert, Urin vergast und als Gülle vergoren werden.

Biogasanlagen, aus elektrischer Energie, durchsichtigen Feuerungsherden erzeugt werden. Bereits die am Markt erhältlichen kompletten Solarsysteme ermöglichen dem Kleinverbraucher Unabhängigkeit gegenüber den unverschämten Preisforderungen der Energieversorgungsunternehmen, die bis zum Zwanzigfachen des Großverbraucherpreises berechnen. Zukünftig sollten jedoch Lichtquellen entwickelt werden, die nicht nur dem Tageslichtspektrum entsprechen, sondern gleichzeitig auch die Strahlungswärme der Sonne in den dunklen Monaten nach Möglichkeit ergänzen können, um so auch im Winter Pflanze und Mensch besser versorgen zu können.

Hühnerhaltung

Doch zurück zu den Nutztierarten. Ich nannte noch das Huhn. Es gibt gewiß viele Menschen, die auf tierisches Eiweiß nicht verzichten wollen und denen selbst Milchprodukte zuwenig sind. Solchen bleiben immer noch Eier. Auch die *Vollwertköstler* verwenden noch (z. B. Dr. Bruker) Eier. Zusammen mit den Ziegen gehalten, haben Hühner den Vorteil, daß sie deren Verschwendungssucht neutralisieren, das heißt, daß sie alles, was irgendwie im ganzen Haus von Mensch oder Tier übrigbleibt, verwerten können. Sie sind sozusagen das *Hausschwein*, und sorgen für restlose Verwertung und beste Düngerproduktion des Hauses. Außerdem können sie, selbst im Garten, vielseitig eingesetzt werden zur Schädlingsvertilgung, zur Bestellung und Urbarmachung von Gemüsebeeten, als *Wecker* zum Aufstehen usw. Auch Eier und selbst geschlachtete Tiere werden wohl noch lange guten Absatz finden.

Je naturgemäßer der Mensch in seinem Garten lebt, umso einfacher finden auch einige Hühner darin Nahrung. Da er ja weniger Kleingemüseanbau, sondern vor allem **Früchte** und **Beeren** anbaut, können die Hühner immer genügend am Boden Liegendes finden und richten kaum Schäden an. Auch all die Körner und Samen aus Früchten, die vom Menschen nicht gegessen werden, können als Hühnerfutter dienen. Wenn allerdings zuviele Hühner gehalten werden, besteht die Gefahr, daß keinerlei Samen mehr spontan zum Keimen kommen können und vor allem, daß zuviele Würmer gefressen werden. Es ist ja inzwischen weitgehend bekannt, daß Würmer wesentliche Voraussetzung bei der Umwandlung von verrottendem Pflanzenmaterial zu bester Muttererde sind, und daß ohne diese der Boden schnell verkrustet, seine Wasserspeicherkapazität verliert, und damit Bodenerosion und Überschwemmungen einhergehen. Wir müssen deshalb zusehends darauf bedacht sein, möglichst keinen Tropfen Regen mehr abfließen zu lassen, weder von unseren Gärten – was durch Baumkulturen verhindert wird – noch von unseren Hausdächern. – Was wir durch das Sammeln des Regenwassers in großen Speichern erreichen, die uns zu Zwecken der Wärmespeicherung, sanitärer Zwecke, als Gießwasser, und global betrachtet, auch zur Verdunstung einer möglichst großen Wassermenge in die Atmosphäre dienen sollen, damit sich unser defekter atmosphärischer Dunstschutzschild, der uns vor Klimakatastrophen (zu große Kälte und zu große Hitze, Stürme, Verwüstungen) bewahren kann, allmählich wieder aufbauen kann.

Wir können an diesem einfachen Beispiel übrigens sehen, zu welch weitreichenden Wirkungen selbst belanglos erscheinende Dinge wie falsche Hühnerhaltung beitragen kann. Natürlich ist dieser Beitrag, verglichen mit den riesigen Schäden der modernen Landwirtschaft und den Unterlassungssünden im Bauwesen oder Hausbau allgemein diesbezüglich minimal. Doch kann man hieraus ersehen, wie selbst noch im kleinsten Bereich auch scheinbar kleinste Sünden noch weitreichende Folgen haben, vor allem dann, wenn solche sich im Gesamtvolk summieren.

Bienen und andere Nutztiere

Eine letzte und wohl für den Menschen wichtigste, sogar lebenswichtige Tierart sind die Bienen. Von ihnen können wir nicht nur Honig ernten, Kerzenwachs bzw. Licht erhalten, und all unsere Nahrungspflanzen befruchten lassen, sondern wir finden im Bienenstock eine ausgezeichnete *Hausapotheke*. Bienen müssen in der Lage sein, mit allen eindringenden Bakterien, Viren und Krankheitskeimen fertigzuwerden. Sie produzieren deshalb Abbauorganismen für Giftstoffe, die sie in meisterhafter Weise aus lebendigen Mitteln der Natur zusammenmixen, und die auch beim Menschen nicht schädigend wirken. Unsere Chemiker täten gut daran, wenn sie den Bienen etwas *auf die Finger schauen* würden. Bis heute sind nämlich die Zusammensetzungen von Kittharzen, Propolis, die Konservierung und Verarbeitung von Pollen und Honig durch die Bienen, oder auch das Königinnenfutter, Gelee Royale genannt, weitgehend unbekannte Dinge. Man hat ja heute auch soviel Wichtigeres zu erforschen! Bekannt ist auch nicht die Wirkungsweise von *Inhibinen* oder Hemmstoffen aus dem Bienenstock. Man berücksichtigt ja nicht einmal, daß diese bei Lichteinfall zerstört werden und füllt den Honig in Glasgefäße.

Bienenhaltung ist jedoch heute schwer, weil eben die Natur nicht mehr intakt ist. Ließe man alle möglichen Pflanzen wieder wachsen, so würden auch die Bienen wieder die ganze Saison über reichlich Honig und Pollen eintragen.

Des Menschen Eingriffe in die Natur, in die Schöpfung Gottes richten auch die Bienen langsam aber sicher zugrunde. So wartet man heute nicht darauf, bis die Völker genügend Honigvorräte während mehrerer Jahre aufgebaut haben und nimmt dann die Überproduktion, sondern versucht, möglichst den letzten Honigtropfen auszupressen. Allerdings können die massiven Völkerzusammenballungen bei der professionellen Honigerzeugung in der desolaten, blütenarmen Natur auch kaum mehr genügend Honig beschaffen. So muß sowohl ständig *gewandert*, wie auch mit Zucker nachgefüttert werden. Manche Großbienenstände sind heute eher *Zuckerumwandlungsfabriken.*

Interessant ist allerdings das Auftreten und die Behandlungsweise der Milbenkrankheit. Die Varroamilbe wurde von *Wissenschaftlern* vor einiger Zeit zu Versuchszwecken eingeführt und gefährdet infolge der raschen Verbreitung durch die moderne Betriebsweise nun den gesamten Bienenbestand Europas. Natürlich kamen hier auch sofort wieder unsere großen Retter von der Pharmaindustrie mit ihren geschäftsfördernden Ultragiften, die von den Amtsstuben per Gesetz in die Bienenstöcke befördert wurden. Inzwischen ist der Honig schon so damit belastet, daß man gerade dabei ist, auf andere Gifte umzusteigen. Außerdem werden die Milben allmählich resistent. Die Bekämpfung mit chemischen Mitteln wirkt sich deshalb immer verheerender auf Honig und Bienen aus.

Weshalb sind unsere Bienen krank?

Die plausibelste Erklärung dafür, daß unsere Bienen nicht mit den Milben fertig werden, obwohl die Völker in den asiatischen Ländern mit der Varroa leben können, scheint mir folgende: Bei der asiatischen Biene ist es noch gewissermaßen der Putztrieb der dortigen Bienen, die für ein Entfernen der Schmarotzer aus dem Stock sorgen. Bei uns versagt dieser Putztrieb deshalb, weil unsere Bienen durch einen übergroßen Anfall an Schmutz (Luftschadstoffe, Chemikalien, Lärm, Eingriffe seitens des Imkers, Medikamente) ihre Sensibilität, ihr *Umweltbewußtsein* verloren haben, und die Milbe gar nicht mehr als Eindringling erkennen.

Es war mir lange ein Rätsel, welches der vielen eindringenden Gifte, welcher Umwelteinfluß, welcher Eingriff in den Organismus Bienenvolk wohl der ausschlaggebende sein konnte, bis mir endlich deutlich wurde, weshalb auch die Bienen, wie generell alle vom Menschen gehaltenen Haus- und vor allem Nutztiere heute krank und medikamentenabhängig werden mußten. Die Ursache ist stets und immer dieselbe. Sie heißt **Fehlernährung**, Vergiftung durch Fabriknahrungsmittel, durch tote Nahrung. Im Falle der Bienen also durch den **Zucker**. In einer Zeit, in der man noch so denkunfähig ist, daß man zwischen Fabrikzucker und Bienenhonig keinen Unterschied zu erkennen vermag, ist es nicht verwunderlich, daß diese Zusammenhänge und Hauptursache aller Bienenkrankheiten nicht erkannt werden. Wie kann ein Nahrungsmittel wie der Bienenhonig, das allein ausreicht, um ein Lebewesen wie die Biene vollständig mit allem Lebensnotwendigen zu versorgen, als wertlos und dem Zucker gleichgestellt werden?! Kann die Biene denn von absolut Wertlosem leben? – Sie kann es ebensowenig wie alle anderen Lebewesen. Deshalb ist Bienenhonig ein überaus wertvolles Nahrungsmittel, das aus der Quelle der Natur stammt und alle lebensnotwendigen Stoffe für ein Bienenvolk enthält, und der Zucker eine nicht nur wertlose, sondern zudem giftige Totnahrung, von der nicht nur Menschen, sondern auch Bienen sterbenskrank werden.

Die Varroamilbe ist nur der auf den Plan gerufene Abbauorganismus zur Vernichtung von sterbenden Bienenorganismen. Deshalb können und werden auch Einkreuzungen von *resistenten* Stämmen und all die vielen wissenschaftlichen Untersuchungen, die letztlich nur der Förderung der Medikamentierung dienen, nichts erreichen. Was bei dieser momentanen Bienenvernichtung durch den Menschen leider noch außer acht gelassen wird, ist der Umstand, daß die Biene das einzig blütenstete Insekt ist, bzw. daß all unsere Fruchtbäume und damit Nahrungspflanzen ausschließlich von der Biene befruchtet werden können. Ohne die Bienen ist deshalb auf die Dauer höheres Leben auf diesem Planeten nicht möglich. Solche Gefahren werden jedoch nirgends sichtbar gemacht und sogar unsere Obstbauern, die auf Gedeih und Verderb auf die Bienen angewiesen sind, *spritzen* noch fleißig dagegen an und ärgern sich, wenn sie auf diese Rücksicht nehmen sollten.

Nicht jedes Tier ist geeignet

Ich möchte noch einiges zu den heutigen Zuchtverfahren und -zielen schreiben.

Zunächst die **Hybridzüchtung bei Hühnern**:

Diese **Hühner** werden nicht nur durch ein grausames Auslese-Wegwerfsystem auf einseitige Eierproduktion gezüchtet, sondern entbehren auch der erforderlichen Gesundheit, Beweglichkeit, langen Lebensdauer, des Bruttriebes und der Widerstandsfähigkeit. Versuchen Sie deshalb, selbst Hühner zu ziehen bzw. eine Glucke zu erstehen und Eier von freilebenden Hühnern geeigneter Naturrassen bei Brutbeginn zu erstehen.

Es gibt Geflügelzeitschriften auf dem Markt, in denen solches angeboten wird. Auch in punkto **Ziegen** gibt es ein ähnliches Problem, da die Ziele der Zuchtverbände einseitig auf Milchleistung ausgelegt sind. Die inzwischen hochgezüchtete *bunte deutsche Edelziege*, die den weitaus größten Teil aller Ziegen in der BRD ausmacht, entspricht zum Beispiel keineswegs den Forderungen nach Robustheit, Gesundheit, Beweglichkeit, Aufgewecktheit, Problemlosigkeit, sondern hat sich oft zu einem *Edeltier* entwickelt, das den heutigen Kühen an Empfindlichkeit nicht mehr weit nachsteht.

Zwar lassen sich bei entsprechender Überfütterung durchaus sechs Liter Milch am Tag ermelken, doch ist diese Ziege infolge ihres großen Euters so unbeweglich, phlegmatisch und krankheitsanfällig, daß sie einem leid tun kann. Wenn eine Edelziege jedoch unter Normalbedingungen, was die Ziegenzüchter unter Robusthaltung verstehen, gehalten wird, *leistet* sie nicht nur weniger, sondern ist dann gegebenenfalls kaum lebensfähig. Je weiter die Fehlzüchtung vorangeschritten ist, umso weniger gesunder Nachwuchs ist zu erwarten. Die Auslese zugunsten immer weniger werdender *Supertiere* wird immer mehr Tiere als *Ausschuß* anfallen lassen, bis letztlich überhaupt kein gesunder Nachwuchs mehr zu erzielen ist. Andere Zuchtziele und Rassen wären also dringend nötig. Es ist auch nicht leicht, gesunde Tiere zu bekommen, da der Import zum Beispiel von sehr guten Bergziegenrassen aus der Schweiz vom Gesetzgeber unter dem Vorwand der Seuchengefahr verhindert oder zumindest sehr erschwert wird.

Genau wie beim Gesetz über die **Saatgutnormierungen** wollen die Monopolisten auch mit den Körbestimmungen jedem selbstgezogenen Ziegenbock das Decken verbieten, die Halter also zum Gang zum Zuchtbock, Zuchthengst, Zuchtbullen zwingen.

Eine Gesetzeslücke besteht wenigstens darin, daß (noch) Ziegenmilch nicht unter das **Milchgesetz** fällt und somit frei verkäuflich ist. Diese besteht wohl deshalb, weil sonst die Molkereien ja auch Ziegenmilch annehmen müßten. Die Käseverordnung verhindert jedoch, daß Ziegenkäse von einzelnen Haltern in den Handel gelangt und versucht sogar noch, zum Beispiel Frankreich, zu dem Unsinn des Verbotes von Rohmilchprodukten auf EG-Ebene zu zwingen.

Kapitel 25
Landleben in den Städten

Wenden wir uns jedoch von Gesetzen und Verordnungen ab, die Unrecht schützen, die die Kleinen vernichten und die Großen noch größer machen, und wieder unserem Selbstversorgerhaus zu. Lassen wir uns also nicht durch jene Fesseln länger binden und versuchen wir, uns und unsere Umwelt durch unser aktives Tun* zu retten. Sagen Sie auch nicht, das Haus, so wie es bisher beschrieben ist, könne nur auf dem Land stehen. Gerade diese Behauptung ist falsch, da sich die genannten Funktionen alle noch innerhalb des Hauses auf einer Fläche von wenigen Quadratmetern abspielen.

In einem fortgeschrittenen Stadium der positiven Veränderung und Erneuerung der Gesellschaft durch Selbstversorgung wäre es ja auch denkbar, all die dann überflüssigen Bürobauten, Hallen, Fabrikationsstätten zur Nahrungserzeugung, zum Anbau von Pflanzen oder zur Tierhaltung zu verwenden. Allerdings müßte dann der allgegenwärtige Beton überall dem Glas weichen. Auch könnte man Flachdächer bepflanzen oder einfach eine Etage tiefer *auf Grund* setzen, um die entstehenden *Mauergärten* dann mit dem in den Städten reichlich anfallenden Dünger bzw. Humus zu füllen und darin Nahrung wachsen zu lassen. Lichtlose Hallen könnten immer noch zur Überwinterung von Südfruchtpflanzen in Töpfen benutzt werden, da dort die Lichtabschirmung ein Austreiben und Erfrieren der Pflanze bis zur warmen Jahreszeit verhindern kann.

Auch Strom macht abhängig

Ich stelle mir also eine solarenergienützende Stadt weniger in der Bestückung von jedem Quadratmeter Dachfläche mit Solarzellen, sondern eher in der vorher beschriebenen Weise vor. Der heutige Mensch denkt eben leider noch ausschließlich an Strom. Als ob die Elektrizität das Wichtigste, wichtiger noch als die Nah-

*Unser Tun sollte vor allem auf einem Nichttun von Falschem, einem naturrichtigen Wachsen-und-gedeihen-lassen (menschlicher Biotope), sowie einem Kampf gegen Falschhandlungen auch von seiten der heutigen *Naturschützer* sein.

rung sei! Dies ist deshalb so, weil er sich in einem drogenähnlichen Abhängigkeits- und Suchtverhältnis zu ihr befindet, weil er *stromsüchtig* ist. Die Elektrizität hat ihn heute so verdummt, daß er ohne sie hilflos wie ein kleines Kind dastünde, daß er seine Fähigkeit auf diesem Planeten zu (über-)leben verlor und sein Leben nun gleichsam an einem Faden, nämlich der Stromleitung zu hängen scheint. Diese Abhängigkeit ist jedoch nicht nur vom Verbraucher verschuldet, sondern vor allem von den *Dealern*, die daraus ihren Profit schlagen, gewollt und bewußt herbeigeführt worden.

An dieser Stelle möchte ich auch allen Kernenergiegegnern – ich bin natürlich auch einer –, allen Demonstrierenden und Strommasten* zersägenden Protestierenden gegen eine unverantwortliche Energiepolitik raten, vor allem die Stromabnahme und den Kauf von energieverzehrenden Gütern, das sind so ziemlich alle, die man nicht selbst produziert, zu *boykottieren*, bzw. nur dann *Steine zu werfen, wenn man selbst ohne Sünde ist.* Jemand, der durch die beschriebene Umstellung in der Lebensweise seinen Stromverbrauch gegen Null drückt, erreicht durch sein Vorbild und durch die Nachahmung von Seiten anderer gewiß mehr als einer, der laufend mit dem Auto von einer Demonstration zur anderen fährt und dadurch noch mehr Energie verschwendet.

Es entsteht kein Müll mehr

Eine positive Wirkung würde die beschriebene Lebens- und Hausbauweise auch auf dem Sektor Müll auslösen, da dann so gut wie kein Müll mehr anfallen würde. Außerdem gäbe es dann rückgängige Entwicklungen bei allen schädlichen Umtrieben dieser Gesellschaft. Also auch bei Verkehr, Transport, Reisen, den Kosten im Gesundheitswesen, der Chemie, der heutigen Industrie schlechthin.

Keine Zierpflanzen mehr

Hier möchte ich noch einiges, was die Umgebung eines Selbstversorgerhauses, Gärten, Land- und *Stadt*-Bau mit Nahrungspflanzen betrifft, anführen. Wie schon erwähnt, ist es von Vorteil, wenn alles wächst und blüht, was überhaupt wachsen kann. Doch will ich hier jene Pflanzen und vor allem Blumen, Sträucher, Bäume ausklammern, die sich der Mensch nur zur *Zierde* heranzüch-

*Es wäre zum Beispiel weitaus besser, all die vielen Strommasten nicht umzusägen, sondern daran flächendeckend **Windenergieanlagen** (Senkrechtrotoren) zu installieren. Der anfallende Gleichstrom kann an Ort und Stelle in Wasserstoff umgewandelt werden und so als *Tankstelle* für alle möglichen Systeme dienen, oder aber zu vielfältigen Zwecken in die Häuser geleitet werden.

tete. Diese Sorten und Arten würden, wenn einmal schlechte Zeiten kämen, in denen man wieder aus eigenen Kräften leben müßte, ohnehin schnell entfernt werden oder von selbst aussterben. Genauer betrachtet sind ja auch unsere momentanen Nahrungspflanzen, auch die einjährig gezogenen Gemüse und Getreide solche, die nur mit hohem Energie- und Arbeitsaufwand zu erhalten sind.

Es geht also darum, all diejenigen Pflanzen zu kultivieren, die quasi von allein, ohne großes Dazutun wachsen. In den Urzeiten der Menschheit lebte man ja vorwiegend bzw. ausschließlich von solchen. Der Urmensch bzw. Früchteesser säte seine Nahrungspflanzen zudem auf einfachste und natürlichste Weise in seiner Umgebung wieder* aus, nämlich durch seinen Kot, durch den ja die für ihn wichtigen Pflanzen gleich wieder automatisch an Ort und Stelle vermehrt wurden. Unsere Urahnen hatten es ja irgendwann einmal noch nicht nötig, das Feuer zu nutzen (Feuer gab es schon immer auf der Erde, also kann es der Mensch nicht *erfunden* haben), konnten und wollten also weder Werkzeuge schmieden, noch kochen, noch Fleisch essen, brauchten weder Getreide noch Gemüsepflanzen, durften sich stattdessen aber an der unzerstörten Vielfalt von Tausenden von Nahrungspflanzen laben. Diese Vielfalt von ausdauernden Nahrungspflanzen gilt es heute wieder zu entdecken und zu pflanzen, wenn wir den Weg zum Paradies wiederfinden wollen. Je größer die Pflanze, desto besser, größer und sicherer ist der Ertrag. Größer schon allein deshalb, weil zum Beispiel ein Baum vielmehr an Sonnenenergie sammeln und seine Wurzeln viel tiefer treiben kann, als es vergleichsweise Gras auf gleicher Fläche tun könnte. Die heutige Wiesen- und Milchwirtschaft ist ja bei weitem nicht der Weisheit letzter Schluß, sondern eine der ärmlichsten und eintönigsten praktizierbaren Nutzungsarten. Die Tierhaltung brachte also letzten Endes keinen Segen. Sie könnte allmählich wieder auf ein natürliches Maß zurückentwickelt, werden, wenn wir den Pflanzen den Vorrang einräumen würden. Vielleicht wurde zum Beispiel das Milchtrinken erst dann notwendig, als eben etwa die zu Schlachtzwecken zu vielen Ziegen die anderen Nahrungspflanzen zurückgedrängt hatten. Am

*Er säte so nicht nur jeden Tag seine Nahrung wieder aus, sondern selektierte auch gleichzeitig dadurch, daß er nur wohlschmeckende, bekömmliche Pflanzen (früchtetragende Bäume und Sträucher, Nüsse) zur Speise auswählte, immer bessere Exemplare heraus und wurde so, mit Hilfe der Biene, zum Züchter der heutigen Großfruchtpflanzen.

Ende der Kette stand dann vielleicht die Not zum Fleischessen. Ursache waren jedoch dennoch immer die Neigungen des Menschen.

Pflanzen für Kaltländer

Nun müßten allerdings, vor allem in den unwirtlichen für Mensch an sich ungeeigneten Kaltländern, wohl noch einige weitere Kulturpflanzen außer den bereits genannten Obst-, Nuß- und Gemüsefruchtpflanzen in Betracht gezogen werden, die zwar nicht immer dem Ziel der menschlichen Idealnahrung entsprechen, dafür aber den in *artfremden* Gegenden lebenden Menschen über die Not und Kälte eines Winters helfen können. Da wäre vor allem die allen anderen Wurzelgemüsen in Nährwert und Problemlosigkeit weit überlegene **Topinambur** zu nennen, die absolut frosthart ist, sich selbständig vermehrt, bei richtiger Zubereitung fast die Qualität einer Frucht erreicht, die also Notnahrung über den Winter sein kann.

Dann brauchen wir noch **Ölfrüchte** (im hohen Norden die fette Rentiermilch), sowie Faserstoffe (für Kleidung) liefernde Pflanzen, wobei vor allem der **Lein oder Flachs** beide Kriterien am besten gerecht werden kann. (Eventuell auch Sonnenblumen, Hanf) Schließlich werden wir noch solche Leguminosen und Staudenpflanzen einsetzen wollen, die sowohl für Tiere und für Menschen eßbar sind, sowie den Boden mit Stickstoff anreichern, düngen, bzw. die Humusbildung fördern und den Boden gesunden lassen. Das sind vor allem Linsen, Erbsen, Luzerne, Bockshornklee, und vor allem dicke Bohnen (Puffbohnen), die als einzige Bohnenart roh eßbar und deshalb die natürlichste Bohnenart ist.

An **Blattpflanzen** werden wir zunächst die wildwachsenden und ebenfalls samentragenden Kräuter vorziehen. Die nahrhaftesten darunter sind vor allem die Brennessel und der Löwenzahn.

Genauer betrachtet ist jedoch *alles Kraut* (1. Moses 1/29) das Samen trägt, zu irgendetwas nütze, sei es als Heil- bzw. Linderungsmittel irgendwelcher Leiden, oder als Mittel im Haushaltsgebrauch, Handwerk, in der Tierhaltung, zur Ungezieferbekämpfung, zur Bodenverbesserung. Es gibt hier tausend Möglichkeiten. Jeder Selbstversorger wird deshalb entsprechend seinen Bedürfnissen und Neigungen andere Pflanzen ergänzend hinzufügen wollen. Es ging hier ja gerade darum, jede Pflanze erst einmal wieder kennenzulernen, ihren Wert, ihren Sinn, ihre Aufgabe fürs

Ganze auf dieser Welt zu erkennen. Dabei wird die in der Genesis beschriebene Einteilung, nämlich, daß alle Baumfrüchte dem Menschen zur Nahrung, alle samentragenden Kräuter jedoch ergänzend für alle weiteren Zwecke dienlich sind, deutlich erkennbar.

Umgeben Sie sich also mit allen erdenklichen für Sie nützlichen Pflanzen und Tiere nach dem Prinzip: *Was nicht nützt, schadet, weil es nicht nützt*. Oder lassen Sie einfach alles wachsen und pflanzen Ihre Pflanzen (Bäume) dazu, damit Sie nicht aus mangelnder Kenntnis Gutes vernichten.

Lassen wir uns nicht länger in den Käfig der Bürokratien stecken

Um die Phantasie und Schaffenskraft in diesem Lande etwas anzuregen, möchte ich noch weitere Lebens- und Bauweisen kurz ansprechen.

Es wäre möglich, ähnliche wie die geschilderten Haus- und Wohnwesen auch auf Rädern zu setzen, also fahrbar zu machen. Vielleicht kann man dadurch restriktive Baugesetze umgehen. Jedenfalls ließen sich wesentliche Teile auch in einem unabhängigen Solarmobil unterbringen. Selbst auf einem Schiff- oder Hausboot ist einiges möglich. Ein Früchteesser kann ja in jeder *fruchtbaren* Gegend leben und mit einem Boot läßt sich auch einige *Freiheit* von Zivilisationszwängen erreichen.

Lassen wir also unsere Phantasie nicht länger in den Käfig der Bürokratien sperren, sondern versuchen, unsere Ideen in die Tat umzusetzen. Tun wir dies nicht, so werden wir uns an unser Gefängnis gewöhnen, unsere Ideen erlöschen.

Einige praktische Grundsätze:

- Versuchen Sie das Neue möglichst unter Miteinbeziehung des Alten heraus zu entwickeln. Nur roden, was unbedingt gerodet werden muß.
- Jede Arbeit genauestens auf Notwendigkeit, den richtigen Zeitpunkt und Multifunktionalität hin überprüfen.
- Immer die einfachste und vielseitigste Lösung wählen. Auf Selbständigkeit und Unabhängigkeit achten. (Auch in bezug auf Fremdenergien).
- Versuchen Sie immer zuerst gründlich zu beobachten und dann erst, wenn Sie die Zusammenhänge vollständig erfaßt haben

und informiert sind, zu handeln. Pläne zuerst im Geist vollständig *ausgären* und reifen lassen und dann realisieren.

- Lassen Sie sich Zeit und versuchen Sie nicht, etwas mit *Gewalt* und in großer Schnelle auszuführen, sondern handeln Sie dann oder greifen Sie dann zu, wenn die Gelegenheit dazu am günstigsten ist.
- Versuchen Sie langfristig zu planen, zu denken und zu gestalten. Denken Sie an Ihre Enkel!
- Oft werden Sie auf Deponien oder Schrottplätzen mehr finden als im Fachhandel.

Kapitel 26
Sexualität

Um vielverbreiteten Mißverständnissen und Fehlurteilen zu begegnen, möchte ich auch das Thema Sexualität auseinanderlegen. Außerdem dürfte der folgende Text für viele von Interesse sein und möglicherweise *Aufklärung* leisten, wo noch einiges im dunkeln liegt.

Ein Mensch besteht aus Mann und Frau

Der ganze Mensch, von seinem Äußersten bis zu seinem Innersten ist als eine gottgewollte Einheit (vgl. Mt 19, 4-6) geschaffen und kann sich entweder dem eigenen Wahren und Guten, das in Wirklichkeit Falches und Böses ist, oder dem Wahren und Guten vom Herrn zuwenden. – Ich sage deshalb immer wahr und gut, falsch und böse, oder rede von der Wahrheit bzw. Weisheit und Liebe, Falschheit und Boshaftigkeit usw., weil ich dabei immer den ganzen Menschen, also Mann und Frau erfassen will, und eine Sache die männliche, die andere die weibliche ist.

Es gibt keinen Teufel (weiblicher Name) oder Satan (männliche Bedeutung) als Gegenherrscher, quasi als Gegengott, sondern Gott ist die einzige Sonne, erhellt (m.) und erwärmt (w.) alles was seine Liebe und Wahrheit aufnimmt, also was durch den göttlichen *Sonnenstrahl* wachsen will. Diejenigen nun, die im Falschen (m.) sind bzw. sein wollen (w.) verdunkeln die göttliche *Einstrahlung* solange, bis sie in Falschheit, Dummheit, Haß verfälscht und verdreht ist, und schirmen sich durch *schwarze Wolken, Rauch,* durch ihre Liebe zu sich selber, die auch Höllenglut genannt wird, von göttlichem Licht und Wärme, Weisheit und Liebe ab. Die Glut, die Wärme des Höllenfeuers bezeichnet die Liebe (w.) zum Bösen, der Rauch, die schwarzen Wolken, die jede Sonneneinstrahlung verhindern, bezeichnen die Verfälschung von Wahrheiten (m.).

Sexualität ist zunächst natürlich

Nun geschieht es heute leider häufig, vor allem bei sogenannten christlichen Völkern, daß die Unterscheidung zwischen Natürlichem, Äußerem, in das jeder Mensch zunächst hineingeboren wird, und den höllischen Liebesarten nicht mehr wahrgenommen wird und infolgedessen alles Natürliche, Äußere des Menschen als höllisch, böse, schlecht usw. bezeichnet wird. Was es natürlich durchaus sein bzw. werden kann, aber eben nicht muß. Die Entwicklung des Menschen vollzieht sich vom Äußeren, Natürlichen, zum Geistigen und Inneren. Dieses Natürliche, ich kann es auch Körperliche, Sexuelle, Sinnliche nennen, ist daher zunächst, also ohne die geistige und innere Liebe weder gut noch schlecht, sondern eher animalisch, tierähnlich, wird aber, sobald sich geistige und innere Liebe hinzugesellen, also sich eine Ehe zwischen den beiden entwickelt, in höchstem Maße glückbringed und erfüllend, wird zum höchsten und spürbarsten, gottähnlichsten, himmlischsten Zustand auf Erden.

Nur beide zusammen können ein Mensch werden

Der Mann braucht die Liebe der Frau, die ihm fehlt, und liebt deshalb seine Frau. Man kann sogar sagen, daß die Frau den Mann erst zum *Wachsen* bringt, also sozusagen in einer Ehe den Nährboden, die Mutter, die Grundlage, die Erde, aus denen erst die ganze Familie erwachsen kann, darstellt. Seine Frau, die nur Frau sein und erst dann leben kann, wenn sie Liebe geben kann, wird vom Mann in mehrfacher Weise *befruchtet.* Auf der natürlichen Ebene mit seinem Samen, auf geistiger Ebene mit seinem Wissen. Das Ergebnis der natürlichen Liebe sind Kinder. Das Zusammenwirken auf geistiger Ebene ist das Handeln, das Tun von Gutem aus den Erkenntnissen des Wahren, auf innerer Ebene aus dem Innewerden, dem Fühlen dessen, was gut und wahr ist, also die tätige Nächstenliebe.

Höllisch ist nur die Selbst- und Weltliebe

Keine dieser drei Ebenen ist deshalb schlecht, verdammenswürdig, auch nicht die erste und unterste. Diese bildet ja sozusagen das Fundament allen Lebens auf der Erde und später in den Himmeln (oder Höllen). Bei jedem Menschen erwacht deshalb der Reihenfolge des Wachsens entsprechend zuerst die körperliche Liebe, die dann, wenn sich zwei zu einem Menschen gebildet haben, sogleich geistig und später innerlich oder himmlisch zu werden beginnt, da sich beide ja nicht nur mit ihren Körpern, sondern mit ihrem Innerlichen zu lieben beginnen. Mit dem Beginn der geistigen Liebe und Erkenntnis nimmt die bloße Geschlechtsliebe, also die Liebe auch zu anderen Frauen oder Männern ab und entwickelt sich zur ehelichen (ein Mann und eine Frau) Liebe. Die Liebe zum anderen ist also nicht höllisch. Höllisch ist immer nur die Liebe zu sich selbst. Die Eigenliebe, die eine eheliche* Liebe unmöglich macht, bleibt immer bloße Geschlechtsliebe. Solche Menschen heiraten einander zwar, aber kämpfen dann fortwährend gegeneinander, sind in einer *Haßliebe* zum anderen, und trachten ständig danach, weitere Geschlechtspartner zu gewinnen. Swedenborg nennt solches die *buhlerische Liebe*, (*Swedenborg*) (2.EL) ein etwas veralteter, aber doch treffender Begriff.

Bringen wir also hierbei Himmel und Hölle nicht durcheinander. Die bloße Geschlechtsliebe ist noch nicht höllisch. Deshalb ist es sogar denkbar, daß es Huren und Freier gibt, die nur aus Gründen des Geschlechtstriebes zusammenkommen, und die deshalb nicht höllisch sind. Höllisch wird die Sache erst dann, wenn zum Beispiel die Gier nach Geld, Wohlstand, oder auf der anderen Seite die Lust an der Demütigung, Erniedrigung, Unterdrückung der Frau, bzw. die selbstsüchtige Gier nach *Lustobjekten* hinzukommt. Letztere ist immer eingebettet in weitere (Selbst-)Süchte und Falschheiten.

Man gibt jeder Einzelperson jedoch immer wieder die Möglichkeit, sich zu *verlieben*, und sich so doch noch in geistige und innere Regionen weiterzuentwickeln. Gerade in der heutigen Zeit kommt

*Das Wort Ehe ist hier nicht im *amtlichen* Sinn zu verstehen. Viele Amts- oder Papierehen sind heute mehr oder weniger Kampfgemeinschaften zwischen zwei einzelnen Egoismen, in denen weder der Mann Mann sein kann, noch die Frau ihrer Aufgabe als Frau gerecht werden will. Da in höllischen Ehen jeder Teil nur sich selbst liebt, man deshalb also eigentlich gar nicht von *Ehe* sprechen dürfte, erfährt kein Mann darin die nötige Unterstützung und den Aufbau durch seine Frau, und keine Frau mehr das nötige Wissen und die Weisheit aus Gott unserem Herrn, daß der Mannesteil eines Ehemenschen zu empfangen in der Lage sein kann, und das wiederum durch ihn an seine Frau, die Familie, das Volk weitergegeben werden soll. Durch eine solche gebrochene Ehe ist daher auch der *Faden* zu unserem Herrn für beide gerissen. Ein Ehebruch ist also geistig gesehen immer auch ein Bruch, eine Abkehr mit und von unserem Herrn, da Mann und Frau ja ein Ausdruck der göttlichen Liebe und Weisheit, eine Darstellungsform der göttlichen Ordnung und Schöpfung schlechthin sein sollen und können. Eine höllische *Ehe* will deshalb auch eigentlich fruchtlos bleiben, was auf der natürlichen Ebene an den *Verhütungsmaßnahmen*, den Pillen, den Abtreibungen usw. deutlich wird. Sie ist mit jenem Samen (m) vergleichbar, der auf unfruchtbaren Boden (w) fällt. Viele Gedanken der Frauenemanzipation sind also als verdeckte Versuche, den Männern ihre Frauen und den Frauen ihre Männer wegzunehmen, dadurch ein Volk vom Wahren und Guten aus dem Herrn zu trennen, und es schließlich ins Verderben zu stürzen, zu erkennen.

es aus verschiedenen Gründen öfters vor, daß zum Beispiel einem Mann die Liebe von Frauen verwehrt wird. Dieser sehnt sich jedoch seinem Wesen entsprechend ständig nach seiner fehlenden *besseren Hälfte*. Deshalb ist es zu verstehen, warum er dann, vor allem wenn er im Äußeren ist, – was ja heute beinahe die ganze Welt ist – dummerweise seine äußere, natürliche Sehnsucht nach der Frau letztendlich in *Freudenhäusern* zu erfüllen sucht. Kommen wir also davon ab, alles Körperliche, Sexuelle zu verteufeln. Alles, woraus der Mensch gemacht ist, ist gut und sinnvoll, hat seine Berechtigung und Aufgabe. Sonst hätte man ja zum Beispiel nur Köpfe mit Beinen daran erschaffen können.

Solche Körper würden heute wahrscheinlich vielen genügen bzw. entsprechen. Auch die Pornographie kann und möchte ich an dieser Stelle nicht als nur schlecht und böse verurteilen. Sie stimuliert zwar einseitig die Geschlechtstriebe des Mannes, diese sind aber eben wie gesagt zunächst natürlich, nicht schlecht.

Auch muß die Betrachtung von nackten Frauen nicht* die Absicht oder den Wunsch beinhalten, Schlechtes zu tun, sondern sie kann auch ein Ausdruck der Sehnsucht nach dem anderen Geschlecht sein, in der ein entwurzelter Mann ohne Frau gewissermaßen zwangsweise ist. Allerdings sollte er eher die innere Liebe einer Frau suchen. Viele Frauen wehren sich deshalb zurecht gegen eine rein äußerliche Betrachtung ihrer *Reize*, weil sie ja nicht nur körperlich, sondern vor allem innerlich lieben wollen. Mir kommt es hier jedoch darauf an, daß gewisse Dinge im richtigen Licht gesehen und nicht länger verdammt werden, und daß vor allem die Frau erkennen kann, daß diese ganzen Dinge oft ihre fehlende Liebe zum Mann zur Ursache haben, also nicht nur ihm anzulasten sind. Der Mann wird die Liebe einer Frau solange suchen müssen, bis er sie bei ihr findet.

Die Frau will nicht mehr lieben

Auch das, was sich in den letzten Jahren unter dem Motto Frauenbewegung, Emanzipation bei uns abgespielt hat, hat die Situation zwischen Mann und Frau eher verschlechtert als verbessert, da

*Hier besteht auch ein Zusammenhang mit der hierzulande üblichen Kostform, vor allem mit dem Fleischessen. Erst dadurch wird der Geschlechtstrieb enorm übersteigert, wird er zur Geilheit. Wenn man also all die *Lüstlinge*, Sexualverbrecher auf eine natürliche Ernährung (Früchte, Rohkost) ohne tierisches Tot-Eiweiß (Fleisch, Wurst, Milch, Eier oder Erhitztes) umstellen würde, wären diese schnell von ihren Begierden befreit. Bereits Adam und Eva erkannten ja erst als sie Fleisch von Tieren gegessen hatten (natürliche Entsprechung), daß sie nackt waren. Erst dann erwachten die unmäßigen Begierden und Geschlechtslüste.

die Frau dem Mann ihre Liebe vorenthielt. Seither trachten nun beide Geschlechter krampfhaft danach, die jeweils fehlende Seite ohne den anderen zu gewinnen, also alles Männliche und Weibliche allein in sich zu vereinen. Deshalb wollen Frauen nun wie Männer werden, werden Männer wie Frauen, schenkt man kleinen Knaben Puppen und kleinen Mädchen Baukästen usw. Der Grund darin liegt also im Nicht-mehr-teilen-wollen, im absoluten, größenwahnsinnigen Egoismus, der keine Liebe zum anderen mehr, sondern nur sich selbst zum Ziel hat. Diese ist höllische Liebe, die nur noch eigene Macht, Ruhm, Ehre, Geld und Besitz kennt.

Wer Falsches und Böses nicht sieht, kann diesem auch nicht entsagen

Daß man höllische und himmlische Liebesarten nicht auseinanderhalten kann, ist ein Indiz dafür, daß man nicht in den himmlischen ist. Denn Licht erhellt zwar die Finsternis, kann also die Höllen erkennen, doch die Finsternis sieht nicht ins Licht, bzw. verfälscht, verdunkelt, will nicht sehen, flieht vor dem Licht usw. So konnte es geschehen, daß alles *Irdische*, Körperliche, Sexuelle, Weltliche schlechthin verteufelt wurde, und daß man schließlich glaubte, nur in der Entsagung, Entbehrung, Enthaltsamkeit könne man zu Gott gelangen. Man *bekämpfte* sich daraufhin selber und nannte es einen Sieg, wenn man allen Freuden, nicht nur den höllischen, entsagen konnte. Aus solchem Irrglauben heraus entstanden dann eben auch solche kirchlichen Lehren, die nicht in der guten Tat aus dem gemeinsamen ehelichen Innewerden und Empfangen der göttlichen Liebe und Weisheit das Heil suchten, sondern im bloßen Blindglauben, in der bloßen Unterwerfung, im Gehorchen gegenüber falschen Dogmen. So ist zum Beispiel das Zölibat* keinesfalls dem Willen Gottes entsprechend, sondern es behindert den Priester bei seiner Menschwerdung und macht ein Leben und Lieben in Gottes Sinne auf Erden für ihn unmöglich. Er bleibt zeitlebens in einem inneren Gefängnis eingesperrt und kann daraus erst nach dem Tod befreit werden.

Die Einführung des Zölibats wird wohl deshalb von der göttlichen Vorsehung zugelassen worden sein, um die Priesterschaft vor allzu großen Verirrungen und Ausschweifungen vergangener Zeiten zu bewahren. In einer Zeit, in der es keine Frauen mehr gibt, die ihre Männer lieben wollen, ist ein Zölibat sogar empfehlenswert. Dieses wird in der kommenden Zeit jedoch kaum mehr aufrechterhalten werden müssen.

Partnersuche im Jenseits ist allerdings denkbar einfach, weil sich dann ja gleich und gleich ihren Zuständen entsprechend zusammenfinden und in ein beiden entsprechendes geistiges Haus einziehen. – Doch muß man eben die Ehe erst lernen, bzw. entwickelt man sich erst in der Ehe (Liebe von **einer** Frau zu **einem** Mann) zum vollständigen Menschen.

Deshalb dürfte ein Priester dann noch einiges zu lernen haben. Hier kann außerdem ersichtlich werden, weshalb die Vielweiberei nicht zum inneren Himmel führen kann, da sie ja innere Zustände, die sich zwischen einem Mann und einer Frau entwickeln können, nie erreichen kann, also in der Regel im Äußeren haften bleibt.

*Zwar lehrt der Herr in der Schrift, man solle allen irdischen, weltlichen Gütern und Bindungen (Häuser, Brüder, Schwestern, Vater, Mutter, Frau, Kinder, Äcker – Mt 19,29) aufkünden, und allein IHM nachfolgen, doch sind hier eben keinesfalls alle irdischen, äußeren Bezüge gemeint. Man wird also Häuser, Brüder, Schwestern, Vater, Mutter, Frau, Kinder, Äcker dann im Herrn, im Geistigen und Inneren, im Himmel erlangen. Da sich der Himmel nicht erst im Jenseits im Menschen bildet, sondern sofort dann, wenn er das Äußere ablegt und das Innere aus dem Herrn annimmt, ist es ein folgenschweres Mißverständnis, wenn einer meint, er müsse nach dem Willen des Herrn seine Frau verlassen. Er verläßt nur nach und nach die äußere, weltliche, bzw. die Geschlechtsliebe zu seiner Frau und verwandelt diese in eine geistige und innere, und somit himmlische Liebe aus dem Herrn zu ihr. Diese Abnahme und schließliche Umwandlung der körperlichen zur geistigen und inneren Liebe beginnt nach der Zeugung von Kindern in ähnlicher Weise, wie bei einem Fruchtbaum, der nach der Blüte und Befruchtung seine Blüten abwirft, und sich ganz der Entwicklung seiner Früchte widmet. Sind die Früchte dann reif, und sind sie wohlschmeckend und gut, wird der Baum von seinem Herrn erhalten, und auch im anderen Leben voll austreiben können. Wenn nicht, wird er ausgerissen *mit der Wurzel*. Daß unter *Hochzeit* in der Schrift auch die endgültige Zuwendung zum Herrn des ganzen Menschen(paares) verstanden wird und nicht das Verlassen seiner Ehefrau, sondern gerade eine Ehe mit dieser, wird auch in Luk. 20,27-38, Matth. 22,22-32 oder Mark. 12, 18-27 deutlich gesagt. Auch heißt es dort, daß im Jenseits keine Hochzeiten mehr geschlossen werden, weil sich ja der Herr selbst als Bräutigam bezeichnet, unter Bräuten und Jungfrauen hingegen Menschen (Männer und Frauen zusammen) verstanden werden, die am *Tag der Hochzeit* (irdischer Tod) ihr inneres Gefäß entweder gefüllt haben und angenommen werden, oder aber wie die törichten Jungfrauen (Matth. 25.1 ff) vor verschlossenen Türen stehen werden, wenn sie sich nicht schon zu Erdenzeiten dem Herrn zugewandt hatten. Das Verhältnis von Braut zu Bräutigam soll also ähnlich dem Ver hältnis zwischen Gott – vor allem seit seiner Ankunft als Menschensohn – und dem Menschen (Mann und Frau als Einheit bzw. Ehe) generell sein. Wenn mehrere oder viele Menschen (Ehepaare) Gott ebenso lieben, wie sie einander gegenseitig lieben, spricht man von Kirche. Jesus wird deshalb auch als der Bräutigam, die Kirche als seine Braut und Mutter bezeichnet. Der Name dieser Braut Jesu ist Maria. Gegründet wurde diese unsere Ehe also mit dem Kommen unseres Herrn und Erlösers. Es ist unsere Aufgabe, diese neue durch den Herrn gegründete Kirche und Gemeinschaft mit IHM zu nähren und zum Aufwachsen zu bringen wie eine Mutter.

Kapitel 27
Schule

In etwas gestraffter und zusammengefaßter Form möchte ich auch über die Schule schreiben.

Lernen heißt, unterscheiden zwischen Gut und Böse, Wahrem und Falschem

Echtes Wissen ist nicht nur Macht, sondern bedeutet Aufstieg, Lebensglück, materieller und geistiger Wohlstand, Frieden, Gerechtigkeit, also Glück in jeder Hinsicht, für den einzelnen genauso wie fürs ganze Volk. Dagegen bedeuten Unwissen und Falschwissen nicht nur einfach Dummheit, sondern auch Blindheit und Taubheit gegenüber dem wahren Wissen, dem Nützlichen, dem Guten, also letztlich Abstieg, Verfall durch Annahme falscher Inhalte und Ziele, Unterdrücktwerden, Ausgebeutetwerden, Willenloswerden, Betrogenwerden, Manipulierbarwerden, geistige und körperliche (Lohn)-Sklaverei, Unrecht, Not, Elend und schließlich Gewalt, Krieg, Mord, Tod, entsprechend dem *Herren*, dem man gedient hatte.

Die besondere Aufgabe der Schule bestünde nun darin, dem Heranwachsenden alles Liebens- und Lebenswerte nahezubringen, und ihm gleichzeitig alles Böse, Falsche, Nutzlose und Schädliche mitsamt seinen Nutznießern und Gefahren zu zeigen, um ihn so zum Glück und Wissen aus der einzigen, wahren Quelle alles Wahren und Guten, dem Wort Gottes bzw. dem Herrn, für sich und sein Volk zu führen. Lernen heißt unterscheiden. Lernen geschieht durch Aufnehmen, Prüfen, Annehmen oder Verwerfen und Zuordnen aller Dinge dieser und jener Welt. Der Mensch kann jedoch nicht aus sich das Richtige sehen und erkennen, sondern nur aus Gott bzw. dem Wort Gottes durch Jesus Christus. Versucht er, aus sich zu lernen, wird er an äußerlichen Dingen, an den Naturwissenschaften, hängenbleiben, die ihm jede geistige und innere Wahrnehmung rauben werden. Er kann sich zwar irgendwelche Meßgeräte zur Verfeinerung der äußeren Sinne bauen. Diese werden ihn jedoch ohne seine inneren Sinne täuschen und letztlich ins Chaos stürzen.

Theorie ohne Praxis ist so wertlos wie ein Gebet ohne die darauffolgende Tat

Lernen geschieht außerdem niemals durch bloße Aufnahme von Theorien bzw. Wissensdingen ins Gedächtnis, sondern nur durch und bei der Anwendung und Umsetzung dieser in die Tat, die Praxis. Das heute praktizierte Gedächtnislernen ist ein Mittel zur geistigen Unterdrückung und Vergewaltigung der Jugend, und dient hauptsächlich dazu, diese willenlos und gefügig zu machen, ihr beizubringen, jegliche Inhalte bedenkenlos zu verinnerlichen, sich fremdem *Diktat* zu beugen, um so später als wesens- und willenloses Rädchen der Wirtschaft bzw. der Geldbarone zu funktionieren. Es verhindert das Entwickeln eigener Gedanken, selbstverantwortlichen Handelns, also das Heranreifen von selbständigen Persönlichkeiten und *produziert* geistiges *Herdenvieh.*

Keine staatliche Zwangsanstalt mehr

Schulen, Lehrerausbildung, Kindererziehung, das gesamte Erziehungswesen ist daher grundlegend zu reformieren. Und zwar sowohl was die Inhalte, wie auch was die Lernformen- und Methoden betrifft. Die Schule muß eine voll funktionsfähige, alle geistigen und natürlichen Dinge produzierende Gesellschaft im kleinen werden. Dabei ist jedoch darauf zu achten, daß die Lernenden ihren Eltern nicht länger gewaltsam entzogen werden, sondern für Zuhause, also die Anwendung des Gelernten im eigenen Bereich dazulernen. Also keine Schulpflicht, Gesamtschulen, Internate, Kasernierung mehr! Die Schule darf nicht länger als *Eintrichterungsstätte* zur Deformierung der Kinderseele zum willenlosen Konsumbürger funktionieren, sondern muß eine freiwillige Lernmöglichkeit für alle möglichen Fertigkeiten, Fähigkeiten, Künste, für alles Wissen in und um diese Welt vom Herrn sein, die ein Kind oder Heranwachsender je nach Neigung auswählen kann.

Lernen darf sich nicht länger vorwiegend in Klassenzimmern abspielen

Das Lernen darf sich nicht mehr vorwiegend in Klassenzimmern abspielen. Dort gibt es nichts zu lernen! Man kann dort nur entwickeln, planen, beraten, resümieren, bewerten usw. Ausführen bzw. wirklich lernen muß man in schuleigenen Betrieben, Werkstätten, Landwirtschaften, Gärten.

Geplant wird im Winter, ausgeführt im Frühjahr und Sommer, geerntet und resümiert im Herbst.

In einer neuen *Grundschule* sollte man alle grundlegenden Dinge dieses Erdendaseins erlernen, das heißt, in der Praxis die Selbstversorgung mit Nahrung.* In der *Hauptschule* oder den *weiterführenden Schulen* kämen dann aufbauende und weiterführende Dinge des Geistes, der Künste, des Wissens, auch der Technik, des Handwerks, der Wissenschaften hinzu.

Einhergehend mit allem praktischen Wissen, jeder Fertigkeit, jeder Technik, muß jedoch ein geistiger und innerer *Oberbau* sichtbar gemacht werden, der Nutzen, Sinn, Bedeutung für die Allgemeinheit deutlich macht. Dieser Oberbau, das eigentliche, allumfassende Schulfach besteht im Lesen, Verstehen, Schreiben und Anwenden des Wortes Gottes, also im Lernen vom Wissen und von der geistigen, inneren Schöpfung Gottes, deren Form und Auffanggefäß der Mensch sein soll, und nach der er auch handeln bzw. seine Umwelt gestalten und begreifen soll.

Geschichtsunterricht zur Aufdeckung von Falschem und Bösem

Eine große Bedeutung kommt auch der Enthüllung aller üblen Machenschaften des Menschen in seiner Geschichte, besonders während der letzten 200 Jahre zu. Dabei ist darauf zu achten, daß den Geschichtsbüchern wieder die ganze Wahrheit über Intrigen und Manipulationen bis auf den heutigen Tag einverleibt wird. Denn Wissen, das aus den Geschichtsbüchern verschwindet, verschwindet aus dem Volk. Die Verstrickung und Urheberschaft von Finanziers (z. B. *Rothschild*), Geldmächten und Verschwörungen (z. B. Illuminaten) in und bei den vergangenen Kriegen sind so ins Bewußtsein des Volkes zu heben. Ebenso alle Schleichwege und

*Mit fortschreitender Entwicklung im Sinne des Guten und Wahren vom Herrn werden solch grundlegende Kenntnisse wieder von den besten und natürlichsten Lehrern eines Kindes vermittelt, nämlich den Eltern. Diese werden ohnehin die Funktion des Lehrers nach und nach vollständig ersetzen, sobald sie wieder in der direkten Wahrnehmung des Wissens und der Weisheit vom Herrn sein werden. Die Schule im heutigen Sinne mit den heutigen Lehrinhalten wird dann auch deshalb überflüssig werden, weil eben all die momentan vermittelten Inhalte sich als nutzlos und wertlos zeigen werden, sobald sich der Mensch der natürlichen Ordnung wieder genähert hat. Die Kindererziehung ist mit die wichtigste und verantwortungsvollste Aufgabe des Menschen und darf nicht in Massenbetrieben in sträflicher Weise vernachlässigt werden. Sie ist vor allem anderen Hauptaufgabe der Eltern während ihres Erdendaseins. An ihren *Früchten* wird man sie erkennen bzw. messen!

Intrigen jener zur Geld- und Machtübernahme der Völker auf der ganzen Erde. Auch sind in diesem Zusammenhang all die Irr- und Wirrlehren seit der *Aufklärung* als Mittel zum Zweck der geistigen Enteignung der Völker zu erkennen und zu bewerten. Als Geschichtsbuch neuer Art schlage ich deshalb *Des Griffins* Buch »*Wer regiert die Welt* «(26) vor.

So können mit Hilfe der Vergangenheit alle denkbaren Schlichen und Fallstricke, die der Teufel, bzw. das Böse und die Selbstsucht des Menschen jemals ersonnen haben, für die Generationen der Zukunft sichtbar gemacht werden, so daß unsere Erben ein für alle mal gegen solche Schlichen gewappnet sind. Aus der Geschichte kann man jedoch nur dann lernen, wenn einem auch wirklich die richtige vermittelt wird, bzw. die Hintergründe und wahren Ursachen an den Tag gebracht werden. Dies ist heute nicht der Fall. Unser Volk wird deshalb momentan durch den Geschichtsunterricht bzw. die Schule überhaupt fehlgeleitet.

Musikunterricht ist auch innerer Geschichtsunterricht

Eine Art innerer Geschichtsunterricht ist die Musik. Durch das Erlernen und Spielen eines Instruments sollten jedem Schüler die Empfindungen und der Zeitgeist vergangener Epochen nahegebracht werden. Außerdem ist das Erlernen eines Musikinstruments und der dazugehörenden Spielliteratur ein hervorragendes Mittel zur inneren und geistigen Schulung und zur Ausbildung der Unterscheidungsfähigkeit, da ja jeder Fehler durch Mißklang augenblicklich *bestraft* wird, und zur Berichtigung und Erkennung des Fehlers – ohne Rohrstock – führt.

Schönheit und Kunst müssen sich wieder verbinden

Auch das Fach Kunst kann Unterscheidung und Beobachtung fördern. Doch sind hierbei nicht länger irgendwelche der Kurzweil dienenden *Phantasiebilder* ohne irgendwelchen Sinn und Zweck zu malen, sondern all die Dinge zu planen und entwerfen, die nachher auch wirklich gebaut und eingesezt werden sollen. Hier sind alle Gerätschaften, Werkzeuge, Haushaltsdinge bis hin zur Architektur und dem anschließenden Bau und Verzierung von Bauwerken jeder Art und jedweden Zweckes gemeint. Das Abbild von Geistigem und Innerem in Bildern und Gegenständen ist nur dann schön, sinnvoll, gut und nützlich, wenn dieses Innere und Geistige vom Herrn bzw. *schön* im Sinne Gottes ist.

Sport muß Gesundheitserziehung werden

Der Sport in der heute praktizierten Weise ist schlicht Unsinn, Erziehung zur Verschwendung von Energie und Schaffenskraft, zum Gegeneinander, besser, schneller, größer sein wollen usw. Wer naturrichtig leben will braucht keinen Sport. Dieses Fach muß daher Teil der Gesundheitserziehung werden. Dabei wären Praktiken zur Gesunderhaltung auch des Körpers wie zum Beispiel Gymnastik, körperliche Konzentrationsübungen, Tanz, bis hin zu Techniken der Selbstverteidigung, des Bogenschießens, der Meditation denkbar. Bei alledem ist jedoch immer daran zu denken, daß eine getrennte Erziehung allein des Körpers nicht zur Menschwerdung dienlich ist, sondern *Leistungsautomaten* züchtet. Das Fach Gesundheitserziehung im gesamten müßte also vom Anbau, der Kenntnis und Anwendung aller Pflanzen, bis zur umfassenden Ernährungslehre alle Dinge der körperlichen Gesundheit vermitteln, ohne die geistige und innere Gesundung aus dem Auge zu verlieren. Gerade in diesem Bereich sind solch eklatante Mängel im heutigen Schulwesen vorhanden, daß ein gesundes Kind, wenn es in die *Schule* kommt, einer übergroßen Gefahr des Verlustes seiner körperlichen und auch seelischen Gesundheit ausgesetzt ist, da es dann den dortigen Unsitten, dem Falschwissen, den herrschenden Süchten mit Totnahrungsmitteln und Drogen aller Art usw. nahezu schutzlos – da seinen Eltern entrissen – ausgeliefert ist. Eine Zwangseinweisung in eine heutige Schule kann für Leib, Geist und Seele eines Kindes einem Todesurteil gleichkommen.

Naturwissenschaften führen in die Irre

Die anderen, heute noch übermächtigen Fächer der Naturwissenschaften (Chemie, Physik, Biologie, Mathematik) sind den bisher genannten einzugliedern und unterzuordnen. Ihre Anwendung ist nur dann und dort sinnvoll und berechtigt, wo sie in der Praxis eingesetzt werden können bzw. nützliche Hilfsmittel sind und Zwecke erfüllen. Sie sind deshalb keine selbstberechtigten Fächer, weil ihnen der geistige und innere Bezug fehlt. Außerdem bergen sie die Gefahr der rein äußerlichen Betrachtung und Dinge in sich und führen deshalb den Menschen letztlich in die Irre, der sich zum Beispiel auf die *Wahrheit* seines Zeigers an irgendeinem Meßgerät beschränkt und darüber die wirklichen Wahrheiten vom Herrn durch seine eigenen ersetzt. Die natürlichen Dinge müssen in ihrer Entsprechung zu geistigen Dingen erkannt werden, was durch eine Wiederaufnahme der Entsprechungslehre, des inneren Sinns alles Natürlichen in Bezug zu geistig-innerem bzw. zum *großen Menschen*, dem Herrn, geschehen kann und soll. Nur so darf auch Natürliches als Bestandteil der Gesetze bzw. der Ordnung des Herrn erkannt und erforscht werden.

Lehren kann und darf nur der vom Herrn Wissende

Aus diesen Forderungen und Neuerungen heraus erscheint auch die heutige Lehrerausbildung als völlig *ungenügend*. Lehren kann und darf nur der Wissende und Könnende. In Ermangelung dieser wesentlichen Lehrbefähigungen sind die Lehrer heute zu bloßen Eintrichterungs- und Unterdrückungs- bzw. Manipulationswerkzeugen der (Geld)-Wirtschaft und ihrer Hintermänner verkommen. Die Schulen selbst sind zu für die physische und psychische Entwicklung von Kindern und Jugendlichen höchst gefährlichen und zersetzenden Gleichschaltungs-, Vereinheitlichungs-, Vermassungs- und Verdummungsstätten geworden, in denen der Heranwachsende nicht nur das wesentliche nicht lernt, sondern außerdem von *unguten Geistern* aller Art *infiziert* werden kann.

In Anbetracht der heute vorherrschenden Verhältnisse in den Schulen kommen dem Schulzwang die Bedeutungen eines gewaltsamen Entreißens des Kindes von seinen Eltern bei sowie eines geistigen, innerlichen Ertränkens der Kinderseele gleich. (Sintflut) Doch ist es heute in der Regel so, daß ja die Schule nur das – für die Seeles des Kindes tödliche – Erziehungswerk von antichristlichen Eltern (hier sind auch falsche Christen gemeint) weiterführt und die Heranwachsenden schließlich auf genau die gleiche schiefe Bahn bringt. Die *himmlische* Erziehung ist daher grundlegend von der *höllischen* zu unterscheiden. Bei ersterer geht es darum, im Auftrag unseres Herrn Jesus Christus, also im Sinne der Schöpfungsordnung und der göttlichen Gesetze schlechthin unsere Kinder zu unterweisen. Eine solche Erziehung bleibt immer liebevoll und gerecht, selbst wenn sie straft, da der Lehrer bzw. Erzieher, immer nur das Richtige, Gerechte, Wahrheitsgetreue, die Lehrerin oder Mutter immer nur das Gute, (gesunde Nahrung, Kleidung, allerlei Nützliches, Liebevolles) für die Kinder wollen. Beide versuchen stets die Absichten eines Kindes zu erkennen und zu werten, das Richtige und Gute zu fördern und zu nähren, und umgekehrt werden sie Falsches und Böses konsequent durch sinnvolle, das heißt, dem Kinde begreifliche, einsichtige und gerechte Strafen zu unterbinden wissen, damit die Zöglinge in geistiger und körperlicher Gesundheit und Unversehrtheit heranwachsen können.

Man kann diese Tätigkeit der Eltern und Erzieher durchaus mit dem Ziehen von Bäumen in einer Baumschule vergleichen, wo es allein von der Erziehung des Baumschülers, nämlich seinem Schnitt, abhängt, ob der Sämling einmal zu einem stattlichen fruchttragenden Baum oder zu einem unnützen ins Kraut schießenden Wildling heranwächst.

Falsche Erzieher

Der *höllische* Erzieher hingegen erzieht weniger nach den göttlichen Gesetzen im Sinne und bewußten Auftrag unseres Herrn, sondern vor allem zu dem Endzweck, seine Schüler oder Kinder ihm gleichzumachen und diese bedingungslos hörig zu machen. Da er ja aus sich, aus *seiner* Wahrheit, und nicht aus der Wahrheit des Herrn denkt und handelt, gefällt dieser sich in seiner allwissenden, gottähnlichen, unumschränkt herrschenden, anmaßenden Rolle. Fehler sieht er bei den Kindern folglich nur dort, wo diese gegen *seine* Richtlinien, Meinungen, verstoßen, die allerdings oft zum Unglück der Lernenden auf Falschheiten, seinem Irrglauben, sowie allerlei Vorlieben für Ungutes, Nutzloses gegründet* sind. Dieser Erzieher wird auch nicht nach der Löblichkeit oder Verwerflichkeit, der Absicht hinter einer Tat eines Schülers suchen und dementsprechend urteilen, sondern vielmehr nach rein nominal oder nach Geldwert meßbaren Leistungen werten. Da diese jedoch mit dem tatsächlichen inneren und geistigen Wert oder Unwert einer Leistung oder eines Fehlers niemals übereinstimmen, werden bei seiner Erziehung Gerechtigkeit und Frieden fehlen. (Beide sind untrennbar miteinander verbunden.) Außerdem wird es nicht in der Absicht des höllischen Erziehers liegen, eventuelle Verstöße durch für das Kind bestmögliche, einleuchtende und gerechte Maßnahmen und Regelungen zu bestrafen, um es dadurch wieder auf den richtigen Weg zu weisen, sondern er reagiert sofort und unüberlegt zornig, wütend, böse und haßerfüllt, wird nachtra-

*Erst daraus ergab sich die scheinbare Notwendigkeit von starren, genormten Lehrplänen bzw. Lehrzwängen, die von oben herab angeordnet wurden.

gend und baut persönliche Antipathien gegen einen Zögling auf bzw. sieht diesen als seinen Feind, sobald einer ihm, dem *alleinherrschenden Allmächtigen* am *Thron zu rütteln* beginnt.

Eltern und Lehrer säen eine Saat des Bösen

Es mangelt heute also sowohl an der Erziehungsfähigkeit von Eltern wie Lehrern. Da diese innerlich leer und aufgrund ihres Sucht-Konsum-Lebens geistig ausgehöhlt, selbst ohne Werte, ohne Wissen und Weisheit aus dem Herrn sind, also ihren von Gott verliehenen und diesen stellvertretenden Erziehungsauftrag nicht mehr erfüllen können bzw. wollen (aufgrund ihrer Eigenliebe), bleibt auch ihren Nachkommen der Weg zum Guten und Wahren aus dem Herrn, der über die Eltern und Lehrer führt, verschlossen. Von solchen Erziehern wird, ob bewußt oder unbewußt, eine Saat des Bösen, des Falschen, der Dekadenz, der Selbstvernichtung, der Gewalt, des Krieges und Todes gesät, die zwangsweise zum Unglück innerhalb der Familie durch die eigenen Kinder, oder im Ganzen betrachtet zur Vernichtung und Untergang eines Volkes führen muß.

Auch von dieser Seite her sind unsere Völker also heute höchsten Gefahren ausgesetzt, da ja schon mit der Fehlleitung der Nachkommenschaft eine potentielle Zeitbombe mit vernichtender Wirkung gelegt wird. Dieses Zerstörungswerk wurde vor allem seit der Propagierung der antiautoritäten Erziehung mit Riesenschritten vorangetrieben. Der *laissez-faire-Stil* in der Kindererziehung kam vor allem auch der Orientierungslosigkeit, dem fehlenden Wissen um Gutes und Wahres aus dem Herrn, eben der fehlenden Autorität der Erzieher entgegen, die damit ihre mangelhafte Fähigkeit, echtes Vorbild zu sein, noch zum *modernen* Erziehungsstil umfunktionieren konnten.

Auch das Bildungsmonopol muß fallen

Es müssen also schnellstens das staatliche Schulmonopol und die allgemeine Schulpflicht oder treffender, die staatlich angeordnete *Zwangseinweisung in monopolgelenkte Anstalten für Lernende* unterbunden werden. Solange nicht gesichert ist, daß in den Schulen die Kinder wirklich gefördert werden, und man damit rechnen muß, daß sie darin buchstäblich innerlich ertränkt, verseucht, verführt, fehlgeleitet, geistig-seelisch getötet werden, muß das alleinige Erziehungsrecht wieder denjenigen zurückgegeben werden, denen es allein zusteht, nämlich den Eltern. Die Eltern werden also den Monopolisten auch diese angemaßten Elterngrundrechte und Erziehungsgewalten wieder entreißen müssen, wenn sie Kinder und Volk retten wollen. Lehren und Bilden soll wieder derjenige, der die Weisheit und Wahrheit vom Herrn verbreiten will, zusammen mit seiner Frau, die in der echten Kinderliebe (nicht im versteckten Egoismus), in der Liebe zu allem heilbringenden Guten und Nützlichen von unserem Heiland unsere Kinder nähren, aufbauen, gesunderhalten, pflegen will, bzw. ihnen alles Nötige dazu mit Geduld und Sanftmut beibringen kann.

Daß sich in jedem selbst noch so kleinen Dorf und in jeder zusammengehörigen Gemeinschaft stets geeignete Menschen dazu finden würden, auch spezielles Wissen weiterzugeben bzw. alle nützlichen Werte von Generation zu Generation nicht nur weiterzugeben, sondern sogar zu vermehren, ja daß sogar schon heute besser geschult und gelehrt würde ohne staatlichen Zwang, genormte Lehrpläne, von oben diktierte zum Teil verfälschte Inhalte, ist bei allen menschlichen Gesellschaften, die sich ihres Auftrags in dieser Welt bewußt sind, die tatsächlich Wissen und Gutes besitzen und diese deshalb auch weitergeben wollen, gewiß.

Kapitel 28
Wahrheit

Wahrheit wurde bestechlich

Unter Wahrheit versteht man heute das, was die Wissenschaft beweist, zutage bringt, also lediglich Wißtümliches. Eine Reduktion von Wissen auf eine materielle, erforschbare, greif- und sichtbare Ebene fand statt. Nun ist die Wissenschaft, die ja die Aufgabe der Wahrheitsfindung übernommen hat und so zu einer Art Ersatzreligion geworden ist, heute zur Hure bzw. durch Repressalien vor allem finanzieller Art manipulierbar gemacht worden. Ihre Wahrheit ist inzwischen käuflich, sie ist demjenigen zu Diensten, der sie bezahlt. Deshalb kann man heute behaupten, daß Wahrheit in unserer Gesellschaft kaum mehr existiert. Es gibt dieses *Gutachten*, das jener *Experte* wieder auf den Kopf stellt. Je nach Interessenlage und Macht der Auftraggeber siegt die eine oder andere These. Auch die Gerichte beugen sich der Meinung der Mächtigen mitsamt ihren Helfern und Bekräftigern in den Wissenschaften. In dubio pro regio. – Im Zweifelsfall für die Regierung! Was aber ist nun mit der Wahrheit? Wo können wir sie finden?

Mit Meßgeräten ist Wahrheit nicht zu finden

Zunächst einmal muß unser Wahrnehmungsbereich erweitert werden. Wir können nicht nur das, was sichtbar, greifbar, meßbar für technische Meßgeräte, also für unsere Wissenschaftler einzig und allein vorhanden ist, zugrunde legen, sondern müssen weitere Ebenen der Empfindung, des Gefühls, sowie geistig-innerer Wahrnehmungen hinzufügen. Ein Mensch sieht und hört nicht nur mit Augen* und Ohren des Körpers, sondern spürt, fühlt, empfindet Dinge, die genauso real und zweifellos vorhanden sind, wie die

*Genauer betrachtet sehen Augen, riechen Nasen, hören Ohren, funktionieren alle äußeren Sinne niemals aus sich, sondern es ist jeweils bereits und nur der Geist, der mittels dieser Sinnesorgane Wahrnehmungen registrieren kann. Entsprechend funktionieren die inneren geistigen Sinne des Menschen, sein inneres Sehen, Hören, Fühlen, Riechen, Wahrnehmen niemals aus dem eigenen des Menschen, sondern allein vom Herrn her. Sie erscheinen jedoch dem Menschen eigen, das heißt, er denkt, sieht, hört *wie aus sich*.

natürlichen oder materiellen. Wer wollte zum Beispiel eine Empfindung wie die Zuneigung oder Liebe zu einem anderen Menschen als nicht existent bezeichnen, nur weil sie weder mit Apparaten meßbar ist, noch in Meßeinheiten gezählt werden kann?

Dieser innere, geistige und eigentlich relevante Bereich des Menschen wird von der Naturwissenschaft übergangen. Sie versucht einfach, den Menschen auf ihr beschränktes Weltbild zu reduzieren, alles Geistige und Innere zu ignorieren, und statt dessen alles Irdische, Äußere, Materielle, Greif- und Meßbare als einzig existent und relevant zu bezeichnen. Hier kann die Gegnerschaft zwischen (Natur-)Wissenschaften und (wahrer) Religion sichtbar werden. Dort wird das Erkennen von Wahrheit nämlich nicht durch scheinbar objektive, empirische Forschung, die letztlich doch nur wieder der Selbstbekräftigung oder dem Selbstbetrug dient, gesucht. Dort wird nicht *vom Baum der eigenen Erkenntnis von Gut und Böse* gegessen, sondern dort weiß man, daß alle Wahrheit nicht vom Menschen, sondern vom Herrn ausgeht. Der Mensch kann, wenn er sich seinem Schöpfer öffnet, durch dessen Gnade Weisheit erlangen. Alle Wahrheiten, die den Menschen betreffen, sind in verschlüsselter Form, in einer Art geistigen, inneren Sprache, im Wort Gottes enthalten. Daraus kann der Mensch wirklich Wissen und Weisheit erlangen, die er nicht nur verstehen, sondern auch spüren kann.

Im Wort Gottes gibt es keine geistigen Kartenhäuser, die sich manche Wissenschaftler unter großen Anstrengungen aufbauen, und die beim geringsten Hauch umfallen können und nun bald werden, sondern unumstößliche Wahrheiten, die den Menschen, seine Aufgaben im Diesseits und Jenseits betreffen. Das Wissen um jene Wahrheiten ist das einzig maßgebende, wichtigste Wissen. Alle anderen Erkenntnisse und Errungenschaften, die für die Menschheit gut sind, bauen sich darauf auf. Wahrheit ist nur dann Wahrheit, wenn sie auf dem Wort Gottes ruht. Nur dann ist sie naturrichtig, entspricht der Ordnung, den Gesetzen des Herrn in der geistigen wie auch der natürlichen Welt. Ansonsten ist sie verderbenbringede Irrlehre!

Die Abkehr von Gott, unserem Herrn, in Sachen Wahrheit und Wissenschaft und die gleichzeitige Hinwendung zur Selbstverherrlichung und Selbstbekräftigung muß Falschheit und Narrentum hervorbringen, eben eine solche *Hure Wissenschaft*, wie wir sie heute finden. Am deutlichsten sichtbar wird diese Abkehr bei den Produkten, den *Früchten* dieses Systems. Diese sind heute im wesentlichen Dreck, Gift, verschwenderische, nutzlose Luxusgüter, tödliche Waffen, größenwahnsinnige Projekte usw. Würde nur solches erforscht, entwickelt und produziert, was gleichzeitig auch nützlich, sinnvoll, gut und richtig für alle Menschen wäre, hätten wir also auf das Wort Gottes gehört, sähe unser Planet wohl ganz anders aus.

Wahrheit geht immer vom Herrn aus

Hier wird deutlich, daß unser momentanes Dilemma unsere Abkehr von Gott zur Ursache hat, Alles Wahre und Gute, alle Weisheit und Liebe kommt vom Herrn und kann im Innersten eines Menschen empfangen und von dort je nach seiner Art weiterentwickelt, mit Vernünftigem geschmückt und schließlich in die Tat umgesetzt werden, in Formen Ausdruck finden. Das Saatkorn Mensch, sein inneres Leben von Gott, kann so keimen, wachsen und wieder Frucht und Samen bringen, sich vermehren.

Im ersten Buch Moses, 2. Kap., wird der **himmlische Mensch** (Himmel) mit dem Garten Eden verglichen. Ein Baum in diesem Garten bedeutet Innewerden von Weisheit und Liebe aus dem Herrn. Unter Innewerden ist eine direkte und innere Wahrnehmung aus der transzendentalen Verbindung mit den Engeln des Himmels und damit mit dem Herrn gemeint. Ein himmlischer Mensch prüft deshalb sein Wahres und Gutes mit dem Herzen, durch ein Innewerden vom Herrn. Ein **geistiger Mensch** hingegen hat ein Gewissen. Dieser weiß von dem, was gut und wahr ist ebenfalls, jedoch weniger durch ein Innewerden, einer direkten Verbindung mit dem Herrn oder seine Engel, sondern aus dem Wort Gottes. Ein **weltlicher, äußerer und toter Mensch** hat noch nicht einmal ein Gewissen, erkennt auch nicht an, daß alles Wahre und Gute von Gott stammt, sondern glaubt, daß alles von ihm ausginge bzw. bei ihm sei. Infolgedessen erkennt er nur das an, was er mit seinen (beschränkten) Sinnen erfassen, messen, greifen, beweisen kann, und erhebt sein Sinnliches und Wißtümliches zur einzigen Wahrheit. Infolgedessen ist auch alles, was er (er-)schafft, gegen den Herrn und Seine Ordnung gerichtet. Er müht und plagt sich ab, weil er gegen die natürliche und innere Ordnung dieser Welt arbeitet bzw. deren Aufbau nur behindern, nur zerstören kann und will. Nur trennt er sich von seinem Schöpfer ab, er selber tötet den Himmel in sich. Genau das wird unter dem *Essen vom Baum der (eigenen) Erkenntnis von Gut und Böse*, das zum Tod des (inneren) Menschen führt, verstanden. Genau das ist auch die Situation, in der wir uns seit der *Aufklärung* immer tiefer und auswegloser hineinmanövrieren haben lassen. Es gibt, wie wir heute überall sehen, keine Wahrheit, die vom Menschen ausgeht, sondern Wahrheit geht immer vom Herrn aus.

Dazu Joh. 3,27:»*Der Mensch kann nichts nehmen, es sei ihm denn aus dem Himmel gegeben.*«

Ein Supermarkt der Philosophien

Heute existieren eine unübersehbare Anzahl von Theorien, Meinungen, Philosophien, Denkweisen, Ideologien, aus denen sich der *aufgeklärte Mensch des 20. Jahrhunderrts* wie aus einem Selbstbedienungsladen in seiner Selbstherrlichkeit bekräftigen kann. Es geht dabei wirklich nicht ums Wissen-wollen, sondern um die Unterstützung und Verherrlichung eigener Denkgebäude. Selbst die Bibel wird dazu oft mißbraucht. Derjenige jedoch, der wirklich wissen will, läßt diesen jedem nach dem Mund redenden *Supermarkt der Philosophien* links liegen und versucht das Wort Gottes zu verstehen und Gottes Werkzeug zu werden bzw. seine Liebe und Weisheit aufzunehmen und in die Tat umzusetzen.

Noch ein Wort an die Experten, Forscher, Sachverständigen: Es ist nicht verkehrt, Wissenschaft zu treiben. Ein Wissenschaftler muß nur seine *Quellen* kennen, und sich seiner Position auf der untersten Stufe der äußeren Wahrnehmung bewußt sein. Wer diese Quelle kennt und seinen Auftrag nur vom Herrn annimmt, erforscht nichts Schlechtes, Verderbenbringendes, verbreitet weder Falsches noch Böses.

Kapitel 29
Wald

Die meisten Menschen wissen heute nicht, was im Wald eigentlich los ist, was dort heute wirklich gespielt wird, und meinen, mit dem inzwischen jedem bekannten Phänomen des Waldsterbens würden unsere letzten unberührten Naturoasen dahinschwinden. Da ich selbst in einem alten Haus auf einer Waldlichtung am Rande des Altdorfer Waldes wohne, habe ich guten Einblick in die Dinge, die heute im Wald geschehen.

Die Fichte ist das Unkraut des Waldes

Zuerst einmal zur Bepflanzung des heutigen Waldes: Da unser Wald eine *Holzplantage* ist, hat er in erster Linie den Gewinnen der **Waldbesitzer** zu dienen. Gefragt sind schnellwüchsige, rentable Baumarten. Obwohl heute allgemein bekannt ist, daß zum Beispiel Fichtenmonokulturen den Wald in seiner Gesamtfunktion als Lebens- und Nahrungsraum für verschiedenste Pflanzen- und Tierarten erheblich einschränken, werden nach wie vor vor allem solche gepflanzt. Die Fichte mag zwar für den Geldbeutel des Waldbesitzers, der den Holzertrag nicht erst seinen Enkeln überlassen möchte, die vorteilhafteste Baumart sein, sie ist jedoch insgesamt betrachtet für Mensch und Tier mit Abstand die schädlichste und wertloseste. Sie dient kaum einem Vogel zur Nahrung und als Nistplatz, verdrängt alle kleineren Gebüsche und Sträucher, indem sie den Wald lichtdicht nach oben abschließt, läßt auch im Winter keinen Sonnenstrahl bis zum Waldboden und senkt deshalb die durchschnittlichen Jahrestemperaturen, verhindert mehrstufigen Bewuchs, behindert also Flora und Fauna, ist sozusagen das *Unkraut des Waldes,* Fichten und Nadelbäume sind auch Totenbäume, d.h. sie eignen sich vor allem zum Vergraben von Zeichen, da diese durch den Nässeschutz und der Sauerstoffisolation durch die sauren Nadelböden richtig verrotten können, das an Schnellwüchsigkeit und Minderwertigkeit, auch in Bezug auf die Holzqualität unübertroffen ist. Fichtenpollen zum Beispiel ist derart minderwertig, daß bei Bienenvölkern, wenn sie damit wegen mangelnden Alternativangeboten ihre Larven großziehen wollen, diese verkümmern, nicht lebensfähig sind. Diese Eigenschaften bewirken allerdings nicht, daß diese Baumart dort, wo sie nichts zu suchen hat, nicht mehr angebaut wird, sondern macht sie geradezu zum Idealbaum, zum Kultbaum – siehe Weihnachtsbaum – unserer Zeit.

Fichten sind in den Gebirgen beheimatet. Da sie selbst mit nur ein paar Hand voll Erde auskommen können, fällt ihnen die dort wichtige Aufgabe des Erosionsschutzes zu. Fichten wachsen überall, sind Meister im Sich-ansiedeln an den unzugänglichsten Stellen, wachsen sogar in Dachrinnen. Werden diese dann allerdings auf fruchtbare, reiche Böden gepflanzt, schießen sie natürlich buchstäblich in die Höhe, was ja heute allerorts erwünscht ist – nicht nur bei Fichten.

Ich male mir oft aus, wie schön dieser Wald sein könnte, wenn man ihn vom Joch der einseitigen Holzgewinnung befreien würde, ihn wirklich zur Heimat aller im hiesigen Raum beheimateten Pflanzen, Tiere, und vor allem des Menschen werden ließe. Dann wären überall wieder alle Arten von Beeren, Nüsse, Baumfrüchte, für Mensch und Tier in ihrer Vielfalt und Reichhaltigkeit vorhanden. Selbst die meisten der hier ausgestorbenen Tier- und Pflanzenarten könnten dann wieder heimisch werden.

Die bösen Borkenkäfer

Bis vor wenigen Jahren war es noch üblich, den Waldboden einfach mit Giftmassen solchermaßen zu besprühen, daß alle Gräser, Sträucher und selbst Bäume bis zu einer gewissen Größe eingingen. Was davon dann übrigblieb, war der saubere *aufgeräumte*, wohnzimmerteppichartige Wald, eine Fichtenmonokultur, eine Wüste, eine tote Holzplantage, die sich in ihrem ökologischen Unwert kaum von einem Getreidefeld unterscheidet. Typisch für die heutige Praxis der Land- und Forstwirtschaft in Sachen Schädlingsbekämpfung, war dann auch die *Bekämpfung* der in den letzten Jahren vermehrt aufgetretenen Holzschädlinge wie zum Beispiel der Borkenkäfer. Man überlegte sich kaum einmal, daß auch zum Beispiel die Art und Weise des Holzanbaus für deren Vermehrung ausschlaggebend sein konnte, und man zog auch bis heute keinerlei Konsequenzen aus keinerlei Einsichten in ökologische

Zusammenhänge. Es werden ja nach wie vor Fichtenmonokulturen gepflanzt. Man ging also her und gab dem *bösen Borkenkäfer* nicht sich selber die Schuld am Waldsterben und *bekämpfte* wieder einmal mit übelsten Chemiegiften* seine eigenen Fehler. Vor allem wurde Lindan verwendet. Die Anwendung des lindanhaltigen *Nexit* geschah und geschieht immer noch wie folgt: Einzelne kranke und folglich käferbefallene Bäume werden gefällt und mit Nexit liegend behandelt. Im Umkreis von 50 Metern stellte man dann einige *Totenkopf-Warntafeln* auf, wenn man gerade genügend davon hatte, und ließ den Stamm dann liegen. Der Regen konnte so das Gift in den Boden waschen. Leider dürften die Tiere kaum in der Lage gewesen sein, die Warntafeln zu lesen. Vor allem Nützlinge, also die Borkenkäferfeinde, Vögel aller Art, kommen in verhängnisvoller Weise in Kontakt mit dem Gift, was ja wiederum dem Käfer und der chemischen Industrie zugute kommt. Empörend waren damals die Beschwichtigungen der hiesigen Presse, als *Lindanbäume* sogar in der Nähe von Kinderspielplätzen gefunden wurden. Man behauptete, daß das Gift in zwei Jahren wieder abgebaut sei, verschwieg aber, daß die Abbauprodukte von Lindan gegebenenfalls weit schlimmer als das Urgift sein können und Lindan deshalb in vielen Ländern bereits verboten ist.

Es ist also mit dem Wald heute ähnlich wie mit einem geschlachteten Schwein – man weiß nie, wo die *Einstichstelle* ist, wo die Chemie gerade ihr Gift hingespritzt hat.

Der Wald als Abenteurerspielplatz?

Aber auch sonst ist der Wald für alles möglich gut, nur nicht für das, was er sein sollte. Für den einen ist er Trimm-Dich-Pfad, für den anderen Motocrosspiste. Für Schulklassen ist der Wald scheinbar vor allem zum Feuermachen und Würstchengrillen gemacht, sich auszutoben und zu schreien. Auch für Saufgelage und Gegröle, für das Auslassen von Aggressionen im Suff usw. wird der Wald gern benutzt, da man ja zuhause nicht so gut *die Sau rauslassen* kann.

Selbst die Lagerfeuerromantik, das Zelten von Jugendgruppen und Vereinen im Wald ist heute weniger von Liedern und Gitarrenklängen, vom Zurück-zur-Natur beseelt, sondern man hat eher den Eindruck, daß der Wald den Bedürfnissen der Jugend nicht mehr

*Genau entsprechend der Art und Weise der Symptombehandlungen im Gartenbau und Landwirtschaft oder der Medizin.

gerecht wird, da ihm ebene, kurz geschorene Rasen zum gewohnten Fußballspiel, Discotheken, *Remmidemmi* usw. fehlen. Auch für unzählige Hundebesitzer oder für deren *vierbeinige Freunde* allein ist der Wald ideales Abenteuer- und Jagdgelände, wo – frei nach dem Motto *unbegrenzte Freiheit für den Hund* – beide Raubtierarten (menschliche und tierische) ihren animalischen bzw. bestialischen Vorlieben zum Leidwesen aller friedlichen Tiere und Menschen *freien Lauf* zu lassen pflegen.

Abgesehen von der üblichen Lärmerei durch Geschrei, Gebell, durch den Wald fahrende Mopeds, Motorräder, Autos, durch Motorsägen (auch solche von Naturschützern) und schwere Forstmaschinen übertönen diese Lärmkulisse, allerorts noch tieffliegende Düsenjäger. In der Tat liegt eine Hauptbedeutung der großen abgelegenen Waldgegenden Deutschlands in ihrer Verwendung als Bundeswehrübungs- und Tieffluggelände. Der Wald versteckt die Raketenabschußrampen, die Panzer machen darin keine Straßen oder Felder kaputt, die Rehe beschweren sich nicht über die Tiefflieger, die gesamte Bundeswehr kann darin ihre (Natur-)Mordübungen ungesehen und ungestört abhalten. Unsere Maschinenwelt tobt sich also auch im Wald, und dort sogar noch rücksichtsloser aus als anderswo. Selbst die Forstbetriebe reißen in gröbster und rücksichtslosester Manier immer neue Wunden in den Wald. Dies geschieht nicht nur durch riesige, schwerste Forstmaschinen, sondern auch durch rigorose Kahlschläge.

Der Wert eines Baumes besteht nicht im Holz

Nicht nur wegen der Luft- und allgemeinen Umweltverschmutzung muß man also heute für den Wald schwarz sehen, sondern er ist schon durch seine *normale Nutzung* kein überlebensfähiges *Ökosystem* mehr, weil er eben auch im allgemeinen Wachstumszwang gefesselt und vergewaltigt wird. Man sollte vom bloßen *Holzdenken* im Wald endlich abkommen. Der Wert des Baumes besteht nicht nur in seinem Holz!

Die Eiche* zum Beispiel, der Baum, der sonst in den hiesigen Wäldern Vorrang hatte, gibt mittels ihrer Samen große Mengen an Nahrung ab, war also der damalige *Brotbaum* des Waldes. Im Mittelalter muß der Wert der Eiche noch bekannt gewesen sein, da auf dem Fällen bzw. *Schänden* von Eichen damals die Todesstrafe

*Es gibt vor allem in Italien (Korsika) bitterfreie, süßfruchtige Eichen, deren Anbau auch hierzulande möglich wäre, und deren Samen auch direkt – ohne Gerbsäureentzug – für den Menschen genießbar sind.

stand. Auch ist überliefert, daß diese Bäume sogar schon als Gottheiten verehrt wurden (Donareiche). Man erkennt inzwischen nicht einmal mehr den grundsätzlichen Sinn und die prinzipielle Bedeutung eines jeden Fruchtbaumes. Und so wurden auch die letzten Fruchtbaumkulturen geopfert, die nun außerdem infolge der Verschmutzungen durch den Menschen abzusterben begonnen haben. Ein vielsagenderes Entsprechungsbeispiel unseres geistigen und inneren Zustandes wie das der von uns mißgestalteten Umwelt ist kaum denkbar.

Es wäre also wünschenswert, wenn man sobald wie möglich daran ginge, anstatt jener schädlichen Fichtenmonokulturen wieder Vielfalt und Artenreichtum entstehen zu lassen, der Natur also gestohlene Arten wieder zurückzugeben und sie nicht länger zu vereinheitlichen, zu vergewaltigen. Ein lebendiger Naturwald muß so geschaffen sein, daß auch der Mensch darin einen *artgemäßen Standort* finden kann, also mühelos von seiner Vielfalt leben kann.

Bevor der Mensch sie zugrunde richtete, war die Natur bzw. die Schöpfung ja so für ihn und von ihm geschaffen, daß er darin leben und Nahrung finden konnte. Überall fanden sich genügend Fruchtbäume, eßbare Pflanzen, Nüsse, Samen zum Lagern usw. Auch heute noch bestünde die Möglichkeit, die Natur wieder in ihrem Reichtum erblühen und wachsen zu lassen. Mit den heutigen Maschinen könnte man ja auch genausogut Paradiese schaffen. Heute wäre noch alles machbar, und die Technik ist es eigentlich nicht, die uns dazu zwingt, zum Beispiel Agrarwüsten, Monokulturen, Massentierhaltungen, Raubbau zu betreiben.

Der Wald muß also wieder zum Wasser-, Arten- und *Genspeicher* für möglichst alle Pflanzen- und Tierarten gemacht werden. Ein solches Ziel ist erst dann automatisch zu erreichen, wenn man diesen zum vollwertigen Nahrungs- und Lebensraum des Paradies-Menschen gemacht hat. Erst dieser lebt im Einklang mit der Schöpfung und den göttlichen Gesetzen und ermöglicht durch seine Lebens- und Ernährungsweise (er ist Gärtner, Früchteesser, Imker, Rohkostvegetarier) allen Lebewesen ein friedvolles Wachsen und Gedeihen auf dieser Welt. Solange noch der antichristliche Materialist das Sagen hat, wird sich wohl auch für den Wald bzw. unsere gesamte Natur nichts ändern. Dies ist ein Punkt, den heute leider viele, unter anderem auch Naturschützer, noch nicht begriffen haben. Nicht die rauhe Wildnis, sondern vielseitigste, nützlichste Paradiese für die ganze Schöpfung mitsamt seiner *Krone* müssen unser Ziel sein. Ändern wir also unsere Ernährungsweise, unsere Bedürfnisse und Ansprüche, unsere Wünsche und Ziele, vor allem aber unsere Beziehung zu unserem Gott, Herrn und Meister Jesus Christus in Seinem Sinne zu Ihm hin, bzw. setzen wir Sein Wort in die Tat um, dann wird sich alles zum Besten für uns und die Natur wenden können.

Ohne den Wald werden wir zum Wüstenplaneten

Ich möchte jedoch auch noch veranschaulichen, was passieren wird, wenn wir noch eine kurze Zeit so weitermachen wie bisher. Anscheinend sind die Gefahren, die mit den heutigen Anbauweisen und Kulturen in Ackerbau, Viehzucht und Waldwirtschaft, zusammenwirkend mit der allgemeinen Versiegelung von Flächen, der permanenten Verbrennung von Luftsauerstoff, der allgemeinen Verseuchung der Meere – auch durch ständige Tankerhavarien – immer noch nicht ins Bewußtsein der Gesellschaft vorgedrungen. Man wundert sich zwar über ein immer mehr aus den Fugen geratendes Klima, über Unwetterkatastrophen, Überschwemmungen, Stürme nie dagewesener Heftigkeit, Ozonlöcher in der Atmosphäre, über klirrende Kälte dort und sengende Hitzekatastrophen da, vermag aber nicht zu erkennen, daß man all dies durch obengenannte Eingriffe selbst verschuldet hatte. (Für Katastrophen macht der Mensch immer Gott, anstatt sich selber verantwortlich.)

Dort, wo nämlich der Urwald oder auch ein Paradiesgarten eines Menschen einer Ackerwüste weichen, also Ackerbau und Viehzucht geopfert wird, wo abgeholzt, betoniert und Flächen versiegelt werden, wo Regenwasser oder Abwasser möglichst schnell *kanalisiert* wird, wo *drainiert*, wo falsch gebaut wird, dort überall kann weniger oder gar kein Wasser mehr an die Atmosphäre abgegeben werden bzw. verdunsten. Das Wasser fließt sehr schnell ab und wird weder von den erodierenden Ackerbodenflächen der Landwirtschaften noch von hauseigenen oder städtischen Wasserrückhaltesystemen gespeichert und anschließend wieder an die Atmosphäre abgegeben. Dies hat nicht nur Überschwemmungen zur Folge, sondern der Kreislauf des Wassers zwischen Atmosphäre und Erdoberfläche wird unterbrochen, und damit erstere quasi ausgetrocknet und verdünnt. In der Folge entstehen sowohl verheerende Dürren, da ja aus der Atmosphäre kein Wasser abgegeben werden kann, wenn keines zuvor verdunstete, wie auch übermäßige Hitze- und Kälteeinbrüche aufgrund der fehlenden Schutzschicht aus Wasserkristallen. Solche *Flammenzeichen an der Wand* werden leider nicht erkannt, sondern man freut sich sogar noch an der guten Fernsicht in den Bergen. Ist der sengenden Gluthitze des Tages und der Kälte der Nacht aus dem All einmal der Weg frei gemacht, dann entstehen aufgrund der großen Temperaturunterschiede auch Turbulenzen in der Luft, die sich wiederum in heftigen Stürmen äußern.

Ein atmosphärischer Schutzschild aus Abgasen nutzt wenig

Ist es denn wirklich so schwer, diese Zusammenhänge zu verstehen? Oder will man sie nur nicht wahrhaben? Wir haben in Mitteleuropa inzwischen zwar ebenfalls einen atmosphärischen Schutzschirm installiert, aber leider einen aus Dreck und Abgasen aus den vielen Verbrennungen. Doch bereits in ansonsten vollkommen frostfreien Ländern des Südens, die über keine Abgasdunstglocke verfügen, bricht bereits langsam der Winter ein.

Ich halte es für wahrscheinlich, daß wir bei dieser unserer auch nur noch für eine kurze Zeit beibehaltenen *zivilisierten* Lebensweise diesen Planeten entsprechend unserem Inneren in wenigen Jahren zur absoluten Wüste gemacht haben. Die Einsicht kann dann allerdings zu spät sein. Wer dann Früchte essen will oder einen Paradiesgarten – oder Wald aufbauen will, wird vielleicht feststellen müssen, daß es dafür bereits zu spät ist, weil eben aufgrund der Klimaverhältnisse durch die eigene Schuld des Suchtmenschen nichts mehr wachsen kann.

Vergessen wir neben der Funktion des Wasserspeicherns und Verdunstens auch nicht die sauerstoffspendende Funktion des Waldes bzw. Fruchtgartens. Durch all die Verbrennungen und das Fehlen von Pflanzengärten oder Wäldern ist die Sauerstoffkonzentration in manchen Gegenden schon so gemindert, daß die Grenze zur Ohnmacht durch Sauerstoffmangel nicht mehr fern ist. Wir ernten zwar momentan noch die Sauerstoffproduktion aus dem Meer bzw. all den Mikroorganismen (Plankton) darin, einige zusätzliche Tankerunfälle oder Chemieunfälle an Zuflüssen können diese aber schnell ausschalten.

Weltweite Aufforstung mit Fruchtbäumen!

Wir müssen uns also schleunigst darum bemühen, überall aufzuforsten und zu rekultivieren. Und zwar nicht mit Fichten, nicht mit Äckern oder Viehweiden, auch nicht mit Getreidefeldern, sondern mit Fruchtbäumen! Auf der ganzen Welt! Ob das irgendwelchen Besitzern, besser gesagt, Besetzern oder Obrigkeiten gefällt oder nicht. Die Fleischmast und Fleischfresserei muß schnellstens unterbunden, das Land am besten den einzelnen Familien zurückgegeben werden. In großangelegten völkerübergreifenden Aktionen müssen die Wüsten rekultiviert werden. Selbst wenn dort anfangs das meiste Wasser verdunstet, anstatt in Pflanzenkörpern gespeichert zu werden, die Atmosphäre reichert sich immerhin wieder an und kann sich aufbauen, und das Wasser kommt auch irgendwann wieder herunter und ermöglicht dort, wo es hinfällt, sofort neues Leben und damit eine immer stabilere Wasserspeicherung. Je mehr *Wasserpipelines* wir in die Wüste bauen, umso weniger Ölpipelines aus der Wüste bleiben nötig. Bei naturrichtiger Anbauweise (Baumkulturen, Vielfalt, richtige Düngung) steigt der Grundwasserspiegel wieder an und macht vorhandenes Wasser wieder verfügbar. Allerorts entspringen dann neue Quellen, in der Natur wie im Geist.

Unsere Wissenschaftler, Techniker, Armeen werden hoffentlich bald nicht mehr Leben bekämpfen und vernichten wie bisher, sondern für ein und um ein neues Leben kämpfen. Dazu muß allerdings erst der Kampf gegen bzw. die Erlösung der Monopolisten, Konzerne, Geldbarone, all derer, die momentan noch die Geschicke dieser Welt lenken, von aller Selbstsucht und von allem Bösen, vom Herrn aus geschehen und vollbracht sein. Das bedeutet, daß zuerst einmal Wasser bzw. Wahrheit und Einsicht in die geistig-inneren Wüsten jener und überhaupt aller heutigen Menschen geleitet werden muß, und danach kann erst die äußere Welt von innen her bzw. vom Herrn gerettet werden.

Sintflut und Eiszeit waren Folgen menschlicher Schandtaten

Die einst größte Überschwemmung, die Sintflut wurde mir folgendermaßen erklärlich gemacht: Versetzen wir uns in die paradiesische Zeit vor der Eiszeit bzw. Sintflut. Wie ja heute noch feststellbar, war der ganze Planet damals von einer dichten Pflanzendecke bewachsen und aufgrund der schützenden atmosphärischen Lufthülle, die dieser Pflanzenwald ausdünstete, überall gleichmäßig warm. Es gab weder zu große Hitze, noch klirrende Kälte. Der Planet Erde wurde ja für den Menschen geschaffen und bot ihm alles, was er zum Leben brauchte in Überfülle. Doch irgendwann einmal begann dieser mit der Schöpfung unzufrieden zu werden und mehr zu wollen. Er begann, sich zum gierigen machthungrigen Nimmersatt zu entwickeln, wollte eigenes und fing an, Wälder und Gärten zu vernichten, indem er dort Ackerbau und Tierzucht zu betreiben begann, um seine Begierden auch auf leiblicher Ebene zu erfüllen. Er begann mit dem Raubbau am und im Paradies. Durch die zusammenwirkenden Rodungen – wahrscheinlich Brandrodungen – durch den Menschen und seine Tiere wurde die dichte und schützende Pflanzendecke der Gartenwälder mehr oder weniger schnell (je nach Rodungsgeschwindigkeit) abgetragen, und all das darin enthaltene Wasser verdunstet bzw. zum Abfließen gebracht. Besonders nach einem riesigen Flächenbrand – vielleicht auf dem heutigen Gebiet der Sahara – mußte dann in einer nachfolgenden verheerenden Sintflut alles in die Atmosphäre entwichene Wasser, das zuvor in all den vielen Pflanzenkörpern gespeichert war, wieder abregnen. Da diese Wassermassen nun nicht mehr von den Wäldern bzw. der Atmosphäre aufgenommen werden konnten – eine Schutzwirkung der sich aus diesen Wäldern täglich aufbauenden Dunstschicht in der Atmosphäre war ebenfalls entfallen – flossen diese ab und begannen die Meere zu füllen. Infolge der mit der Auskühlung und abwechselnden Erhitzung einhergehenden Verdünnung der Atmosphäre, bzw. infolge der fehlenden Pflanzendecke auf der Erde, ergaben sich alsbald die heute noch als naturgegebenen betrachteten Wettererscheinungen, wie sengende Hitze und klirrende Kälte, Stürme, Regenfluten nach Abkühlungen, Dürren bei Erwärmungen der Atmosphäre, die jedoch allesamt nichts anderes als Produkte der menschlichen Sündhaftigkeit sind. Der Mensch produzierte also nicht nur Eiszeit und Sintflut, sondern ist auch heute noch für Wetterkatastrophen auf dieser Erde selbst verantwortlich!

Da sich nun all das zuvor in der warmen Atmosphäre und den unzähligen Pflanzenkörpern gelöste Wasser in den Meeren zu sammeln begann, füllten sich diese immer weiter und überfluteten nach und nach ganze Erdteile. Es versanken so Erdteile, die man heute gelegentlich mit dem Namen Atlantis bezeichnet.

Sie können anhand dieses äußeren Wirkungskreises vielleicht begreifen, warum unter dem Meer im Wort das Böse und Schlechte des Menschen verstanden wird. Darin sammeln sich nämlich all die Folgen von unzähligen Schandtaten gegen die Schöpfung, die äußere Begleiterscheinungen von Schandtaten gegen den Herrn auch im geistigen und inneren Bereich sind. Auch wird begreiflich, weshalb man sich heute im Meer so wohl fühlt. Ebenso wird vielleicht begreiflich, weshalb wir alles daran setzen sollen, die Erdoberfläche wieder mit einer Pflanzendecke zu bedecken, und zwar nicht mit Acker- und Feldkulturen, sondern mit allen Arten von fruchttragenden Bäumen, Sträuchern und Stauden, deren Früchte für den Menschen gut sind. Wir dürfen möglichst keinen Tropfen Flüssigkeit, auch nicht unsere Abwässer, verlieren bzw. ableiten, sondern genauso wie die Wahrheiten und die Liebe vom Herrn aufnehmen, bewahren, speichern, und damit Gutes bewirken, dieses pflanzen, erhalten, zum Wachsen bringen, düngen, vermehren usw.

Zusammenfassung

Ich möchte noch einmal zusammenfassen, noch einmal verdeutlichen, vertiefen, was in den vorangegangenen Kapiteln angesprochen wurde, um daran anschließend einige erfreuliche Aussichten auf die Zukunft zu stellen. Doch zunächst zur bangen Frage:
Wie lange geht es noch so weiter?
Bis wir endlich einmal merken, daß

- die gesamte Ernährung unserer Völker mehr oder weniger auf Suchtmitteln basiert, mit denen wir binnen kurzer Zeit ausgerottet bzw. der Dekadenz verfallen sein werden?
- all die vielen **Krankheiten und Nöte**, von der Kriminalität bis zu den Irrenhäusern, von der Überbevölkerung bis zur Abtreibung und Vergewaltigung, vom Schnupfen bis zur Krebsoperation, nichts anderes als Folgen dieser permanenten Vergiftung und Falschnahrung sind?
- wir, verbunden mit dieser **Falschnahrung**, auch dabei sind, nicht nur unsere Gesundheit, sondern den ganzen Planeten Erde zur Wüste zu machen. Mit einer grundlegend falschen Art und Weise der Landbebauung und Viehzucht, die zwar schon mit Kain und Abel begann, aber inzwischen Auswüchse erreicht hat, die nicht mehr lange tragbar sind?
- wir es inzwischen sogar geschafft haben, das **Klima** der Erde so zu verschlechtern, so daß wir bald befürchten müssen, daß jegliches Pflanzenwachstum eines Tages unmöglich sein wird?
- am Ende der Nahrungskette bzw. all der vergifteten, minderwertigen, nur noch durch **Medikamente** bzw. Gegengifte am Leben zu erhaltenden Pflanzen oder Tiere und der daraus gewonnenen entwerteten Fabrik- und Mangelkost wir selber bzw. unser eigener Untergang oder Tod stehen?
- uns von seiten der **Pharmaindustrie** und der heutigen **Ärzteschaft** keine Rettung von unseren Nöten gebracht werden kann, da diese ja an den Ursachen mitbeteiligt sind?

- wir durch die **Geld-und Weltmächtigen** regiert und von diesen mittels des Zinssystems bzw. Geldimperiums seit Jahrhunderten beraubt und ausgebeutet werden?
- unsere **Regierungen** mehr oder weniger bloße Knechte dieser Geldherrscher sind, und das Weltgeschehen zum Nachteil aller Völker, aber zum Wohle der Geldmächtigen zu leiten haben?
- all die **Kriege** und **Revolutionen** immer nur jenen von Nutzen waren und sind?
- ihre **materialistischen Systeme**, überall wo sie sich ausbreiten, nichts anderes als Dekadenz, Hunger, Not, Krankheit, Elend, Mord, Kriege usw. verbreiten, niemals in einem Land Entwicklungshilfe, sondern vor allem Abhängigkeit, Unfreiheit, Ungerechtigkeit mit sich bringen?
- jene die gesamte **Medienwelt** kontrollieren und dadurch jede gewünschte Geisteshaltung in jedem Volk, das aus Medien sieht, liest oder hört, erzeugt werden kann, die sogar bis zur Selbstaufgabe der nationalen Identität (Deutschland), bis zum Volksselbstmord geschürt werden kann?
- es **freie Völker** auf dieser Erde nicht mehr gibt, sobald sie den **Wert des Geldes** anerkannt haben bzw. mit der Zivilisation in Kontakt kamen?
- all die heutigen **Regierungsformen** in Ost und West nur scheinbar gegensätzlich ausgerichtet sind, in Wirklichkeit aber hier wie dort eine vollkommene Unterdrückung des Bürgers und seiner Rechte stattfindet, die inzwischen vor allem in den *Demokratien* schon so perfektioniert ist, daß die Bürger gar nichts mehr davon merken bzw. es gelungen ist, den Willen der Geldmächtigen zum Volkswillen zu machen?
- nicht nur eine **Verfälschung** und Verseuchung aller leiblichen und geistigen Nahrung (Falschkost, Falschinformationen, Falschwissen) stattgefunden hat, sondern daß sich diese bis in die innersten Bereiche des Volkes, der Herzen, der Religionen fortsetzen?

Durch all diese Manipulationen gelang es,

- mehr oder weniger alles entscheidende **Wissen** aus Völkern zu entwenden. Man konnte durch ein verstaatlichtes Zwangsschulsystem vom Wissen wegnehmen oder hinzufügen, was man wollte.

- segensreiche **Erfindungen*** an ihrer Verbreitung zu hindern, um den monopolgelenkten auf Explosion, auf Zerstörung, auf (eigenem) Feuer und Verbrennung basierenden auf die Dauer ins Verderben führenden Abhängigkeitssystemen absoluten Vorrang zu sichern.
- sogar die **Familien** zu zerstören, indem man vor allem den Frauen durch das Emanzipationsgerede weismachen konnte, die wichtigsten Aufgaben unseres Erdendaseins überhaupt, nämlich eine Einheit bzw. Ehe zwischen Mann und Frau zu bilden, daraus Kinder zu zeugen und im Auftrag des Herrn zu erziehen, diese Aufgaben zu vernachlässigen und stattdessen ebenfalls in die pervertierte Männerarbeitswelt eindringen und sich denselben dubiosen Genüssen, den *Düften der großen, weiten Welt* ergeben zu wollen.
- schließlich auch, und darin sehe ich das Grundübel, mehr oder weniger alle großen **Religionen** zu Werkzeugen der Weltmächtigen zu machen, indem man sich zwischen Gott und den Menschen schaltete, diesen nicht mehr selbst zum einen Herrn kommen ließ, sondern Weltherrscher bzw. Menschen zu Göttern, *Medizinmännern* oder Stellvertretern machte und die Religiosität der Menschen bzw. ihre Glaubensdefizite geschickt zu eigenen Zwecken mißbrauchte, um damit die Versklavung der Massen auch durch die Religionen bis ins Innerste der Herzen vollständig zu machen.

Man glaubt heute allem und jedem, nur nicht dem Herrn

Die Menschen sind inzwischen so weit von jeglicher Selbständigkeit entfernt wie etwa ein Huhn in einer Legebatterie. Geistige und innere Wahrnehmung von Wahrheiten bzw. Innewer-

*Aus CODE Nr.3/89, einer der wenigen nicht von den Geldmächten abhängigen mehr oder weniger an der Verbreitung gehinderten Informationszeitschrift erfuhr ich anhand von detaillierten Berichten erneut von längst erfundenen Energie- und Antriebssystemen, die mit Hilfe von Elektrogravitationsmotoren in der Lage sind, das Magnetfeld der Erde zu nutzen, mit denen jedes Energieproblem zu lösen wäre. Freilich würde sich damit auch die Abhängigkeit zu den Mächtigen lösen.
Anscheinend hatten die Deutschen noch gegen Ende des letzten Krieges Flugscheiben gebaut, die mit solchen Magnetmotoren ausgestattet und sogar raumtauglich bzw. anderen Fluggeräten haushoch überlegen waren. Mit dieser *Vergeltungswaffe* zogen sich die Deutschen in die Antarktis zurück, von wo aus sie nach dem Krieg laufend mit ihren *UFOs* operierten, und wo sie den Berichten zufolge weiter bekämpft wurden. Zuletzt sogar mit Atombombenexplosionen.
Daß es auch andere, menschliche, gute und naturrichtige, nicht -zerstörende Formen der Energienutzung gibt, und daß all diese massiv an der Verbreitung gehindert werden, weiß inzwischen jeder. Aber kaum jemand kann sich wahrscheinlich vorstellen, welche Dimensionen bereits damals deutsche und japanische Techniker erschlossen haben, um gegen die drohende Übermacht des Feindes anzukommen.

den aus der Liebe und Kraft des Herrn sind Fremdbegriffe, die sehr schwer erklärt werden können, weil kaum jemand solches nur annähernd nachvollziehen kann. Man hängt an der Stromleitung genauso wie der Fixer an der Nadel, läßt sich seinen Bauch füllen mit wertloser, süchtig machender Nahrung und mit ebensolchen Getränken. Seinen Kopf füllt man hingegen mit einer der leiblichen genau entsprechenden geistigen Nahrung, einer (Sint-)Flut, einer mittels der Medien sich täglich über die Menschheit ergießenden geistigen Müllawine, die bewirkt, daß jegliche selbständige, vernünftige oder gar innere Wahrnehmung vom Herrn keinen Platz mehr finden kann. Man füllt also Kopf und Bauch gleichermaßen mit Unrat. Deshalb haben auch die Urheber bzw. Herrscher dieses Weltreichs uneingeschränkte Macht über ihre Schafe. Diesen Herrschern und ihrem Machtapparat, der die gesamt Obrigkeit, alle Institutionen, Regierungen bis hin zu den Kirchenführungen umfaßt, glauben die Menschen dieser Zeit immer noch. Die Menschen glauben zum Beispiel an die *Halbgötter in Weiß,* die Ärzte, sie glauben an all die Wissenschaftler und Experten, an all die gescheiten und studierten Professoren und Doktoren der Universitäten, und lassen sich von all den Lehrern und Ausbildern, die ihnen sagen, was richtig oder falsch sein soll, unterrichten. Sie glauben auch in kindlicher Naivität immer noch an Parteien und Regierungen und wählen oder unterstützen fieberhaft diese oder jene, selbst wenn die Geschichte inzwischen schon hundertmal gezeigt hat, daß diese immer Schindluder mit den ihnen anvertrauten Gütern oder Völkern getrieben haben. Und schließlich glauben sie an und hören auf all die Priester und Theologen, oder auch den Papst, oder auf irgendeinen anderen Kirchenführer, der ja immer nur Mensch, und niemals Gott war oder ist, mehr als auf unseren einen Herrn und Gott Jesus Christus.

Wir hören auf eine falsche Obrigkeit

In all diesem Gehorchen oder Hören auf eine falsche Obrigkeit, die den Menschen vom Hören auf das Wort Gottes und damit vom Herrn abbringt, liegt die Wurzel unseres Übels. Man sollte glauben, daß wenigstens die Christen der großen christlichen Kirchen noch einen Funken an Wahrheit aus der Lehre des Herrn ernten konnten. Dem ist jedoch nicht so, sondern die Fälschungen sind hier nur noch schwerer zu erkennen bzw. noch raffinierter verpackt, damit gerade die Christen und das Wort Gottes durch Verfälschungen zu übelsten Zwecken mißbraucht werden können.*

Wir sollen uns direkt und nur an IHN wenden

Wir sollen uns im Gebet des Herrn also direkt an IHN wenden bzw. uns unter dem Vater IHN vorstellen. ER ist auch unser Vater. ER ist unser Vater, unsere Obrigkeit, unser Vorbild in allem. ER ist der einzig wahre Heiler bzw. Heiland, nicht ein Arzt. ER ist der einzige, von dem wir uns regieren lassen sollen und dürfen. Nur SEINE Gesetze sind gerecht und gültig. ER ist der einzig Wissende und daher auch der einzig befugte Lehrer, von dem wir uns unterrichten lassen sollen. Lassen wir also nicht länger irgendwelchen wissenschaftlichen Unsinn, irgendwelche Schulweisheiten von Professoren oder Universitätsdozenten, irgendwelchen Geistesmüll aus Medien oder selbst aus Kirchen, in unser inneres Gefäß eindringen und es verschmutzen bzw. für Gutes und Wahres vom Herrn unempfänglich machen.

ER ist der Fels, und auf den Glauben an IHN allein baut ER SEINE Kirche auf, nicht auf einen *Stellvertreter*. (Der unerschütterliche feste Glaube an den einen Herrn und Gott Jesus Christus, wie ihn Petrus im Evangelium bezeugte, ist das Fundament, nicht die Person des Petrus oder seiner Nachfolger.) Schon die ersten *Kirchenfürsten* verstanden es, sich durch eine Verdrehung dieses zentralen Glaubensbausteins an Gottes Stelle bzw. zwischen Gott und Volk zu setzen, und anschließend die Macht daraus zu einem riesigen Imperium auszuweiten. Sie erlagen der Versuchung des

*Selbst in der Bibel sind einige Bücher nicht Wort Gottes, und wurden von Menschen dort hineingeschmuggelt, um selbst Macht zu gewinnen. All die Bücher, denen der fortlaufende innere, geistige Sinn über dem bloßen Wortsinn fehlt, sind somit mit gefährlichen Unreinheiten behaftet. Unter dem mit Blut befleckten Gewand des Herrn sind solche Fälschungen oder Zusätze aus menschlichen Eigeninteressen im Wort selbst beschrieben. Echte Bücher sind: Die 5 Bücher Moses, Joschna, Richter, Samuel, Könige, Psalmen, Jesaja, Jerunjah, Klagelieder, die prophetischen Bücher, die vier Evangelien und die Offenbarung des Johannes.
Auch ist es paradoxerweise gerade durch die beiden großen Christenkirchen, die Römisch-Katholischen und die Protestanten gelungen, die wesentlichsten Säulen der Kirche des Herrn zu untergraben, nämlich daß Gott einer ist und daß dieser eine Gott niemand anders war und ist als unser Herr Jesus Christus, der Mensch geworden ist, und den allein wir anbeten sollen oder können. Nur im Sohn können wir den Vater sehen bzw. zum Vater kommen. Nur an IHN können wir uns wenden, nicht an den Vater oder den Geist oder sonst eine nicht faßbare Gottheit. Wer weiß, daß in der geistigen Welt eine Verbindung zum Herrn oder zu einem menschlichen Geist sofort dann entstanden oder geknüpft ist, wenn ein Mensch sich direkt an diesen wendet bzw. an diesen denkt und sich diesen vorstellen kann, der kann ahnen, welch fatale Wirkung eine Verschleierung oder Vernebelung der Gottesvorstellung durch Möchte-gern-Götter oder Möchte-gern-Stellvertreter hat. Nämlich die Folge der Unterbrechung des direkten Kontaktes eines Volkes zu seinem Schöpfer, die Einbruch von Falschheiten, Bösem, Unselbständigkeit und Versklavung durch die Manipulatoren, Übeln aller Art die Tür öffnet.

Teufels (des eigenen, der Selbstsucht usw.) aus Lukas 4, Vers 5-8, wo der Teufel die Weltherrschaft anbietet.

Der anschließenden Versuchung (Vers 9-12), nämlich sich von der Zinne des Heiligtums zu stürzen, da IHN ja Engel unten auffangen würden, unterlagen die Protestanten, indem diese den Glauben allein seligmachend wähnten und von der Erlösung und Gnade des Herrn allen Menschen gegenüber predigten, ohne jedoch damit ein Leben der tätigen Nächstenliebe, ein Leben nach den Gesetzen und der Ordnung des Herrn zwingend und untrennbar zu verbinden. Das erste Gebot, das besagt, daß der Herr der einzige Gott ist und nur dieser angebetet werden darf, und daß man den Nächsten lieben soll wie sich selbst, das heißt, alles Gute und Wahre auch in die Tat umsetzen, leben soll und muß, ist das Wichtigste und Grundlegendste all SEINER Gebote zum Segen der Menschheit.

Auf allen Ebenen Gutes und Wahres aufnehmen

Wir sollen also auf allen Ebenen, mit Seele, Geist und Leib das Gute und Wahre des Herrn nicht nur aufnehmen, sondern auch tun, leben, praktizieren. Ohne eine Umsetzung in die Tat muß auch der Einfluß vom Guten und Wahren vom Herrn versiegen. Wir können also nicht einmal hoffen, daß wir in der Lage sein werden, den Herrn in uns aufzunehmen, wenn und solange wir zum Beispiel unsere Körper noch mit Gift und Suchtnahrung ernähren. Es kommt tatsächlich auf unsere Tat, auf unser Leben an, darauf erst kann vom Herrn weiteres aufgebaut werden.

Wir befinden uns inmitten der Endschlacht zwischen Gut und Böse

Immer mehr tauchen allmählich Vorstellungen von Endzeitgeschehen oder Endzeitkatastrophen auf, die sich meist auf eine falsch interpretierte Auslegung der Johannes-Offenbarung gründen. Immer wieder ist von Harmaggedon, der Endschlacht, dem alles vernichtenden Strafgericht Gottes zu hören. Daß Gott niemals straft, sondern der Mensch sich immer nur selber, wird inzwischen jeder verstanden haben. Was aber bedeutet Armaggedon, die Endschlacht? – Auch hierzu darf ich den Leser beruhigen. Es ist zwar möglich, daß sich immer größere Katastrophen entsprechend den Verfehlungen der Menschheit anbahnen werden, doch bedeutet Armaggedon dennoch nichts anderes, als der Endkampf um die Entmachtung all jener Institutionen und Obrigkeiten, all der falschen Regierungen, der falschen Propheten, all der vielen Mächtigen und Manipulatoren, all dieser vielen Möchte-gern-Götter, von denen ich vorher bzw. überhaupt im ganzen Werk geredet habe. Ihrer allgemeinen Entmachtung durch Wahrheiten vom Herrn, ihrem Sturz oder besser gesagt ihrer Erlösung von ihrem eigenen Übel, der Welt- und Selbstliebe folgt die Inthronisation des einzig wirklichen Herrn und Gottes aller Himmel, Erden, Zeiten und Räume, des Herrschers von Ewigkeit zu Ewigkeit, dessen Name über allem und jedem schwebt, und der Herr Jesus Christus genannt wird. In dieser Schlacht wird der Herr siegen bzw. werden die Höllen sich endgültig auch von dieser Erde verbannen. Es liegt an jedem von uns selber, wie lange wir IHN noch warten lassen, bzw. wie sehr wir vorher die Welt und uns selber noch zugrunde richten werden.

Der Herr und SEIN Reich wird jedoch genau wie ER in der Offenbarung verkündet hat, mit absoluter Sicherheit (schnell) kommen. Die neue und prächtige Stadt, in der keine Träne mehr in den Augen sein wird (es sei denn vor Freude und innerer Ergriffenheit), in der *»Tod wird nicht mehr sein, noch Trauer, noch Geschrei, noch Arbeit und Mühseligkeit«* (Offenbarung 21.4), das neue Jerusalem, die neue Braut des Herrn, SEINE neue Kirche wird kommen. (Die Offenbarung des Johannes ist übrigens die Offenbarung des Herrn bezüglich unserer Zeit und Welt mit ihrem bösen Wandel und ihrer Errettung durch IHN.)

Die Weltmächtigen und Teufel dieser und jener Welt spüren diese Bedrohung ihres Imperiums und wissen, daß der Untergang oder die Erlösung nahe ist. Gegen die Macht des Herrn wird, sobald die Menschen sich wieder an IHN und an keinen anderen wenden und aus IHM zu leben beginnen, keine Macht der Welt, keine noch so raffinierte Intrige und Verfälschung mehr nützen, weil der aus dem Herrn lebende Mensch dann alle Falschheiten schon im Ansatz erkennen und alle Teufel und Satane ans Licht bringen bzw. aufdecken kann. Die Mächtigen können sich also ihre gigantischen Rüstungswettläufe sparen, selbst SDI wird nichts nützen. Auch wenn sie den Menschen alle Erfindungen und Verbesserungen vorenthalten, Magnetmotoren verhindern, dieses oder jenes manipulieren usw., sie werden letztlich immer nur zu

Erfüllungsgehilfen der göttlichen Vorsehung gemacht, die den Menschen durch alle Wirren und Stürme zurück zu SEINEM Paradies führen wird. Je mehr sie sich mühen, je mehr Welt- bzw. äußere Macht sie sich anmaßen, umso schneller kommt der *Umschwung*. Ihr Heer steht bildlich gesprochen auf einem Sumpf. Je mehr sie sich bewegen, umso tiefer und schneller sinken ihre Pferde ein. Sie können zwar schreien, aber nicht kämpfen, trotz all ihrer tödlichen Waffen. Der Herr wird alles Böse und Falsche besiegen und jeden Menschen davon befreien, der sich befreien lassen will. Absolut jeden!

Wenn Sie nun, verehrter Leser, in Zukunft das Gebet des Herrn sprechen, dann fühlen und wissen Sie vielleicht schon, daß jeder Satz daraus nicht mehr nur ein Wunsch oder eine Zukunftsvision ist, sondern daß jeder Wunsch daraus gerade dabei ist, Realität zu werden. Zuerst in Ihrem Herzen und Denken, dann in Ihren Taten, und zuletzt auch in der natürlichen Umwelt, die sich dann wieder in ein Fruchtgartenparadies verwandeln wird. Sie wissen jetzt, wo Weg, Wahrheit und Leben ist. Handeln Sie auch danach!

Literaturhinweise

1. Heilige Schrift, übersetzt von Dr. Leonhard Tafel, revidiert von Prof. Ludwig Tafel, Philadelphia 1911, Swedenborg-Verlag Zürich, Apollostraße 2.
2. Emanuel Swedenborgs Werke, besonders *Himmel und Hölle (HH),* und *Die enthüllte Offenbarung Johannes (EO),* Swedenborg-Verlag Zürich.
3. Hans Paasche: *Briefe des Negers Lukanga Mukara an seinen Häuptling.*
4. Viktor Schauberger: *Die geniale Bewegungsenergie.*
5. Guy Claude Burger: *Die Rohkosttherapie,* Heyne-Taschenbuch
6. Helmut Wandmaker: *Willst Du gesund sein, vergiß den Kochtopf,* Waldthausen Verlag.
7. Dr. Reckeweg: *Schweinefleisch und Gesundheit.*
8. Prof. Arnold Ehret: *Die schleimfreie Heilkost.*
9. John H. Tilden: *Mit Toxämie fangen alle Krankheiten an*, Waldthausen Verlag.
10. Dr. Johannes Kuhl: *Geschwülste*, Humata-Verlag.
11. Harvey und Marilyn Diamond: *Fit fürs Leben*, Waldthausen Verlag.
12. Bragg: *Wasser, das größte Gesundheitsgeheimnis*, Waldthausen Verlag, 2863 Ritterhude, Stendorfer Straße 3..
13. Dr. John Yiamouyannis: *Früher alt durch Fluoride.* Waldthausen Verlag
14. *Lebensmittelkombinationstabelle*, Waldthausen Verlag.
15. Albert von Haller: *Gefährdete Menschheit*, Hippokrates-Verlag, Stuttgart.
16. Prof. Arnold Ehret: *Vom kranken zum gesunden Menschen*, Waldthausen Verlag.
17. Dr. Paul C. Bragg: *Wunder des Fastens*, Waldthausen Verlag.
18. Dr. Herbert Shelton: *Fasten kann Ihr Leben retten* Waldthausen Verlag.

19. A. T. Hovannessian: *Raw eating*, Teheran 1967, Waldthausen Verlag
20. Hans Baumgardt: *Keine Angst vor Aids,* Waldthausen Verlag.
21. Dr. Bob Owen: *Geheilt von AIDS*, Waldthausen Verlag.
22. Smith: *Transzendentale Meditation – eine Methode für Christen?* Helmut Felder-Verlag.
23. Yoshito Otani: *Untergang eines Mythos*, Arrow-Verlag
24. Rainer Bischoff: *Umweltzerstörung durch Geld- und Bodenwucher,* Langer-Verlag, Esslingen.Hans Ruesch: *Die Pharmastory,* Hirthammer-Verlag, München.
25. Helmut Creutz: *Bauen, Wohnen, Mieten, welche Rolle spielt das Geld?* Gauke-Verlag 1987.
26. Des Griffins: *Wer regiert die Welt?* Diagnosen-Verlag.
27. Mollison/Holmgren: *Permakultur*, Pala-Verlag.
28. Hans Ruesch: *Die Pharmastory*, Hirthammer Verlag, München
29. M. L. Mettler: *Atmosphärische Reizstreifen,* Moser-Verlag.

Über den Autor

Reinhold Schweikert (Jahrgang 1954) kann bereits auf ein buntes und reiches Leben zurückblicken. Nach einer wilden Zeit als Kopf von Rock- und Punkbands kam für ihn eine entscheidende Wende, als er erkennen mußte, daß all das, was damals und noch heute als erstrebenswert, als Sinn des Lebens, als Freude und Lust gepriesen wurde, wie Seifenblasen nacheinander zerplatzte, sobald man es ausgiebig und konsequent in die Tat umgesetzt und ausgekostet hatte. Man war also allen Verlockungen und Versprechungen dieser Zeit kompromißlos und bis zum Exzeß nachgegangen, hatte alles geprüft, und schließlich als nichtig verworfen, kehrte sich folgerichtig entschieden von diesem Weg ab und wendete sich immer mehr der inneren Einkehr, dem Studium anderer Seiten des Lebens zu. Nach einer Zeit als Schulmusik- und Religionslehrer, die er, um selbst wieder zu einigermaßen geregeltem Leben zu finden, hinter sich brachte, übernahm er eine Gaststätte inmitten eines großen schwäbischen Waldgebietes, wo er sich bald zum Rohkostgastwirt, Lebenslehrer, Lehrer für klassische Gitarrenmusik, Gärtner, Imker, Ziegenzüchter, sowie zum Ehemann und Familienvater entwickelte. Erst dort in der einsamen Abgeschiedenheit des Waldes, weitgehend befreit von negativen Einflüssen der zivilisierten Welt, und dennoch nicht getrennt davon, konnte all das nun vorliegende Wissen in all seiner Vielfalt einfließen und wachsen, um hiermit für alle verfügbar gemacht zu werden.

Stichwortverzeichnis